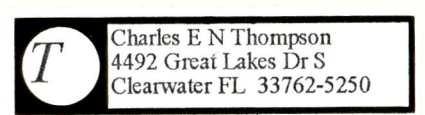

*Charles E. Thompson*

# PENNSYLVANIA BIRTHS
# Chester County
# 1682-1800

### John T. Humphrey

Humphrey Publications
Washington, D. C.
1994

**Pennsylvania Births, Chester County, 1682-1800**
Copyright © 1994 John T. Humphrey

All rights reserved. Except as permitted under
the United States Copyright Act of 1976, no
part of this publication may be reproduced or
distributed in any form or by any means, or
stored in a data base retrieval system without
the prior written permission of the author.

For further information or additional copies contact:

**John T. Humphrey**
P.O. Box 15190
Washington, D. C. 20003

Library of Congress Catalog Card Number
94–78481

*Printed in the United States of America*

# PREFACE

William Penn made his initial Pennsylvania landfall at Upland on 30 October 1682 and named the area "Chester" at the suggestion of several Friends whose origins could be traced to the English county and town of that name. The county of Chester, Pennsylvania, was officially established less than one month later, in November 1682. As one of Pennsylvania's three original counties, Chester was the birthplace of many people who relocated to other areas of the United States. Most of the early church and meeting records for this county can be found only in manuscript form.

This volume, sixth in a series of *Pennsylvania Births,* has been prepared as an aid for genealogical research in the pre-1800 Protestant church records and Friends meeting records of Chester County, Pennsylvania. Surviving Chester County records reveal that the early population was predominantly Quaker. That is, eighty-six percent of recorded births and baptisms appearing in this text were found in records for the Religious Society of Friends. The remaining records, covering only fourteen percent of recorded births and baptisms, were found in Presbyterian, German Reformed, and Lutheran church registers.

A variety of sources were used for this compilation, including one published work, manuscripts both handwritten and typed, and microfilmed copies of original records. The birth/baptismal records for the German congregations were taken from German translations. Names and dates for all records were copied verbatim. No attempt was made to correct variant spellings of surnames.

Apparent variations within this text occur simply because early Chester County church and meeting records do not adhere to a consistent form. The majority of records used for this county were Friends monthly meeting registers; these records follow a standard Quaker numeric form: July 4, 1776 was written "7mo 4 1776" or "4 7mo 1776." Non-Quaker registers used the more traditional method of recording births, employing months of the Gregorian calendar. Most churches recorded the date of birth, in which case that is the date included here. In other places, the recorded date was the date of infant baptism, entered here with the notation "bp."

The format used for each birth record should be fairly obvious. Following the boldface surname, the first name listed is the child's given name. A notation "bp" following the child's name, as noted above, signifies that the date following is the date of baptism. Names following the date of birth or baptism are those of the infant's father and mother. The number in the extreme right column identifies the church record where that birth record can be found—as numbered at the end of this Preface. A name in parentheses

# PREFACE

following the mother's maiden name is her unmarried surname. A sample entry including the above listed possibilities might read:

| Infant | Date of Birth or Baptism | Father | Mother | Record |
|---|---|---|---|---|
| **Williams** | | | | |
| Hannah | 13 4mo 1764 | John | Elenor | 6 |
| John | bp 16 Apr 1748 | Evan | Ellen (Jones) | 12 |
| Sophia Magdalena | 3 12 1760 | John Thomas | Maria Klingel | 8 |

Several questions marks and other notations appear in the text. Most of the bracketed question marks indicate illegible original text. In some instances the questions marks and notations appear in the typed or handwritten translations or in copies of the original document, placed there by the transcriber or translator to indicate a questionable transcription of difficult-to-read entries. Other bracketed references designate a record copied as found, though seemingly incorrect. For example, several records give the mother's name as "Christian" probably meaning Christina. In these cases the records have been entered here as found, that is, the mother's name appears as "Christian" followed by the bracketed notation "*sic.*"

Other notations and abbreviations found in the original records include the designation for twin, shortened here to "tw," "ill" for illegitimate, and "dec'd" for deceased. Although researchers may find evidence for the birth of twins in some of these records beyond those identified by "tw," the twin designation appears throughout this text only when found as such as in the source record.

The format for recording dates is not the only way in which Friends meeting records differ from their non-Quaker counterparts. Generally, when a child was baptized by a Presbyterian, German Lutheran, or Episcopalian minister, that event was recorded only once. In contrast, vital records maintained for members of Quaker monthly meetings were often recorded several times and/or in several ways. For example, Caleb Pusey was recorded in the New Garden Monthly Meeting with the birth date 21 12mo 1750. In this record Caleb is identified as the son of Thomas and Mary Pusey, and is listed with seven siblings. A later entry for Caleb Pusey, born 21 12mo 1750, found in the Londongrove Monthly Meeting records, identifies Hannah, no maiden surname given, as Caleb's wife and lists this couple with their five children. Obviously Caleb Pusey was listed in one monthly meeting record with his parents and in another monthly meeting record with his wife and children. In other examples of duplicate entries, some families are recorded in one monthly meeting and the same family reappears in another meeting record. In these instances, the more recent meeting is frequently "set off" from the

# PREFACE

"parent meeting," and the records for these families are rerecorded in the new monthly meeting.

Redundant records are noted because these duplications sometimes furnish conflicting data—possibly, for example, different dates of birth for the same person. A typical case in point can be found in the two entries for Aaron Martin (see page 127): Aaron Martin, son of Thomas and Sarah, appears in the Goshen Monthly Meeting records with a 5 2month 1755 date of birth; a second record for this same individual can be found in the Kennett Square Monthly Meeting records, which note that Aaron, son of Thomas and Sarah (Jones) Martin was born 6 2mo 1755. Both transcriptions may be correct—that is, both dates and related information may have been copied as found in the originals. Therefore, where duplicate conflicting entries appear, the researcher will have to check the original records to verify the correct birth date for his or her ancestor.

As previously noted, Quakers maintained family registers wherein each family member was identified by family name. This identification by family name sometimes included the mother's surname at birth. Given the format of *Pennsylvania Births*, wherein children are linked to a surname by birth rather than by marriage, listing birth records for these women in the main body of text would be misleading. For example, if a Mary Wickersham, wife of Thomas Wickersham, born 18 10mo 1744, were listed in the main text, she would be entered as follows:

| Infant | Date of Birth | Father | Mother | Record |
| --- | --- | --- | --- | --- |
| **Wickersham** | | | | |
| Mary | 18  10mo 1744 | not given | not given | 2 |

Seeing this entry, someone working on the Wickersham family would naturally assume that this Mary, born 18 10mo 1744, was the daughter of an unidentified father with the surname Wickersham. The researcher might further assume that this Mary was a member of the Wickersham family by birth when, in fact, she is a Wickersham by marriage—that is, not a Wickersham blood relative. To be properly entered in the main text, her surname at birth would have to be known even though her parents' first names might be unknown.

A separate section following the main text lists the married women for whom these kinds of records have been found, but it must be remembered that the linkage for women listed in this section is to the husband, not the parents. If the maiden surname for any of these women was recorded in the meeting record, then that surname also appears in the list presented here. Thus, someone working on the Lewis family, for example, will find in the last

## PREFACE

section of the book that Elizabeth (Thomas), wife of William Lewis, was born 11 1mo 1722/3. In turn, a search in the main body of text for Elizabeth Thomas, born 11 1mo 1722/3, will show that Elizabeth Thomas was the daughter of Peter and Elizabeth Thomas.

Another section of this book, labeled "miscellaneous," contains birth records for persons with unknown surnames or entries in which the source record was incomplete or illegible.

Three additional elements of critical concern to genealogical researchers must be considered:

First, this book is not offered under the pretense of being a "complete" Chester County birth record; it is complete only to the extent that records were available for research in 1994. Records are missing for some Chester County churches. Gilbert Cope's 1881 *History of Chester County* notes that St. Peter's Protestant Episcopal Church was established in the Great Valley in the early-eighteenth century. If extant baptismal records for this congregation exist, they were not located by the time this volume of *Pennsylvania Births* was completed. Cope's county history also notes a Presbyterian congregation established in the mid-eighteenth century in Oxford Township. The only early records found for that church were session records dating from 1760 which did not include baptisms. Several histories note the existence of St. Peter's Lutheran Church in Pikeland Township; these histories state that Rev. Muhlenberg was present at the church dedication in 1772. Microfilms of the extant original records for that congregation have account registers only; the first birth record on that film is for a child baptized in 1812.

Second, Chester County boundaries have changed during the more than 300 years since the county was initially established in 1682. In 1729 several townships in the western part of the county were separated to form the present county of Lancaster. Sixty years later, in 1789, twenty eastern townships were set off to form the Pennsylvania county of Delaware. Researchers must remember that the meeting and church registers used for this compilation are those records found within Chester County boundaries as they exist in 1994.

Third, it is also very important to keep in mind that this book is not intended as a substitute source for Chester County church records; rather, it is intended to facilitate access to those records. Family historians who are able to determine that one or several of their ancestors were born in Chester County should consult the original record or a transcription of that record, both to verify information obtained from this text and to gather additional information, such as the date of baptism and the names of baptismal sponsors.

# PREFACE

# Church Records

The year each meeting was established is given in the list that follows; however, Friends meeting records frequently have vital information for members that occurred prior to the date the meeting was established. As an example, Birmingham Meeting was established in 1815, but there are records for members of that meeting born in 1790 and earlier in the register.

For the non-Quaker records the date is the year for the first baptismal entry found in that register. In some instances the church was actually organized or established earlier.

1. Records of the Kennett Square Monthly Meeting. established in 1686.

2. Records of the Bradford Monthly Meeting. established in 1737.

3. Records of the Goshen Monthly Meeting. established in 1722.

4. Records of the Nottingham Monthly Meeting. established in 1729.

5. Records of the New Garden Monthly Meeting. established in 1718.

6. Records of the Sadsbury Monthly Meeting. established in 1763.

7. Records of the Uwchlan Monthly Meeting. established in 1763.

8. Records of the Londongrove Monthly Meeting. established in 1792.

9. Records of the Birmingham Monthly Meeting. established in 1815.

10. Records of the Fallowfield Monthly Meeting. established in 1811.

## PREFACE

11. Records of Zion's Lutheran Church in Pikeland Township.
    baptismal records begin in 1756.

12. East Vincent Reformed Church in Vincent Township.
    baptismal records begin in 1753.

13. Brownbacks German Reformed Church in Coventry Township.
    baptismal records begin in 1753.

14. Forks of the Brandywine Presbyterian Church.
    baptismal records begin in 1761.

15. Faggs Manor Presbyterian Church .
    baptismal records begin in 1781.

16. Records of Rev. John Casper Stoever.
    baptisms from the 1730s were found.

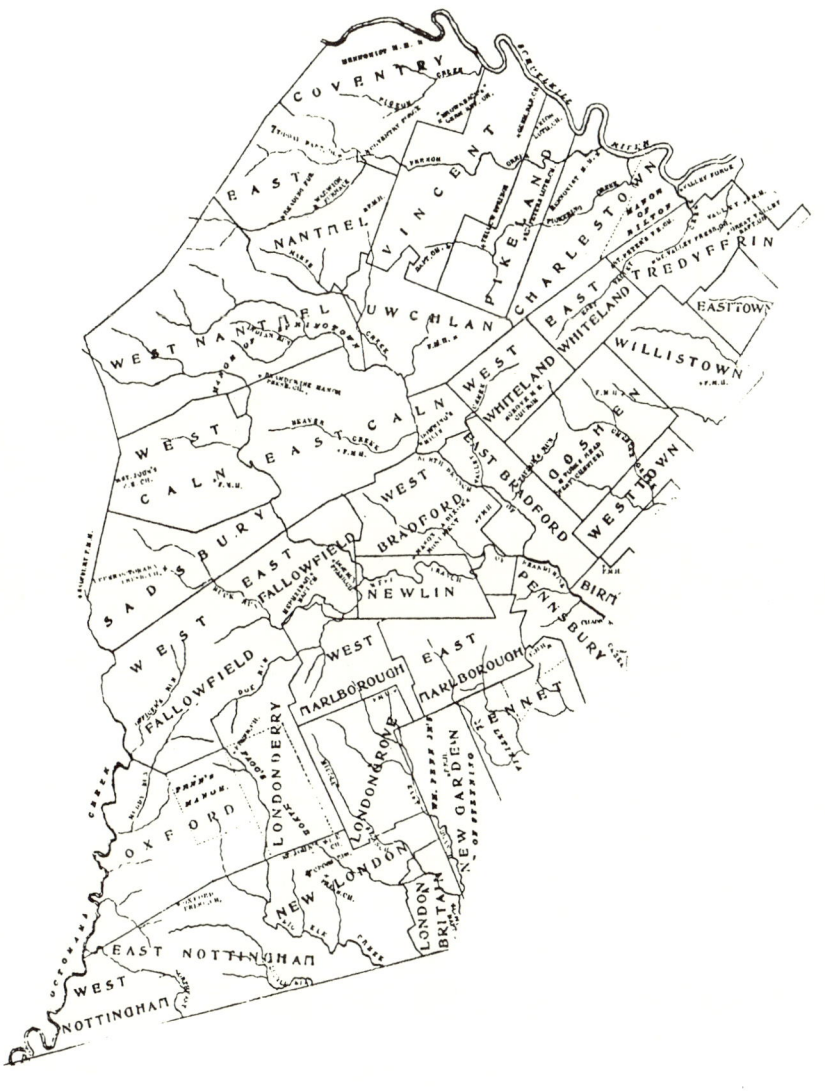

Chester County *circa* 1790. Surrouding Pennsylvania counties include: Lancaster, Berks, Montgomery, and Delaware. Counties in the adjacent states are: New Castle County, Delaware and Cecil County, Maryland.

# Pennsylvania Births–Chester County
# 1682–1800

**Achen**
| Abraham | | 4 Feb | 1779 | Jacob | Maria | 12 |
| Henrich / Hannah | | 17 Oct | 1776 | Jacob | Maria | 12 |
| Sophia | | ca Jul | 1772 | Jacob | Maria | 12 |

**Achy**
| John | | 4 Dec | 1788 | Herman | Magdalena | 12 |

**Acker**
| Anna Maria | | 25 Apr | 1784 | Conrad | Barbara | 12 |
| Anthony | bp | 26 Dec | 1766 | Anthony | Anna Maria | 12 |
| Anthony, adult | bp | 26 Dec | 1766 | not given | not given | 12 |
| Barbara | bp | 26 Dec | 1766 | Anthony | Anna Maria | 12 |
| Barbara | | 31 Mar | 1781 | Conrad | Barbara | 12 |
| Catharina | bp | 26 Dec | 1766 | Anthony | Anna Maria | 12 |
| Elizabeth | | 11 Jan | 1774 | Anthony | Anna Maria | 12 |
| Jacob | bp | 26 Dec | 1766 | Anthony | Anna Maria | 12 |
| Magdalena | bp | 26 Dec | 1766 | Anthony | Anna Maria | 12 |

**Adler**
| Margaretha | | 5 Oct | 1766 | Johan Georg | not given | 11 |

**Aelzasser**
| Anna Catharina | bp | 1 Aug | 1768 | Georg Jacob | not given | 11 |

**Ailes**
| Hannah | | 3 4mo | 1712 | Stephen | Mary | 5 |
| Stephen | | 9 4mo | 1717 | Stephen | Mary | 5 |
| William | | 2 8mo | 1714 | Stephen | Mary | 5 |

**Aker**
| Hannah | | 29 Sep | 1788 | Conrad | Barbara | 12 |

**Alexander**
| James | bp | 17 Jul | 1768 | Francis | Jean | 14 |
| John | bp | 17 Dec | 1782 | Patrick | Elianor | 15 |
| Margret | bp | May | 1771 | Francis | not given | 14 |

**Alford**
| Abi | | 25 5mo | 1792 | John | Rebecca | 1 |
| Ann | | 9mo | 1796 | John | Rebecca | 1 |
| Beriah | | 16 9mo | 1787 | John | Rebecca | 1 |
| George | | 4 2mo | 1776 | John | Rebecca | 1 |
| Hophni | | 16 1mo | 1795 | John | Rebecca | 1 |
| James | | 15 1mo | 1752 | not given | not given | 8 |
| Jesse | | 5 8mo | 1785 | John | Rebecca | 1 |

# CHESTER COUNTY BIRTHS

**Alford**
| | | | | | | |
|---|---|---|---|---|---|---|
| John | 20 | 11mo | 1753 | Charles | not given | 1 |
| Mary | 30 | 9mo | 1789 | John | Rebecca | 1 |
| Parmemias | 20 | 3mo | 1781 | John | Rebecca | 1 |
| Rebecca | 8 | 2mo | 1783 | John | Rebecca | 1 |
| Samuel | 1 | 1mo | 1779 | John | Rebecca | 1 |

**Alison**
| | | | | | | |
|---|---|---|---|---|---|---|
| Agnes | 26 | Jan | 1784 | Francis | Mary | 15 |
| Mary | 7 | Apr | 1786 | Francis | Mary | 15 |
| Oliver | 7 | Mar | 1788 | Francis | Mary | 15 |
| Robert | 19 | Jan | 1790 | Francis | Mary | 15 |

**Allen**
| | | | | | | |
|---|---|---|---|---|---|---|
| Ann | 14 | 8mo | 1753 | William | Rachel | 4 |
| Ann | 10 | 5mo | 1746 | John | Phebe (Scarlet) | 5 |
| Benjamin | 4 | 8mo | 1742 | John | Emey | 8 |
| David | 8 | 3mo | 1744 | James | Jane | 4 |
| David | 24 | 5mo | 1798 | Isaac | Sarah | 8 |
| Dinah | 8 | 3mo | 1757 | James | Jane | 4 |
| Elizabeth | 29 | 2mo | 1728 | John | Emey | 8 |
| Emey | 18 | 12mo | 1743/4 | John | Phebe (Scarlet) | 5 |
| Emey | 8 | 6mo | 1725 | John | Emey | 8 |
| Emmor | 6 | 1mo | 1793 | Isaac | Susanna | 8 |
| Esther | 11 | 2mo | 1773 | James | Rebecca | 4 |
| Hannah | 10 | 9mo | 1751 | William | Rachel | 4 |
| Hannah | 15 | 6mo | 1747 | James | Jane | 4 |
| Hannah | 16 | 7mo | 1775 | James | Rebecca | 4 |
| Hannah | 10 | 7mo | 1741 | John | Phebe (Scarlet) | 5 |
| Isaac | 24 | 3mo | 1781 | James | Rebecca | 4 |
| Isaac | 23 | 12mo | 1767 | not given | not given | 8 |
| James | 9 | 9mo | 1758 | James | Jane | 4 |
| James | 5 | 3mo | 1777 | James | Rebecca | 4 |
| Jane | 15 | 1mo | 1753 | James | Jane | 4 |
| John | 13 | 2mo | 1760 | James | Jane | 4 |
| John | 27 | 8mo | 1769 | James | Rebecca | 4 |
| John | 22 | 3mo | 1749 | John | Phebe (Scarlet) | 5 |
| John | 3 | 8mo | 1694 | not given | not given | 8 |
| John | 8 | 2mo | 1720 | John | Emey | 8 |
| Joseph | 12 | 5mo | 1733 | John | Emey | 8 |
| Mary | 3 | 7mo | 1759 | William | Rachel | 4 |
| Mary | 26 | 11mo | 1750 | James | Jane | 4 |
| Mary | 1 | 11mo | 1738 | John | Emey | 8 |
| Phebe | 11 | 12mo | 1764 | James | Jane | 1 |
| Phebe | 9 | 2mo | 1739 | John | Emey | 8 |
| Rachel | 23 | 7mo | 1757 | William | Rachel | 4 |
| Rachel | 24 | 6mo | 1771 | James | Rebecca | 4 |

# CHESTER COUNTY BIRTHS

**Allen**
| | | | | | | |
|---|---|---|---|---|---|---|
| Rebecca | 12 | 4mo | 1784 | James | Rebecca | 4 |
| Rebecca | 8 | 8mo | 1722 | John | Emey | 8 |
| Reuben | 8 | 3mo | 1783 | James | Rebecca | 4 |
| Ruth | 10 | 1mo | 1768 | James | Rebecca | 4 |
| Samuel | 4 | 4mo | 1779 | James | Rebecca | 4 |
| Samuel | 21 | 10mo | 1751 | John | Phebe (Scarlet) | 5 |
| Thomas | 25 | 8mo | 1754 | John | Phebe (Scarlet) | 5 |
| William | 26 | 8mo | 1755 | William | Rachel | 4 |
| William | 9 | 11mo | 1742 | James | Jane | 4 |
| William | 3 | 8mo | 1730 | John | Emey | 8 |

**Allison**
| | | | | | | |
|---|---|---|---|---|---|---|
| Andrew | 9 | 12mo | 1758 | James | Elizabeth | 6 |
| James | 15 | 10mo | 1756 | James | Elizabeth | 6 |
| Jane | 29 | 6mo | 1753 | James | Elizabeth | 6 |
| Mary | 8 | 3mo | 1755 | James | Elizabeth | 6 |

**Alsdorf**
| | | | | | | |
|---|---|---|---|---|---|---|
| Anna Maria | 14 | Oct | 1785 | Christian | Anna Maria | 12 |

**Altemus**
| | | | | | | |
|---|---|---|---|---|---|---|
| Isaac | 18 | 9mo | 1789 | not given | not given | 5 |

**Amborn**
| | | | | | | |
|---|---|---|---|---|---|---|
| Anna Margaretha | 2 | Feb | 1735 | Christoph | not given | 16 |
| John | 6 | Jul | 1741 | Christoph | not given | 16 |
| John Wilhelm | 10 | Dec | 1736 | Christoph | not given | 16 |

**Anderson**
| | | | | | | |
|---|---|---|---|---|---|---|
| Mathen | bp | Jun | 1768 | James | Ann | 14 |

**Andrae**
| | | | | | | |
|---|---|---|---|---|---|---|
| John | 17 | Feb | 1789 | Adam | Catharina | 12 |
| Philip | 6 | Jul | 1787 | Adam | Catharina | 12 |
| Susanna | 19 | Apr | 1757 | Philip | not given | 12 |

**Andre**
| | | | | | | |
|---|---|---|---|---|---|---|
| Elizabeth | 23 | Feb | 1784 | Adam | Catharina | 12 |
| Magdalena | 20 | Nov | 1785 | Adam | Catharina | 12 |

**Andrews**
| | | | | | | |
|---|---|---|---|---|---|---|
| James | 17 | 7mo | 1765 | Ezekiel | Rebecca | 4 |

**Armstrong**
| | | | | | | |
|---|---|---|---|---|---|---|
| Bennett | 7 | 11mo | 1795 | James | Ruth | 1 |
| Emile | 9 | 6mo | 1785 | James | Ruth | 1 |
| James | 22 | 2mo | 1788 | James | Ruth | 1 |
| John | 14 | 8mo | 1786 | James | Ruth | 1 |
| Joseph | 1 | 10mo | 1789 | James | Ruth | 1 |
| Phebe | 24 | 8mo | 1791 | James | Ruth | 1 |
| Ruth | 6 | 2mo | 1798 | James | Ruth | 1 |
| Samuel | 27 | 4mo | 1800 | James | Ruth | 1 |

# CHESTER COUNTY BIRTHS

**Armstrong**
| | | | | | | | |
|---|---|---|---|---|---|---|---|
| Sarah | | 20 | 9mo | 1793 | James | Ruth | 1 |
| Thomas Smith | bp | 20 | May | 1792 | Robert | Genny | 15 |

**Ashbridge**
| | | | | | | |
|---|---|---|---|---|---|---|
| Aaron | 29 | 5mo | 1747 | John | Hannah | 3 |
| Amos | 25 | 6mo | 1741 | John | Hannah | 3 |
| David | 22 | 6mo | 1744 | John | Hannah | 3 |
| Elizabeth | 22 | 8mo | 1736 | John | Hannah | 3 |
| George | 17 | 8mo | 1770 | George, Jr. | Rebecca | 3 |
| Hannah | 9 | 4mo | 1743 | John | Hannah | 3 |
| Jane | 30 | 5mo | 1733 | John | Hannah | 3 |
| Jane | 11 | 10mo | 1764 | George, Jr. | Rebecca | 3 |
| John | 8 | 11mo | 1738/9 | John | Hannah | 3 |
| Jonathan | 21 | 9mo | 1734 | John | Hannah | 3 |
| Lydia | 6 | 11mo | 1755 | George, Jr. | Rebecca | 3 |
| Mary | 13 | 9mo | 1758 | George, Jr. | Rebecca | 3 |
| Phebe | 8 | 9mo | 1767 | George, Jr. | Rebecca | 3 |
| Susanna | 30 | 9mo | 1761 | George, Jr. | Rebecca | 3 |
| William | 2 | 8mo | 1773 | George, Jr. | Rebecca | 3 |

**Askew**
| | | | | | | |
|---|---|---|---|---|---|---|
| Peter | | | 10mo | 1785 | Parker | Hannah | 4 |

**Atherton**
| | | | | | | |
|---|---|---|---|---|---|---|
| Caleb | 12 | 12mo | 1736 | Henry | Susanna | 3 |
| Henry | 10 | 10mo | 1732 | Henry | Susanna | 3 |
| William | 14 | 9mo | 1734 | Henry | Susanna | 3 |

# B

**B[e]rher**
| | | | | | | |
|---|---|---|---|---|---|---|
| William | 30 | Aug | 1781 | Edward | Esther | 12 |

**Ba[r]ker**
| | | | | | | |
|---|---|---|---|---|---|---|
| Henry | | circa | 1785 | Edward | Esther | 12 |

**Baart**
| | | | | | | |
|---|---|---|---|---|---|---|
| Valentin | 5 | Jul | 1771 | John | Catharina | 12 |

**Bach**
| | | | | | | |
|---|---|---|---|---|---|---|
| Sarah | 18 | Feb | 1789 | Henry | Elizabeth | 12 |

**Bacher**
| | | | | | | |
|---|---|---|---|---|---|---|
| Jacob | 17 | Dec | 1765 | Samuel | not given | 11 |

**Bailey**
| | | | | | | |
|---|---|---|---|---|---|---|
| Ann | | not given | | Daniel | Olive | 1 |
| Ann | 6 | 3mo | 1723 | Daniel | Olive | 1 |
| Caleb | 14 | 2mo | 1738 | Daniel | Olive | 1 |

# CHESTER COUNTY BIRTHS

**Bailey**
| | | | | | | |
|---|---|---|---|---|---|---|
| Daniel | | 21 1mo 1731 | Daniel | Olive | 1 |
| Elizabeth | | 16 10mo 1725 | Daniel | Olive | 1 |
| Lydia | | 27 1mo 1734 | Daniel | Olive | 1 |
| Nathan | | 10 1mo 1744 | Daniel | Olive | 1 |
| Olive | | 2 1mo 1736 | Daniel | Olive | 1 |
| Rebecca | bp | 5 Dec 1790 | John | Hannah | 15 |
| Ruth | | 16 4mo 1748 | Daniel | Olive | 1 |
| Samuel | | not given | Isaac | not given | 1 |
| William | | 9 10mo 1721 | Daniel | Olive | 1 |

**Baily**
| | | | | |
|---|---|---|---|---|
| Abraham | 27 7mo 1789 | Samuel | Susanna (Smith) | 1 |
| Ann | 5 11mo 1785 | Elisha | Hannah | 8 |
| Asher | 20 3mo 1785 | Caleb | Ann | 1 |
| Benajah | 14 11mo 1772 | Caleb | Ann | 1 |
| Benjamin | 11 6mo 1772 | Isaac | Hannah | 8 |
| Betty | 5 12mo 1753 | William | Betty (Cloud) | 1 |
| Betty | 8 1mo 1727/8 | Joel | Betty | 5 |
| Caleb | 19 5mo 1769 | Caleb | Ann | 1 |
| Daniel | 14 10mo 1769 | Caleb | Ann | 1 |
| David | 5 3mo 1760 | Isaac | Sarah (Jackson) | 1 |
| Deborah | 15 6mo 1777 | Isaac | Hannah | 8 |
| Dinah | 16 4mo 1752 | William | Betty (Cloud) | 1 |
| Eli | 6 4mo 1749 | William | Betty (Cloud) | 1 |
| Eli | 13 1mo 1767 | Isaac | Hannah | 8 |
| Elias | 23 9mo 1782 | Caleb | Ann | 1 |
| Elizabeth | 27 5mo 1791 | Samuel | Susanna (Smith) | 1 |
| Ellis | 29 6mo 1775 | Isaac | Hannah | 8 |
| Evan | 23 11mo 1758 | Isaac | Mary | 8 |
| Hannah | 4 2mo 1752 | Isaac | Sarah (Jackson) | 1 |
| Hannah | 3 9mo 1770 | Isaac | Hannah | 8 |
| Hannah | 31 1mo 1798 | Elisha | Hannah | 8 |
| Isaac | not given | Isaac | Abigail | 1 |
| Isaac | 13 10mo 1755 | Isaac | Sarah (Jackson) | 1 |
| Isaac | 27 2mo 1790 | Isaac | Esther (Howell) | 1 |
| Isaac | 26 8mo 1782 | Isaac | Hannah | 8 |
| Israel | 13 2mo 1787 | Isaac | Esther (Howell) | 1 |
| Jabez | 15 8mo 1784 | Isaac | Esther (Howell) | 1 |
| Jacob | 18 12mo 1753 | Isaac | Sarah (Jackson) | 1 |
| Jddith [?] | 12 9mo 1791 | Joshua | Ann (Jackson) | 5 |
| Jesse | 12 12mo 1793 | Isaac | Esther (Howell) | 1 |
| Jesse | 5 7mo 1797 | Joseph | Elizabeth | 3 |
| Jesse | 17 2mo 1769 | Isaac | Hannah | 8 |
| Job | 22 6mo 1757 | William | Betty (Cloud) | 1 |
| Joel | 8 7mo 1789 | Joshua | Ann (Jackson) | 5 |
| Joseph | 10 9mo 1764 | Caleb | Ann | 1 |

## CHESTER COUNTY BIRTHS

**Baily**

| Name | Day | Mo | Year | Father | Mother | |
|---|---|---|---|---|---|---|
| Joshua | 10 | 4mo | 1758 | Isaac | Sarah (Jackson) | 1 |
| Joshua | not given | | | Joel | Betty | 5 |
| Joshua | 14 | 3mo | 1787 | Joshua | Ann (Jackson) | 5 |
| Levi | 20 | 6mo | 1750 | William | Betty (Cloud) | 1 |
| Lewis | 13 | 11mo | 1794 | Samuel | Susanna (Smith) | 1 |
| Lewis | 20 | 3mo | 1779 | Joshua | Ann (Jackson) | 5 |
| Mary | 18 | 10mo | 1778 | Caleb | Ann | 1 |
| Mary | 18 | 10mo | 1779 | Isaac | Mary | 2 |
| Mary | 18 | 10mo | 1779 | Isaac | Hannah | 8 |
| Mary | 21 | 1mo | 1788 | Elisha | Hannah | 8 |
| Mary | 19 | 3mo | 1793 | Elisha | Hannah | 8 |
| Nathaniel | 18 | 12mo | 1765 | Isaac | Hannah | 8 |
| Obed | 5 | 2mo | 1791 | Elisha | Hannah | 8 |
| Olive | 16 | 6mo | 1790 | Caleb | Ann | 1 |
| Phebe | 29 | 11mo | 1780 | Joshua | Ann (Jackson) | 5 |
| Reuben | 22 | 1mo | 1785 | Joshua | Ann (Jackson) | 5 |
| Richard | 7 | 10mo | 1789 | Elisha | Hannah | 8 |
| Richard | 19 | 9mo | 1795 | Elisha | Hannah | 8 |
| Samuel | 25 | 4mo | 1750 | Isaac | Sarah (Jackson) | 1 |
| Sarah | 18 | 12mo | 1797 | Samuel | Susanna (Smith) | 1 |
| Sarah | 8 | 8mo | 1782 | Joshua | Ann (Jackson) | 5 |
| Sarah | 8 | 2mo | 1776 | Isaac | Hannah | 8 |
| Stephen | 28 | 9mo | 1775 | Caleb | Ann | 1 |
| Susanna | 17 | 8mo | 1735 | John | Mary | 5 |
| Thomas | 9 | 2mo | 1760 | Isaac | Mary | 8 |
| William | 9 | 10mo | 1721 | Daniel | Olive | 1 |
| William | 10 | 5mo | 1755 | William | Betty (Cloud) | 1 |
| William | circa | | 1767 | not given | not given | 5 |
| Yarnall | 19 | 8mo | 1799 | Joseph | Elizabeth | 3 |

**Baker**

| Name | Day | Mo | Year | Father | Mother | |
|---|---|---|---|---|---|---|
| Eliza | 23 | 2mo | 1799 | James | Sarah | 8 |
| George | 24 | 7mo | 1755 | Richard | Rachel | 2 |
| Hannah | 1 | 3mo | 1797 | Richard | Rebecca | 2 |
| Hannah | 23 | 11mo | 1785 | James | Sarah | 8 |
| James | 13 | 1mo | 1762 | not given | not given | 8 |
| Levi | 21 | 11mo | 1791 | James | Sarah | 8 |
| Lydia | 21 | 1mo | 1790 | James | Sarah | 8 |
| Mary | 17 | 11mo | 1714 | Adam | Margaret | 3 |
| Nathaniel | 9 | 12mo | 1795 | James | Sarah | 8 |
| Phebe | 12 | 10mo | 1793 | James | Sarah | 8 |
| Rachel | 16 | 7mo | 1757 | Richard | Rachel | 2 |
| Rachel | 23 | 11mo | 1759 | Richard | Rachel | 2 |
| Rachel | 26 | 6mo | 1799 | Richard | Rebecca | 2 |
| Richard | 21 | 8mo | 1765 | Richard | Rachel | 2 |
| Sarah | 17 | 6mo | 1716 | Adam | Margaret | 3 |

# CHESTER COUNTY BIRTHS

**Baker**

| | | | | | | |
|---|---|---|---|---|---|---|
| Susanna | 6 | 4mo | 1788 | James | Sarah | 8 |
| Thomas | 18 | 12mo | 1762 | Richard | Rachel | 2 |
| William W. | 7 | 6mo | 1795 | Richard | Rebecca | 2 |

**Balderson**

| | | | | | | |
|---|---|---|---|---|---|---|
| Deborah | 29 | 4mo | 1787 | Mordecai | Deborah (Michener) | 5 |
| Hannah | 19 | 9mo | 1782 | Mordecai | Deborah (Michener) | 5 |
| Isaiah | 16 | 3mo | 1784 | Mordecai | Deborah (Michener) | 5 |
| Jacob | 20 | 10mo | 1779 | Mordecai | Deborah (Michener) | 5 |
| Jacob | 12 | 5mo | 1785 | Mordecai | Deborah (Michener) | 5 |
| Jonathan | 28 | 4mo | 1797 | Mordecai | Deborah (Michener) | 5 |
| Joseph | 9 | 4mo | 1795 | Mordecai | Deborah (Michener) | 5 |
| Katherine | 10 | 5mo | 1793 | Mordecai | Deborah (Michener) | 5 |
| Mary | 9 | 1mo | 1789 | Mordecai | Deborah (Michener) | 5 |
| Mordecai | 31 | 1mo | 1755 | John | Hannah | 5 |
| Mordecai | 3 | 3mo | 1781 | Mordecai | Deborah (Michener) | 5 |
| Mordecai | 18 | 4mo | 1791 | Mordecai | Deborah (Michener) | 5 |
| Sarah | 5 | 3mo | 1778 | Mordecai | Deborah (Michener) | 5 |

**Baldwin**

| | | | | | | |
|---|---|---|---|---|---|---|
| Ann | 13 | 12mo | 1758 | Joshua | Mercy (Brown) | 7 |
| Ann | 20 | 6mo | 1752 | John | Ann (Peirce) | 7 |
| Caleb | 31 | 6mo | 1749 | John | Ann (Peirce) | 7 |
| Deborah | 1 | 11mo | 1775 | Caleb | Charity | 7 |
| George | 3 | 12mo | 1796 | John | Lydia (Trimble) | 7 |
| George S. | 4 | 3mo | 1784 | Samuel | Mary | 7 |
| Grace | 19 | 8mo | 1799 | John | Lydia (Trimble) | 7 |
| Hannah | 6 | 8mo | 1745 | John | Elizabeth | 1 |
| Hannah | 9 | 1mo | 1781 | Thomas | Elizabeth | 2 |
| Hannah | 4 | 11mo | 1748 | Joshua | Mercy | 3 |
| Hannah | | not given | | Thomas | Sarah | 5 |
| Isaac | 22 | 2mo | 1791 | Samuel | Mary | 7 |
| Israel | 8 | 2mo | 1786 | Samuel | Mary | 7 |
| Jane | 22 | 3mo | 1763 | Joshua | Mercy (Brown) | 7 |
| Jane | 29 | 9mo | 1788 | Samuel | Mary | 7 |
| John | 27 | 11mo | 1772 | Thomas | Elizabeth | 2 |
| John | 8 | 7mo | 1780 | John | Rebecca | 3 |
| John | 11 | 10mo | 1751 | Joshua | Mercy (Brown) | 7 |
| John | 22 | 12mo | 1719 | John | Hannah | 7 |
| John | 2 | 6mo | 1748 | John | Ann (Peirce) | 7 |
| John | 5 | 7mo | 1765 | William | Mary | 7 |
| John | 13 | 7mo | 1778 | Caleb | Charity | 7 |
| Jonathan G. | 29 | 1mo | 1792 | Caleb | Charity | 7 |
| Joseph | 9 | 10mo | 1783 | Thomas | Elizabeth | 2 |
| Joshua | 3 | 11mo | 1721/2 | John | Hannah | 7 |
| Joshua | 4 | 3mo | 1780 | Samuel | Mary | 7 |

## CHESTER COUNTY BIRTHS

**Baldwin**
| | | | | | | |
|---|---|---|---|---|---|---|
| Lydia | 30 | 11mo | 1736 | John | Elizabeth | 1 |
| Lydia | 15 | 11mo | 1774 | Thomas | Elizabeth | 2 |
| Lydia | 19 | 4mo | 1789 | Samuel | Mary | 7 |
| Mary | 17 | 6mo | 1735 | John | Elizabeth | 1 |
| Mary | 17 | 6mo | 1744 | John | Ann (Peirce) | 7 |
| Mercy | 15 | 1mo | 1761 | Joshua | Mercy (Brown) | 7 |
| Mercy | 4 | 10mo | 1781 | Samuel | Mary | 7 |
| Rachel | 13 | 7mo | 1756 | Joshua | Mercy (Brown) | 7 |
| Robert | 15 | 2mo | 1782 | John | Rebecca | 3 |
| Samuel | 1 | 8mo | 1741 | John | Elizabeth | 1 |
| Samuel | 13 | 2mo | 1754 | Joshua | Mercy (Brown) | 7 |
| Samuel | 29 | 6mo | 1782 | Caleb | Charity | 7 |
| Samuel S. | 24 | 1mo | 1793 | Samuel | Mary | 7 |
| Sarah | 13 | 11mo | 1787 | Thomas | Elizabeth | 2 |
| Sarah | 16 | 7mo | 1745 | Joshua | Sarah (Downing) | 7 |
| Thomas | 27 | 7mo | 1743 | John | Elizabeth | 1 |
| William | 5 | 9mo | 1739 | John | Elizabeth | 1 |
| William | 29 | 3mo | 1778 | Thomas | Elizabeth | 2 |
| William | 6 | 7mo | 1794 | John | Lydia (Trimble) | 7 |

**Bancroft**
| | | | | | | |
|---|---|---|---|---|---|---|
| Mary | 13 | 5mo | 1673 | John | Mary | 1 |

**Bane**
| | | | | | | |
|---|---|---|---|---|---|---|
| Abner | 1 | 8mo | 1761 | William | Margaret | 3 |
| Alexander | 17 | 9mo | 1721 | Alexander | Jane | 3 |
| Alexander | 18 | 3mo | 1747 | William | Margaret | 3 |
| Catharine | 5 | 8mo | 1719 | Alexander | Jane | 3 |
| Daniel | 15 | 11mo | 1723/4 | Alexander | Jane | 3 |
| Deborah | 20 | 9mo | 1748 | Nathan | Mary | 7 |
| Elizabeth | 1 | 5mo | 1751 | William | Margaret | 3 |
| James | 8 | 8mo | 1766 | William | Margaret | 3 |
| Jane | 29 | 5mo | 1714 | Alexander | Jane | 3 |
| Jane | 15 | 12mo | 1763 | William | Margaret | 3 |
| Jesse | 19 | 3mo | 1755 | William | Margaret | 3 |
| Mary | 26 | 9mo | 1715 | Alexander | Jane | 3 |
| Nathan | 11 | 7mo | 1757 | William | Margaret | 3 |
| Nathan | 20 | 4mo | 1759 | William | not given | 3 |
| Thomas | 11 | 5mo | 1749 | William | Margaret | 3 |
| William | 19 | 8mo | 1717 | Alexander | Jane | 3 |
| William | 3 | 4mo | 1753 | William | Margaret | 3 |

**Bar**
| | | | | | | |
|---|---|---|---|---|---|---|
| Agness | bp | Jul | 1771 | Andrew | not given | 14 |
| William | bp | Aug | 1769 | William | not given (Hamilton) | 14 |

**Barber**
| | | | | | | |
|---|---|---|---|---|---|---|
| Elinor | 24 | 1mo | 1749 | Robert | Sarah | 6 |

## CHESTER COUNTY BIRTHS

**Barber**
| | | | | | | |
|---|---|---|---|---|---|---|
| Elizabeth | 13 | 7mo | 1762 | Robert | Sarah | 6 |
| Hannah | 17 | 9mo | 1747 | Robert | Sarah | 6 |
| Hannah | 25 | 9mo | 1750 | Robert | Sarah | 6 |
| Hannah | 12 | 11mo | 1758 | Robert | Sarah | 6 |
| James | 8 | 6mo | 1765 | Robert | Sarah | 6 |
| John | 26 | 10mo | 1753 | Robert | Sarah | 6 |
| Rhoda | 17 | 3mo | 1775 | Robert | Sarah | 6 |
| Robert | 28 | 8mo | 1751 | Robert | Sarah | 6 |
| Samuel | 26 | 2mo | 1756 | Robert | Sarah | 6 |
| Sarah | 21 | 5mo | 1766 | Robert | Sarah | 6 |
| Susanna | 13 | 7mo | 1769 | Robert | Sarah | 6 |
| Thomas | 14 | 10mo | 1760 | Robert | Sarah | 6 |

**Barnard**
| | | | | | | |
|---|---|---|---|---|---|---|
| Abiah | 5 | 7mo | 1781 | Richard | Lettice | 2 |
| Abner | 27 | 4mo | 1764 | Thomas | Sarah (Miller) | 5 |
| Amos | 4 | 8mo | 1795 | Richard | Sarah (Chambers) | 1 |
| Amos | 15 | 6mo | 1772 | Richard | Lettice | 2 |
| Ann | 11 | 3mo | 1755 | Thomas | Sarah | 4 |
| Ann | 11 | 2mo | 1756 | Thomas | Sarah (Miller) | 5 |
| Ann | 26 | 9mo | 1792 | Jeremiah | Mary | 8 |
| Cyrus | 10 | 10mo | 1776 | Richard | Lettice | 2 |
| Deborah | 25 | 10mo | 1768 | Thomas | Sarah (Miller) | 5 |
| Dinah | 3 | 9mo | 1792 | Joseph | Mary (Meredith) | 1 |
| Elihu | 6 | 3mo | 1798 | Richard | Sarah (Chambers) | 1 |
| Elizabeth | 30 | 11mo | 1783 | Richard | Lettice | 2 |
| George | 1 | 5mo | 1785 | Jeremiah | Elizabeth | 8 |
| Grace | 20 | 11mo | 1799 | Joseph | Mary (Meredith) | 1 |
| Hannah | 2 | 8mo | 1793 | Joseph | Margaret | 4 |
| Hannah | 21 | 11mo | 1760 | Isaac | not given | 4 |
| Hannah | 11 | 12mo | 1757 | Thomas | Sarah | 4 |
| Hannah | 24 | 12mo | 1757 | Thomas | Sarah (Miller) | 5 |
| Huldah | 30 | 6mo | 1789 | Jeremiah | Mary | 8 |
| Jeremiah | 2 | 12mo | 1754 | Richard | Susanna | 2 |
| Jeremiah | 1 | 1mo | 1717 | not given | not given | 8 |
| Jeremiah | 20 | 1mo | 1783 | Jeremiah | Elizabeth | 8 |
| John | 23 | 2mo | 1754 | Thomas | Sarah (Miller) | 5 |
| John | 11 | 11mo | 1798 | Jeremiah | Elizabeth | 8 |
| Jonathan | 9 | 10mo | 1760 | Thomas | Sarah (Miller) | 5 |
| Joseph | circa | | 1764 | Richard | not given | 1 |
| Joseph | 8 | 11mo | 1793 | Richard | Sarah (Chambers) | 1 |
| Joseph | 25 | 12mo | 1763 | Richard | Lettice | 2 |
| Joshua | 17 | 12mo | 1751 | Thomas | Sarah (Miller) | 5 |
| Judith | 28 | 7mo | 1774 | Richard | Lettice | 2 |
| Judith | 18 | 10mo | 1797 | Jeremiah | Mary | 8 |
| Lettice | 29 | 10mo | 1795 | Joseph | Mary (Meredith) | 1 |

## CHESTER COUNTY BIRTHS

**Barber**
| | | | | | |
|---|---|---|---|---|---|
| Lettice | 9 6mo 1779 | Richard | Lettice | 2 |
| Lydia | 6 8mo 1770 | Richard | Lettice | 2 |
| Lydia | 1 10mo 1758 | Thomas | Sarah (Miller) | 5 |
| Margaret | 30 9mo 1787 | Jeremiah | Elizabeth | 8 |
| Mary | 13 10mo 1765 | Richard | Lettice | 2 |
| Mary | not given | Richard | Lettice | 5 |
| Mary | 27 4mo 1794 | Jeremiah | Mary | 8 |
| Mary | 31 1mo 1792 | Jeremiah | Elizabeth | 8 |
| Rachel | 16 3mo 1756 | Richard | Susanna | 2 |
| Rachel | 23 12mo 1762 | Thomas | Sarah (Miller) | 5 |
| Rachel | 5 8mo 1796 | Jeremiah | Elizabeth | 8 |
| Richard | 9 6mo 1797 | Joseph | Mary (Meredith) | 1 |
| Richard | *circa* 1768 | Richard | not given | 1 |
| Richard | 5 12mo 1767 | Richard | Lettice | 2 |
| Richard | 3 11mo 1789 | Jeremiah | Elizabeth | 8 |
| Samuel | 13 5mo 1794 | Jeremiah | Elizabeth | 8 |
| Susanna | 25 9mo 1781 | Jeremiah | Elizabeth | 8 |
| Thomas | not given | Richard | Ann | 5 |
| William | 16 4mo 1800 | Richard | Sarah (Chambers) | 1 |

**Barrett**
| | | | | | |
|---|---|---|---|---|---|
| Arthur | 10 7mo 1742 | Thomas | Hannah | 4 |
| Arthur | 7 11mo 1709 | Arthur | Lydia | 5 |
| Deborah | 16 12mo 1756 | Thomas | Hannah | 4 |
| Hannah | 5 5mo 1759 | Thomas | Hannah | 4 |
| John | 23 10mo 1707 | Arthur | Lydia | 5 |
| Joseph | 15 7mo 1766 | Thomas | Hannah | 4 |
| Lydia | 30 7mo 1749 | Thomas | Hannah | 4 |
| Mary | 16 12mo 1756 | Thomas | Hannah | 4 |
| Rachel | 12 9mo 1744 | Thomas | Hannah | 4 |
| Rebecca | 7 8mo 1740 | Thomas | Hannah | 4 |
| Richard | 20 10mo 1717 | Arthur | Lydia | 5 |
| Susanna | 30 7mo 1752 | Thomas | Hannah | 4 |
| Thomas | 23 11mo 1746 | Thomas | Hannah | 4 |
| Thomas | 16 1mo 1711/2 | Arthur | Lydia | 5 |
| William | 4 4mo 1755 | Thomas | Hannah | 4 |
| William | 15 2mo 1713 | Arthur | Lydia | 5 |

**Batten**
| | | | | | |
|---|---|---|---|---|---|
| Mary | 15 9mo 1747 | Richard | Elizabeth | 3 |

**Battin**
| | | | | | |
|---|---|---|---|---|---|
| Ann | 2 2mo 1792 | Marshall | Susanna (Stroud) | 1 |
| Marshall | not given | John | not given | 1 |
| Rachel | 2 2mo 1792 | John | Ann | 1 |
| Susanna | 18 10mo 1793 | John | Ann | 1 |

## CHESTER COUNTY BIRTHS

**Bauer**
| | | | | | | |
|---|---|---|---|---|---|---|
| Elizabeth | 23 | Oct | 1794 | Jacob | Anna | 12 |
| Rosina | 2 | Apr | 1794 | Jacob | Anna | 12 |

**Bayer**
| | | | | | | |
|---|---|---|---|---|---|---|
| Andreas | 23 | Dec | 1766 | Johannes | not given | 13 |
| Elis. Juliana Thersia | 19 | May | 1775 | not given | Marg. Bayer | 11 |
| John | 12 | Jul | 1768 | Benedict | Marg. Elisabet | 12 |
| daughter | 3 | Mar | 1766 | Johannes | not given | 13 |

**Beals**
| | | | | | | |
|---|---|---|---|---|---|---|
| Jacob | 28 | 7mo | 1689 | John | Mary | 5 |
| Jacob | 18 | 7mo | 1717 | Jacob | Mary | 5 |
| John | 20 | 1mo | 1685/6 | John | Mary | 5 |
| John | 17 | 2mo | 1717 | John, Jr. | Sarah | 5 |
| John | 11 | 7mo | 1715 | Jacob | Mary | 5 |
| Lydia | 1 | 6mo | 1719 | William | Rebecca | 5 |
| Mary | 24 | 4mo | 1692 | John | Mary | 5 |
| Mary | 15 | 9mo | 1719 | Jacob | Mary | 5 |
| Patience | 16 | 4mo | 1695 | John | Mary | 5 |
| Sarah | 29 | 5mo | 1713 | John, Jr. | Sarah | 5 |
| Thomas | 14 | 1mo | 1719/20 | John, Jr. | Sarah | 5 |
| William | 1 | 2mo | 1687 | John | Mary | 5 |
| William | 16 | 9mo | 1721 | Jacob | Mary | 5 |

**Beaty**
| | | | | | | |
|---|---|---|---|---|---|---|
| Jean | bp | | Sep | 1771 | David, Jr. | not given | 14 |

**Becher**
| | | | | | | |
|---|---|---|---|---|---|---|
| Sara | 11 | May | 1777 | Phillipp | Magdalena | 11 |

**Bechtel**
| | | | | | | |
|---|---|---|---|---|---|---|
| Abraham | 23 | Sep | 1791 | George | Elizabeth | 12 |
| Anna Savia | 31 | Jan | 1766 | Burckhardt | not given | 13 |
| Georg Adam | 17 | Jan | 1765 | Georg Adam | not given | 13 |
| John Henry | 20 | Sep | 1789 | George | Elizabeth | 12 |
| Maria | 14 | Feb | 1795 | George | Margaret | 12 |
| Maria Philippina | 22 | Sep | 1787 | George | Elizabeth | 12 |

**Beck**
| | | | | | | |
|---|---|---|---|---|---|---|
| Anna Maria | 31 | Mar | 1786 | Henry | Elizabeth | 12 |
| John | 11 | Dec | 1786 | John | Catharina | 11 |

**Becker**
| | | | | | | |
|---|---|---|---|---|---|---|
| Johannes | 6 | Oct | 1783 | Peter | Elisabetha | 11 |
| Susanna | 4 | Jan | 1785 | Peter | Elisabetha | 11 |

**Behm**
| | | | | | | |
|---|---|---|---|---|---|---|
| Joh. Adam | 14 | Nov | 1761 | Ad. | Cathar. | 11 |

**Bell**
| | | | | | | |
|---|---|---|---|---|---|---|
| Abraham | 1 | 9mo | 1800 | Richard | Rachel | 4 |
| Mary | 1 | 12mo | 1798 | Richard | Rachel | 4 |

# CHESTER COUNTY BIRTHS

**Bell**
| | | | | | | | |
|---|---|---|---|---|---|---|---|
| Rachel | | 17 | 12mo | 1772 | not given | not given | 5 |

**Bender**
| | | | | | | | |
|---|---|---|---|---|---|---|---|
| Anna | | 7 | Dec | 1790 | Jacob | Catharina | 12 |

**Benner**
| | | | | | | | |
|---|---|---|---|---|---|---|---|
| Barbara | | 28 | May | 1758 | Paul | not given | 12 |
| Catharine | | 2 | Apr | 1795 | Henry | Elizabeth | 12 |
| Christian | | 10 | Aug | 1789 | Christian | Anna Maria | 12 |
| Christian, adult | | *circa* | | 1762 | not given | not given | 12 |
| Elizabeth | | 2 | Jul | 1795 | Christian | Maria | 12 |
| Hannah | | 8 | Feb | 1793 | Henry | Elizabeth | 12 |
| Henry | | 1 | Dec | 1787 | Christian | Anna Maria | 12 |
| Jacob | | 15 | Aug | 1764 | Daniel | not given | 12 |
| Johannes | | 10 | Jan | 1766 | Daniel | not given | 12 |
| John | | 24 | Feb | 1765 | John | not given | 12 |
| Joshua | | 1 | Aug | 1792 | Christian | Maria | 12 |
| Maria | | 28 | Jan | 1797 | Jacob | Anna | 12 |
| Susanna | bp | 8 | May | 1791 | Henry | Elizabeth | 12 |

**Bennett**
| | | | | | | |
|---|---|---|---|---|---|---|
| Abigail | 10 | 8mo | 1745 | Joseph | Deborah | 1 |
| Amos | 5 | 8mo | 1790 | William | Grace | 5 |
| Deborah | 10 | 9mo | 1743 | Joseph | Deborah | 1 |
| Edith | 20 | 10mo | 1793 | Isaac | Ann (Webb) | 1 |
| Elizabeth | 29 | 10mo | 1756 | Joseph | Betty | 1 |
| Elizabeth | 6 | 1mo | 1724 | Jacob | Esther | 1 |
| Elizabeth | 27 | 4mo | 1793 | William | Grace | 5 |
| Esther | | not given | | Joseph | not given | 1 |
| Esther | 8 | 1mo | 1740 | Joseph | Deborah | 1 |
| George | 7 | 3mo | 1750 | Joseph | Deborah | 1 |
| Gilpin | 29 | 11mo | 1795 | Isaac | Ann (Webb) | 1 |
| Hannah | 6 | 5mo | 1776 | James | Hannah (Gilpin) | 1 |
| Hannah | 29 | 2mo | 1741 | Joseph | Deborah | 1 |
| Hannah | 1 | 1mo | 1747 | Joseph | Deborah | 1 |
| Imlah | 26 | 4mo | 1800 | William | Alice | 3 |
| Isaac | 11 | 5mo | 1764 | James | Hannah (Gilpin) | 1 |
| Isaac | 8 | 9mo | 1791 | William | Grace | 5 |
| Jabez | 22 | 11mo | 1796 | James | Hannah | 1 |
| Jacob | 10 | 9mo | 1773 | James | Hannah (Gilpin) | 1 |
| Jacob | 5 | 9mo | 1728 | Jacob | Esther | 1 |
| Jacob | 21 | 7mo | 1748 | Joseph | Deborah | 1 |
| James | 10 | 9mo | 1734 | John | Sarah | 1 |
| James | 11 | 7mo | 1768 | James | Hannah (Gilpin) | 1 |
| James | 28 | 2mo | 1798 | William | Grace | 5 |
| Jane | 21 | 2mo | 1753 | Joseph | Deborah | 1 |
| Jane | 11 | Sep | 1722 | Jacob | Esther | 1 |

## CHESTER COUNTY BIRTHS

**Bennett**
| | | | | | | |
|---|---|---|---|---|---|---|
| Jane | 24 | 9mo | 1794 | William | Grace | 5 |
| Joseph | 9 | 3mo | 1771 | James | Hannah (Gilpin) | 1 |
| Joseph | 7 | 2mo | 1781 | James | Hannah (Gilpin) | 1 |
| Joseph | 25 | 9mo | 1751 | Joseph | Deborah | 1 |
| Joseph | 9 | Oct | 1719 | Jacob | Esther | 1 |
| Juliet | 15 | 6mo | 1791 | William | Alice | 3 |
| Lea | 10 | 3mo | 1798 | James | Hannah | 1 |
| Lewis | 2 | 9mo | 1792 | William | Alice | 3 |
| Malinda | 6 | 7mo | 1794 | William | Alice | 3 |
| Mary | 29 | 11mo | 1762 | James | Hannah (Gilpin) | 1 |
| Mary | 13 | 7mo | 1742 | Joseph | Deborah | 1 |
| Minerva | 28 | 5mo | 1798 | William | Alice | 3 |
| Rachel | 10 | 4mo | 1796 | William | Grace | 5 |
| Sarah | 2 | 5mo | 1766 | James | Hannah (Gilpin) | 1 |
| Susanna | 17 | 4mo | 1778 | James | Hannah (Gilpin) | 1 |
| Thirza | 17 | 5mo | 1795 | James | Hannah | 1 |
| Titus | 12 | 8mo | 1732 | John | Sarah (Gilpin) | 1 |
| Warner | 2 | 6mo | 1796 | William | Alice | 3 |
| William | 22 | 11mo | 1733 | James | Esther | 1 |
| William | 3 | 10mo | 1800 | William | Grace | 5 |

**Bennington**
| | | | | | | |
|---|---|---|---|---|---|---|
| John | 20 | 7mo | 1800 | not given | not given | 8 |

**Benson**
| | | | | | | |
|---|---|---|---|---|---|---|
| Ann | 18 | 5mo | 1722 | Robert | Jane | 3 |
| Hannah | 31 | 1mo | 1720 | Robert | Jane | 3 |
| James | 22 | 6mo | 1717 | Robert | Jane | 3 |
| John | 19 | 12mo | 1714 | Robert | Jane | 3 |
| John | 18 | 10mo | 1749 | William | Jane | 3 |
| Margaret | 13 | 6mo | 17?? | William | Jane | 3 |
| Robert | 13 | 12mo | 1747 | William | Jane | 3 |
| William | 7 | 4mo | 1726 | Robert | Jane | 3 |
| William | 11 | 1mo | 17?? | William | Jane | 3 |

**Bergey**
| | | | | | | |
|---|---|---|---|---|---|---|
| Elisabeth | 16 | Apr | 1762 | not given | Margaretha | 11 |

**Bernhart**
| | | | | | | |
|---|---|---|---|---|---|---|
| Jacob | 24 | May | 1773 | Henrich | Rosina | 11 |

**Berry**
| | | | | | | |
|---|---|---|---|---|---|---|
| David | 14 | 11mo | 1755 | John | Patience | 4 |
| Lydia | 7 | 2mo | 1761 | John | Patience | 4 |
| Margaret | 16 | 8mo | 1757 | John | Patience | 4 |
| Samuel | 24 | 7mo | 1754 | John | Patience | 4 |

**Beyer**
| | | | | | | |
|---|---|---|---|---|---|---|
| Abraham | bp 24 | Jan | 1768 | Johannes | not given | 11 |
| Friederich | 16 | Aug | 1772 | Philip | not given | 11 |

## CHESTER COUNTY BIRTHS

**Bieber**
| | | | | | | |
|---|---|---|---|---|---|---|
| Joh. Georg | 6 | Jun | 1767 | Johannes | Barbara | 11 |

**Bieg**
| | | | | | | |
|---|---|---|---|---|---|---|
| Elisabetha | 15 | Mar | 1767 | Stephan | not given | 13 |

**Bierbauer**
| | | | | | | |
|---|---|---|---|---|---|---|
| Abraham | 13 | Mar | 1787 | Herman | Christina | 12 |
| Elizabeth | 13 | May | 1777 | Herman | Christina | 12 |
| Hannah | 12 | Sep | 1784 | Herman | Christina | 12 |
| John | 10 | Mar | 1779 | Herman | Christina | 12 |
| Magdalena | 16 | Jun | 1768 | Aleman | Christina | 12 |
| Margaret | 15 | Aug | 1767 | Casper | Sarah | 12 |
| Maria | 17 | Jan | 1782 | Herman | Christina | 12 |

**Bingeman**
| | | | | | | |
|---|---|---|---|---|---|---|
| Johann Henrich | bp 12 | ??? | 1754 | Fridrich | not given | 13 |

**Black**
| | | | | | | |
|---|---|---|---|---|---|---|
| Molly | bp 6 | Oct | 1793 | George | Hannah | 15 |

**Blake**
| | | | | | | |
|---|---|---|---|---|---|---|
| Eliza | 30 | 2mo | 1687 | Edward | Sarah | 1 |

**Bolden**
| | | | | | | |
|---|---|---|---|---|---|---|
| Sara | 31 | Dec | 1793 | Henrich | not given | 11 |

**Bonsall**
| | | | | | | |
|---|---|---|---|---|---|---|
| Anna | 13 | 2mo | 1792 | Isaac | Mercy (Milhous) | 7 |
| Edward | 28 | 5mo | 1794 | Isaac | Mercy (Milhous) | 7 |
| Hannah | 30 | 9mo | 1787 | Isaac | Mercy (Milhous) | 7 |
| Isaac | 31 | 10mo | 1765 | not given | not given | 7 |
| Joseph | 29 | 10mo | 1796 | Isaac | Mercy (Milhous) | 7 |
| Sidney | 28 | 9mo | 1799 | Isaac | Mercy (Milhous) | 7 |
| Thomas | 22 | 9mo | 1798 | Isaac | Mercy (Milhous) | 7 |
| William | 24 | 3mo | 1790 | Isaac | Mercy (Milhous) | 7 |

**Bonting**
| | | | | | | |
|---|---|---|---|---|---|---|
| William | bp 10 | Feb | 1792 | John | Mary | 15 |

**Boon**
| | | | | | | |
|---|---|---|---|---|---|---|
| Genny | bp 9 | Dec | 1790 | John | Mary | 15 |
| James | bp 21 | Apr | 1793 | John | Mary | 15 |

**Boothe**
| | | | | | | |
|---|---|---|---|---|---|---|
| Anna Dorothea | bp 12 | Feb | 1791 | Walter | not given | 15 |

**Bossert**
| | | | | | | |
|---|---|---|---|---|---|---|
| Heinrich | bp 20 | Mar | 1770 | Johannes | not given | 11 |
| Jacob | 22 | Mar | 1766 | Johannes | not given | 11 |
| Johannes | bp 9 | Mar | 1768 | Johannes | not given | 11 |

**Bourne**
| | | | | |
|---|---|---|---|---|
| Ann | not given | Jesse | Alice | 1 |

**Boyd**
| | | | | | | |
|---|---|---|---|---|---|---|
| James | bp 8 | May | 1791 | Hugh | Jane | 15 |

## CHESTER COUNTY BIRTHS

**Boyd**
| | | | | | | | |
|---|---|---|---|---|---|---|---|
| James | bp | 11 Dec | 1791 | John | Mary | | 15 |

**Bracher**
| | | | | | | |
|---|---|---|---|---|---|---|
| Johannes | 11 Jun | 1761 | Johan Georg | Catharina | | 11 |

**Bradway**
| | | | | | | |
|---|---|---|---|---|---|---|
| Thomas | | 1787 | Mark | not given | | 4 |

**Brambach**
| | | | | | | | |
|---|---|---|---|---|---|---|---|
| Anna Maria | bp | 18 Jul | 1765 | Benjamin | not given | | 13 |
| Benjamin | | circa | 1731 | Gerhart | not given | | 13 |
| Edward | | 10 Jun | 1798 | Edward | Susanna | | 12 |
| Elizabeth | | 5 Jun | 1792 | John | Margaret | | 12 |
| Heinrich | | circa | 1733 | Gerhart | not given | | 13 |
| Henry | | 21 Jun | 1791 | Jacob | Margaret | | 12 |
| Katterina | | circa | 1735 | Gerhart | not given | | 13 |
| Maria | | circa | 1729 | Gerhart | not given | | 13 |
| Peter | | 3 Oct | 1764 | Henrich | not given | | 13 |
| a daughter | bp | 5 Apr | 1759 | Henrich | not given | | 13 |

**Braun**
| | | | | | | |
|---|---|---|---|---|---|---|
| Maria Catharine | 14 Jan | 1754 | Jacob | not given | | 12 |

**Breininger**
| | | | | | | |
|---|---|---|---|---|---|---|
| Jacob | 4 Jun | 1782 | Jacob | Maria | | 11 |

**Brendorf**
| | | | | | | |
|---|---|---|---|---|---|---|
| John Philip | 23 Mar | 1769 | John | Eva Barbara | | 12 |

**Brenholz**
| | | | | | | |
|---|---|---|---|---|---|---|
| Catharina | 25 Aug | 1768 | Frederick | Eva | | 12 |

**Brenner**
| | | | | | | |
|---|---|---|---|---|---|---|
| Daniel | 3 May | 1762 | John Daniel | not given | | 12 |
| Maria Catharina | ca Jun | 1769 | Paul | Elizabeth | | 12 |

**Brennholtz**
| | | | | | | |
|---|---|---|---|---|---|---|
| Ludwig | 14 Jan | 1767 | Frederick | Eva | | 12 |

**Brennholz**
| | | | | | | |
|---|---|---|---|---|---|---|
| Elizabeth | 14 Jun | 1770 | Frederick | Eva | | 12 |

**Brinton**
| | | | | | |
|---|---|---|---|---|---|
| Abigail | 14 12mo 1751 | Moses | Elinor | | 6 |
| Ann | 23 1mo 1748 | James | Mary | | 1 |
| Ann | 27 11mo 1790 | Joseph | Ann (Miller) | | 1 |
| Caleb | 1768 | James | Mary | | 1 |
| Elinor | 28 7mo 1769 | Moses | Elinor | | 6 |
| Elizabeth | 18 4mo 1786 | William | Lydia | | 6 |
| Ferrel | 9 10mo 1800 | William | Lydia | | 6 |
| Hannah | 20 3mo 1746 | James | Mary | | 1 |
| Hannah | 25 1mo 1775 | Joseph | Ann (Miller) | | 1 |
| Hannah | 9 4mo 1788 | William | Lydia | | 6 |
| Isaac | 25 1mo 1782 | Joseph | Ann (Miller) | | 1 |

15

## CHESTER COUNTY BIRTHS

**Brinton**
| | | | | | | |
|---|---|---|---|---|---|---|
| James | 1 | 6mo | 1780 | Joseph | Ann (Miller) | 1 |
| James | 25 | 2mo | 1787 | Joseph | Susanna | 6 |
| Jane | | not given | | Joseph | Mary | 1 |
| Joseph | | not given | | John | Margaret | 1 |
| Joseph | | 11mo | 1752 | James | Mary | 1 |
| Joseph | 25 | 2mo | 1787 | Joseph | Ann (Miller) | 1 |
| Joseph | 23 | 6mo | 1753 | Moses | Elinor | 6 |
| Joseph | 22 | 11mo | 1754 | Moses | Elinor | 6 |
| Joshua | 24 | 3mo | 1794 | William | Lydia | 6 |
| Lydia | 15 | 2mo | 1779 | Joseph | Mary (Martin) | 1 |
| Lydia | 11 | 7mo | 1785 | Joseph | Ann (Miller) | 1 |
| Lydia | 24 | 3mo | 1790 | William | Lydia | 6 |
| Lydia | 25 | 5mo | 1790 | not given | not given | 6 |
| Maria | 12 | 4mo | 1797 | William | Lydia | 6 |
| Mary | 5 | 8mo | 1750 | James | Mary | 1 |
| Mary | 7 | 4mo | 1779 | Joseph | Ann (Miller) | 1 |
| Mary | 12 | 6mo | 1748 | Moses | Elinor | 6 |
| Mary | 3 | 10mo | 1790 | Joseph | Susanna | 6 |
| Moses | | | 1756 | James | Mary | 1 |
| Moses | 10 | 8mo | 1761 | Moses | Elinor | 6 |
| Peggy | 11 | 10mo | 1776 | Joseph | Mary (Martin) | 1 |
| Phebe | | | 1766 | James | Mary | 1 |
| Phebe | 28 | 7mo | 1792 | William | Lydia | 6 |
| Phebe | 2 | 9mo | 1798 | William | Lydia | 6 |
| Samuel | 1 | 12mo | 1765 | Moses | Elinor | 6 |
| Samuel | 3 | 2mo | 1789 | Joseph | Susanna | 6 |
| Sarah | 25 | 3mo | 1794 | Joseph | Ann (Miller) | 1 |
| Sarah | 16 | 3mo | 1793 | Joseph | Susanna | 6 |
| Weldon | 28 | 6mo | 1775 | Joseph | Mary (Martin) | 1 |
| William | | | 1754 | James | Mary | 1 |
| William | | | 1758 | James | Mary | 1 |
| William | 15 | 8mo | 1774 | Joseph | Ann (Miller) | 1 |
| William | 26 | 1mo | 1759 | Moses | Elinor | 6 |
| William | 25 | 11mo | 1785 | Joseph | Susanna | 6 |

**Bristoll**
| | | | | | | |
|---|---|---|---|---|---|---|
| Sarah | | | 1734 | not given | not given | 6 |

**Brooks**
| | | | | | | |
|---|---|---|---|---|---|---|
| Ann | 7 | 2mo | 1792 | Edward | Margaret | 8 |
| David | 25 | 7mo | 1728 | David | Eleanor | 5 |
| Isaac | 13 | 10mo | 1726 | David | Eleanor | 5 |
| John | 3 | 7mo | 1784 | Edward | Margaret | 8 |
| Margaret | 12 | 12mo | 1795 | Edward | Margaret | 8 |
| Martha | 18 | 12mo | 1799 | Edward | Margaret | 8 |
| Mary | 5 | 10mo | 1797 | Edward | Margaret | 8 |

## CHESTER COUNTY BIRTHS

**Broomal**
| | | | | | | |
|---|---|---|---|---|---|---|
| Daniel | 14 | 4mo | 1796 | not given | not given | 8 |
| James | 18 | 10mo | 1799 | not given | not given | 8 |
| John | 10 | 1mo | 1794 | not given | not given | 8 |

**Broomhall**
| | | | | | | |
|---|---|---|---|---|---|---|
| Bartly | 23 | 3mo | 1793 | Enos | Phebe | 1 |
| Isaac | 8 | 8mo | 1791 | Enos | Phebe | 1 |
| James | 22 | 6mo | 1796 | Enos | Phebe | 1 |
| Jane | 13 | 12mo | 1798 | Enos | Phebe | 1 |
| John | 15 | 8mo | 1777 | John | Hannah | 1 |
| Martha | 28 | 4mo | 1795 | Enos | Phebe | 1 |
| Sarah | 20 | 2mo | 1790 | Enos | Phebe | 1 |

**Brosius**
| | | | | | | |
|---|---|---|---|---|---|---|
| Benjamin | 16 | 10mo | 1795 | Henry | Mary | 10 |
| Harper | 14 | 6mo | 1799 | Henry | Mary | 10 |
| Isaac | 3 | 9mo | 1794 | Henry | Mary | 10 |
| Mahlon | 5 | 3mo | 1797 | Henry | Mary | 10 |
| William | 26 | 2mo | 1798 | Henry | Mary | 10 |

**Brown**
| | | | | | | |
|---|---|---|---|---|---|---|
| Abigail | 9 | 11mo | 1760 | Daniel, Jr. | Miriam | 4 |
| Abigail | 19 | 5mo | 1770 | William | Elizabeth | 4 |
| Abner | 20 | 4mo | 1767 | Jeremiah | Anna | 4 |
| Amy | 7 | 12mo | 1785 | Elihu | Margaret | 4 |
| Ann | 19 | 12mo | 1749 | Jacob | Betty (Way) | 4 |
| Ann | 14 | 5mo | 1799 | John | Rebecca | 4 |
| Ann | 1 | 10mo | 1687 | William | Ann | 5 |
| Ann | 28 | 5mo | 1711 | Messer | Jane | 5 |
| Anna | 23 | 10mo | 1774 | Jeremiah | Anna | 4 |
| Anne | 27 | 9mo | 1733 | Thomas | Eleanor | 4 |
| Benjamin | 20 | 4mo | 1763 | Jacob | Betty (Way) | 4 |
| Benjamin | 7 | 5mo | 1788 | Joseph | Elizabeth (Michener) | 5 |
| Betty Way | 3 | 9mo | 1790 | Robert | Dinah | 4 |
| Caleb | 4 | 7mo | 1758 | Jacob | Betty (Way) | 4 |
| Caleb | 20 | 9mo | 1781 | Robert | Dinah | 4 |
| Caleb | 7 | 11mo | 1789 | Jacob | Hannah (Barnard) | 4 |
| Catharine | 24 | 4mo | 1776 | Timothy | Mary | 4 |
| Catharine | 20 | 10mo | 1712 | Messer | Jane | 5 |
| Catrine | 19 | 5mo | 1741 | Samuel | Elizabeth | 4 |
| Daniel | 4 | 3mo | 1770 | Daniel, Jr. | Miriam | 4 |
| Daniel | 18 | 9mo | 1783 | William | Elizabeth | 4 |
| David | 30 | 1mo | 1783 | David | Hannah | 1 |
| David | *circa* | | 1731 | Messer | Dinah | 4 |
| David | 3 | 1mo | 1747/8 | Messer, Jr. | Hannah | 4 |
| David | 18 | 12mo | 1758 | David | Sarah | 4 |
| David | 25 | 1mo | 1798 | Uriah | Mary | 4 |

## CHESTER COUNTY BIRTHS

**Brown**

| Name | Day | Month | Year | Father | Mother | Ref |
|---|---|---|---|---|---|---|
| David | 24 | 4mo | 1765 | Daniel, Jr. | Miriam | 4 |
| Deborah | 10 | 8mo | 1772 | William | Elizabeth | 4 |
| Deborah | 25 | 5mo | 1782 | Jeremiah | Hannah | 4 |
| Deborah | 11 | 5mo | 1787 | Robert | Dinah | 4 |
| Deborah | 9 | 10mo | 1793 | Joseph | Elizabeth (Michener) | 5 |
| Edward | 20 | 7mo | 1735 | James | Miriam | 4 |
| Eleazer | 24 | 8mo | 1736 | Thomas | Eleanor | 4 |
| Elgar | 2 | 7mo | 1761 | James | Elizabeth (Elgar) | 7 |
| Eli | 17 | 4mo | 1791 | David | Hannah | 1 |
| Eli | | not given | | Messer, Jr. | Hannah | 4 |
| Elihu | 19 | 2mo | 1754 | Isaac | Lydia | 4 |
| Elihu | 30 | 3mo | 1793 | Elihu | Margaret | 4 |
| Elijah | 12 | 3mo | 1740 | James | Miriam | 4 |
| Elijah | 20 | 4mo | 1775 | William | Elizabeth | 4 |
| Elisha | 13 | 9mo | 1737 | Joshua | Hannah | 4 |
| Elisha | 3 | 9mo | 1767 | Elisha | Rachel | 4 |
| Elisha | 21 | 11mo | 1773 | Elisha | Rachel | 4 |
| Elisha | 11 | 6mo | 1799 | Jacob | Elisabeth | 4 |
| Elisha | 3 | 10mo | 1783 | Robert | Dinah | 4 |
| Elisha | 16 | 11mo | 1757 | James | Elizabeth (Elgar) | 7 |
| Elizabeth | 10 | 12mo | 1743/3 | Thomas | Eleanor | 4 |
| Elizabeth | 1 | 8mo | 1794 | Uriah | Mary | 4 |
| Elizabeth | 19 | 1mo | 1794 | Jacob | Elisabeth | 4 |
| Elizabeth | 3 | 3mo | 1768 | Daniel, Jr. | Miriam | 4 |
| Elizabeth | 5 | 11mo | 1750 | Joseph | Hannah | 4 |
| Elizabeth | 2 | 12mo | 1791 | John | Rebecca | 4 |
| Elizabeth | 19 | 10mo | 1797 | Joshua | Deborah | 4 |
| Elizabeth | 27 | 12mo | 1765 | William | Elizabeth | 4 |
| Elizabeth | 9 | 1mo | 1779 | William | Elizabeth | 4 |
| Elizabeth | 19 | 4mo | 1784 | Jacob | Hannah (Barnard) | 4 |
| Elizabeth | 22 | 2mo | 1774 | Alexander | not given | 4 |
| Elizabeth | 16 | 12mo | 1718 | William, Jr. | Elizabeth | 5 |
| Elizabeth | 22 | 1mo | 1718 | Daniel | Elizabeth | 5 |
| Elizabeth | 7 | 6mo | 1790 | Joseph | Elizabeth (Michener) | 5 |
| Elizabeth | 8 | 7mo | 1765 | James | Elizabeth (Elgar) | 7 |
| Ester | 27 | 8mo | 1742 | James | Miriam | 4 |
| Esther | 23 | 9mo | 1792 | Joshua, Jr. | Deborah | 4 |
| Esther | 9 | 4mo | 1798 | Joseph | Elizabeth (Michener) | 5 |
| Esther | 3 | 6mo | 1759 | James | Elizabeth (Elgar) | 7 |
| Ezra | 9 | 9mo | 1781 | Jeremiah | Anna | 4 |
| Gainer | 29 | 3mo | 1797 | Robert | Dinah | 4 |
| George | 2 | 8mo | 1740 | Messer, Jr. | Hannah | 4 |
| George | 17 | 6mo | 1744 | Isaac | Lydia | 4 |
| Gulielma | 4 | 2mo | 1795 | Robert | Dinah | 4 |
| Hannah | 7 | 6mo | 1757 | Joshua | Hannah | 4 |

# CHESTER COUNTY BIRTHS

**Brown**

| Name | Day | Mo | Year | Father | Mother | Col |
|---|---|---|---|---|---|---|
| Hannah | 8 | 12mo | 1734/5 | Samuel | Elizabeth | 4 |
| Hannah | 22 | 7mo | 1737 | James | Miriam | 4 |
| Hannah | 22 | 2mo | 1776 | Elisha | Rachel | 4 |
| Hannah | 16 | 2mo | 1758 | Joseph | Hannah | 4 |
| Hannah | 12 | 12mo | 1789 | John | Rebecca | 4 |
| Hannah | 15 | 10mo | 1778 | Jeremiah | Hannah | 4 |
| Hannah | 4 | 5mo | 1783 | Elihu | Margaret | 4 |
| Hannah | 7 | 11mo | 1794 | Jacob | Hannah (Barnard) | 4 |
| Hannah | 31 | 10mo | 1701 | William | Catharine | 5 |
| Hannah | 27 | 12mo | 1714/5 | Messer | Jane | 5 |
| Hannah | 7 | 5mo | 1788 | Joseph | Elizabeth (Michener) | 5 |
| Henry | 8 | 3mo | 1720 | Richard | Hannah | 5 |
| Huldah | 1 | 11mo | 1792 | Robert | Dinah | 4 |
| Isaac | 19 | 10mo | 1751 | Isaac | Lydia | 4 |
| Isaac | 11 | 3mo | 1792 | Jacob | Elisabeth | 4 |
| Isaac | 20 | 3mo | 1720 | Jeremiah | Mary | 5 |
| Isaiah | 7 | 9mo | 1754 | Joshua | Hannah | 4 |
| Israel | 24 | 12mo | 1769 | Joshua | Zillah | 4 |
| Israel | 2 | 11mo | 1755 | James | Elizabeth (Elgar) | 7 |
| Jacob | 24 | 7mo | 1738 | Samuel | Elizabeth | 4 |
| Jacob | 12 | 1mo | 1755 | Jacob | Betty (Way) | 4 |
| Jacob | 9 | 11mo | 1785 | Jacob | Elisabeth | 4 |
| Jacob | 3 | 1mo | 1797 | Jacob | Hannah (Barnard) | 4 |
| Jacob | 15 | 7mo | 1724 | William, Jr. | Margaret | 5 |
| James | 19 | 2mo | 1759 | Isaac | Lydia | 4 |
| James | | not given | | William | Esther | 7 |
| James | 4 | 2mo | 1754 | James | Elizabeth (Elgar) | 7 |
| Jane | | not given | | Joseph | not given | 1 |
| Jane | | not given | | Messer, Jr. | Hannah | 4 |
| Jane | 11 | 4mo | 1720 | Messer | Jane | 5 |
| Jehu | 28 | 4mo | 1753 | Messer, Jr. | Hannah | 4 |
| Jehu | 25 | 7mo | 1799 | Elihu | Margaret | 4 |
| Jeremiah | 15 | 2mo | 1750 | Joshua | Hannah | 4 |
| Jeremiah | 25 | 7mo | 1746 | Isaac | Lydia | 4 |
| Jeremiah | 14 | 12mo | 1771 | Jeremiah | Anna | 4 |
| Jeremiah | 25 | 11mo | 1776 | Jeremiah | Anna | 4 |
| Jeremiah | 14 | 4mo | 1785 | Jeremiah | Hannah | 4 |
| Jeremiah | 2 | 12mo | 1714 | Jeremiah | Mary | 5 |
| Jesse | 24 | 5mo | 1793 | David | Hannah | 1 |
| Jesse | 28 | 7mo | 1745 | Messer, Jr. | Hannah | 4 |
| Jesse | 9 | 5mo | 1762 | Timothy | Mary | 4 |
| Joanna | 11 | 3mo | 1774 | Jeremiah | Hannah | 4 |
| Joel | 2 | 5mo | 1762 | Daniel, Jr. | Miriam | 4 |
| Joel | 4 | 3mo | 1789 | Elihu | Margaret | 4 |
| John | 23 | 2mo | 1730 | Thomas | Eleanor | 4 |

## CHESTER COUNTY BIRTHS

**Brown**

| Name | | | | | Father | Mother | |
|---|---|---|---|---|---|---|---|
| John | | | | 1729 | Messer | Dinah | 4 |
| John | | 1 | 8mo | 1751 | Jacob | Betty (Way) | 4 |
| John | | 17 | 1mo | 1783 | Jacob | Elisabeth | 4 |
| John | | 13 | 11mo | 1746/7 | Joseph | Hannah | 4 |
| John | | 17 | 11mo | 1796 | John | Rebecca | 4 |
| John | | 30 | 3mo | 1767 | Timothy | Mary | 4 |
| John | | 3 | 5mo | 1691 | William | Ann | 5 |
| John | | 30 | 2mo | 1716 | Joseph | Margaret | 5 |
| John | | 27 | 2mo | 1717 | William, Jr. | Elizabeth | 5 |
| John | | 7 | 5mo | 1724 | Richard | Hannah | 5 |
| John | bp | | Dec | 1769 | John | not given | 14 |
| Joseph | | 2 | 6mo | 1745 | Samuel | Elizabeth | 4 |
| Joseph | | 13 | 9mo | 1763 | Daniel, Jr. | Miriam | 4 |
| Joseph | | 23 | 6mo | 1755 | Joseph | Hannah | 4 |
| Joseph | | 12 | 4mo | 1682 | William | Dorothy | 5 |
| Joseph | | 15 | 10mo | 1714 | Joseph | Margaret | 5 |
| Joseph | | 25 | 1mo | 1796 | Joseph | Elizabeth (Michener) | 5 |
| Joseph | | *circa* | | 1762 | Abraham | Mary | 5 |
| Joseph | | 15 | 12mo | 1767 | James | Elizabeth (Elgar) | 7 |
| Joshua | | 27 | 8mo | 1796 | David | Hannah | 1 |
| Joshua | | 20 | 6mo | 1745 | Joshua | Hannah | 4 |
| Joshua | | 17 | 2mo | 1760 | Joshua | Hannah | 4 |
| Joshua | | 1 | 2mo | 1762 | Elisha | Rachel | 4 |
| Joshua | | *circa* | | 1716 | not given | not given | 4 |
| Joshua | | 5 | 3mo | 1717 | Jeremiah | Mary | 5 |
| Josiah | | 6 | 10mo | 1795 | Joshua, Jr. | Deborah | 4 |
| Josiah | | 15 | 4mo | 1765 | Elisha | Rachel | 4 |
| Judith | | 27 | 3mo | 1768 | William | Elizabeth | 4 |
| Katharine | | 5 | 2mo | 1769 | Jeremiah | Anna | 4 |
| Kemston | | 11 | 6mo | 1772 | Samuel | Ann | 4 |
| Levi | | 5 | 11mo | 1760 | Jacob | Betty (Way) | 4 |
| Levi | | 24 | 2mo | 1776 | Jeremiah | Hannah | 4 |
| Levi | | 18 | 7mo | 1799 | Robert | Dinah | 4 |
| Lewis | | 23 | 4mo | 1799 | Jacob | Hannah (Barnard) | 4 |
| Lydia | | 7 | 11mo | 1739 | Thomas | Eleanor | 4 |
| Lydia | | 18 | 6mo | 1768 | Joshua | Zillah | 4 |
| Lydia | | 25 | 7mo | 1791 | Elihu | Margaret | 4 |
| Margaret | | 2 | 5mo | 1753 | Jacob | Betty (Way) | 4 |
| Margaret | | not given | | | Jacob | Elisabeth | 4 |
| Margaret | | 16 | 8mo | 1760 | Joseph | Hannah | 4 |
| Margaret | | 16 | 7mo | 1784 | Elihu | Margaret | 4 |
| Margret | bp | | Jul | 1771 | John | not given | 14 |
| Mary | | 28 | 8mo | 1739 | Joshua | Hannah | 4 |
| Mary | | 6 | 10mo | 1747 | Joshua | Hannah | 4 |
| Mary | | 10 | 1mo | 1739/40 | Jeremiah, Jr. | Esther | 4 |

## CHESTER COUNTY BIRTHS

**Brown**

| | | | | | | |
|---|---|---|---|---|---|---|
| Mary | 2 | 9mo | 1736 | Samuel | Elizabeth | 4 |
| Mary | 27 | 9mo | 1785 | Joshua, Jr. | Deborah | 4 |
| Mary | 7 | 11mo | 1769 | Jacob | Mary | 4 |
| Mary | 14 | 6mo | 1800 | Uriah | Mary | 4 |
| Mary | 1 | 11mo | 1769 | Elisha | Rachel | 4 |
| Mary | 26 | 9mo | 1799 | Joshua | Deborah | 4 |
| Mary | 15 | 5mo | 1770 | Timothy | Mary | 4 |
| Mary | 29 | 4mo | 1706 | William | Catharine | 5 |
| Mary | 14 | 6mo | 1722 | Messer | Jane | 5 |
| Mary | 16 | 3mo | 1786 | Joseph | Elizabeth (Michener) | 5 |
| Mercy | 12 | 1mo | 1722 | Samuel | Ann | 7 |
| Messer | 16 | 3mo | 1743 | Messer, Jr. | Hannah | 4 |
| Messer | 27 | 12mo | 1685 | William | Ann | 5 |
| Messer | 11 | 11mo | 1717 | Messer | Jane | 5 |
| Miriam | 14 | 6mo | 1766 | Daniel, Jr. | Miriam | 4 |
| Miriam | 2 | 8mo | 1763 | James | Elizabeth (Elgar) | 7 |
| Nathan | 24 | 3mo | 1720 | Thomas | Eleanor | 4 |
| Nathan | 2 | 1mo | 1762 | Isaac | Lydia | 4 |
| Nathan | 26 | 4mo | 1790 | Jacob | Elisabeth | 4 |
| Patience | 10 | 2mo | 1743 | Joshua | Hannah | 4 |
| Patience | 25 | 5mo | 1712 | Jeremiah | Mary | 5 |
| Phebe | circa | | 1735 | Wm. | Susanna | 4 |
| Phebe | not given | | | Jacob | Elisabeth | 4 |
| Phebe | 4 | 6mo | 1776 | William | Elizabeth | 4 |
| Prudence | | | 1763 | Joseph | Hannah | 4 |
| Rachel | 23 | 12mo | 1727/8 | Thomas | Eleanor | 4 |
| Rachel | 2 | 1mo | 1741/2 | Jeremiah, Jr. | Esther | 4 |
| Rachel | 18 | 11mo | 1787 | Joshua, Jr. | Deborah | 4 |
| Rachel | 17 | 11mo | 1771 | Elisha | Rachel | 4 |
| Rachel | 3 | 9mo | 1748 | Joseph | Hannah | 4 |
| Rachel | 18 | 2mo | 1760 | Timothy | Mary | 4 |
| Rachel | 16 | 9mo | 1779 | Jeremiah | Anna | 4 |
| Rachel | 9 | 9mo | 1796 | Elihu | Margaret | 4 |
| Rachel | 5 | 6mo | 1779 | John | not given | 4 |
| Rachel | 23 | 11mo | 1727/8 | Thomas | Elinor | 5 |
| Rachel | 18 | 12mo | 17?? | Daniel | Elizabeth | 5 |
| Rebecca | 3 | 2mo | 1725 | Thomas | Eleanor | 4 |
| Rebecca | not given | | | Jacob | Elisabeth | 4 |
| Rebecca | 21 | 1mo | 1771 | Jeremiah | Anna | 4 |
| Rebecca | 14 | 4mo | 1792 | Jacob | Hannah (Barnard) | 4 |
| Rebecca | 7 | 7mo | 1792 | Joseph | Elizabeth (Michener) | 5 |
| Rebecca | 10 | 9mo | 1800 | Joseph | Elizabeth (Michener) | 5 |
| Richard | 31 | 1mo | 1693 | William | Ann | 5 |
| Richard | 1 | 1mo | 1718 | Richard | Hannah | 5 |
| Robert | 4 | 1mo | 1757 | Jacob | Betty (Way) | 4 |

## CHESTER COUNTY BIRTHS

**Brown**

| | | | | | | |
|---|---|---|---|---|---|---|
| Robert | 4 | 1mo | 1757 | Jacob | Elizabeth | 4 |
| Robert | 25 | 4mo | 1785 | Robert | Dinah | 4 |
| Robert | 25 | 8mo | 1787 | Jacob | Hannah (Barnard) | 4 |
| Samuel | 12 | 5mo | 1785 | David | Hannah | 1 |
| Samuel | 15 | 7mo | 1752 | Joshua | Hannah | 4 |
| Samuel | 4 | 2mo | 1743 | Samuel | Elizabeth | 4 |
| Samuel | 30 | 4mo | 1790 | Joshua, Jr. | Deborah | 4 |
| Samuel | 7 | 6mo | 1764 | Isaac | Lydia | 4 |
| Samuel | 12 | 8mo | 1700 | William | Catharine | 5 |
| Sarah | 1 | 1mo | 1749 | Isaac | Lydia | 4 |
| Sarah | 23 | 1mo | 1796 | Uriah | Mary | 4 |
| Sarah | | fall | 1729 | Wm. | Susanna | 4 |
| Sarah | 15 | 2mo | 1772 | Jeremiah | Hannah | 4 |
| Sarah | 6 | 11mo | 1740/1 | Joshua | Hannah | 4 |
| Sarah | 25 | 6mo | 1784 | Joseph | Elizabeth (Michener) | 5 |
| Sarah | bp 6 | Dec | 1769 | John | not given | 14 |
| Slayter | 27 | 3mo | 1787 | Jeremiah | Hannah | 4 |
| Stephen | 23 | 8mo | 1756 | Isaac | Lydia | 4 |
| Stephen | 10 | 6mo | 1787 | Elihu | Margaret | 4 |
| Susanna | | not given | | Wm. | Susanna | 4 |
| Susanna | 18 | 10mo | 1763 | William | Elizabeth | 4 |
| Thomas | 12 | 1mo | 1722/3 | Thomas | Eleanor | 4 |
| Thomas | 17 | 7mo | 1788 | Jacob | Elisabeth | 4 |
| Thomas | 17 | 11mo | 1694 | William | Ann | 5 |
| Timothy | 22 | 9mo | 1764 | Timothy | Mary | 4 |
| Uriah | 18 | 4mo | 1769 | David | Elizabeth | 4 |
| William | 26 | 10mo | 1787 | David | Hannah | 1 |
| William | 22 | 2mo | 1780 | Isaiah | Miriam | 4 |
| William | 13 | 5mo | 1747 | Samuel | Elizabeth | 4 |
| William | 20 | 2mo | 1746 | James | Miriam | 4 |
| William | 23 | 8mo | 1748 | Jacob | Betty (Way) | 4 |
| William | | circa | 1705 | William | Esther | 4 |
| William | | not given | | Jacob | Elisabeth | 4 |
| William | 23 | 3mo | 1753 | Joseph | Hannah | 4 |
| William | 25 | 1mo | 1773 | Timothy | Mary | 4 |
| William | 7 | 6mo | 1761 | William | Elizabeth | 4 |
| William | 1 | 11mo | 1784 | Jeremiah | Anna | 4 |
| William | 21 | 7mo | 1689 | William | Ann | 5 |
| William | 18 | 6mo | 1712 | Joseph | Margaret | 5 |
| William | 14 | 10mo | 1722 | William, Jr. | Margaret | 5 |
| William | 16 | 9mo | 1722 | Richard | Hannah | 5 |

**Brunner**

| | | | | | | |
|---|---|---|---|---|---|---|
| Peter | 3 | Apr | 1758 | Peter | not given | 12 |

## CHESTER COUNTY BIRTHS

**Bryan**
| | | | | | | | |
|---|---|---|---|---|---|---|---|
| John | | 23 | 5mo | 1741 | Thomas | Mary | 5 |

**Buchanan**
| | | | | | | | |
|---|---|---|---|---|---|---|---|
| Mary | bp | 31 | Mar | 1793 | David | Elizabeth | 15 |
| Thomas | | 8 | 8mo | 1773 | George | Mary | 7 |

**Buchannan**
| | | | | | | |
|---|---|---|---|---|---|---|
| James | 30 | 10mo | 1788 | John | Susanna | 4 |
| Mary | 4 | 2mo | 1787 | John | Susanna | 4 |
| Phebe | 22 | 9mo | 1790 | John | Susanna | 4 |
| Susanna | 9 | 10mo | 1791 | John | Susanna | 4 |

**Buckanan**
| | | | | | | | |
|---|---|---|---|---|---|---|---|
| Samuel | bp | 28 | Feb | 1771 | Matthew, Jr. | not given | 14 |

**Buckingham**
| | | | | | | |
|---|---|---|---|---|---|---|
| Eleanor | 27 | 1mo | 1763 | James | Mary (Chambers) | 1 |
| Hannah | 29 | 4mo | 1756 | James | Mary (Chambers) | 1 |
| Hannah | 4 | 11mo | 1743 | John | Sarah (Knowls) | 1 |
| Hannah | | not given | | John | Sarah | 1 |
| Isaac | 4 | 4mo | 1744 | John | Sarah (Knowls) | 1 |
| James | | not given | | John | Hannah | 1 |
| John | 31 | 3mo | 1761 | James | Mary (Chambers) | 1 |
| John | | not given | | John | Hannah | 1 |
| Joseph | 23 | 12mo | 1766 | James | Mary (Chambers) | 1 |
| Margaret | 28 | 7mo | 1749 | John | Sarah (Knowls) | 1 |
| Mary | 19 | 11mo | 1764 | James | Mary (Chmabers) | 1 |
| Mary | | not given | | John | Hannah | 7 |
| Richard | 19 | 11mo | 1757 | James | Mary (Chambers) | 1 |
| Sarah | 10 | 9mo | 1759 | James | Mary (Chambers) | 1 |
| Sarah | 25 | 8mo | 1747 | John | Sarah (Knowls) | 1 |
| Thomas | 21 | 8mo | 1741 | John | Sarah (Knowls) | 1 |
| Thomas | 13 | 12mo | 1745 | John | Sarah (Knowls) | 1 |

**Buenther**
| | | | | | | |
|---|---|---|---|---|---|---|
| Johannes | 11 | Jun | 1764 | Jacob | Anna Dorothea | 11 |

**Buffington**
| | | | | | | |
|---|---|---|---|---|---|---|
| Amy | | not given | | not given | Phebe | 1 |
| Ann | | not given | | Thomas | not given | 1 |
| Ann | 23 | 9mo | 1754 | Richard | Ann | 2 |
| Charles | 4 | 7mo | 1792 | Robert | Hannah (Wilson) | 1 |
| Curtis | 1 | 8mo | 1743 | Richard | Mary | 2 |
| Esther | 5 | 12mo | 1757 | Richard | Ann | 2 |
| Hannah | | not given | | Jonathan | not given | 1 |
| Jesse | 11 | 1mo | 1753 | Richard | Ann | 2 |
| Mary | 17 | 7mo | 1745 | Richard | Mary | 2 |
| Phebe | 12 | 3mo | 1747 | Richard | Mary | 2 |
| Richard | 18 | 12mo | 1750/1 | Richard | Ann | 2 |
| Robert | | not given | | Robert | not given | 1 |

## CHESTER COUNTY BIRTHS

**Buffington**
| | | | | | | |
|---|---|---|---|---|---|---|
| Susanna | | 24 | 5mo | 1722 | Thomas | Ruth | 7 |

**Buldenbach**
| | | | | | | |
|---|---|---|---|---|---|---|
| Philip | | 15 | Mar | 1778 | Jost | Magdalena | 12 |

**Buller**
| | | | | | | |
|---|---|---|---|---|---|---|
| Elizabeth | | 13 | 9mo | 1742 | Richard | Jane | 5 |
| Hannah | | 22 | 10mo | 1732 | Richard | Jane | 5 |
| Jane | | 22 | 5mo | 1737 | Richard | Jane | 5 |
| John | | 14 | 11mo | 1734 | Richard | Jane | 5 |
| Lydia | | 27 | 2mo | 1747 | Richard | Jane | 5 |
| Mary | | 28 | 12mo | 1744/5 | Richard | Jane | 5 |
| Richard | | 9 | 12mo | 1740 | Richard | Jane | 5 |
| Sarah | | 29 | 4mo | 1749 | Richard | Jane | 5 |
| Susanna | | 29 | 7mo | 1752 | Richard | Jane | 5 |

**Burgess**
| | | | | | | |
|---|---|---|---|---|---|---|
| Elizabeth | | | not given | | James | not given | 1 |

**Burland**
| | | | | | | |
|---|---|---|---|---|---|---|
| Robert Love | bp | 8 | May | 1781 | John | Mary | 15 |

**Burton**
| | | | | | | |
|---|---|---|---|---|---|---|
| Mary | | 14 | 9mo | 1796 | Jonathan | Letitia | 8 |
| Peter | | 11 | 9mo | 1798 | Jonathan | Letitia | 8 |
| Sarah | | 17 | 1mo | 1793 | Jonathan | Letitia | 8 |
| William | | 27 | 7mo | 1791 | Jonthan | Letitia | 8 |

**Butler**
| | | | | | | |
|---|---|---|---|---|---|---|
| Amos | | 8 | 5mo | 1769 | William | Jane (Woodward) | 7 |
| Ann | | 6 | 10mo | 1771 | William | Jane (Woodward) | 7 |
| James | | 5 | 7mo | 1767 | William | Jane (Woodward) | 7 |
| Rachel | | 23 | 11mo | 1773 | William | Jane (Woodward) | 7 |
| Samuel | | 24 | 2mo | 1766 | William | Jane (Woodward) | 7 |
| Sarah | | 18 | 11mo | 1776 | William | Jane (Woodward) | 7 |
| William | | 12 | 4mo | 1738 | Noble | Rachel | 7 |
| William | | 6 | 1mo | 1780 | William | Jane (Woodward) | 7 |

**Butterfield**
| | | | | | | |
|---|---|---|---|---|---|---|
| James | | 19 | 12mo | 1757 | John | Hannah | 4 |
| John | | 28 | 10mo | 1759 | John | Hannah | 4 |
| Mary | | 10 | 3mo | 1761 | John | Hannah | 4 |
| Ruth | | 25 | 9mo | 1765 | John | Hannah | 4 |
| Thomas | | 3 | 5mo | 1763 | John | Hannah | 4 |

**Buzby**
| | | | | | | |
|---|---|---|---|---|---|---|
| Sarah | | 30 | 2mo | 1729 | Joseph | Mary | 3 |

**Byard**
| | | | | | | |
|---|---|---|---|---|---|---|
| Benjamin, tw | bp | | Sep | 1771 | Samuel | not given | 14 |
| James | bp | 10 | Jul | 1768 | Samuel | Elizabeth | 14 |
| Samuel, tw | bp | | Sep | 1771 | Samuel | not given | 14 |

## CHESTER COUNTY BIRTHS

**Byerd**
| | | | | | | | |
|---|---|---|---|---|---|---|---|
| Phebe | bp | | Jun | 1770 | John | Phebe | 14 |

**Byrs**
| | | | | | | | |
|---|---|---|---|---|---|---|---|
| Joseph, tw | bp | ca | Apr | 1761 | Joseph | not given | 14 |
| Margaret | bp | 26 | Apr | 1761 | William | not given | 14 |
| Samuel, tw | bp | ca | Apr | 1761 | Joseph | not given | 14 |

# C

**Cadwalader**
| | | | | | | |
|---|---|---|---|---|---|---|
| Abigail | 18 | 1mo | 1752 | David | Hannah | 3 |
| Charles | 2 | 3mo | 1749 | Nathan | Elizab. (Gatlive) | 7 |
| David | 10 | 4mo | 1754 | David | Hannah | 3 |
| Dinah | 30 | 7mo | 1756 | David | Hannah | 3 |
| Elizabeth | 14 | 5mo | 1768 | Nathan | Elizab. (Gatlive) | 7 |
| Hannah | 2 | 11mo | 1749 | David | Hannah | 3 |
| Hannah | 24 | 12mo | 1755 | Nathan | Elizab. (Gatlive) | 7 |
| Isaac | 27 | 9mo | 1751 | Nathan | Elizab. (Gatlive) | 7 |
| James | 16 | 12mo | 1747/8 | David | Hannah | 3 |
| Jesse | 23 | 3mo | 1762 | Nathan | Elizab. (Gatlive) | 7 |
| John | 23 | 7mo | 1744 | David | Hannah | 3 |
| Judah | 14 | 2mo | 1754 | Nathan | Elizab. (Gatlive) | 7 |
| Lydia | 18 | 7mo | 1758 | David | Hannah | 3 |
| Mary | 23 | 5mo | 1746 | David | Hannah | 3 |
| Mary | 24 | 3mo | 1760 | Nathan | Elizab. (Gatlive) | 7 |
| Nathan | 29 | 1mo | 1725 | David | Mary | 7 |
| Nathan | 31 | 1mo | 1758 | Nathan | Elizab. (Gatlive) | 7 |
| Phebe | 11 | 10mo | 1764 | Nathan | Elizab. (Gatlive) | 7 |

**Cain**
| | | | | | | |
|---|---|---|---|---|---|---|
| Ann | 26 | 12mo | 1789 | John | Sarah (Hutton) | 5 |
| Ann | | circa | 1700 | John | Ann | 5 |
| Hannah | 20 | 5mo | 1783 | John | Sarah (Hutton) | 5 |
| John | 2 | 12mo | 1753 | John | Ruth | 5 |
| John | 28 | 8mo | 1787 | John | Sarah (Hutton) | 5 |
| Robert | 8 | 5mo | 1792 | John | Sarah (Hutton) | 5 |
| Robert | 10 | 3mo | 1799 | John | Sarah (Hutton) | 5 |
| Ruth | 23 | 4mo | 1794 | John | Sarah (Hutton) | 5 |
| Sarah | 19 | 3mo | 1785 | John | Sarah (Hutton) | 5 |

**Caldwell**
| | | | | | | | |
|---|---|---|---|---|---|---|---|
| Hannah | | 12 | 12mo | 1711 | Vincent | Betty | 1 |
| Serah | bp | 8 | May | 1791 | Robert | Jane | 15 |

## CHESTER COUNTY BIRTHS

**Cambel**
| Robert | bp | | Nov | 1771 | Charles | not given | 14 |
|---|---|---|---|---|---|---|---|

**Cammeron**
| Agnes | bp | 9 | May | 1791 | William | Agness | 15 |
|---|---|---|---|---|---|---|---|
| Janet | bp | 9 | May | 1791 | William | Agness | 15 |
| Mary | bp | 9 | May | 1791 | William | Agness | 15 |
| Thomas | bp | 9 | May | 1791 | William | Agness | 15 |

**Carl**
| Abraham | | 4 | May | 1776 | Conrad | Maria | 12 |
|---|---|---|---|---|---|---|---|
| Abraham | | 5 | May | 1778 | Henry | Elizabeth | 12 |
| Anna Elizabetha | | 28 | Jan | 1735 | Jacob | not given | 16 |
| Catharina | | 26 | Oct | 1775 | John | Catharina | 12 |
| Catharina | | 19 | Apr | 1787 | Henry | Philippina | 12 |
| Catharine | | 15 | Jan | 1789 | Jacob | Christina | 12 |
| Daniel | | 5 | Apr | 1787 | Conrad | A. Maria | 12 |
| David | | 12 | Nov | 1792 | Conrad | Anna Maria | 12 |
| Elizabeth | | 20 | May | 1791 | Jacob | Christina | 12 |
| Esaias | | 4 | Dec | 1773 | Conrad | Maria | 12 |
| Esaias | | 22 | Oct | 1790 | Henry | Philippina | 12 |
| Hannah | | 26 | Apr | 1794 | Jacob | Christina | 12 |
| Henrich | | 22 | Apr | 1767 | Henry | Elizabeth | 12 |
| Jacob | | 27 | Feb | 1774 | John | Catharina | 12 |
| John | | 7 | ??? | 1799 | John | Catharine | 12 |
| John Peter | | 10 | Sep | 1765 | Henry | not given | 12 |
| Joseph | | 22 | Feb | 1793 | John | Catherine | 12 |
| Magdalena | | 3 | Mar | 1785 | Conrad | Maria | 12 |
| Magdalena | | 3 | Sep | 1790 | John | Catherina | 12 |
| Maria Dorothea | | 10 | Jun | 1738 | Jacob | not given | 16 |
| Maria Magdalena | bp | 6 | Jul | 1788 | John | Catherina | 12 |
| Peter | | 9 | Jan | 1784 | John | Catharine | 12 |
| Peter | | 28 | Jul | 1784 | Jacob | Christina | 12 |
| Rachel | | 23 | Mar | 1786 | John | Catharine | 12 |
| Rebekah | | 28 | Apr | 1775 | Henry | Elizabeth | 12 |
| Rebekah | | 27 | Mar | 1796 | John | Catharine | 12 |

**Carleton**
| Caleb | 28 | 10mo | 1776 | Thomas | Lydia (Gregg) | 1 |
|---|---|---|---|---|---|---|
| Dinah | 30 | 11mo | 1759 | Thomas | Lydia (Gregg) | 1 |
| Hannah | 28 | 5mo | 1758 | Thomas | Lydia (Gregg) | 1 |
| Lydia | 7 | 7mo | 1772 | Thomas | Lydia (Gregg) | 1 |
| Mark | 2 | 7mo | 1763 | Thomas | Lydia (Gregg) | 1 |
| Martha | 2 | 5mo | 1761 | Thomas | Lydia (Gregg) | 1 |
| Samuel | 5 | 2mo | 1767 | Thomas | Lydia (Gregg) | 1 |
| Sarah | 26 | 4mo | 1765 | Thomas | Lydia (Gregg) | 1 |
| Thomas | 18 | 9mo | 1699 | Mark | Susanna | 1 |
| Thomas | 21 | 8mo | 1732 | Thomas | Hannah (Howell) | 1 |

## CHESTER COUNTY BIRTHS

**Carleton**
| | | | | | | | |
|---|---|---|---|---|---|---|---|
| Thomas | | 28 | 9mo | 1770 | Thomas | Lydia (Gregg) | 1 |
| Thomas | | 4 | 7mo | 1775 | Thomas | Lydia (Gregg) | 1 |

**Carmichael**
| | | | | | | | |
|---|---|---|---|---|---|---|---|
| Daniel | bp | 24 | Jan | 1770 | John, Rev. | not given | 14 |
| Elizabeth Sarah | | 2 | Dec | 1781 | John, Rev. | not given | 14 |
| Francinia | | 10 | May | 1783 | John, Rev. | not given | 14 |
| Washignton Gates | | | Oct | 1777 | John, Rev. | not given | 14 |

**Carpenter**
| | | | | | | | |
|---|---|---|---|---|---|---|---|
| Albina | | | not given | | John | not given | 1 |
| Hannah | | 4 | 1mo | 1768 | John | not given | 3 |
| Jane | | | not given | | John | not given | 1 |

**Carr**
| | | | | | | | |
|---|---|---|---|---|---|---|---|
| Abi | | 1 | 2mo | 1793 | not given | not given | 9 |

**Carson**
| | | | | | | | |
|---|---|---|---|---|---|---|---|
| Dinah | | 21 | 4mo | 1744 | not given | not given | 5 |
| George | | 23 | 5mo | 1751 | George | Hannah | 5 |
| George | | 21 | 6mo | 1780 | George | Lydia (James) | 5 |
| Hannah | | 22 | 11mo | 1776 | George | Lydia (James) | 5 |
| James Baty | bp | | Jun | 1768 | David | not given | 14 |
| Robert | bp | 28 | May | 1769 | Robert, Jr. | not given | 14 |
| Sarah | | 2 | 3mo | 1779 | George | Lydia (James) | 5 |
| son | bp | | Jun | 1771 | David, Jr. | not given | 14 |

**Carter**
| | | | | | | |
|---|---|---|---|---|---|---|
| Elizabeth | 5 | 2mo | 1756 | George | Lydia | 2 |
| George | 21 | 8mo | 1747 | George | Lydia | 2 |
| Joseph | 3 | 1mo | 1778 | William | Hanna (Ashburnham) | 1 |
| Joseph | 5 | 10mo | 1749 | George | Lydia | 2 |
| Lydia | 24 | 9mo | 1758 | George | Lydia | 2 |
| Lydia | 27 | 11mo | 1760 | Jeremiah | Rachel | 4 |
| Mary | 21 | 6mo | 1753 | George | Lydia | 2 |
| Mary | 25 | 7mo | 1758 | Jeremiah | Rachel | 4 |
| Rachel | 3 | 6mo | 1761 | George | Lydia | 2 |
| Rebecca | 23 | 4mo | 1764 | George | Lydia | 2 |
| Thomas | 23 | 6mo | 1745 | George | Lydia | 2 |

**Cartmill**
| | | | | | | |
|---|---|---|---|---|---|---|
| Martin | 19 | 1mo | 1685 | Nathaniel | Dorety | 1 |
| Thomas | 29 | 2mo | 1689 | Nathaniel | Dorety | 1 |

**Casner**
| | | | | | | |
|---|---|---|---|---|---|---|
| Joh. Peter | 9 | Mar | 1767 | Phil. Peter | not given | 13 |

**Cerson**
| | | | | | | |
|---|---|---|---|---|---|---|
| Dinah | 21 | 4mo | 1744 | Richard | Martha | 5 |

**Chalfant**
| | | | | | | |
|---|---|---|---|---|---|---|
| Abner | 16 | 11mo | 1762 | Henry | Elizabeth (Jackson) | 5 |
| Ann | 12 | 12mo | 1750/1 | Henry | Elizabeth (Jackson) | 5 |

## CHESTER COUNTY BIRTHS

### Chalfant
| | | | | | | |
|---|---|---|---|---|---|---|
| Caleb | 7 | 2mo | 1766 | Henry | Elizabeth (Jackson) | 5 |
| Elizabeth | 2 | 2mo | 1754 | Henry | Elizabeth (Jackson) | 5 |
| Henry | | not given | | John | not given | 5 |
| Henry | 1 | 5mo | 1748 | Henry | Elizabeth (Jackson) | 5 |
| Jacob | 11 | 1mo | 1758 | Henry | Elizabeth (Jackson) | 5 |
| Jonathan | 8 | 4mo | 1743 | Henry | Elizabeth (Jackson) | 5 |
| Mary | 8 | 8mo | 1760 | Henry | Elizabeth (Jackson) | 5 |
| Mary | 6 | 12mo | 1782 | Thomas | Phebe (Hayes) | 5 |
| Thomas | 20 | 11mo | 1745/6 | Henry | Elizabeth (Jackson) | 5 |

### Chalfont
| | | | | | | |
|---|---|---|---|---|---|---|
| Amos | 9 | 12mo | 1799 | Jonathan | Ann | 8 |
| Ann | 11 | 5mo | 1780 | Jonathan | Ann | 8 |
| Annanias | 24 | 8mo | 1788 | Jonathan | Ann | 8 |
| Caleb | 26 | 12mo | 1777 | not given | not given | 8 |
| Eli | 8 | 10mo | 1794 | Jonathan | Ann | 8 |
| Eli | 25 | 8mo | 1797 | Jonathan | Ann | 8 |
| Elizabeth | 23 | 2mo | 1800 | Evan | Ruth | 8 |
| Evan | 24 | 8mo | 1796 | Evan | Ruth | 8 |
| Gaius | 11 | 4mo | 1799 | Caleb | Mary | 8 |
| Goodwin | 8 | 9mo | 1788 | David | Frances | 1 |
| Henry | 13 | 5mo | 1792 | Jonathan | Ann | 8 |
| Jacob | 3 | 11mo | 1786 | Jonathan | Ann | 8 |
| Jonathan | 15 | 5mo | 1783 | Jonathan | Ann | 8 |
| Joshua | 7 | 11mo | 1793 | Evan | Ruth | 8 |
| Lydia | 19 | 4mo | 1792 | Evan | Ruth | 8 |
| Mary | 1 | 3mo | 1788 | Evan | Ruth | 8 |
| Phebe | 9 | 6mo | 1797 | Caleb | Mary | 8 |
| Robert | 29 | 8mo | 1779 | Robert | Rachel (Watters) | 1 |
| Sarah | 27 | 4mo | 1790 | Evan | Ruth | 8 |
| Thomas | 2 | 11mo | 1778 | Jonathan | Ann | 8 |
| Thomas | 1 | 7mo | 1798 | Evan | Ruth | 8 |

### Chamberlain
| | | | | | | |
|---|---|---|---|---|---|---|
| Mary | 5 | 9mo | 1798 | Joshua | Mary | 5 |
| Titus | 17 | 9mo | 1777 | not given | not given | 5 |

### Chamberlin
| | | | | | | |
|---|---|---|---|---|---|---|
| Abigail | 13 | 2mo | 1775 | Jonas | Elizabeth | 6 |
| Ann | 13 | 9mo | 1792 | Joshua | Mary | 6 |
| Ann | 4 | 11mo | 1775 | Jonas | Elizabeth | 6 |
| Elijah | 1 | 2mo | 1771 | Jonas | Elizabeth | 6 |
| Elizabeth | 9 | 2mo | 1777 | Jonas | Elizabeth | 6 |
| Gersham | 29 | 4mo | 1783 | Jonas | Elizabeth | 6 |
| Gershon | 19 | 2mo | 1763 | Joshua | Mary | 6 |
| Hannah | 3 | 8mo | 1737 | Jonas | Jane | 6 |
| Hannah | 27 | 7mo | 1743 | Jonas | Jane | 6 |

## CHESTER COUNTY BIRTHS

**Chamberlin**
| | | | | | | |
|---|---|---|---|---|---|---|
| Jane | 29 | 9mo | 1738 | Jonas | Jane | 6 |
| Jane | 11 | 1mo | 1755 | Jonas | Jane | 6 |
| Jane | 22 | 9mo | 1757 | Joshua | Mary | 6 |
| Jane | 17 | 9mo | 1786 | Joshua | Mary | 6 |
| John | 20 | 12mo | 1781 | Jonas | Elizabeth | 6 |
| John | 28 | 8mo | 1783 | not given | not given | 6 |
| Jonas | 30 | 6mo | 1746 | Jonas | Jane | 6 |
| Jonas | 30 | 10mo | 1794 | Joshua | Mary | 6 |
| Jonas | 15 | 12mo | 1769 | Jonas | Elizabeth | 6 |
| Joseph | 4 | 2mo | 1749 | Jonas | Jane | 6 |
| Joseph | 25 | 3mo | 1760 | Joshua | Mary | 6 |
| Joseph | 15 | 12mo | 1767 | Jonas | Elizabeth | 6 |
| Joshua | 14 | 6mo | 1735 | Jonas | Jane | 6 |
| Joshua | 19 | 2mo | 1763 | Joshua | Mary | 6 |
| Joshua | 25 | 2mo | 1763 | not given | not given | 6 |
| Mary | 5 | 4mo | 1741 | Jonas | Jane | 6 |
| Mary | 12 | 4mo | 1779 | Jonas | Elizabeth | 6 |
| William | 28 | 10mo | 1751 | Jonas | Jane | 6 |
| Zillah | 17 | 10mo | 1772 | Jonas | Elizabeth | 6 |

**Chambers**
| | | | | | | |
|---|---|---|---|---|---|---|
| Amy | 4 | 5mo | 1787 | Joseph | Amy | 5 |
| Caleb | 21 | 3mo | 1770 | John | Rebecca (Johnson) | 5 |
| Cyrus | 23 | 10mo | 1800 | William | Susanna | 8 |
| David | 5 | 10mo | 1777 | John | Rebecca (Johnson) | 5 |
| David | 12 | 2mo | 1799 | Joshua | Rebecca | 5 |
| Deborah | 6 | 9mo | 1734 | William | Elizabeth (Miller) | 5 |
| Elisabeth | 18 | 4mo | 1768 | John | Rebecca (Johnson) | 5 |
| Elizabeth | 4 | 11mo | 1740 | William | Elizabeth (Miller) | 5 |
| Elizabeth | 14 | 5mo | 1743 | William | Elizabeth (Miller) | 5 |
| Elizabeth | 27 | 8mo | 1795 | William | Susanna | 8 |
| Hannah | 14 | 8mo | 1741 | William | Elizabeth (Miller) | 5 |
| Isaac | 7 | 5mo | 1797 | Joshua | Rebecca | 5 |
| John | 4 | 1mo | 1738 | William | Elizabeth (Miller) | 5 |
| John Pusey | 28 | 10mo | 1791 | William | Susanna | 8 |
| Joseph | 25 | 4mo | 1736 | William | Elizabeth (Miller) | 5 |
| Joseph | 23 | 1mo | 1745 | William | Elizabeth (Miller) | 5 |
| Joseph | 21 | 12mo | 1782 | not given | not given | 5 |
| Joshua | 8 | 12mo | 1765 | John | Rebecca (Johnson) | 5 |
| Lydia | 16 | 8mo | 1797 | William | Susanna | 8 |
| Mary | | not given | | Richard | Eleanor | 1 |
| Mary | 27 | 11mo | 1732 | William | Elizabeth (Miller) | 5 |
| Mary | 29 | 6mo | 1772 | John | Rebecca (Johnson) | 5 |
| Phebe | 26 | 9mo | 1780 | John | Rebecca (Johnson) | 5 |
| Rebecca | 10 | 9mo | 1793 | William | Susanna | 8 |
| Sarah | | circa | 1767 | Joseph | not given | 1 |

## CHESTER COUNTY BIRTHS

**Chambers**
| | | | | | | |
|---|---|---|---|---|---|---|
| Sarah | 24 | 3mo | 1774 | John | Rebecca (Johnson) | 5 |
| William | 17 | 1mo | 1692 | John | Elizabeth | 5 |
| William | 8 | 6mo | 1731 | William | Elizabeth (Miller) | 5 |
| William | 25 | 4mo | 1736 | William | Elizabeth (Miller) | 5 |
| William | 11 | 1mo | 1764 | John | Rebecca (Johnson) | 5 |

**Chandler**
| | | | | | | |
|---|---|---|---|---|---|---|
| Aaron | 20 | 1mo | 1763 | Thomas | Ann (Hicklin) | 1 |
| Allen | 31 | 10mo | 1759 | William | Rebecca | 8 |
| Allen | 16 | 7mo | 1798 | Allen | Sarah | 8 |
| Allen | 22 | 10mo | 1759 | not given | not given | 8 |
| Amos | 19 | 12mo | 1748 | Thomas | Ann (Hicklin) | 1 |
| Ann | 7 | 12mo | 1767 | Thomas | Hannah (Wilson) | 1 |
| Ann | 13 | 7mo | 1775 | Isaac | Esther (Chandler) | 1 |
| Ann | 5 | 12mo | 1737 | Jacob | Martha | 1 |
| Ann | circa | | 1709 | Swithen | Ann | 1 |
| Ann | 27 | 12mo | 1721 | William | Ann | 5 |
| Ann | 21 | 12mo | 1795 | Thomas | Ann | 8 |
| Benjamin | 18 | 11mo | 1757 | Thomas | Hannah (Wilson) | 1 |
| Christopher | 10 | 3mo | 1744 | Swithen | Ann (Wilson) | 1 |
| David | 1 | 1mo | 1751 | Swithen | Ann (Wilson) | 1 |
| Dinah | 30 | 10mo | 1754 | Thomas | Ann (Hicklin) | 1 |
| Elizabeth | 1 | 11mo | 1743 | Thomas | Elizabeth (Gibson) | 1 |
| Enoch | 16 | 6mo | 1755 | Swithen | Ann (Wilson) | 1 |
| Esther | 4 | 7mo | 1740 | Swithen | Ann (Wilson) | 1 |
| Esther | 6 | 11mo | 1762 | Isaac | Esther (Chandler) | 1 |
| George | 21 | 10mo | 1764 | Isaac | Esther (Chandler) | 1 |
| Hannah | 7 | 6mo | 1764 | Thomas | Hannah (Wilson) | 1 |
| Hannah | 21 | 3mo | 1779 | Isaac | Esther (Chandler) | 1 |
| Hannah | 17 | 2mo | 1745 | Jacob | Martha | 1 |
| Hannah | 6 | 2mo | 1794 | Allen | Sarah | 8 |
| Isaac | | not given | | George | Esther | 1 |
| Jacob | 27 | 10mo | 1752 | Thomas | Ann (Hicklin) | 1 |
| Jacob | 19 | 3mo | 1749 | Swithen | Ann (Wilson) | 1 |
| Jacob | 26 | 2mo | 1773 | Isaac | Esther (Chandler) | 1 |
| James | 17 | 12mo | 1800 | Allen | Sarah | 8 |
| Jane | 21 | 5mo | 1752 | Thomas | Hannah (Wilson) | 1 |
| Jane | 1 | 3mo | 1713 | William | Ann | 5 |
| Jesse | 3 | 6mo | 1750 | Thomas | Ann (Hicklin) | 1 |
| Jesse | 21 | 9mo | 1785 | Jesse | not given | 1 |
| John | 20 | 1mo | 1719/20 | William | Ann | 5 |
| John | 24 | 12mo | 1791 | Allen | Sarah | 8 |
| Jonathan | 21 | 2mo | 1767 | Isaac | Esther (Chandler) | 1 |
| Joseph | 12 | 10mo | 1757 | William | Rebecca | 8 |
| Joseph | 10 | 1mo | 1790 | Allen | Sarah | 8 |
| Joshua | 18 | 3mo | 1755 | Thomas | Hannah (Wilson) | 1 |

## CHESTER COUNTY BIRTHS

**Chandler**
| | | | | | | |
|---|---|---|---|---|---|---|
| Joshua | 23 | 3mo | 1771 | Isaac | Esther (Chandler) | 1 |
| Lydia | 28 | 10mo | 1759 | Thomas | Ann (Hicklin) | 1 |
| Lydia | 8 | 12mo | 1739 | Jacob | Martha | 1 |
| Lydia | 2 | 8mo | 1714 | William | Ann | 5 |
| Lydia | 23 | 9mo | 1799 | Thomas | Ann | 8 |
| Margaret | 15 | 1mo | 1785 | Isaac | Esther (Chandler) | 1 |
| Margaret | 8 | 11mo | 1762 | George | not given | 1 |
| Martha | 23 | 1mo | 1735 | Jacob | Martha | 1 |
| Mary | 9 | 7mo | 1750 | Thomas | Hannah (Wilson) | 1 |
| Mary | | not given | | Thomas | Hannah | 1 |
| Mary | 26 | 6mo | 1742 | Jacob | Martha | 1 |
| Miriam | 1 | 12mo | 1732 | Jacob | Martha | 1 |
| Phebe | 27 | 8mo | 1742 | Swithen | Ann (Wilson) | 1 |
| Phebe | 15 | 12mo | 1781 | Isaac | Esther (Chandler) | 1 |
| Rebecca | 18 | 3mo | 1760 | Thomas | Hannah (Wilson) | 1 |
| Rebecca | 9 | 11mo | 1766 | William | Rebecca | 8 |
| Rebecca | 11 | 1mo | 1794 | Thomas | Ann | 8 |
| Samuel | 21 | 3mo | 1771 | Christopher | Prudence (Grub) | 1 |
| Samuel | 17 | 3mo | 1716 | William | Ann | 5 |
| Sarah | 14 | 10mo | 1758 | Swithen | Ann (Wilson) | 1 |
| Sarah | 4 | 5mo | 1731 | Jacob | Martha | 1 |
| Spencer | 23 | 1mo | 1759 | Isaac | Esther (Chandler) | 1 |
| Susanna | 10 | 10mo | 1760 | Isaac | Esther (Chandler) | 1 |
| Swithen | 7 | 1mo | 1753 | Swithen | Ann (Wilson) | 1 |
| Swithen | 1 | 4mo | 1769 | Isaac | Esther (Chandler) | 1 |
| Swithen | | not given | | Swithen | Ann | 1 |
| Thomas | | not given | | William | Ann | 1 |
| Thomas | 28 | 4mo | 1773 | Thomas | Hannah (Wilson) | 1 |
| Thomas | 15 | 11mo | 1760 | Thomas | Ann (Hicklin) | 1 |
| Thomas | 11 | 6mo | 1724 | William | Ann | 5 |
| Thomas | 27 | 10mo | 1761 | William | Rebecca | 8 |
| William | 25 | 11mo | 1756 | Thomas | Ann (Hicklin) | 1 |
| William | 20 | 2mo | 1718 | William | Ann | 5 |
| William | 25 | 12mo | 1764 | William | Rebecca | 8 |
| William | 27 | 3mo | 1796 | Allen | Sarah | 8 |
| not given | 26 | 5mo | 1798 | Thomas | Ann | 8 |

**Cherry**
| | | | | | | |
|---|---|---|---|---|---|---|
| Ann | 9 | 12mo | 1774 | William | Charity (Nichols) | 1 |
| Rachel | 22 | 10mo | 1772 | William | Charity (Nichols) | 1 |
| Sarah | 16 | 1mo | 1777 | William | Charity (Nichols) | 1 |

**Chmaberlain**
| | | | | | | |
|---|---|---|---|---|---|---|
| Jane | 2 | 1mo | 1792 | not given | not given | 5 |

**Christag**
| | | | | | | |
|---|---|---|---|---|---|---|
| Fronin | | | 1782 | Willhelm | Elisabetha | 11 |

31

## CHESTER COUNTY BIRTHS

**Christag**
| | | | | | | |
|---|---|---|---|---|---|---|
| Johann Nicolaus | 15 | Jan | 17[84] | Willhelm | Elisabetha | 11 |

**Christman**
| | | | | | | |
|---|---|---|---|---|---|---|
| Anna Maria | 7 | Jan | 1785 | Henrich | Susana | 11 |
| Chatarina | 19 | Jul | 1770 | Heinrich | Susanna | 11 |
| Daniel | ca | Jul | 1765 | George | Sophia | 12 |
| Elisabeth | 29 | May | 177? | Heinrich | Susanna | 11 |
| Elisabetha | 6 | Jun | 1784 | Elias | Elisabetha | 11 |
| Elizabeth | 2 | Mar | 1769 | George | Sophia | 12 |
| Georg | 9 | May | 1793 | Henrich | Susanna | 11 |
| Henrich | 14 | Mar | 1779 | Henrich | Susana | 11 |
| Jacob | 5 | Mar | 1788 | Henrich | Susana | 11 |
| John | 16 | Dec | 1799 | Jacob | M. Hanna | 11 |
| Magdalena | 28 | Apr | 1776 | Henrich | Susana | 11 |
| Margretha | 6 | Feb | 1782 | Henrich | Susana | 11 |
| Susana | 24 | Oct | 1773 | Heinrich | Susanna | 11 |

**Christmann**
| | | | | | | |
|---|---|---|---|---|---|---|
| Catharina | 20 | Sep | 1790 | Johanes | Elisabetha | 11 |
| Sophia | 27 | Mar | 1789 | Johanes | Elisabetha | 11 |

**Churchman**
| | | | | | | |
|---|---|---|---|---|---|---|
| Abigail | 12 | 11mo | 1755 | William | Abigail | 4 |
| Anne | 17 | 7mo | 1789 | Edward | Rebecca | 4 |
| Caleb | 4 | 11mo | 1783 | Edward | Rebecca | 4 |
| David | 15 | 12mo | 1766 | William | Abigail | 4 |
| Deborah | 20 | 2mo | 1759 | William | Abigail | 4 |
| Dinah | 14 | 11mo | 1753 | William | Abigail | 4 |
| Dinah | 7 | 6mo | 1699 | John | Hannah | 5 |
| Edward | 14 | 9mo | 1713 | John | Hannah | 4 |
| Edward | 6 | 2mo | 1757 | George | Hannah | 4 |
| Edward | 4 | 9mo | 1713 | John | Hannah | 5 |
| Elijah | 10 | 10mo | 1749 | William | Abigail | 4 |
| Enoch | 2 | 11mo | 1762 | William | Abigail | 4 |
| Gainer | 20 | 11mo | 1762 | George | Hannah | 4 |
| George | 28 | 8mo | 1730 | John | Margaret | 4 |
| George | 29 | 12mo | 1764 | George | Hannah | 4 |
| George | 13 | 7mo | 1697 | John | Hannah | 5 |
| Hannah | 27 | 10mo | 1770 | George | Hannah | 4 |
| Hannah | 31 | 8mo | 1772 | George | Hannah | 4 |
| Hannah | 6 | 5mo | 1791 | Mordecai | Sarah (West) | 4 |
| Hannah | 7 | 2mo | 1746 | Thomas | Rachel (Reynolds) | 4 |
| Hannah | 15 | 10mo | 1745 | William | Abigail | 4 |
| Hannah James | 18 | 1mo | 1794 | Edward | Rebecca | 4 |
| John | 29 | 8mo | 1703 | John | Hannah | 4 |
| John | 4 | 6mo | 1705 | John | Hannah | 4 |
| John | 29 | 5mo | 1753 | George | Hannah | 4 |

# CHESTER COUNTY BIRTHS

**Churchman**
| | | | | | | |
|---|---|---|---|---|---|---|
| John | 14 | 12mo | 1747 | Thomas | Rachel (Reynolds) | 4 |
| John | 21 | 10mo | 1747 | William | Abigail | 4 |
| Joseph | 15 | 10mo | 1767 | George | Hannah | 4 |
| Margaret | 17 | 12mo | 1760 | George | Hannah | 4 |
| Margaret | 10 | 4mo | 1796 | Mordecai | Sarah (West) | 4 |
| Mary | 31 | 3mo | 1793 | Mordecai | Sarah (West) | 4 |
| Mary | 6 | 4mo | 1800 | Edward | Rebecca | 4 |
| Micajah | 20 | 12mo | 1758 | George | Hannah | 4 |
| Micajah | 7 | 8mo | 1791 | Edward | Rebecca | 4 |
| Miriam | 25 | 8mo | 1710 | John | Hannah | 4 |
| Miriam | 15 | 8mo | 1751 | William | Abigail | 4 |
| Mordecai | 12 | 3mo | 1755 | George | Hannah | 4 |
| Owen | 14 | 10mo | 1785 | Edward | Rebecca | 4 |
| Phebe | 20 | 9mo | 1787 | Edward | Rebecca | 4 |
| Rebecca | 8 | 6mo | 1775 | John | not given | 4 |
| Robert | 5 | 3mo | 1797 | Edward | Rebecca | 4 |
| Sarah | 17 | 3mo | 1716 | John | Hannah | 4 |
| Sarah | 30 | 1mo | 1751 | Thomas | Rachel (Reynolds) | 4 |
| Sarah | 17 | 3mo | 1716 | John | Hannah | 5 |
| Susanna | 17 | 6mo | 1749 | Thomas | Rachel (Reynolds) | 4 |
| Susanna | 13 | 7mo | 1701 | John | Hannah | 5 |
| Thomas | 16 | 11mo | 1707/8 | John | Hannah | 4 |
| Thomas | 18 | 2mo | 1764 | William | Abigail | 4 |
| William | 29 | 11mo | 1720 | John | Hannah | 4 |
| William | 22 | 11mo | 1757 | William | Abigail | 4 |

**Clark**
| | | | | | | |
|---|---|---|---|---|---|---|
| Elizabeth | 13 | 10mo | 1738 | John | Hannah | 6 |
| Hannah | 12 | 5mo | 1752 | John | Hannah | 6 |
| James | 23 | 6mo | 1769 | Wm. | Susanna | 4 |
| James | 14 | 5mo | 1740 | John | Hannah | 6 |
| Jesse | 17 | 5mo | 1778 | Wm. | Susanna | 4 |
| John | 18 | 7mo | 1742 | Henry | Elizabeth | 4 |
| John | 30 | 1mo | 1776 | Wm. | Susanna | 4 |
| John | | not given | | John | Hannah | 6 |
| Mary | 24 | 8mo | 1749 | John | Hannah | 6 |
| Samuel | 24 | 8mo | 1749 | John | Hannah | 6 |
| Sarah | 12 | 1mo | 1773 | Wm. | Susanna | 4 |
| Thomas | 25 | 7mo | 1744 | Henry | Elizabeth | 4 |
| Walter | 2 | 9mo | 1742 | John | Hannah | 6 |
| William | 29 | 5mo | 1747 | John | Hannah | 6 |

**Claus**
| | | | | | | |
|---|---|---|---|---|---|---|
| Catharina | 28 | Sep | 1771 | William | Anna Cunigunda | 12 |
| Christina | 24 | Apr | 1770 | William | Cunigunda | 12 |
| Christopher | 28 | Mar | 1777 | Christopher | Anna Catharina | 12 |

## CHESTER COUNTY BIRTHS

**Claus**
| | | | | | | |
|---|---|---|---|---|---|---|
| John | 8 | Sep | 1775 | Christopher | Catharina | 12 |
| Maria Elizabeth | 14 | Jan | 1768 | William | Anna Cunigunda | 12 |

**Cleer**
| | | | | | | |
|---|---|---|---|---|---|---|
| Benjamin | 9 | Aug | 1794 | Philip | Maria | 12 |
| Elizabeth | 8 | Dec | 1792 | Philip | Maria | 12 |
| John | 3 | Aug | 1791 | Philip | Maria | 12 |

**Clement**
| | | | | | | |
|---|---|---|---|---|---|---|
| Hannah | 8 | 3mo | 1793 | Samuel | Elizabeth | 4 |
| Mark | 22 | 7mo | 1790 | Samuel | Elizabeth | 4 |
| Samuel | 8 | 1mo | 1788 | Samuel | Elizabeth | 4 |
| Thomas | 15 | 8mo | 1779 | Samuel | Elizabeth | 4 |

**Clemson**
| | | | | | | |
|---|---|---|---|---|---|---|
| Ann | 21 | 4mo | 1788 | James | Hannah | 2 |
| Ann | 16 | 10mo | 1766 | Thomas | Elizabeth | 6 |
| Elizabeth | 21 | 4mo | 1788 | James | Hannah | 2 |
| Elizabeth | 12 | 6mo | 1780 | John | Susanna | 6 |
| Hannah | 6 | 6mo | 1778 | John | Susanna | 6 |
| James | 8 | 8mo | 1791 | James | Hannah | 2 |
| James | 15 | 1mo | 1750 | Thomas | Elizabeth | 6 |
| James | 23 | 3mo | 1774 | John | Susanna | 6 |
| James | 25 | 8mo | 1791 | not given | not given | 6 |
| John | 8 | 8mo | 1779 | James | Hannah | 2 |
| John | 12 | 8mo | 1748 | Thomas | Elizabeth | 6 |
| Joseph | 23 | 3mo | 1776 | John | Susanna | 6 |
| Margaret | 27 | 11mo | 1756 | Thomas | Elizabeth | 6 |
| Mary | 9 | 9mo | 1783 | James | Hannah | 2 |
| Mary | 3 | 3mo | 1763 | Thomas | Elizabeth | 6 |
| Mary | 13 | 9mo | 1784 | John | Susanna | 6 |
| Matilda | 6 | 6mo | 1777 | James | Hannah | 2 |
| Rachel | 2 | 2mo | 1781 | James | Hannah | 2 |
| Rachel | 11 | 6mo | 1789 | John | Susanna | 6 |
| Reuben | 9 | 9mo | 1796 | James | Hannah | 2 |
| Sarah | 22 | 8mo | 1752 | Thomas | Elizabeth | 6 |
| Sarah | 14 | 2mo | 1787 | John | Susanna | 6 |
| Sophia | 27 | 8mo | 1792 | John | Susanna | 6 |
| Sophia | 9 | 11mo | 1768 | Thomas | Elizabeth | 6 |
| Susanna | 23 | 7mo | 1782 | John | Susanna | 6 |
| Tamer | 29 | 12mo | 1754 | Thomas | Elizabeth | 6 |
| Thomas | 23 | 1mo | 1761 | Thomas | Elizabeth | 6 |
| Thomas | 18 | 3mo | 1772 | John | Susanna | 6 |
| William | 25 | 11mo | 1774 | James | Hannah | 2 |

**Clendenin**
| | | | | | | |
|---|---|---|---|---|---|---|
| David | bp | 8 Oct | 1781 | John | Margaret | 15 |

## CHESTER COUNTY BIRTHS

**Clendenon**
| | | | | | | |
|---|---|---|---|---|---|---|
| Abigail | 8 | 1mo | 1795 | Robert | Elizabeth | 8 |
| Ann | 15 | 12mo | 1790 | Robert | Elizabeth | 8 |
| Elizabeth | 3 | 8mo | 1787 | Robert | Elizabeth | 8 |
| Hannah | 3 | 3mo | 1789 | Robert | Elizabeth | 8 |
| Isaac | 21 | 11mo | 1720/1 | not given | not given | 5 |
| Isaac | 23 | 4mo | 1782 | Robert | Elizabeth | 8 |
| James | 31 | 5mo | 1793 | Robert | Elizabeth | 8 |
| Lydia | 20 | 2mo | 1798 | Robert | Elizabeth | 8 |
| Mira | 17 | 7mo | 1799 | Robert | Elizabeth | 8 |
| Phebe | 29 | 4mo | 1757 | Isaac | Phebe | 5 |
| Phebe | 1 | 6mo | 1780 | Robert | Elizabeth | 8 |
| Rachel | 8 | 12mo | 1783 | Robert | Elizabeth | 8 |
| Robert | 15 | 1mo | 1756 | Isaac | Phebe | 5 |
| Robert | 15 | 1mo | 1756 | not given | not given | 8 |
| Sarah | 27 | 11mo | 1785 | Robert | Elizabeth | 1 |

**Cler**
| | | | | | | |
|---|---|---|---|---|---|---|
| Hannah | 5 | Aug | 1789 | Philip | Maria | 12 |

**Clingan**
| | | | | | | |
|---|---|---|---|---|---|---|
| William | 13 | Feb | 1792 | William | Jane | 15 |

**Cloud**
| | | | | | | |
|---|---|---|---|---|---|---|
| Ann | 29 | 3mo | 1741 | William | Mary (Peirce) | 1 |
| Ann | 11 | 3mo | 1782 | Joshua | Ruth (Jackson) | 1 |
| Benjamin | 22 | 12mo | 1746 | William | Mary (Peirce) | 1 |
| Benjamin | 26 | 1mo | 1725 | Jeremiah | Ann | 1 |
| Elizabeth | 14 | 10mo | 1711 | Jeremiah | Ann | 1 |
| Jeremiah | 20 | 11mo | 1723 | Jeremiah | Ann | 1 |
| Jesse | 13 | 9mo | 1742 | William | Mary (Peirce) | 1 |
| Joel | 7 | 4mo | 1715 | Jeremiah | Ann | 1 |
| Joshua | 22 | 3mo | 1752 | William | Mary (Peirce) | 1 |
| Joshua | | not given | | William | not given | 1 |
| Joshua | 23 | 3mo | 1794 | Joshua | Ruth (Jackson) | 1 |
| Mary | 17 | 10mo | 1747 | William | Mary (Peirce) | 1 |
| Mary | 9 | 5mo | 1778 | Joshua | Ruth (Jackson) | 1 |
| Mordecai | 28 | 2mo | 1729 | Jeremiah | Ann | 1 |
| Orpha | 4 | 9mo | 1760 | William | Mary (Peirce) | 1 |
| Rachel | 25 | 10mo | 1749 | William | Mary (Peirce) | 1 |
| Rachel | 10 | 8mo | 1733 | Jeremiah | Ann | 1 |
| Ruth | 31 | 12mo | 1758 | William | Mary (Peirce) | 1 |
| Sarah | 31 | 10mo | 1784 | Joshua | Ruth (Jackson) | 1 |
| William | 10 | 11mo | 1691 | Jeremiah | Ann | 1 |
| William | 6 | 6mo | 1775 | Joshua | Ruth (Jackson) | 1 |
| William | 11 | 1mo | 1718 | Jeremiah | Ann | 1 |

**Coale**
| | | | | | | |
|---|---|---|---|---|---|---|
| William | 22 | 12mo | 1786 | not given | not given | 6 |

## CHESTER COUNTY BIRTHS

**Coates**

| | | | | | | |
|---|---|---|---|---|---|---|
| Aaron | 6 | 4mo | 1744 | Samuel | Elizabeth | 2 |
| Amos | 10 | 1mo | 1754 | Moses | Mary | 2 |
| Amy | 6 | 6mo | 1785 | Isaac | Hannah | 5 |
| Ann | 14 | 9mo | 1779 | Moses | Mary | 2 |
| Ann | 12 | 5mo | 1757 | Jonathan | Jane (Longstreth) | 7 |
| Ann J. | 12 | 6mo | 1800 | John | Elisabeth Roberts | 7 |
| Aquila | 9 | 10mo | 1791 | Moses | Mary | 2 |
| Aquila | 30 | 10mo | 1799 | John Hutchinson | Hanna (Longstreth) | 7 |
| Benjamin | 18 | 9mo | 1780 | Benjamin | Ann | 7 |
| Beulah | 19 | 7mo | 1774 | Isaac | Hannah | 5 |
| Caleb | 30 | 4mo | 1781 | Moses | Mary | 2 |
| Charles | 15 | 3mo | 1797 | John Hutchinson | Hanna (Longstreth) | 7 |
| Cyrus | 25 | 2mo | 1795 | John Hutchinson | Hanna (Longstreth) | 7 |
| Elisha | 20 | 9mo | 1784 | Moses | Mary | 2 |
| Elizabeth | 12 | 3mo | 1771 | Moses | Hannah | 2 |
| Elizabeth | 8 | 9mo | 1779 | Jonathan | Jane (Longstreth) | 7 |
| Esther | 25 | 2mo | 1783 | Moses | Mary | 2 |
| George | 23 | 11mo | 1789 | Samuel | Abigail | 2 |
| Grace | 25 | 5mo | 1776 | Samuel | Elizabeth | 2 |
| Grace | 16 | 7mo | 1771 | Jonathan | Jane (Longstreth) | 7 |
| Hannah | 13 | 6mo | 1773 | Moses | Hannah | 2 |
| Hannah | 5 | 7mo | 1761 | Jonathan | Jane (Longstreth) | 7 |
| Isaac | 1 | 2mo | 1748 | Samuel | Elizabeth | 2 |
| Isaac | 7 | 3mo | 1778 | Moses | Mary | 2 |
| Isaac | 8 | 2mo | 1774 | Jonathan | Jane (Longstreth) | 7 |
| James | 22 | 5mo | 1759 | Jonathan | Jane (Longstreth) | 7 |
| Jane | 28 | 8mo | 1776 | Jonathan | Jane (Longstreth) | 7 |
| Jane | 27 | 12mo | 1793 | John Hutchinson | Hanna (Longstreth) | 7 |
| Jesse | 4 | 23mo | 1796 | Moses | Mary | 2 |
| John Hutchinson | 9 | 7mo | 1761 | not given | not given | 7 |
| Jonathan | 17 | 11mo | 1728 | Moses | Susanna | 7 |
| Jonathan | 28 | 5mo | 1764 | Jonathan | Jane (Longstreth) | 7 |
| Joseph | 12 | 1mo | 1794 | Samuel | Abigail | 2 |
| Kezia | 24 | 2mo | 1769 | Jonathan | Jane (Longstreth) | 7 |
| Levi | 21 | 10mo | 1781 | Samuel | Abigail | 2 |
| Lydia | 6 | 2mo | 1778 | Isaac | Hannah | 5 |
| Mary | 21 | 5mo | 1788 | Moses | Mary | 2 |
| Moses | 4 | 12mo | 1745/6 | Samuel | Elizabeth | 2 |
| Moses | 30 | 8mo | 1789 | Moses | Mary | 2 |
| Phebe | 23 | 7mo | 1766 | Jonathan | Jane (Longstreth) | 7 |
| Richard | 23 | 7mo | 1783 | Samuel | Abigail | 2 |
| Samuel | 23 | 2mo | 1786 | Samuel | Abigail | 2 |
| Sarah | 29 | 7mo | 1786 | Moses | Mary | 2 |
| Sarah | 26 | 3mo | 1792 | Samuel | Abigail | 2 |
| Sarah | 8 | 4mo | 1791 | John Hutchinson | Hanna (Longstreth) | 7 |

## CHESTER COUNTY BIRTHS

**Coates**
| | | | | | | |
|---|---|---|---|---|---|---|
| Sidney | | 2 | 6mo | 1777 | Samuel | Elizabeth | 2 |
| Susanna | | 23 | 7mo | 1766 | Jonathan | Jane (Longstreth) | 7 |
| Susanna | | 10 | 3mo | 1770 | Benjamin | Ann | 7 |
| Thomas | | 8 | 11mo | 1787 | Samuel | Abigail | 2 |
| Warwick | | 29 | 1mo | 1780 | Samuel | Abigail | 2 |

**Cochran**
| | | | | | | |
|---|---|---|---|---|---|---|
| George | bp | 24 | Mar | 1792 | John | Serah | 15 |
| Jane | bp | 20 | Nov | 1791 | David | Jane | 15 |

**Cockburn**
| | | | | | | |
|---|---|---|---|---|---|---|
| James | | | 9mo | 1776 | not given | not given | 7 |

**Cockran**
| | | | | | | |
|---|---|---|---|---|---|---|
| Jacob | bp | | Aug | 1769 | Jacob | not given | 14 |
| Robert | bp | | May | 1771 | Jacob | not given | 14 |
| Robert | bp | 5 | May | 1791 | Robert | Susanna | 15 |

**Colb**
| | | | | | | |
|---|---|---|---|---|---|---|
| Elizabeth | | 5 | Apr | 1794 | Michael | Elizabeth | 12 |
| Michael | | 6 | Mar | 1796 | Michael | Elizabeth | 12 |

**Coles**
| | | | | | | |
|---|---|---|---|---|---|---|
| Elijah | | not given | | | William | Prudence | 4 |
| Hannah | | 21 | 9mo | 1731 | William | Prudence | 4 |
| Mary | | 6 | 4mo | 1734 | William | Prudence | 4 |
| Mary | | 4 | 3mo | 1708 | William | Mary | 5 |
| Prudence | | 28 | 1mo | 1740 | William | Prudence | 4 |
| Rebeccah | | 24 | 3mo | 1738 | William | Prudence | 4 |
| William | | 3 | 4mo | 1736 | William | Prudence | 4 |
| William | | 9 | 5mo | 1705 | William | Mary | 5 |

**Colgan**
| | | | | | | |
|---|---|---|---|---|---|---|
| Hannah | | 30 | 11mo | 1794 | William | Grace | 5 |

**Collins**
| | | | | | | |
|---|---|---|---|---|---|---|
| Amey | | 22 | 6mo | 1784 | Joseph | Amy | 3 |
| Ann | | 18 | 8mo | 1777 | Joseph | Amy | 3 |
| Elizabeth | | 22 | 3mo | 1773 | Joseph | Amy | 3 |
| Joseph | | 19 | 3mo | 1782 | Joseph | Amy | 3 |
| Rebecca | | 27 | 2mo | 1780 | Joseph | Amy | 3 |
| William | | 12 | 4mo | 1775 | Joseph | Amy | 3 |

**Comfort**
| | | | | | | |
|---|---|---|---|---|---|---|
| Robert | | 25 | 4mo | 1797 | Robert | Mary | 5 |

**Commons**
| | | | | | | |
|---|---|---|---|---|---|---|
| Isaac | | 12 | 11mo | 1779 | John | Sarah | 5 |
| Mary | | 12 | 7mo | 1781 | John | Sarah | 5 |

**Conard**
| | | | | | | |
|---|---|---|---|---|---|---|
| Cornelius | | 9 | 2mo | 1764 | not given | not given | 5 |
| Jesse | | 11 | 11mo | 1778 | not given | not given | 5 |

# CHESTER COUNTY BIRTHS

**Conard**
| | | | | | | |
|---|---|---|---|---|---|---|
| Lydia | 19 | 7mo | 1791 | Cornelius | not given | 5 |

**Coning**
| | | | | | | |
|---|---|---|---|---|---|---|
| John | bp | Jul | 1769 | Samuel | Sarah | 14 |

**Conrad**
| | | | | | | |
|---|---|---|---|---|---|---|
| Samuel | 22 | Mar | 1767 | Jacob | Anna Magdalena | 12 |

**Conrat**
| | | | | | | |
|---|---|---|---|---|---|---|
| Sara | 3 | Dec | 1764 | Jacob | not given | 12 |

**Conway**
| | | | | | | |
|---|---|---|---|---|---|---|
| Elizabeth | 9 | 7mo | 1687 | Thomas | Mary | 1 |

**Cook**
| | | | | | | |
|---|---|---|---|---|---|---|
| Ennion | 1 | 1mo | 1773 | Stephen | Margaret | 5 |
| Hannah | 27 | 9mo | 1777 | Stephen | Margaret | 5 |
| Isaac | 28 | 6mo | 1762 | Stephen | Margaret | 5 |
| Jeremiah | 9 | 9mo | 1756 | Stephen | Hannah (Reynolds) | 4 |
| Job | 7 | 7mo | 1775 | Stephen | Margaret | 5 |
| John | 26 | 3mo | 1767 | Stephen | Margaret | 5 |
| John | 29 | 4mo | 1795 | Peter | Hannah | 8 |
| Margaret | 13 | 5mo | 1797 | Peter | Hannah | 8 |
| Peter | 26 | 10mo | 1764 | Stephen | Margaret | 5 |
| Stephen | 12 | 12mo | 1769 | Stephen | Margaret | 5 |

**Coope**
| | | | | | | |
|---|---|---|---|---|---|---|
| Abiah | 22 | 3mo | 1759 | Samuel | Deborah | 2 |
| Abiah | 18 | 4mo | 1791 | Abiah | Jane | 2 |
| Abigail | 6 | 9mo | 1767 | Nathan | Amy | 2 |
| Amy | 2 | 12mo | 1763 | Nathan | Amy | 2 |
| Benjamin | 14 | 9mo | 1765 | Nathan | Amy | 2 |
| Charity | 8 | 4mo | 1754 | Samuel | Deborah | 2 |
| Charity | 23 | 9mo | 1774 | Nathan | Amy | 2 |
| Charity | 12 | 3mo | 1779 | Joseph | Ann | 2 |
| Charity | 24 | 9mo | 1796 | Samuel | Elizabeth | 2 |
| David | 24 | 1mo | 1787 | Abiah | Jane | 2 |
| Deborah | 17 | 3mo | 1765 | Samuel | Deborah | 2 |
| Deborah | 16 | 9mo | 1771 | Samuel | Deborah | 2 |
| Deborah | 6 | 10mo | 1772 | Nathan | Amy | 2 |
| Deborah | 10 | 4mo | 1793 | Abiah | Jane | 2 |
| Deborah | 19 | 3mo | 1795 | Samuel | Elizabeth | 2 |
| Edith | 11 | 2mo | 1777 | Nathan | Amy | 2 |
| Elizabeth | 12 | 1mo | 1770 | Joseph | Ann | 2 |
| Ezra | 25 | 11mo | 1783 | Nathan | Amy | 2 |
| Hannah | 9 | 1mo | 1762 | Nathan | Amy | 2 |
| Hannah | 18 | 6mo | 1789 | Joseph | Ann | 2 |
| Isaac | 3 | 9mo | 1786 | Joseph | Ann | 2 |
| Israel | 11 | 11mo | 1770 | Caleb | Mary | 6 |
| Jesse | 10 | 10mo | 1755 | Samuel | Deborah | 2 |

## CHESTER COUNTY BIRTHS

### Coope
| | | | | | | |
|---|---|---|---|---|---|---|
| John | 1 | 5mo | 1783 | Joseph | Ann | 2 |
| John | 14 | 11mo | 1763 | Caleb | Mary | 6 |
| Jonathan | 22 | 12mo | 1762 | Samuel | Deborah | 2 |
| Joseph | 27 | 12mo | 1794 | Joseph | Ann | 2 |
| Mary | 15 | 3mo | 1767 | Samuel | Deborah | 2 |
| Mary | 1 | 1mo | 1772 | Joseph | Ann | 2 |
| Mary | 14 | 10mo | 1793 | Samuel | Elizabeth | 2 |
| Morris | 26 | 7mo | 1800 | Abiah | Jane | 2 |
| Nathan | 22 | 7mo | 1770 | Nathan | Amy | 2 |
| Rachel | 27 | 12mo | 1799 | Samuel | Elizabeth | 2 |
| Rebecca | 23 | 12mo | 1760 | Samuel | Deborah | 2 |
| Rebecca | 9 | 10mo | 1781 | Nathan | Amy | 2 |
| Samuel | 1 | 10mo | 1756 | Samuel | Deborah | 2 |
| Samuel | 28 | 2mo | 1789 | Abiah | Jane | 2 |
| Sarah | 15 | 9mo | 1759 | Nathan | Amy | 2 |
| Sarah | 15 | 8mo | 1775 | Joseph | Ann | 2 |
| Sarah | 14 | 10mo | 1761 | Caleb | Mary | 6 |
| Sophia | 17 | 3mo | 1769 | Samuel | Deborah | 2 |
| Thomas P. | 26 | 8mo | 1768 | Caleb | Mary | 6 |
| William | 3 | 2mo | 1766 | Caleb | Mary | 6 |

### Cooper
| | | | | | | |
|---|---|---|---|---|---|---|
| Aaron | 23 | 11mo | 1795 | James | Mary | 6 |
| Amos | 13 | 2mo | 1794 | John | Jane | 6 |
| Ann | 7 | 7mo | 1768 | George | Susanna | 6 |
| Ann | 14 | 3mo | 1775 | John | Rebecca | 6 |
| Anna | 21 | 4mo | 1787 | Calvin | Elizabeth | 2 |
| Anna | bp 10 | Nov | 1791 | James | Ginny | 15 |
| Asenath | 10 | 10mo | 1794 | Calvin | Elizabeth | 2 |
| Asenath Ann | 10 | 1mo | 1800 | Calvin | Sarah | 6 |
| Calvin | 18 | 12mo | 1761 | William | Elizabeth | 2 |
| Calvin | 12 | 6mo | 1771 | George | Susanna | 6 |
| Calvin | 13 | 12mo | 1766 | John | Rebecca | 6 |
| Cyrus | 20 | 9mo | 1798 | James | Mary | 6 |
| Elizabeth | 13 | 5mo | 1782 | William | Elizabeth | 2 |
| Elizabeth | 20 | 3mo | 1798 | Calvin | Elizabeth | 2 |
| Elizabeth | 20 | 9mo | 1762 | George | Susanna | 6 |
| Evan | 6 | 7mo | 1777 | George | Susanna | 6 |
| Gainer | 13 | 5mo | 1799 | Calvin | Ann | 6 |
| George | 10 | 2mo | 1773 | George | Susanna | 6 |
| Gulielma | 16 | 2mo | 1794 | James | Mary | 6 |
| Harriet | 11 | 8mo | 1795 | John | Jane | 6 |
| Hester | 5 | 6mo | 1794 | George | Hannah | 6 |
| Isaac | 9 | 7mo | 1787 | William | Sibbilla (John) | 7 |
| Israel | 12 | 1mo | 1795 | Calvin | Sarah | 6 |
| James | 30 | 6mo | 1765 | John | Rebecca | 6 |

## CHESTER COUNTY BIRTHS

**Cooper**
| | | | | | | | |
|---|---|---|---|---|---|---|---|
| Jeremiah | 19 | 3mo | 1780 | John | Rebecca | 6 |
| John | 20 | 12mo | 1763 | William | Elizabeth | 2 |
| John | 6 | 9mo | 1769 | John | Rebecca | 6 |
| John | 18 | 7mo | 1796 | Calvin | Sarah | 6 |
| Joseph | 24 | 11mo | 1772 | William | Elizabeth | 2 |
| Joseph | 17 | 9mo | 1791 | James | Mary | 6 |
| Joshua | 6 | 6mo | 1783 | William | Sibbilla (John) | 7 |
| Lydia | 9 | 6mo | 1770 | William | Elizabeth | 2 |
| Lydia | 13 | 10mo | 1800 | Calvin | Elizabeth | 2 |
| Mary | 25 | 1mo | 1792 | Calvin | Sarah | 6 |
| Mary | 26 | 6mo | 1779 | William | Sibbilla (John) | 7 |
| Phebe | 22 | 10mo | 1789 | Calvin | Elizabeth | 2 |
| Phebe | 28 | 5mo | 1766 | George | Susanna | 6 |
| Rachel | 18 | 6mo | 1779 | William | Elizabeth | 2 |
| Rachel | 9 | 4mo | 1781 | William | Sibbilla (John) | 7 |
| Rebecca | 25 | 7mo | 1777 | John | Rebecca | 6 |
| Rebecca | 12 | 7mo | 1793 | Calvin | Sarah | 6 |
| Rebecca | 23 | 12mo | 1797 | Calvin | Sarah | 6 |
| Samuel | 15 | 5mo | 1788 | George | Hannah | 6 |
| Samuel | 5 | 3mo | 1785 | William | Sibbilla (John) | 7 |
| Sarah | 1 | 3mo | 1791 | George | Hannah | 6 |
| Sibbilla | 3 | 2mo | 1790 | William | Sibbilla (John) | 7 |
| Susanna | 22 | 9mo | 1779 | George | Susanna | 6 |
| Susanna | 18 | 10mo | 1796 | Calvin | Ann | 6 |
| Thomas | 13 | 6mo | 1764 | George | Susanna | 6 |
| Truman | 26 | 1mo | 1775 | George | Susanna | 6 |
| Whitson | 27 | 5mo | 1792 | Calvin | Elizabeth | 2 |
| William | 30 | 8mo | 1766 | William | Elizabeth | 2 |
| William | 24 | 3mo | 1772 | John | Rebecca | 6 |
| William | 29 | 6mo | 1749 | William | Mary | 7 |
| not given | | 10mo | 1785 | Calvin | Elizabeth | 2 |

**Cope**
| | | | | | | | |
|---|---|---|---|---|---|---|---|
| Elizabeth | 17 | 5mo | 1797 | Jonathan | Zilla | 9 |
| Morris | 26 | 7mo | 1800 | not given | not given | 8 |
| Susan | 11 | 9mo | 1799 | Jonathan | Zilla | 9 |

**Coppock**
| | | | | | | | |
|---|---|---|---|---|---|---|---|
| Aaron | 24 | 1mo | 1797 | Samuel | Ellen (Sidwell) | 4 |
| Ann | 24 | 6mo | 1738 | John | Margaret | 4 |
| Ann | 21 | 3mo | 1781 | Samuel | Ellen (Sidwell) | 4 |
| Ellen | 24 | 3mo | 1786 | Samuel | Ellen (Sidwell) | 4 |
| Isaac | 8 | 9mo | 1779 | Samuel | Ellen (Sidwell) | 4 |
| Jacob | 16 | 2mo | 1778 | Samuel | Ellen (Sidwell) | 4 |
| Jehu | 10 | 2mo | 1791 | Samuel | Ellen (Sidwell) | 4 |
| John | 18 | 9mo | 1736 | John | Margaret | 4 |

## CHESTER COUNTY BIRTHS

**Coppock**
| | | | | | | | |
|---|---|---|---|---|---|---|---|
| John | | 4 | 11mo | 1776 | Samuel | Ellen (Sidwell) | 4 |
| Joseph | | 24 | 2mo | 1742 | John | Margaret | 4 |
| Joseph | | 9 | 2mo | 1794 | Samuel | Ellen (Sidwell) | 4 |
| Margaret | | 24 | 7mo | 1740 | John | Margaret | 4 |
| Margaret | | 14 | 10mo | 1782 | Samuel | Ellen (Sidwell) | 4 |
| Mary | | 22 | 11mo | 1792 | Samuel | Ellen (Sidwell) | 4 |
| Rachel | | 27 | 8mo | 1789 | Samuel | Ellen (Sidwell) | 4 |
| Rebecca | | 23 | 12mo | 1784 | Samuel | Ellen (Sidwell) | 4 |
| Ruth | | 9 | 11mo | 1798 | Samuel | Ellen (Sidwell) | 4 |
| Samuel | | 3 | 11mo | 1748 | John | Margaret | 4 |
| Samuel | | 12 | 8mo | 1787 | Samuel | Ellen (Sidwell) | 4 |
| Thomas | | 12 | 2mo | 1744 | John | Margaret | 4 |
| a daughter | | 11 | 8mo | 1795 | Samuel | Ellen (Sidwell) | 4 |

**Cornelius**
| | | | | | | | |
|---|---|---|---|---|---|---|---|
| Isabella | bp | 9 | May | 1791 | John | Jane | 15 |

**Corsby**
| | | | | | | | |
|---|---|---|---|---|---|---|---|
| John | bp | 24 | Jan | 1791 | David | Ruth | 15 |
| WilliamHenderson | bp | 29 | May | 1785 | David | Ruth | 15 |

**Cowden**
| | | | | | | | |
|---|---|---|---|---|---|---|---|
| Jennit Chesney | bp | 27 | Mar | 1791 | Robert | Katrine | 15 |
| Kathrine | bp | 8 | Dec | 1792 | Robert | Kathrine | 15 |

**Cowgill**
| | | | | | | |
|---|---|---|---|---|---|---|
| Eleanor | 23 | 8mo | 1745 | Eleazer | Martha | 4 |
| Eleazer | 21 | 11mo | 1752 | Eleazer | Martha | 4 |
| Elisha | 1 | 1mo | 1742 | Eleazer | Martha | 4 |
| Elizabeth | 26 | 2mo | 1747 | Eleazer | Martha | 4 |
| John | 29 | 12mo | 1748 | Eleazer | Martha | 4 |
| Martha | 11 | 1mo | 1751 | Eleazer | Martha | 4 |
| Rachel | 6 | 10mo | 1741 | Eleazer | Martha | 4 |

**Cox**
| | | | | | | |
|---|---|---|---|---|---|---|
| Abner | 16 | 5mo | 1788 | William | Lydia | 3 |
| Amy | 10 | 2mo | 1791 | Benjamin | Hannah | 3 |
| Anna | 29 | 8mo | 1713 | Richard | Margaret | 1 |
| Benjamin | 18 | 2mo | 1723 | Richard | Margaret | 1 |
| Benjamin | 12 | 10mo | 1782 | William | Lydia | 3 |
| Benjamin | 7 | 2mo | 1756 | Joseph | Catharine | 7 |
| Benjamin | 8 | 7mo | 1758 | Joseph | Catharine | 7 |
| Catharine | 8 | 3mo | 1782 | Benjamin | Hannah | 3 |
| Elizabeth | 24 | 5mo | 1799 | Benjamin | Hannah | 3 |
| Elizabeth | 20 | 4mo | 1793 | William | Lydia | 3 |
| Elizabeth | 25 | 3mo | 1763 | Joseph | Catharine | 7 |
| George | 18 | 6mo | 1785 | Bejmain | Hannah | 3 |
| Hannah | 20 | 10mo | 1783 | Benjamin | Hannah | 3 |
| Hannah | 29 | 4mo | 1781 | William | Lydia | 3 |

## CHESTER COUNTY BIRTHS

**Cox**

| | | | | | | | |
|---|---|---|---|---|---|---|---|
| Hannah | | 2 | 2mo | 1746 | Joseph | Catharine | 7 |
| Hannah | | 6 | 9mo | 1747 | Joseph | Catharine | 7 |
| Hannah | | 5 | 10mo | 1751 | Joseph | Catharine | 7 |
| Jane | | 29 | 11mo | 1739 | Lawrence | Sarah | 3 |
| Jane | | 5 | 4mo | 1787 | Benjamin | Hannah | 3 |
| Jeffery | | 17 | 6mo | 1797 | Benjamin | Hannah | 3 |
| John | | 9 | 8mo | 1725 | Richard | Margaret | 1 |
| John | | 3 | 9mo | 1729 | Lawrence | Ellen | 3 |
| John | | 12 | 3mo | 1786 | William | Lydia | 3 |
| John | | 2 | 11mo | 1747 | William | Mary | 4 |
| Jonathan | | 11 | 6mo | 1720 | Richard | Margaret | 1 |
| Jonathan | | 16 | 3mo | 1799 | William | Lydia | 3 |
| Joseph | | 18 | 2mo | 1723 | Richard | Margaret | 1 |
| Joseph | | 17 | 5mo | 1789 | Benjamin | Hannah | 3 |
| Joseph | | 26 | 4mo | 1723 | not given | not given | 7 |
| Joshua | | 23 | 3mo | 1794 | Benjamin | Hannah | 3 |
| Levi | | 8 | 11mo | 1795 | William | Lydia | 3 |
| Margaret | | 5 | 12mo | 1795 | Benjamin | Hannah | 3 |
| Margaret | | 6 | 1mo | 1753 | Joseph | Catharine | 7 |
| Mary | | 29 | 10mo | 1726 | Lawrence | Ellen | 3 |
| Mary | | 8 | 9mo | 1748 | Joseph | Catharine | 7 |
| Rebecca | | | not given | | William | Catharine | 1 |
| Richard | | 29 | 1mo | 1761 | Joseph | Catharine | 7 |
| Richert | | 17 | 2mo | 1718 | Richard | Margaret | 1 |
| Sarah | | 15 | 12mo | 1715 | Richard | Margaret | 1 |
| Thomas | | 25 | 7mo | 1790 | William | Lydia | 3 |
| William | | 5 | 7mo | 1792 | Benjamin | Hannah | 3 |
| William | | 14 | 8mo | 1750 | Joseph | Catharine | 7 |

**Cramp**

| | | | | | | | |
|---|---|---|---|---|---|---|---|
| Elisabeth | | 2 | Jun | 1764 | Carl | not given | 11 |
| Hanna | | 11 | Apr | 1761 | Carl | Catharina | 11 |
| Jacob | | 29 | Oct | 176? | Carl | not given | 11 |
| Joh. Carl | | 15 | Jun | 1762 | Carl | Cathrina | 11 |

**Creswell**

| | | | | | | | |
|---|---|---|---|---|---|---|---|
| William, orphan | bp | 6 | Dec | 1769 | not given | not given | 14 |

**Criswel**

| | | | | | | | |
|---|---|---|---|---|---|---|---|
| James | bp | 24 | Sep | 1791 | Isaac | Martha | 15 |

**Criswell**

| | | | | | | | |
|---|---|---|---|---|---|---|---|
| Eliz. | | 29 | Dec | 1787 | Charles | Isabella | 15 |
| Hannah | | 26 | Jan | 1786 | Charles | Isabella | 15 |
| John | | 6 | Aug | 1784 | Charles | Isabella | 15 |
| Rachael | | 9 | Nov | 1789 | Charles | Isabella | 15 |
| daughter | bp | 6 | Oct | 1793 | Isaac | not given | 15 |

## CHESTER COUNTY BIRTHS

**Crompton**
| | | | | | | | |
|---|---|---|---|---|---|---|---|
| Elizabeth | | 10 | 5mo | 1720 | John | Margery (Piggott) | 4 |

**Crosby**
| | | | | | | | |
|---|---|---|---|---|---|---|---|
| John | bp | 2 | Sep | 1792 | John | Sarah | 15 |

**Croschon**
| | | | | | | | |
|---|---|---|---|---|---|---|---|
| Elias | | 6 | Feb | 1757 | John | not given | 12 |

**Culbertson**
| | | | | | | | |
|---|---|---|---|---|---|---|---|
| David | bp | 17 | Feb | 1769 | Samuel | Agnes | 14 |
| Elizabeth | bp | 27 | Mar | 1769 | Andrew | Jennate | 14 |
| Elizabeth | bp | | Jul | 1769 | Samuel, Jr. | not given | 14 |
| John Boyd | bp | | Feb | 1771 | Andrew | Jean | 14 |
| Margret | bp | | Feb | 1771 | John | not given | 14 |
| Samuel | bp | | May | 1771 | Samuel, Jr. | not given | 14 |
| William | bp | | Aug | 1770 | James | not given | 14 |

**Curle**
| | | | | | | |
|---|---|---|---|---|---|---|
| Benjamin | 12 | 3mo | 1749 | John | Deborah | 5 |
| Elizabeth | 6 | 3mo | 1758 | Samuel | Hannah | 1 |
| John | 3 | 5mo | 1761 | John | Deborah | 5 |
| Mary | 24 | 1mo | 1759 | John | Deborah | 5 |

# D

**Dance**
| | | | | | | |
|---|---|---|---|---|---|---|
| John | 25 | 2mo | 1774 | not given | not given | 5 |

**Dane**
| | | | | | | |
|---|---|---|---|---|---|---|
| James | 17 | 1mo | 1721 | Jeremiah | Hannah | 1 |
| John | 4 | 6mo | 1728 | Jeremiah | Hannah | 1 |
| Mary | 11 | 10mo | 1729 | Jeremiah | Hannah | 1 |
| Nehemiah | 8 | 4mo | 1725 | Jeremiah | Hannah | 1 |

**Danfeltzer**
| | | | | | | |
|---|---|---|---|---|---|---|
| Catharina | 16 | Nov | 1760 | Jacob | Barbara | 11 |
| Jacob | 2 | Aug | 1762 | Jacob | Barbara | 11 |

**Daniel**
| | | | | | | | |
|---|---|---|---|---|---|---|---|
| Elizabeth | bp | 10 | Apr | 1791 | John | Elizabeth | 15 |

**Darlington**
| | | | | | | |
|---|---|---|---|---|---|---|
| Abraham | 17 | 7mo | 1789 | Abraham | Susanna | 9 |
| Amos | 10 | 3mo | 1792 | Amos | Elizabeth | 9 |
| Benedict | 22 | 9mo | 1786 | Abraham | Susanna | 9 |
| Chandler | 4 | 11mo | 1800 | Abraham | Susanna | 9 |
| Clement | 4 | 7mo | 1791 | Abraham | Susanna | 9 |
| Eliza | 26 | 5mo | 1797 | Abraham | Susanna | 9 |
| Elizabeth | | not given | | Abraham | Elizabeth | 5 |

# CHESTER COUNTY BIRTHS

**Darlington**
| | | | | | | |
|---|---|---|---|---|---|---|
| Esther | 5 | 5mo | 1793 | Abraham | Susanna | 9 |
| Hannah | 16 | 5mo | 1783 | Abraham | Susanna | 9 |
| Hannah | 15 | 7mo | 1796 | George | Lydia | 9 |
| Hannah | 30 | 12mo | 1793 | Amos | Elizabeth | 9 |
| Hilary | 3 | 3mo | 1800 | Amos | Elizabeth | 9 |
| Isaac | 13 | 12mo | 1781 | Abraham | Susanna | 9 |
| Sidney | 19 | 2mo | 1799 | Abraham | Susanna | 9 |
| Susanna | 11 | 11mo | 1795 | Abraham | Susanna | 9 |
| Thomas | 14 | 11mo | 1784 | Abraham | Susanna | 9 |
| Thomas | 8 | 1mo | 1796 | Amos | Elizabeth | 9 |

**Däubel**
| | | | | | | |
|---|---|---|---|---|---|---|
| Margaret | 29 | Sep | 1776 | Leonard | Apollonia | 12 |

**Däubil**
| | | | | | | |
|---|---|---|---|---|---|---|
| Catharina | 3 | Feb | 1769 | Leonard | Apollonia | 12 |
| Elizabeth | 5 | Sep | 1773 | Leonard | Apollonia | 12 |

**Daubler**
| | | | | | | |
|---|---|---|---|---|---|---|
| Fridrich | 30 | Apr | 1776 | Fridrich | Maria | 11 |

**Davies**
| | | | | | | |
|---|---|---|---|---|---|---|
| Amos | 1 | 3mo | 1728 | John | Elizabeth | 7 |
| Amos | 29 | 10mo | 1785 | Benjamin | Hannah | 7 |
| Benjamin | 27 | 7mo | 1736 | John | Elizabeth | 7 |
| Benjamin | 5 | 8mo | 1782 | Benjamin | Hannah | 7 |
| Elisha | 20 | 1mo | 1767 | Amos | Elizabeth (Meredith) | 7 |
| Elizabeth | 15 | 5mo | 1777 | Benjamin | Hannah | 7 |
| Grace | 25 | 3mo | 1761 | Amos | Elizabeth (Meredith) | 7 |
| Hannah | 23 | 12mo | 1779 | Benjamin | Hannah | 7 |
| Isaac | 17 | 3mo | 1763 | Amos | Elizabeth (Meredith) | 7 |
| Joel | 6 | 9mo | 1759 | Amos | Elizabeth (Meredith) | 7 |
| John | 16 | 2mo | 1765 | Amos | Elizabeth (Meredith) | 7 |
| John | 5 | 8mo | 1772 | Benjamin | Hannah | 7 |
| Mary | 20 | 2mo | 1775 | Benjamin | Hannah | 7 |
| Rachel | 10 | 2mo | 1720 | John | Elizabeth | 7 |
| Ruth | 9 | 3mo | 1758 | Amos | Elizabeth (Meredith) | 7 |
| Ruth | 27 | 3mo | 1733 | John | Elizabeth | 7 |
| Ruth | 30 | 3mo | 1797 | Benjamin | Hannah | 7 |
| Samuel | 29 | 7mo | 1790 | Benjamin | Hannah | 7 |
| Sarah | 2 | 7mo | 1794 | Benjamin | Hannah | 7 |
| Sibbilla | 1 | 1mo | 1726 | John | Elizabeth | 7 |
| Sibbilla | 12 | 12mo | 1792 | Benjamin | Hannah | 7 |
| Tace | 13 | 4mo | 1788 | Benjamin | Hannah | 7 |

**Davies / Davis**
| | | | | | | |
|---|---|---|---|---|---|---|
| Amos | 26 | 3mo | 1719 | David | Jane | 3 |
| Amos | 9 | 6mo | 1751 | Amos | Ann | 3 |
| Amos | 6 | 7mo | 1769 | Amos | Ann | 3 |

## CHESTER COUNTY BIRTHS

**Davies / Davis**
| | | | | | | |
|---|---|---|---|---|---|---|
| Ann | 14 | 11mo | 1766 | Amos | Ann | 3 |
| David | | | 176? | Ellis | Lydia | 3 |
| Elizabeth | 20 | 1mo | 1753 | Ellis | Lydia | 3 |
| Ellis | 24 | 10mo | 1713 | David | Jane | 3 |
| Ellis | 24 | 10mo | 1755 | Ellis | Lydia | 3 |
| George | 19 | 3mo | 1758 | Ellis | Lydia | 3 |
| Hannah | 1 | 5mo | 1710 | David | Jane | 3 |
| Hannah | 5 | 11mo | 1747 | Amos | Ann | 3 |
| Israel | 14 | 10mo | 1760 | Ellis | Lydia | 3 |
| Jane | 5 | 9mo | 1764 | Amos | Ann | 3 |
| Jane | 23 | 6mo | 1745 | Ellis | Lydia | 3 |
| Jesse | 14 | 7mo | 1753 | Amos | Ann | 3 |
| Jonathan | 4 | 6mo | 1717 | David | Jane | 3 |
| Joseph | 5 | 12mo | 1745 | Amos | Ann | 3 |
| Joseph | 4 | 7mo | 1758 | Amos | Ann | 3 |
| Lydia | 16 | 11mo | 1749 | Ellis | Lydia | 3 |
| Mary | 24 | 9mo | 1762 | Amos | Ann | 3 |
| Mary | 6 | 6mo | 1743 | Ellis | Lydia | 3 |
| Phebe | 11 | 4mo | 1756 | Amos | Ann | 3 |
| Priscilla | 23 | 6mo | 1747 | Ellis | Lydia | 3 |
| Richard | 3 | 3mo | 1712 | David | Jane | 3 |
| Sarah | 20 | 7mo | 1715 | David | Jane | 3 |
| Sarah | 12 | 9mo | 1760 | Amos | Ann | 3 |
| Sarah | 12 | 7mo | 1741 | Ellis | Lydia | 3 |
| Susanna | 25 | 4mo | 1721 | David | Jane | 3 |

**Davis**
| | | | | | | |
|---|---|---|---|---|---|---|
| George | 5 | 3mo | 1798 | Joseph | Sarah | 3 |
| James | 22 | 8mo | 1794 | Joseph | Sarah | 3 |
| James H. | 6 | 5mo | 1799 | Aaron | Deborah | 9 |
| Jesse | 4 | 2mo | 1773 | Amos | Agness | 1 |
| John | 23 | 7mo | 1785 | Elisha | Alice | 5 |
| Joseph | 13 | 4mo | 1800 | Joseph | Sarah | 3 |
| Joseph | 1 | 6mo | 1790 | Elisha | Alice | 5 |
| Margaret | 19 | 5mo | 1788 | Elisha | Alice | 5 |
| Mary | 15 | 11mo | 1786 | Elisha | Alice | 5 |
| Mary | 16 | 3mo | 1797 | Aaron | Deborah | 9 |
| Nathan | 12 | 4mo | 1792 | Elisha | Alice | 5 |
| Ruth | 9 | 3mo | 1758 | Amos | Elizabeth | 1 |
| Samuel | 22 | 4mo | 1795 | Aaron | Deborah | 9 |
| William | 12 | 3mo | 1796 | Joseph | Sarah | 3 |

**Day**
| | | | | | | |
|---|---|---|---|---|---|---|
| John | 7 | 6mo | 1667 | not given | not given | 1 |
| John | 8 | 9mo | 1707 | John | Rebecca | 1 |
| Rebecca | 26 | 11mo | 1709 | John | Rebecca | 1 |

## CHESTER COUNTY BIRTHS

**Daye**
| | | | | | | |
|---|---|---|---|---|---|---|
| Evan | 11 | 9mo | 1763 | Joseph | Katharine | 4 |
| George | 30 | 1mo | 1752 | John | Lydia | 4 |
| John | 26 | 5mo | 1738 | John | Lydia | 4 |
| Jonathan | 8 | 1mo | 17?? | John | Lydia | 4 |
| Joseph | 7 | 10mo | 1740 | John | Lydia | 4 |
| Katherine | 25 | 6mo | 1743 | John | Lydia | 4 |
| Lydia | 4 | 8mo | 1745 | John | Lydia | 4 |
| Rebeccah | 2 | 8mo | 1735 | John | Lydia | 4 |

**De Fröny**
| | | | | | |
|---|---|---|---|---|---|
| Petter | *circa* | 1733 | Peter | not given | 13 |

**Dean**
| | | | | | | |
|---|---|---|---|---|---|---|
| James | 17 | 1mo | 1721 | Jeremiah | Hannah | 1 |
| John | 4 | 6mo | 1728 | Jeremiah | Hannah | 1 |
| Mary | 11 | 10mo | 1729 | Jeremiah | Hannah | 1 |
| Nehemiah | 8 | 4mo | 1725 | Jeremiah | Hannah | 1 |

**Deck**
| | | | | | | |
|---|---|---|---|---|---|---|
| Susanna | 2 | Nov | 1781 | John | Catharina | 12 |

**Defrehn**
| | | | | | | |
|---|---|---|---|---|---|---|
| Anna Maria | 30 | Jul | 1754 | Peter | not given | 12 |
| Catharina | 6 | Aug | 1756 | Peter | not given | 12 |
| Elizabeth | | Mar | 1761 | Peter | not given | 12 |
| John | 13 | May | 1768 | Peter | not given | 12 |
| Magdalena | 20 | Dec | 1771 | Peter | not given | 12 |
| Margaret | 28 | Nov | 1763 | Peter | not given | 12 |
| Peter | 8 | Apr | 1759 | Peter | not given | 12 |
| Susanna | 2 | Dec | 1765 | Peter | not given | 12 |

**Defren**
| | | | | | | |
|---|---|---|---|---|---|---|
| Catharina | 12 | Feb | 1785 | Peter | Magdalena | 11 |
| Johannes | 8 | Apr | 1783 | Peter | Magdalena | 11 |

**Deibil**
| | | | | | | |
|---|---|---|---|---|---|---|
| John George | 5 | Mar | 1771 | Leonard | Apollonia | 12 |

**Dellinger**
| | | | | | | |
|---|---|---|---|---|---|---|
| Georg | 15 | Mar | 1800 | Fried. | Juliana | 11 |

**Denny**
| | | | | | | |
|---|---|---|---|---|---|---|
| Margret | bp | Feb | 1771 | Samuel | not given | 14 |
| William | bp | Oct | 1769 | Samuel | not given | 14 |

**Deny**
| | | | | | | |
|---|---|---|---|---|---|---|
| Abraham | 10 | Mar | 1788 | Christopher | A. Maria | 12 |
| Catharine | | | 1742 | Michael | not given | 12 |
| Christopher | 14 | Jan | 1741 | Michael | not given | 12 |
| Henry | 6 | Nov | 1775 | Christopher | Maria | 12 |
| Jacob | 13 | May | 1780 | Christopher | Maria | 12 |
| John | 25 | Aug | 1791 | Christopher | Maria | 12 |
| Margaret | 3 | Apr | 1753 | Michael | not given | 12 |

## CHESTER COUNTY BIRTHS

**Deny**
| | | | | | | |
|---|---|---|---|---|---|---|
| Maria Barbara | 20 | Oct | 1784 | Christopher | M. Barbara | 12 |
| Maria Elizabeth | 10 | Apr | 1749 | Michael | not given | 12 |
| Michael | 14 | Feb | 1778 | Christopher | Maria | 12 |

**Dermil**
| | | | | | | |
|---|---|---|---|---|---|---|
| daughter | 25 | Mar | 1765 | Johann Ernst | not given | 11 |

**Dickinson**
| | | | | | | |
|---|---|---|---|---|---|---|
| Daniel | 27 | 9mo | 1751 | Joseph | Elizabeth | 6 |
| Deborah | 3 | 12mo | 1746 | Joseph | Elizabeth | 6 |
| Elizabeth | 13 | 7mo | 1739 | Joseph | Elizabeth | 6 |
| Elizabeth | 5 | 4mo | 1778 | Joseph | Elizabeth | 6 |
| Gayen | 14 | 5mo | 1737 | Joseph | Elizabeth | 6 |
| Hannah | 28 | 12mo | 1743 | Joseph | Elizabeth | 6 |
| Hannah | 11 | 12mo | 1783 | Joseph | Elizabeth | 6 |
| Henry | 28 | 8mo | 1785 | Joseph | Elizabeth | 6 |
| James | 15 | 10mo | 1756 | Joseph | Elizabeth | 6 |
| James | 11 | 5mo | 1769 | Gaius | Mary | 6 |
| Joseph | 22 | 5mo | 1749 | Joseph | Elizabeth | 6 |
| Joseph | 26 | 8mo | 1781 | Joseph | Elizabeth | 6 |
| Margaret | 21 | 5mo | 1733 | Joseph | Elizabeth | 6 |
| Margaret | 12 | 3mo | 1790 | Joseph | Elizabeth | 6 |
| Mary | 10 | 11mo | 1741 | Joseph | Elizabeth | 6 |
| Mary | 13 | 11mo | 1779 | Joseph | Elizabeth | 6 |
| Mary | | not given | | James | Sarah (Truman) | 6 |
| Phebe | 14 | 11mo | 1793 | Joseph | Elizabeth | 6 |
| Rachel | 12 | 8mo | 1795 | James | Sarah (Truman) | 6 |
| Sarah | 9 | 1mo | 1734 | Joseph | Elizabeth | 6 |
| Sarah | 14 | 8mo | 1787 | Joseph | Elizabeth | 6 |

**Dieffendorfer**
| | | | | | | |
|---|---|---|---|---|---|---|
| Elizabeth | 2 | Dec | 1797 | Philip | Barbara | 12 |

**Diel**
| | | | | | | |
|---|---|---|---|---|---|---|
| Christian | 18 | Jun | 1762 | Christ. | Elisabetha | 11 |

**Diem**
| | | | | | | |
|---|---|---|---|---|---|---|
| Anna Maria | 25 | Aug | 1780 | Henrich | Elisabetha | 11 |

**Diffendorfer**
| | | | | | | |
|---|---|---|---|---|---|---|
| Jacob | 30 | May | 1800 | Henry | Julianna | 12 |
| John | 18 | ??? | 1793 | Henry | Julianna | 12 |
| Philip | 29 | Apr | 1796 | Henry | Julianna | 12 |

**Dillin**
| | | | | | | |
|---|---|---|---|---|---|---|
| Elizabeth | 31 | 3mo | 1780 | William | Sarah | 7 |
| Hannah | 28 | 7mo | 1776 | William | Sarah | 7 |
| Isaiah | 26 | 12mo | 1781 | William | Sarah | 7 |
| Mary | 19 | 2mo | 1774 | William | Sarah | 7 |
| Mercy | 23 | 10mo | 1783 | William | Sarah | 7 |
| Owen | 27 | 6mo | 1785 | William | Sarah | 7 |

## CHESTER COUNTY BIRTHS

**Dillin**
| | | | | | | | |
|---|---|---|---|---|---|---|---|
| Rebecca | 24 | 7mo | 1775 | William | Sarah | | 7 |
| Sarah | 15 | 8mo | 1778 | William | Sarah | | 7 |

**Dingee**
| | | | | | | | |
|---|---|---|---|---|---|---|---|
| Ann | 3 | 2mo | 1788 | Jacob | Elizabeth | | 1 |
| Elizabeth | 20 | 1mo | 1789 | Jacob | Elizabeth | | 1 |
| Esther | 27 | 11mo | 1798 | Jacob | Elizabeth | | 1 |
| Jacob | 13 | 4mo | 1791 | Jacob | Elizabeth | | 1 |
| Jonathan | 7 | 6mo | 1792 | Jacob | Elizabeth | | 1 |
| Jonathan | 12 | 9mo | 1795 | Jacob | Elizabeth | | 1 |
| Joseph | 12 | 12mo | 1800 | Jacob | Elizabeth | | 1 |
| Mary | 27 | 11mo | 1797 | Jacob | Elizabeth | | 1 |
| Obediah | 16 | 3mo | 1793 | Jacob | Elizabeth | | 1 |
| Rebecca | 27 | 12mo | 1799 | Jacob | Elizabeth | | 1 |
| Richard | 7 | 3mo | 1790 | Jacob | Elizabeth | | 1 |
| Sarah | 22 | 3mo | 1796 | Jacob | Elizabeth | | 1 |

**Dirm**
| | | | | | | | |
|---|---|---|---|---|---|---|---|
| Elisabetha | 23 | Oct | 1782 | Henrich | Elisabetha | | 11 |

**Dixon**
| | | | | | | | |
|---|---|---|---|---|---|---|---|
| Ann | | not given | | John | Sarah | | 1 |
| Eleanor | 14 | 2mo | 1779 | not given | not given | | 5 |
| John | 18 | 2mo | 1777 | Isaac | Amy | | 1 |
| Joseph | 7 | 10mo | 1769 | William | Rebecca (Woodward) | 5 |
| Margaret | 26 | 1mo | 1781 | Isaac | Amy | | 1 |
| Mary | | not given | | Henry | not given | | 1 |
| Sarah | 30 | 12mo | 1761 | [John ?] | Susanna (Pryor) | | 1 |
| Sarah | 8 | 4mo | 1775 | William | Rebecca (Woodward) | 5 |
| Sarah | 3 | 5mo | 1732 | John | not given | | 5 |
| Solomon | 4 | 1mo | 1779 | Isaac | Amy | | 1 |
| Susanna | 12 | 11mo | 1767 | William | Rebecca (Woodward) | 5 |
| Thomas | 31 | 8mo | 1771 | William | Rebecca (Woodward) | 5 |
| William | 22 | 3mo | 1773 | William | Rebecca (Woodward) | 5 |
| William | | not given | | Joseph | Sarah | | 5 |

**Dixson**
| | | | | | | | |
|---|---|---|---|---|---|---|---|
| Amy | 15 | 10mo | 1773 | Henry | Elizabeth | | 1 |
| Ann | 29 | 6mo | 1743 | Joseph | Mary (Pusey) | | 1 |
| Ann | 25 | 1mo | 1795 | Jehu | Mary | | 1 |
| Caleb | 6 | 9mo | 1732 | George | Ann (Chandler) | | 1 |
| Catharine | 15 | 8mo | 1744 | John | Rebecca (Cox) | | 1 |
| Dinah | 4 | 1mo | 1782 | Thomas | Sarah | | 1 |
| Dinah | | 12mo | 1729 | George | Ann (Chandler) | | 1 |
| Eli | 25 | 4mo | 1752 | Joseph | Mary (Pusey) | | 1 |
| Elizabeth | 30 | 3mo | 1758 | John | Rebecca (Cox) | | 1 |
| Elizabeth | 20 | 10mo | 1775 | Thomas | Sarah | | 1 |
| Enoch | 5 | 9mo | 1727 | George | Ann (Chandler) | | 1 |

## CHESTER COUNTY BIRTHS

**Dixson**
| | | | | | | |
|---|---|---|---|---|---|---|
| George | 16 | 11mo | 1706 | William | Ann | 1 |
| George | 8 | 4mo | 1740 | George | Ann (Chandler) | 1 |
| Hannah | 24 | 12mo | 1742 | John | Rebecca (Cox) | 1 |
| Hannah | 25 | 11mo | 1793 | Jehu | Mary | 1 |
| Henry | 28 | 5mo | 1746 | John | Rebecca (Cox) | 1 |
| Henry | 16 | 7mo | 1780 | Henry | Elizabeth | 1 |
| Isaac | 30 | 8mo | 1779 | Thomas | Sarah | 1 |
| Jesse | 20 | 7mo | 1749 | Joseph | Mary (Pusey) | 1 |
| Jesse | 9 | 7mo | 1774 | Thomas | Sarah | 1 |
| John | 16 | 11mo | 1717 | Henry | Ruth | 1 |
| John | 10 | 6mo | 1756 | John | Rebecca (Cox) | 1 |
| John | 13 | 9mo | 1793 | Thomas | Sarah | 1 |
| Joseph | 2 | 10mo | 1719 | Henry | Ruth | 1 |
| Joshua | 9 | 8mo | 1750 | John | Rebecca (Cox) | 1 |
| Joshua | 26 | 12mo | 1746 | George | Ann (Chandler) | 1 |
| Martha | 20 | 8mo | 1763 | John | Rebecca (Cox) | 1 |
| Martha | 9 | 11mo | 1798 | Jehu | Mary | 1 |
| Mary | 5 | 10mo | 1754 | John | Rebecca (Cox) | 1 |
| Mary | 1 | 4mo | 1784 | Thomas | Sarah | 1 |
| Nathan | 11 | 5mo | 1755 | Joseph | Mary (Pusey) | 1 |
| Phebe | 17 | 11mo | 1796 | Jehu | Mary | 1 |
| Phebe | 15 | 12mo | 1743 | George | Ann (Chandler) | 1 |
| Rebecca | 8 | 12mo | 1752 | John | Rebecca (Cox) | 1 |
| Rebecca | 15 | 5mo | 1772 | Henry | Elizabeth | 1 |
| Rebecca | 21 | 4mo | 1786 | Thomas | Sarah | 1 |
| Ruth | 2 | 11mo | 1748 | John | Rebecca (Cox) | 1 |
| Ruth | 17 | 3mo | 1776 | Henry | Elizabeth | 1 |
| Samuel | 26 | 4mo | 1760 | Joseph | Mary (Pusey) | 1 |
| Samuel | 22 | 8mo | 1760 | John | Rebecca (Cox) | 1 |
| Samuel | 27 | 10mo | 1800 | Jehu | Mary | 1 |
| Solomon | 9 | 1mo | 1746/7 | Joseph | Mary (Pusey) | 1 |
| Stephen | 27 | 11mo | 1757 | Joseph | Mary (Pusey) | 1 |
| Thomas | 5 | 5mo | 1788 | Thomas | Sarah | 1 |

**Dolby**
| | | | | | | |
|---|---|---|---|---|---|---|
| Rebecca | 15 | 12mo | 1760 | John | Hannah | 7 |

**Dotzen**
| | | | | | | |
|---|---|---|---|---|---|---|
| Hanna | | circa | 1736 | Tomas | not given | 13 |

**Doyglas**
| | | | | | | |
|---|---|---|---|---|---|---|
| Magaret | bp 25 | May | 1792 | John | Elianor | 15 |

**Douglass**
| | | | | | | |
|---|---|---|---|---|---|---|
| Joseph | 4 | 12mo | 1743/4 | Jeremiah | Elizabeth | 5 |
| Mary | 17 | 2mo | 1742 | Jeremiah | Elizabeth | 5 |

**Dowdal**
| | | | | | | |
|---|---|---|---|---|---|---|
| Frances | 22 | 10mo | 1754 | John | Mary | 6 |

## CHESTER COUNTY BIRTHS

**Dowdal**
| | | | | | | |
|---|---|---|---|---|---|---|
| Jane | 27 | 3mo | 1756 | John | Mary | 6 |

**Dowdall**
| | | | | | | |
|---|---|---|---|---|---|---|
| Elizabeth | 18 | 10mo | 1784 | William | Sarah | 2 |
| Injebar | 20 | 8mo | 1786 | William | Sarah | 2 |
| John | 25 | 12mo | 1788 | William | Sarah | 2 |
| John | 6 | 4mo | 1766 | not given | not given | 2 |
| John | 25 | 12mo | 1788 | not given | not given | 2 |
| Joseph | 13 | 1mo | 1800 | William | Sarah | 2 |
| Mary | 26 | 10mo | 1792 | William | Sarah | 2 |
| Sarah | 28 | 2mo | 1797 | William | Sarah | 2 |
| William | 25 | 3mo | 1795 | William | Sarah | 2 |

**Downing**
| | | | | | | |
|---|---|---|---|---|---|---|
| Ann | 1 | 3mo | 1778 | Joseph | Mary (Trimble) | 7 |
| Charles | 16 | 10mo | 1798 | Joseph | Ann (Worrall) | 7 |
| David | 18 | 12mo | 1774 | Richard | Elizabeth | 7 |
| Deborah | 7 | 11mo | 1800 | Richard | Elizabeth | 7 |
| Elizabeth | 20 | 10mo | 1783 | Richard | Elizabeth | 7 |
| Elizabeth | 7 | 12mo | 1798 | Thomas | Mary | 7 |
| Elizabeth | 11 | 11mo | 1779 | Thomas | Sarah | 7 |
| George | 8 | 11mo | 1760 | Richard | Mary (Edge) | 7 |
| George | 10 | 7mo | 1797 | Thomas | Mary | 7 |
| Hannah | 24 | 11mo | 1754 | William | Ellen | 6 |
| Hannah | 19 | 1mo | 1741/2 | Richard | Mary (Edge) | 7 |
| Hannah | 22 | 9mo | 1799 | Richard | Elizabeth | 7 |
| Hester | 2 | 4mo | 1800 | Thomas | Mary | 7 |
| Jacob | 25 | 10mo | 1756 | Richard | Mary (Edge) | 7 |
| James | 11 | 4mo | 1771 | Joseph | Mary (Trimble) | 7 |
| Jane | 25 | 2mo | 1753 | William | Ellen | 6 |
| Jane | 1 | 11mo | 1745 | Richard | Mary (Edge) | 7 |
| Jane | 27 | 7mo | 1761 | Joseph | Mary (Trimble) | 7 |
| John | 3 | 6mo | 1744 | William | Ellen | 6 |
| John | 17 | 12mo | 1747/8 | Richard | Mary (Edge) | 7 |
| Joseph | 19 | 6mo | 1765 | Richard | Mary (Edge) | 7 |
| Joseph | 30 | 4mo | 1734 | Thomas | Thomzin | 7 |
| Joseph | 9 | 4mo | 1769 | Joseph | Mary (Trimble) | 7 |
| Mary | 12 | 7mo | 1751 | William | Ellen | 6 |
| Mary | 31 | 7mo | 1752 | Richard | Mary (Edge) | 7 |
| Mary | 14 | 10mo | 1763 | Joseph | Mary (Trimble) | 7 |
| Mary | 21 | 9mo | 1776 | Richard | Elizabeth | 7 |
| Mary | 17 | 11mo | 1750 | John | not given | 7 |
| Phebe | 5 | 7mo | 1786 | Richard | Elizabeth | 7 |
| Richard | 27 | 2mo | 1719 | Thomas | Thomzin | 7 |
| Richard | 4 | 5mo | 1750 | Richard | Mary (Edge) | 7 |
| Richard | 26 | 6mo | 1775 | Joseph | Mary (Trimble) | 7 |

## CHESTER COUNTY BIRTHS

**Downing**

| | | | | | | |
|---|---|---|---|---|---|---|
| Richard | 26 | 9mo | 1778 | Richard | Elizabeth | 7 |
| Ruth | 12 | 11mo | 1756 | William | Ellen | 6 |
| Samuel | 2 | 8mo | 1746 | William | Ellen | 6 |
| Samuel | 4 | 2mo | 1763 | Richard | Mary (Edge) | 7 |
| Samuel | 9 | 12mo | 1794 | Joseph | Ann (Worrall) | 7 |
| Sarah | 3 | 1mo | 1749 | William | Ellen | 6 |
| Sarah | 14 | 8mo | 1725 | Thomas | Thomzin | 7 |
| Sarah | 1 | 8mo | 1773 | Joseph | Mary (Trimble) | 7 |
| Sarah | 22 | 2mo | 1756 | not given | not given | 7 |
| Thomas | 25 | 3mo | 1759 | William | Ellen | 6 |
| Thomas | 13 | 10mo | 1743 | Richard | Mary (Edge) | 7 |
| Thomas | 14 | 10mo | 1758 | Joseph | Mary (Trimble) | 7 |
| Thomas | 21 | 1mo | 1773 | Richard | Elizabeth | 7 |
| Thomzin | 26 | 8mo | 1754 | Richard | Mary (Edge) | 7 |
| Thomzin | 31 | 3mo | 1765 | Joseph | Mary (Trimble) | 7 |
| Thomzin | 4 | 4mo | 1796 | Thomas | Mary | 7 |
| William | | not given | | William | Ellen | 6 |
| William | 29 | 1mo | 1759 | Richard | Mary (Edge) | 7 |
| William | 9 | 1mo | 1781 | Richard | Elizabeth | 7 |
| William | 29 | 12mo | 1791 | Joseph | Ann (Worrall) | 7 |

**Drit**

| | | | | | | |
|---|---|---|---|---|---|---|
| Jacob | 7 | Apr | 1772 | Henry | Elizabeth | 12 |

**Dritt**

| | | | | | | |
|---|---|---|---|---|---|---|
| Christian | 4 | Oct | 1770 | Henry | Elizabeth | 12 |

**Druett**

| | | | | | | |
|---|---|---|---|---|---|---|
| Benjamin | 20 | 5mo | 1677 | Morgan | Cassandra | 1 |
| Joseph | | circa | 1666 | Morgan | Cassandra | 1 |
| Mary | 22 | 2mo | 1680 | Morgan | Cassandra | 1 |
| Morgan | | circa | 1629 | not given | not given | 1 |
| Sarah | 22 | 8mo | 1682 | Morgan | Cassandra | 1 |

**Druor**

| | | | | | | |
|---|---|---|---|---|---|---|
| Elisabetha | bp 14 | Dec | 1767 | Vallendin | not given | 11 |

**Dulap**

| | | | | | | |
|---|---|---|---|---|---|---|
| Mary | bp 11 | Jan | 1792 | James | Jane | 15 |

**Dunkin**

| | | | | | | |
|---|---|---|---|---|---|---|
| Ann | 9 | 8mo | 1777 | Aaron | Susanna | 7 |
| Ann | 5 | 2mo | 1781 | Aaron | Susanna | 7 |
| Elizabeth | 23 | 5mo | 1789 | Aaron | Susanna | 7 |
| Gulielma | 30 | 7mo | 1787 | Aaron | Susanna | 7 |
| Lydia | 10 | 7mo | 1776 | Aaron | Susanna | 7 |
| Martha | 4 | 5mo | 17?? | Aaron | Susanna | 7 |
| Sarah | 30 | 8mo | 1778 | Aaron | Susanna | 7 |
| Susanna | 11 | 5mo | 1782 | Aaron | Susanna | 7 |

## CHESTER COUNTY BIRTHS

**Dunn**
| | | | | | | | |
|---|---|---|---|---|---|---|---|
| Alice | | 7 | 7mo | 1762 | Ralph | Anne | 5 |

**Durborow**
| | | | | | | | |
|---|---|---|---|---|---|---|---|
| Daniel | | 27 | 1mo | 1758 | Daniel | Ann | 3 |
| Hugh | | 25 | 12mo | 1761 | Daniel | Phebe | 3 |

**Dutton**
| | | | | | | | |
|---|---|---|---|---|---|---|---|
| Alice | | 5 | 7mo | 1778 | Jonathan | Martha | 1 |
| Amor | | 19 | 7mo | 1788 | Jonathan | Martha | 1 |
| Ann | | 10 | 10mo | 1711 | Robert | Ann | 5 |
| Ann | | 22 | 10mo | 1775 | not given | not given | 7 |
| Elizabeth | | 25 | 1mo | 1722 | Robert | Ann | 5 |
| John | | 16 | 8mo | 1774 | Jonathan | Martha | 1 |
| Jonathan | | 9 | 1mo | 1784 | Jonathan | Martha | 1 |
| Martha | | 10 | 3mo | 1782 | Jonathan | Martha | 1 |
| Mary | | 15 | 8mo | 1708 | Robert | Ann | 5 |
| Richard | | 12 | 8mo | 1776 | Jonathan | Martha | 1 |
| Robert | | 26 | 8mo | 1713 | Robert | Ann | 5 |
| Thomas | | 31 | 3mo | 1786 | Jonathan | Martha | 1 |

**Dyri**
| | | | | | | | |
|---|---|---|---|---|---|---|---|
| Johannes | bp | 1 | Nov | 1769 | Georg | not given | 11 |
| Maria Mathalena | | 6 | Sep | 1771 | Johan Georg | Anna Maria | 11 |

**Dysert [?]**
| | | | | | | | |
|---|---|---|---|---|---|---|---|
| James | bp | 19 | Apr | 1792 | Jeremiah | Elizabeth | 15 |
| Winnefred | bp | 19 | Apr | 1792 | Jeremiah | Elizabeth | 15 |

# E

**Eachus**
| | | | | | | |
|---|---|---|---|---|---|---|
| Daniel | 14 | 8mo | 1774 | Robert | Elizabeth | 1 |

**Eastburn**
| | | | | | | |
|---|---|---|---|---|---|---|
| Rachel | 31 | 1mo | 1787 | Benj. | Keziah | 5 |

**Eavenson**
| | | | | | | |
|---|---|---|---|---|---|---|
| Enoch | 8 | 8mo | 1741 | Richard | Alice | 3 |
| Esther | 14 | 2mo | 1740 | Richard | Alice | 3 |
| Hannah | 11 | 12mo | 1743/3 | Richard | Alice | 3 |
| Isaac | 27 | 9mo | 1746 | Richard | Alice | 3 |
| Thomas | 18 | 10mo | 1744 | Richard | Alice | 3 |

**Edge**
| | | | | | | |
|---|---|---|---|---|---|---|
| Ann | 8 | 7mo | 1776 | John | Ann | 2 |
| Fanny | 29 | 1mo | 1779 | John | Ann | 2 |
| George | 30 | 6mo | 1782 | John | Ann | 2 |
| Jane | 18 | 10mo | 1771 | John | Ann | 2 |

## CHESTER COUNTY BIRTHS

**Edge**
| | | | | | | |
|---|---|---|---|---|---|---|
| John | 3 | 3mo | 1785 | John | Ann | 2 |
| Mary | 7 | 10mo | 1787 | John | Ann | 2 |
| Mary | 2 | 7mo | 1721 | John | Mary | 7 |
| Pim | 9 | 1mo | 1792 | John | Ann | 2 |
| Rachel | 29 | 6mo | 1725 | John | Mary | 7 |
| Sarah | 10 | 10mo | 1769 | John | Ann | 2 |
| Thomas | 29 | 1mo | 1774 | John | Ann | 2 |

**Edmundson**
| | | | | | | |
|---|---|---|---|---|---|---|
| Elizabeth | 9 | 1mo | 1800 | Joseph | Mary | 4 |
| Joseph | 3 | 2mo | 1798 | Joseph | Mary | 4 |
| Rebecca | 29 | 4mo | 1796 | Joseph | Mary | 4 |

**Edwards**
| | | | | | | |
|---|---|---|---|---|---|---|
| Caleb | 7 | 9mo | 1748 | Moses | Esther (Plummer) | 5 |
| Dinah | 7 | 4mo | 1736 | John | Priscilla | 3 |
| Esther | 11 | 5mo | 1745 | Moses | Esther (Plummer) | 5 |
| Hannah | 25 | 7mo | 1734 | John | Sibilla | 3 |
| Hannah | 20 | 9mo | 1743 | Joseph | Ellin | 4 |
| Hannah | 13 | 7mo | 1750 | Moses | Esther (Plummer) | 5 |
| James | 31 | 3mo | 1734 | John | Priscilla | 3 |
| James | 8 | 8mo | 1784 | John | Sarah (Michener) | 7 |
| Jane | 9 | 1mo | 1721 | Jonathan | Isabel | 5 |
| John | 12 | 12mo | 1757 | Moses | Esther (Plummer) | 5 |
| John | 30 | 7mo | 1750 | Rowland | Mary | 7 |
| John | 2 | 5mo | 1788 | John | Sarah (Michener) | 7 |
| Joseph | 25 | 6mo | 1754 | Joseph | Ellin | 4 |
| Joshua | 4 | 9mo | 1746 | Moses | Esther (Plummer) | 5 |
| Lydia | 17 | 6mo | 1719 | Jonathan | Isabel | 5 |
| Martha | 7 | 8mo | 1751 | William | Martha | 1 |
| Martha | | not given | | John | not given | 1 |
| Mary | 15 | 5mo | 1755 | Moses | Esther (Plummer) | 5 |
| Mary | 24 | 8mo | 1781 | John | Sarah (Michener) | 7 |
| Moses | 2 | 2mo | 1721 | John | Mary | 5 |
| Moses | 10 | 3mo | 1752 | Moses | Esther (Plummer) | 5 |
| Nathan | 24 | 2mo | 1766 | Moses | Esther (Plummer) | 5 |
| Phebe | 15 | 6mo | 1763 | Moses | Esther (Plummer) | 5 |
| Reece | 4 | 10mo | 1745 | Joseph | Ellin | 4 |
| Sarah | 17 | 12mo | 1743 | Moses | Esther (Plummer) | 5 |
| Thomas | 20 | 3mo | 1760 | Moses | Esther (Plummer) | 5 |

**Ehmich**
| | | | | | | |
|---|---|---|---|---|---|---|
| John | 8 | Apr | 1787 | Christian | Elizabeth | 12 |
| Sophia | 20 | Feb | 1781 | Christian | Catharina | 12 |

**Ehmig**
| | | | | | | |
|---|---|---|---|---|---|---|
| Elizabeth | 20 | Nov | 1777 | Christian | Maria Catharine | 12 |

## CHESTER COUNTY BIRTHS

**Ehrwein**
| | | | | | | |
|---|---|---|---|---|---|---|
| Katterina | *circa* | 1734 | Albertus | not given | 13 |

**Eierg**
| | | | | | | |
|---|---|---|---|---|---|---|
| John | bp 7 Jun | 1789 | George | Barbara | 12 |

**Eleman**
| | | | | | |
|---|---|---|---|---|---|
| Dorcas | 19 | 5mo | 1728 | John | Mary | 3 |
| Enos | 8 | 5mo | 1734 | John | Mary | 3 |
| Esther | 20 | 12mo | 1732 | John | Mary | 3 |
| Margaret | 31 | 1mo | 1731 | John | Mary | 3 |
| Sarah | 17 | 12mo | 1737 | John | Mary | 3 |
| Thomas | 31 | 10mo | 1725 | John | Mary | 3 |

**Elgar**
| | | | | | |
|---|---|---|---|---|---|
| Elizabeth | 5 | 10mo | 1730/1 | Joseph | Mary | 4 |
| Elizabeth | | not given | | Joseph | Mary | 7 |
| Joseph | 24 | 1mo | 1731/2 | Joseph | Mary | 4 |
| Mary | 9 | 1mo | 1728/9 | Joseph | Mary | 4 |
| Susanna | 3 | 3mo | 1725 | Joseph | Mary | 4 |
| Thomas | 13 | 12mo | 1726/7 | Joseph | Mary | 4 |
| William | 11 | 12mo | 1733/4 | Joseph | Mary | 4 |

**Ellicott**
| | | | | | |
|---|---|---|---|---|---|
| Thomas | | 11mo | 1777 | not given | not given | 5 |

**Elliot**
| | | | | | |
|---|---|---|---|---|---|
| Amos | 4 | 9mo | 1751 | Joseph | Ann | 6 |
| David | bp | May | 1771 | John | not given | 14 |
| Eli | 1 | 11mo | 1773 | John | Sarah | 5 |
| Hannah | 7 | 9mo | 1776 | John | Sarah | 5 |
| John | 1 | 7mo | 1749 | Joseph | Ann | 6 |
| Mary | 30 | 4mo | 1756 | Joseph | Ann | 6 |
| Ruth | 3 | 7mo | 1754 | Joseph | Ann | 6 |

**Elsass**
| | | | | | |
|---|---|---|---|---|---|
| Anna Magdalena | | Apr | 1776 | Jacob | Anna Christina | 12 |
| Christina Margaret | 3 | Feb | 1771 | George Jacob | Christina | 12 |
| Rebekah | 21 | Aug | 1773 | Jacob | Magdalena | 12 |

**Embree**
| | | | | | |
|---|---|---|---|---|---|
| Anne | 22 | 5mo | 1799 | James | Rebecca | 2 |
| Daniel | 25 | 7mo | 1791 | James | Rebecca | 2 |
| Elisha | 25 | 4mo | 1797 | James | Rebecca | 2 |
| Joseph | 25 | 11mo | 1798 | Samuel | Hannah | 2 |
| Lydia | 28 | 2mo | 1797 | Samuel | Hannah | 2 |
| Rebecca | 31 | 1mo | 1796 | James | Rebecca | 2 |
| Sibbilla | 1 | 4mo | 1793 | James | Rebecca | 2 |
| Sibbilla | 12 | 4mo | 1794 | James | Rebecca | 2 |
| William | 16 | 9mo | 1783 | not given | not given | 9 |

**Emerich**
| | | | | | |
|---|---|---|---|---|---|
| Johannes | 14 | Sep | 1760 | Joh. Geo. | Elizabetha | 11 |

## CHESTER COUNTY BIRTHS

**Emlen**
| | | | | | | | |
|---|---|---|---|---|---|---|---|
| Ann | | 19 | 3mo | 1705 | George | Hannah | 5 |

**Empson**
| | | | | | | | |
|---|---|---|---|---|---|---|---|
| Charles | | 1 | 7mo | 1704 | Cornelius | Mary | 1 |
| Elizabeth | | 25 | 7mo | 1695 | Cornelius | Sarah | 1 |
| Mary | | 14 | 9mo | 1698 | Cornelius | Sarah | 1 |
| Sarah | | 20 | 5mo | 1687 | Cornelius | Mary | 1 |

**Emrich**
| | | | | | | | |
|---|---|---|---|---|---|---|---|
| Andony | | 13 | Feb | 1786 | Georg | Catharina | 11 |
| Anna Maria | | 17 | Oct | 1763 | George | Gertraut | 11 |
| Elisabetha | | 12 | Mar | 1791 | George | Catharina | 11 |
| George | | | Jan | 1766 | George | Elisabeth | 11 |
| Johannes | | 2 | Dec | 1783 | Ludwig | Susanna | 11 |
| Johannes | | 7 | Sep | 1778 | George | Catharina | 11 |
| Maria Magdalena | | 14 | Apr | 1783 | George | Catharina | 11 |

**Emrig**
| | | | | | | | |
|---|---|---|---|---|---|---|---|
| Johann Georg | | 3 | Apr | 1782 | Ludwig | Sussanna | 11 |

**Encker**
| | | | | | | | |
|---|---|---|---|---|---|---|---|
| Joh. George | bp | 6 | Mar | 1768 | Joh. Michael | not given | 11 |

**Engel**
| | | | | | | | |
|---|---|---|---|---|---|---|---|
| Anna | | 1 | Mar | 1761 | Peter | Elis. | 11 |
| Charlotte | | 16 | Feb | 1766 | Peter | not given | 13 |
| Margaretha | | 9 | Apr | 1764 | Peter | Elisabeth | 11 |

**Engelerdt**
| | | | | | | | |
|---|---|---|---|---|---|---|---|
| Anna Catharina | | 1 | Jun | 1735 | Christoph | not given | 16 |

**England**
| | | | | | | |
|---|---|---|---|---|---|---|
| Cassandra | | 11mo | 1747 | John | Elizabeth | 4 |
| David | 22 | 6mo | 1778 | William | Susanna | 2 |
| David | 19 | 7mo | 1737 | John | Elizabeth | 4 |
| Deborah Haines | 22 | 2mo | 1790 | John | Elizabeth | 4 |
| Elisha | 17 | 10mo | 1758 | Samuel | Sarah | 4 |
| Elizabeth | 18 | 12mo | 1772 | John | Sarah | 4 |
| Elizabeth | 30 | 5mo | 1766 | David | Mary | 5 |
| George | 1 | 7mo | 1746 | Samuel | Sarah | 4 |
| Hannah | 3 | 3mo | 1748 | Samuel | Sarah | 4 |
| Hannah | 12 | 9mo | 1746 | Joseph | Elizabeth | 4 |
| Hannah | 1 | 12mo | 1782 | John | Sarah | 4 |
| Hannah | 19 | 12mo | 1793 | John | Elizabeth | 4 |
| Isaac | 15 | 1mo | 1754 | Samuel | Sarah | 4 |
| Isaac | 13 | 3mo | 1774 | John | Sarah | 4 |
| Isaac | 23 | 11mo | 1785 | John | Elizabeth | 4 |
| Isaac | 12 | 9mo | 1768 | David | Mary | 5 |
| Israel | 10 | 2mo | 1771 | David | Mary | 5 |
| Joanna | 29 | 7mo | 1721 | Joseph | Margaret (Orbell) | 4 |
| John | 5 | 9mo | 1711 | Joseph | Margaret (Orbell) | 4 |

## CHESTER COUNTY BIRTHS

**England**

| | | | | | | |
|---|---|---|---|---|---|---|
| John | 23 | 9mo | 1745 | John | Elizabeth | 4 |
| John | 10 | 7mo | 1762 | Samuel | Sarah | 4 |
| John | 12 | 9mo | 1777 | John | Sarah | 4 |
| John | 24 | 3mo | 1764 | David | Mary | 5 |
| Joseph | 2 | 7mo | 1680 | John | Love | 4 |
| Joseph | 2 | 9mo | 1723 | Joseph | Margaret (Orbell) | 4 |
| Joseph | 6 | 7mo | 1741 | John | Elizabeth | 4 |
| Joseph | 10 | 1mo | 1742/3 | Samuel | Sarah | 4 |
| Joshua | 9 | 3mo | 1771 | John | Sarah | 4 |
| Lydia | 24 | 12mo | 1730/1 | Joseph | Margaret (Orbell) | 4 |
| Lydia | 18 | 9mo | 1744 | Samuel | Sarah | 4 |
| Margaret | 28 | 1mo | 1739 | John | Elizabeth | 4 |
| Margaret | 12 | 7mo | 1741 | Samuel | Sarah | 4 |
| Mary | 3 | 12mo | 1771 | William | Susanna | 2 |
| Mary | 1 | 7mo | 1743 | John | Elizabeth | 4 |
| Mary | 2 | 9mo | 1769 | John | Sarah | 4 |
| Rachel | 27 | 2mo | 1752 | Samuel | Sarah | 4 |
| Robert | 7 | 7mo | 1743 | Joseph | Elizabeth | 4 |
| Samuel | 18 | 4mo | 1717 | Joseph | Margaret (Orbell) | 4 |
| Samuel | 12 | 6mo | 1756 | Samuel | Sarah | 4 |
| Samuel | 25 | 2mo | 1779 | John | Sarah | 4 |
| Samuel | 21 | 10mo | 1799 | John | Elizabeth | 4 |
| Sarah | 2 | 3mo | 1773 | William | Susanna | 2 |
| Sarah | 9 | 12mo | 1749 | Samuel | Sarah | 4 |
| Sarah | 3 | 12mo | 1775 | John | Sarah | 4 |
| Sarah | 3 | 7mo | 1784 | John | Elizabeth | 4 |
| Sarah | 22 | 3mo | 1773 | David | Mary | 5 |
| Thomas | 17 | 11mo | 1774 | William | Susanna | 2 |
| William | 31 | 8mo | 1776 | William | Susanna | 2 |
| William | 22 | 8mo | 1745 | Joseph | Elizabeth | 4 |

**Entrekin**

| | | | | | | |
|---|---|---|---|---|---|---|
| Thomas | bp | | Oct | 1769 | Samuel | not given | 14 |
| daughter | bp | | Jun | 1771 | Samuel | not given | 14 |

**Entrikin**

| | | | | | | |
|---|---|---|---|---|---|---|
| John | 11 | 2mo | 1798 | Caleb | Ann | 9 |
| Phebe W. | 20 | 11mo | 1799 | Caleb | Ann | 9 |
| Sarah | 2 | 9mo | 1794 | Caleb | Ann | 9 |

**Eppele**

| | | | | | | |
|---|---|---|---|---|---|---|
| Jacob | 27 | Apr | 1764 | Jacob | Christina | 11 |

**Erck**

| | | | | | | |
|---|---|---|---|---|---|---|
| Christian | | *circa* | 1752 | Henrich | not given | 13 |

**Ernst**

| | | | | | | |
|---|---|---|---|---|---|---|
| Georg Baltu(?)s | 8 | Oct | 1766 | Jacob | not given | 11 |

56

## CHESTER COUNTY BIRTHS

**Eschenfelder**
| | | | | | | |
|---|---|---|---|---|---|---|
| Anna Barbara | 14 | Apr | 1785 | Ludwig | Maria | 12 |
| Thomas | ca | Aug | 1769 | Thomas | Diana | 12 |

**Essig**
| | | | | | | |
|---|---|---|---|---|---|---|
| Henry | 19 | Mar | 1785 | Henry | Anna | 12 |

**Evans**
| | | | | | | |
|---|---|---|---|---|---|---|
| Alice | 14 | 5mo | 1769 | William | Catharine | 6 |
| Ann | 5 | 5mo | 1758 | William | Catharine | 6 |
| Catharine | 10 | 1mo | 1767 | William | Catharine | 6 |
| David | 16 | 2mo | 1726 | Thomas | Elizabeth | 3 |
| Eli | 16 | 3mo | 1764 | Elihu | Mary | 7 |
| Elizabeth | 22 | 4mo | 1761 | William | Catharine | 6 |
| Hannah | 22 | 2mo | 1721 | Thomas | Elizabeth | 3 |
| Hannah | 26 | 8mo | 1752 | William | Catharine | 6 |
| Isaac | 29 | 1mo | 1775 | not given | not given | 6 |
| James | bp 18 | Nov | 1791 | John | Jane | 15 |
| John | 5 | 8mo | 1737 | John | Margaret | 3 |
| Jonathan | 8 | 11mo | 1800 | Jonathan | Priscilla | 1 |
| Jonathan | 26 | 8mo | 1765 | Elihu | Mary | 7 |
| Josiah | 23 | 7mo | 1794 | Jonathan | Priscilla | 1 |
| Josiah | 16 | 9mo | 1721 | John | Mary | 3 |
| Lydia | 10 | 1mo | 1767 | William | Catharine | 6 |
| Margaret | 5 | 1mo | 1723 | Thomas | Elizabeth | 3 |
| Mark | 5 | 6mo | 1772 | William | Catharine | 6 |
| Moses | 1 | 1mo | 1796 | Jonathan | Priscilla | 1 |
| Peggy | bp 18 | Nov | 1791 | David | Isabella | 15 |
| Rachel | 29 | 9mo | 1767 | Elihu | Mary | 7 |
| Robert | bp 18 | Nov | 1791 | John | Jane | 15 |
| Ruth | 21 | 12mo | 1729 | John | Margaret | 3 |
| Samuel | 3 | Nov | 1796 | John | Catharine | 12 |
| Sarah | 18 | 11mo | 1797 | Jonathan | Priscilla | 1 |
| Sarah | before | | 1775 | Evan | Catharine | 1 |
| Sarah | 21 | 9mo | 1769 | Evan | Catharine | 1 |
| Sarah | bp 18 | Nov | 1791 | John | Jane | 15 |
| Sarah | bp 24 | Jan | 1793 | Robert | Naga [?] | 15 |
| Susanna | 24 | 2mo | 1756 | William | Catharine | 6 |
| Thomas | 29 | 4mo | 1754 | William | Catharine | 6 |
| William | 8 | 11mo | 1763 | William | Catharine | 6 |
| William | bp 26 | Apr | 1792 | James | not given | 15 |

**Eyrich**
| | | | | | | |
|---|---|---|---|---|---|---|
| Catharina | 8 | Sep | 1771 | Georg | Gertraut | 11 |

# F

**Fairlamb**
| | | | | | |
|---|---|---|---|---|---|
| Hannah | | 9mo | 1711 | Nicholas | Katharine | 5 |

**Fairland [?]**
| | | | | | |
|---|---|---|---|---|---|
| Harriet | 25 | 11mo | 1794 | John | Susanna | 7 |

**Falkner**
| | | | | | |
|---|---|---|---|---|---|
| Mary | 18 | 12mo | 1746/7 | Jesse | Martha | 7 |

**Farlow**
| | | | | | |
|---|---|---|---|---|---|
| Ann | 30 | 11mo | 1737 | William | Margreat | 5 |
| Elizabeth | 19 | 4mo | 1754 | William | Margreat | 5 |
| Isaac | 11 | 11mo | 1745/6 | William | Margreat | 5 |
| James | 6 | 1mo | 1736 | William | Margreat | 5 |
| Jemima | 30 | 7mo | 1751 | William | Margreat | 5 |
| Margaret | 27 | 10mo | 1748 | William | Margreat | 5 |
| Rebecca | 30 | 10mo | 1739 | William | Margreat | 5 |
| William | 31 | 8mo | 1743 | William | Margreat | 5 |

**Farm [?]**
| | | | | | |
|---|---|---|---|---|---|
| James | bp 26 | Sep | 1791 | Edward | not given | 15 |

**Farr**
| | | | | | |
|---|---|---|---|---|---|
| Abraham | 13 | 3mo | 1749 | Edward | Jane | 3 |
| Isaac | 22 | 3mo | 1741 | Edward | Jane | 3 |
| James | 31 | 3mo | 1739 | Edward | Jane | 3 |
| Jane | 18 | 8mo | 1743 | Edward | Jane | 3 |
| John | 2 | 4mo | 1737 | Edward | Jane | 3 |
| Mary | 13 | 11mo | 1733 | Edward | Jane | 3 |
| Phebe | 24 | 11mo | 1745 | Edward | Jane | 3 |
| Phebe | 7 | 10mo | 1754 | Edward | Jane | 3 |
| Richard | 30 | 6mo | 1735 | Edward | Jane | 3 |
| William | 18 | 1mo | 1747 | Edward | Jane | 3 |

**Fell**
| | | | | | |
|---|---|---|---|---|---|
| Alice | 14 | 1mo | 1783 | Thomas | Elizabeth | 5 |
| Cynthia | 7 | 3mo | 1789 | Thomas | Elizabeth | 5 |
| David | 19 | 11mo | 1792 | John | Sarah | 5 |
| Elizabeth | | 4mo | 1791 | Thomas | not given | 4 |
| Elizabeth | 27 | 4mo | 1791 | Thomas | Elizabeth | 5 |
| Elizabeth | 16 | 6mo | 1781 | John | not given | 5 |
| Hannah | 10 | 8mo | 1794 | John | Sarah | 5 |
| John | 10 | 4mo | 1778 | not given | not given | 5 |
| Joseph | 25 | 2mo | 1793 | Thomas | Elizabeth | 5 |
| Letitia | 27 | 3mo | 1784 | Thomas | Elizabeth | 5 |

## CHESTER COUNTY BIRTHS

**Fell**
| | | | | | | | |
|---|---|---|---|---|---|---|---|
| Lewis | | 7 | 4mo | 1797 | Thomas | Elizabeth | 5 |
| Rebecca | | 23 | 12mo | 1800 | Thomas | Elizabeth | 5 |
| Richard | | 3 | 4mo | 1790 | not given | not given | 5 |
| Sarah | | 8 | 1mo | 1786 | Thomas | Elizabeth | 5 |
| Thomas | | 14 | 5mo | 1759 | not given | not given | 5 |
| Thomas | | 2 | 4mo | 1795 | Thomas | Elizabeth | 5 |

**Ferguson**
| | | | | | | | |
|---|---|---|---|---|---|---|---|
| Alexander | bp | 9 | May | 1791 | Alexander | Jane | 15 |
| Elizabeth | bp | 9 | May | 1791 | Alexander | Jane | 15 |
| Jane | bp | 9 | May | 1791 | Alexander | Jane | 15 |
| John | bp | 9 | May | 1791 | Alexander | Jane | 15 |
| Martha | bp | 9 | May | 1791 | Alexander | Jane | 15 |
| Mary Ann | bp | 9 | May | 1791 | Alexander | Jane | 15 |

**Ferner**
| | | | | | | | |
|---|---|---|---|---|---|---|---|
| Johannes Paul | bp | 15 | Nov | 1761 | Ferner | not given | 13 |

**Ferris**
| | | | | | | |
|---|---|---|---|---|---|---|
| Mary | | 17 | 2mo | 1745 | David | Mary | 7 |

**Fertig**
| | | | | | | |
|---|---|---|---|---|---|---|
| Abraham | | 4 | Oct | 1768 | Joh. | Elishabetha | 11 |

**Ferttich**
| | | | | | | |
|---|---|---|---|---|---|---|
| Jacob | | 9 | Sep | 1778 | Johannes | Elisabeth | 11 |

**Few**
| | | | | | | |
|---|---|---|---|---|---|---|
| Daniel | 25 | 1mo | 1706 | Isaac | Hannah | 1 |
| Elizabeth | 2 | 12mo | 1705 | Isaac | Hannah | 1 |
| Francis | 13 | 6mo | 1719 | Isaac | Hannah | 1 |
| Isaac | 20 | 5mo | 1701 | Isaac | Hannah | 1 |
| James | 28 | 12mo | 1703 | Isaac | Hannah | 1 |
| Joseph | 20 | 6mo | 1708 | Isaac | Hannah | 1 |
| Richard | 26 | 2mo | 1700 | Isaac | Hannah | 1 |
| Richard | 22 | 2mo | 1733 | Isaac | Jean | 1 |
| Samuel | 25 | 1mo | 1722 | Isaac | Hannah | 1 |
| William | 16 | 5mo | 1714 | Isaac | Hannah | 1 |

**Fillman**
| | | | | | | |
|---|---|---|---|---|---|---|
| Conrad | 8 | Dec | 1781 | Philip | Elizabeth | 12 |
| Philipp | 31 | Mar | 1785 | Philipp | Elisabetha | 11 |

**Fincher**
| | | | | | | |
|---|---|---|---|---|---|---|
| Hannah | | not given | | John | Jane | 1 |
| Rebecca | 16 | 11mo | 1758 | John | Jane | 1 |

**Fisher**
| | | | | | | |
|---|---|---|---|---|---|---|
| Beulah | 4 | 2mo | 1791 | William | Hannah | 2 |
| Eli | 18 | 8mo | 1747 | William | Deborah (Roberts) | 1 |
| Elizabeth | 4 | 2mo | 1770 | Thomas | Elizabeth | 2 |
| Elizabeth | 11 | 12mo | 1787 | William | Hannah | 2 |
| George | 22 | 7mo | 1745 | William | Deborah (Roberts) | 1 |

## CHESTER COUNTY BIRTHS

**Fisher**
| | | | | | | |
|---|---|---|---|---|---|---|
| George | 5 | 1mo | 1762 | Thomas | Elizabeth | 2 |
| Hannah | 2 | 4mo | 1770 | Robert | Martha (Edwards) | 1 |
| Hannah | 30 | 3mo | 1741 | William | Deborah (Roberts) | 1 |
| Hannah | 26 | 10mo | 1786 | William | Hannah | 2 |
| James | 26 | 2mo | 1781 | William | Hannah | 2 |
| John | 3 | 10mo | 1767 | Thomas | Elizabeth | 2 |
| Lydia | 28 | 11mo | 1783 | William | Hannah | 2 |
| Mary | 18 | 5mo | 1758 | Thomas | Elizabeth | 2 |
| Mary | 12 | 9mo | 1782 | William | Hannah | 2 |
| Robert | 27 | 10mo | 1742 | William | Deborah (Roberts) | 1 |
| Robert | 21 | 12mo | 1759 | Thomas | Elizabeth | 2 |
| Sarah | 16 | 2mo | 1772 | Thomas | Elizabeth | 2 |
| Sarah | 16 | 10mo | 1792 | William | Hannah | 2 |
| Sarah | 11 | 2mo | 1722 | John | Elizabeth | 5 |
| Thomas | 27 | 2mo | 1764 | Thomas | Elizabeth | 2 |
| Thomas | 1 | 11mo | 1765 | Thomas | Elizabeth | 2 |
| Thomas | 3 | 2mo | 1799 | William | Hannah | 2 |
| William | 21 | 4mo | 1773 | Robert | Martha (Edwards) | 1 |
| William | 8 | 3mo | 1714 | Thomas | Elizabeth | 1 |
| William | 22 | 1mo | 1754 | Thomas | Elizabeth | 2 |
| William | 20 | 7mo | 1789 | William | Hannah | 2 |

**Fitler**
| | | | | | | |
|---|---|---|---|---|---|---|
| Elisabeth | 4 | Apr | | 1766 | George | not given | 11 |

**Fleming**
| | | | | | | |
|---|---|---|---|---|---|---|
| Mary | bp | | Mar | 1783 | David | Elizabeth | 15 |
| William | bp | 1 | May | 1791 | Andrew | Isbella Ramsey | 15 |

**Fletcher**
| | | | | | | |
|---|---|---|---|---|---|---|
| William Robeson | bp | 29 | May | 1785 | William | not given | 15 |

**Flower**
| | | | | | | |
|---|---|---|---|---|---|---|
| Dinah | 27 | 10mo | 1732 | Richard | Abigail | 5 |
| Mary | 14 | 10mo | 1727 | Richard | Abigail | 5 |
| Richard | 3 | 7mo | 1730 | Richard | Abigail | 5 |
| Thomas | 27 | 10mo | 1725 | Richard | Abigail | 5 |

**Ford**
| | | | | | | |
|---|---|---|---|---|---|---|
| Elizabeth | 18 | 8mo | 1773 | not given | not given | 2 |

**Foreman**
| | | | | | | |
|---|---|---|---|---|---|---|
| Esther | 30 | 8mo | 1796 | John | Elizabeth | 10 |
| Hannah H. | 4 | 10mo | 1797 | John | Elizabeth | 10 |
| Jonathan H. | 12 | 7mo | 1799 | John | Elizabeth | 10 |
| Mary | 4 | 10mo | 1797 | John | Elizabeth | 10 |

**Forman**
| | | | | | | |
|---|---|---|---|---|---|---|
| Elizabeth | 12 | 2mo | 1769 | Robert | Mary | 4 |
| Isaac | 11 | 3mo | 1784 | Robert | Mary | 4 |
| Jane | 9 | 7mo | 1779 | Robert | Mary | 4 |

## CHESTER COUNTY BIRTHS

**Forman**
| | | | | | | | |
|---|---|---|---|---|---|---|---|
| John | | 21 | 1mo | 1767 | Robert | Mary | 4 |
| Joseph | | 24 | 3mo | 1771 | Robert | Mary | 4 |
| Mary | | 21 | 7mo | 1781 | Robert | Mary | 4 |
| Rachel | | 8 | 6mo | 1777 | Robert | Mary | 4 |
| Rebecca | | 23 | 4mo | 1786 | Robert | Mary | 4 |
| Richard | | 22 | 8mo | 1773 | Robert | Mary | 4 |
| Samuel | | 9 | 7mo | 1775 | Robert | Mary | 4 |

**Foster**
| | | | | | | | |
|---|---|---|---|---|---|---|---|
| Frances | | 10 | 10mo | 1796 | Samuel | Elizabeth | 4 |
| Rachel | | 25 | 10mo | 1794 | Samuel | Elizabeth | 4 |

**Foulke**
| | | | | | | | |
|---|---|---|---|---|---|---|---|
| Jane | | 20 | 8mo | 1782 | Edward | Elizabeth | 10 |

**Fred**
| | | | | | | | |
|---|---|---|---|---|---|---|---|
| Ann | | 18 | 11mo | 1755 | Joseph | Sarah (Hadley) | 5 |
| Benjamin | | 13 | 11mo | 1757 | Joseph | Sarah (Hadley) | 5 |
| Joseph | | 27 | 11mo | 1727 | Nicholas | Ann | 5 |
| Joseph | | 23 | 3mo | 1759 | Joseph | Sarah (Hadley) | 5 |
| Joshua | | 25 | 11mo | 1761 | Joseph | Sarah (Hadley) | 5 |
| Mary | | 10 | 10mo | 1754 | Joseph | Sarah (Hadley) | 5 |
| Nicholas | | 9 | 8mo | 1765 | Joseph | Sarah (Hadley) | 5 |
| Thomas | | 13 | 3mo | 1763 | Joseph | Sarah (Hadley) | 5 |

**Frein**
| | | | | | | | |
|---|---|---|---|---|---|---|---|
| Elisabetha | | 13 | Nov | 1773 | Jacob | Catharina | 11 |

**Frey**
| | | | | | | | |
|---|---|---|---|---|---|---|---|
| Maria Margaretha | | 26 | Apr | 1734 | Johannes | not given | 16 |

**Friderich**
| | | | | | | | |
|---|---|---|---|---|---|---|---|
| John | | 3 | May | 1785 | Philip | Elisabeth | 12 |
| Maria | | 7 | Jul | 1788 | Philip | Elizabeth | 12 |
| Philip | | 22 | Jun | 1791 | Philip | Elizabeth | 12 |

**Fulkert**
| | | | | | | | |
|---|---|---|---|---|---|---|---|
| Anna | | 27 | Jun | 1794 | Henry | Margaret | 12 |

**Fulton**
| | | | | | | | |
|---|---|---|---|---|---|---|---|
| Joseph | bp | | May | 1771 | John | not given | 14 |
| Mary | | 9 | 9mo | 1786 | Thomas | Hannah | 6 |

**Funk**
| | | | | | | | |
|---|---|---|---|---|---|---|---|
| Johan Peter | bp | 13 | Jul | 1766 | Peter | not given | 13 |

**Fus**
| | | | | | | | |
|---|---|---|---|---|---|---|---|
| An. Maria | | 9 | Jun | 1764 | Valentin | Rosina | 11 |
| Catharina | | 7 | Feb | 1767 | Valentin | not given | 11 |
| Valentin | | 7 | Jan | 1764 | Valentin | An. Mar. | 11 |

**Fuss**
| | | | | | | | |
|---|---|---|---|---|---|---|---|
| Hanna | | 10 | Dec | 1788 | Friederich | Christina | 11 |

## CHESTER COUNTY BIRTHS

**Fussell**
| | | | | | | |
|---|---|---|---|---|---|---|
| Bartholomew | 9 | 1mo | 1794 | Bartholomew | Rebecca | 7 |
| Bartholomew | 9 | 1mo | 1792 | not given | not given | 7 |
| Esther | 18 | 3mo | 1782 | Bartholomew | Rebecca | 7 |
| Jacob | 7 | 2mo | 1792 | Bartholomew | Rebecca | 7 |
| Joseph | 26 | 4mo | 1787 | Bartholomew | Rebecca | 7 |
| Rebecca | 21 | 4mo | 1796 | Bartholomew | Rebecca | 7 |
| Sarah | 10 | 9mo | 1784 | Bartholomew | Rebecca | 7 |
| Solomon | 28 | 6mo | 1789 | Bartholomew | Rebecca | 7 |
| William | 30 | 6mo | 1783 | Bartholomew | Rebecca | 10 |

# G

**Gandy**
| | | | | | | |
|---|---|---|---|---|---|---|
| James | bp | Feb | 1770 | James | not given | 14 |
| Rachel | bp | May | 1771 | James | not given | 14 |

**Gardner**
| | | | | | | |
|---|---|---|---|---|---|---|
| Francis | bp 20 | Mar | 1769 | John | Violet | 14 |
| James | bp 27 | Mar | 1771 | John | Violet | 14 |

**Garnett**
| | | | | | | |
|---|---|---|---|---|---|---|
| George | 29 | 2mo | 1710 | Thomas | Sarah | 1 |

**Garretson**
| | | | | | | |
|---|---|---|---|---|---|---|
| Eliakim | 22 | 4mo | 1786 | Garrett | Margaret | 2 |
| Jezer | 5 | 11mo | 1787 | Garrett | Margaret | 2 |
| John | 4 | 3mo | 1783 | Garrett | Phebe | 2 |

**Garrett**
| | | | | | | |
|---|---|---|---|---|---|---|
| Aaron | 27 | 12mo | 1746 | Samuel | Sarah | 3 |
| Aaron | 22 | 8mo | 1775 | Aaron | Rachel | 3 |
| Abigail | 22 | 2mo | 1765 | Thomas | Hannah | 3 |
| Abigail | 5 | 5mo | 1796 | Samuel | Elizabeth | 3 |
| Abner | 19 | 3mo | 1770 | Thomas | Hannah | 3 |
| Abraham | 12 | 3mo | 1788 | Samuel | Elizabeth | 3 |
| Alice | 26 | 1mo | 1717 | George | Ann | 3 |
| Amey | 29 | 7mo | 1770 | Josiah | Mary | 3 |
| Amos | 11 | 1mo | 1754 | Josiah | Mary | 3 |
| Amos | 22 | 8mo | 1794 | Isaac | Elizabeth | 3 |
| Amos | 2 | 9mo | 1772 | Aaron | Rachel | 3 |
| Amos | 10 | 9mo | 1799 | Davis | Phebe | 3 |
| Ann | 21 | 8mo | 1710 | George | Ann | 3 |
| Ann | 29 | 12mo | 1760 | Thomas | Hannah | 3 |
| David | 26 | 6mo | 1758 | George | Hannah | 3 |
| Davis | 27 | 4mo | 1777 | Amos | Rachel | 3 |

## CHESTER COUNTY BIRTHS

**Garrett**

| Name | Day | Mo | Year | Father | Mother | Ref |
|---|---|---|---|---|---|---|
| Debby L. | 13 | 9mo | 1800 | Nathan | Rebecca | 3 |
| Edith | 17 | 1mo | 1784 | Isaac | Elizabeth | 3 |
| Eli | 28 | 3mo | 1798 | Nathan | Rebecca | 3 |
| Elizabeth | 10 | 3mo | 1715 | George | Ann | 3 |
| Ellin | 25 | 1mo | 1713 | George | Ann | 3 |
| Ezra | 15 | 3mo | 1762 | Josiah | Mary | 3 |
| George | 15 | 9mo | 1720 | George | Ann | 3 |
| George | 20 | 11mo | 1794 | Abner | Rebecca | 3 |
| Hannah | 9 | 9mo | 1772 | Thomas | Hannah | 3 |
| Isaac | 3 | 4mo | 1787 | Isaac | Elizabeth | 3 |
| Isaac | 9 | 10mo | 1797 | Isaac | Elizabeth | 3 |
| Jane | 24 | 11mo | 1767 | Josiah | Mary | 3 |
| Jane | 29 | 9mo | 1799 | Abner | Rebecca | 3 |
| Jesse | 18 | 6mo | 1735 | Samuel | Sarah | 3 |
| Joel | 21 | 11mo | 1762 | George | Hannah | 3 |
| John | 22 | 11mo | 1730 | George | Ann | 3 |
| Josiah | 25 | 1mo | 1733 | Samuel | Sarah | 3 |
| Josiah | 3 | 1mo | 1776 | Josiah | Mary | 3 |
| Levi | 26 | 8mo | 1770 | Aaron | Rachel | 3 |
| Lydia | 11 | 12mo | 1759 | George | Hannah | 3 |
| Lydia | 29 | 7mo | 1762 | Thomas | Hannah | 3 |
| Lydia | 16 | 9mo | 1795 | Benjamin | Debby | 3 |
| Margaret | 1 | 8mo | 1767 | Thomas | Hannah | 3 |
| Mary | 9 | 6mo | 1726 | George | Ann | 3 |
| Mary | 20 | 5mo | 1765 | Josiah | Mary | 3 |
| Mary | 12 | 3mo | 1791 | Isaac | Elizabeth | 3 |
| Mary | 29 | 6mo | 1789 | Aaron | Rachel | 3 |
| Nathan | 3 | 12mo | 1799 | Benjamin | Debby | 3 |
| Peter | 17 | 6mo | 1756 | George | Hannah | 3 |
| Reece | 26 | 4mo | 1755 | George | Hannah | 3 |
| Robert | 27 | 10mo | 1782 | Aaron | Rachel | 3 |
| Samuel | 2 | 12mo | 1742/3 | Samuel | Sarah | 3 |
| Sarah | 7 | 4mo | 1758 | Josiah | Mary | 3 |
| Sarah | 24 | 4mo | 1785 | Isaac | Elizabeth | 3 |
| Sarah | 13 | 12mo | 1778 | Aaron | Rachel | 3 |
| Sarah | 15 | 2mo | 1790 | Samuel | Elizabeth | 3 |
| Susanna | 22 | 2mo | 1795 | Jehu | Unity | 3 |
| Thomas | 31 | 1mo | 1719 | George | Ann | 3 |
| Thomas | 18 | 8mo | 1796 | Abner | Rebecca | 3 |
| Thomas | 17 | 6mo | 1792 | Gideon | Abigail | 7 |
| Unity | 26 | 5mo | 1797 | Jehu | Unity | 3 |
| William | 16 | 10mo | 1722 | George | Ann | 3 |
| William | 1 | 6mo | 1789 | Isaac | Elizabeth | 3 |
| William | 1 | 2mo | 1800 | Isaac | Elizabeth | 3 |

## CHESTER COUNTY BIRTHS

**Gartril**
| | | | | | | |
|---|---|---|---|---|---|---|
| George | 14 | 4mo | 1748 | John | Mary | 4 |
| Mary | 5 | 4mo | 1757 | John | Mary | 4 |
| Sarah | 22 | 5mo | 1747 | John | Mary | 4 |
| Sarah | 5 | 5mo | 1753 | John | Mary | 4 |

**Gatchell**
| | | | | | | |
|---|---|---|---|---|---|---|
| David | 25 | 6mo | 1751 | Elisha | Mary | 4 |
| Elisha | 22 | 12mo | 1746 | Elisha | Mary | 4 |
| Elisha | 30 | 10mo | 1772 | Joseph | Hannah | 4 |
| Elisha | 20 | 10mo | 1789 | Samuel | Phebe | 8 |
| Hannah | 3 | 5mo | 1795 | Samuel | Phebe | 8 |
| James | 1 | 3mo | 1800 | Samuel | Phebe | 8 |
| Jane | 11 | 12mo | 1787 | Samuel | Phebe | 8 |
| Jeremiah | 2 | 9mo | 1734 | Elisha | Mary | 4 |
| Jeremiah | 19 | 6mo | 1780 | Joseph | Hannah | 4 |
| Jeremiah | 7 | 8mo | 1787 | Nathan | Elizabeth | 4 |
| Jeremiah | 11 | 1mo | 1792 | Samuel | Phebe | 8 |
| Joseph | 7 | 11mo | 1743 | Elisha | Mary | 4 |
| Joseph | 15 | 4mo | 1778 | Joseph | Hannah | 4 |
| Lydia | 26 | 7mo | 1741 | Elisha | Mary | 4 |
| Lydia | 15 | 4mo | 1768 | Joseph | Hannah | 4 |
| Nathan | 29 | 4mo | 1737 | Elisha | Mary | 4 |
| Rachel | 15 | 1mo | 1766 | Joseph | Hannah | 4 |
| Samuel | 18 | 3mo | 1749 | Elisha | Mary | 4 |
| Susanna | 30 | 7mo | 1776 | Joseph | Hannah | 4 |

**Gatlive**
| | | | | | | |
|---|---|---|---|---|---|---|
| Elizabeth | 15 | 2mo | 1728 | Charles | Mary | 7 |
| Mary | 2 | 2mo | 1731 | Charles | Mary | 7 |

**Gawthrop**
| | | | | | | |
|---|---|---|---|---|---|---|
| George | 19 | 2mo | 1784 | Thomas | Jane | 5 |
| Hannah | 24 | 10mo | 1776 | George | Ann / Jane [?] | 5 |
| Jane | 22 | 5mo | 1786 | Geo. | Jane | 5 |
| Thomas | 10 | 3mo | 1774 | Thomas | Jane | 5 |

**Gebel**
| | | | | | | |
|---|---|---|---|---|---|---|
| Elizabeth | 5 | Mar | 1786 | Henry | Elizabeth | 12 |
| George | 2 | Dec | 1792 | Henry | Elizabeth | 12 |
| Henry | 30 | Jan | 1789 | Henry | Elizabeth | 12 |
| John | 8 | Jun | 1787 | Henry | Elisabeth | 12 |
| Magdalene | 30 | Jan | 1791 | Henry | Elizabeth | 12 |

**Gebert**
| | | | | | | |
|---|---|---|---|---|---|---|
| Johannes | 26 | Nov | 1734 | Michael | not given | 16 |

**Gehrich**
| | | | | | | |
|---|---|---|---|---|---|---|
| Anna Catharina | ca | Dec | 1772 | Peter | Philippina | 12 |

**Gehrig**
| | | | | | | |
|---|---|---|---|---|---|---|
| Anna Maria | 7 | Apr | 1767 | Peter | not given | 13 |

## CHESTER COUNTY BIRTHS

**Geicker**
| | | | | | | | |
|---|---|---|---|---|---|---|---|
| Adam | ca | Apr | 1772 | Adam | Magdalena | 12 |

**Geidling**
| | | | | | | | |
|---|---|---|---|---|---|---|---|
| John | 14 | Jun | 1788 | Frederick | Anna Maria | 12 |

**Geitling**
| | | | | | | | |
|---|---|---|---|---|---|---|---|
| Elizabeth | 23 | Nov | 1773 | John, late | his wife | 12 |

**Geitlung**
| | | | | | | | |
|---|---|---|---|---|---|---|---|
| Margaret | 15 | Aug | 1771 | John | Elizabeth | 12 |

**Geler**
| | | | | | | | |
|---|---|---|---|---|---|---|---|
| Christina | 10 | Oct | 1765 | Michael | Margaretha | 11 |
| John | 23 | Feb | 1771 | Michael | Margaret | 12 |

**Gerber**
| | | | | | | | |
|---|---|---|---|---|---|---|---|
| Maria Margaretha | 8 | Dec | 1773 | Jacob | Maria Margaretha | 11 |

**Geret**
| | | | | | | | |
|---|---|---|---|---|---|---|---|
| Magthalina | 9 | Aug | 1771 | Heinrich | Rosina | 11 |

**Gernhart**
| | | | | | | | |
|---|---|---|---|---|---|---|---|
| Elisabetha | 3 | Apr | 1776 | Heinrich | Rosina | 11 |

**Gest**
| | | | | | |
|---|---|---|---|---|---|
| Ann | 7 | 12mo 1772 | Joseph | Deborah | 6 |
| Benjamin | 2 | 11mo 1787 | Joseph | Deborah | 6 |
| Daniel | 5 | 1mo 1775 | Joseph | Deborah | 6 |
| Deborah | 26 | 8mo 1780 | Joseph | Deborah | 6 |
| Elizabeth | 14 | 7mo 1766 | Joseph | Deborah | 6 |
| Hannah | 10 | 9mo 1770 | Joseph | Deborah | 6 |
| Henry | 26 | 8mo 1780 | Joseph | Deborah | 6 |
| John | 17 | 5mo 1783 | Joseph | Deborah | 6 |
| Joseph | 4 | 3mo 1776 | Joseph | Deborah | 6 |
| Margaret | 26 | 5mo 1778 | Joseph | Deborah | 6 |
| Mary | 2 | 8mo 1768 | Joseph | Deborah | 6 |

**Gibbons**
| | | | | | |
|---|---|---|---|---|---|
| Abraham | 27 | 5mo 1783 | Abraham | Lydia | 6 |
| Abraham | 8 | 7mo 1791 | not given | not given | 6 |
| Alice | 16 | 9mo 1757 | James | Deborah | 6 |
| Ann | 3 | 3mo 1766 | James | Deborah | 6 |
| Ann | 20 | 10mo 1773 | Abraham | Lydia | 6 |
| Anna | 17 | 1mo 1795 | Joseph | Sarah | 7 |
| Daniel | 21 | 12mo 1775 | James | Deborah | 6 |
| Deborah | 12 | 7mo 1774 | James | Deborah | 6 |
| Hannah | 12 | 8mo 1762 | James | Deborah | 6 |
| Hannah | 15 | 6mo 1779 | Abraham | Lydia | 6 |
| Hannah | 10 | 10mo 1800 | Samuel | Rachel | 6 |
| James | 1 | 5mo 1770 | James | Deborah | 6 |
| James | | 1mo 1772 | James | Deborah | 6 |
| James | 17 | 11mo 1770 | Abraham | Lydia | 6 |

65

## CHESTER COUNTY BIRTHS

**Gibbons**
| | | | | | | | |
|---|---|---|---|---|---|---|---|
| John | 11 | 5mo | 1792 | Joseph | Sarah | 7 |
| Joseph | 13 | 3mo | 1760 | James | Deborah | 6 |
| Joseph | 22 | 12mo | 1766 | Abraham | Lydia | 6 |
| Joseph | 16 | 10mo | 1762 | not given | not given | 7 |
| Joseph | 14 | 3mo | 1797 | Joseph | Sarah | 7 |
| Lydia | 2 | 4mo | 1781 | Abraham | Lydia | 6 |
| Martha | 21 | 9mo | 1799 | Joseph | Sarah | 7 |
| Mary | 20 | 1mo | 1768 | James | Deborah | 6 |
| Massey | 25 | 1mo | 1788 | William | Jane | 6 |
| Samuel | 28 | 4mo | 1764 | James | Deborah | 6 |
| William | 14 | 8mo | 1764 | Abraham | Lydia | 6 |
| William | 6 | 4mo | 1799 | Samuel | Rachel | 6 |
| William | 13 | 5mo | 1790 | Joseph | Sarah | 7 |

**Gibson**
| | | | | | | | |
|---|---|---|---|---|---|---|---|
| Anonymous | 14 | 8mo | 1759 | Thomas | Hannah | 1 |
| Christian | 24 | 9mo | 1768 | Thomas | Hannah | 1 |
| Elizabeth | 23 | 1mo | 1762 | Thomas | Hannah | 1 |
| Elizabeth | | not given | | John | Christian [sic] | 1 |
| Isabella | bp 25 | Mar | 1792 | James | Mary | 15 |
| Jane Wilson | bp 24 | Oct | 1792 | Thomas | not given | 15 |
| John | 30 | 11mo | 1752 | Thomas | Hannah | 1 |
| Joseph | 2 | 12mo | 1780 | John | Mary | 1 |
| Joshua | 26 | 12mo | 1754 | Thomas | Hannah | 1 |
| Joshua | 15 | 7mo | 1777 | John | Mary | 1 |
| Lydia | 24 | 4mo | 1757 | Thomas | Hannah | 1 |
| Nathaniel | 6 | 2mo | 1764 | Thomas | Hannah | 1 |
| Phebe | 23 | 4mo | 1771 | Thomas | Hannah | 1 |
| Samuel | 11 | 11mo | 1775 | Thomas | Hannah | 1 |
| Susanna | 2 | 8mo | 1766 | Thomas | Hannah | 1 |
| Thomas | 17 | 6mo | 1775 | John | Mary | 1 |

**Gilbert**
| | | | | | | | |
|---|---|---|---|---|---|---|---|
| Abner | 15 | 7mo | 1781 | Jesse | Sarah | 6 |
| Amos | 29 | 6mo | 1783 | Jesse | Sarah | 6 |
| Benjamin | 26 | 12mo | 1794 | Jesse | Sarah | 6 |
| Elizabeth | 5 | 7mo | 1790 | Jesse | Sarah | 6 |
| Henry Harding | 5 | 10mo | 1792 | Jesse | Sarah | 6 |
| Jesse | 4 | 5mo | 1761 | not given | not given | 6 |
| John | 19 | 1mo | 1797 | Jesse | Sarah | 6 |
| Mary Ann | 2 | 11mo | 1799 | Jesse | Sarah | 6 |
| Sarah | 21 | 11mo | 1787 | Jesse | Sarah | 6 |
| Thomas B. | 1 | 4mo | 1786 | Jesse | Sarah | 6 |

**Gilliam**
| | | | | | | | |
|---|---|---|---|---|---|---|---|
| James | bp 24 | Oct | 1792 | not given | not given | 15 |

## CHESTER COUNTY BIRTHS

**Gilpin**
| | | | | | | |
|---|---|---|---|---|---|---|
| Hannah | 20 | 6mo | 1741 | Isaac | Sarah [?] | 1 |
| John | 29 | 4mo | 1799 | Thomas | Mary | 5 |
| Sarah | 25 | 2mo | 1795 | Thomas | Mary | 5 |

**Ginter**
| | | | | | | |
|---|---|---|---|---|---|---|
| Maria | 12 | Feb | 1789 | John | Catharina | 12 |

**Glen**
| | | | | | | |
|---|---|---|---|---|---|---|
| Alexander | bp 15 | May | 1791 | John | Margaret | 15 |
| Rachel | bp | Jun | 1770 | Hugh | not given | 14 |

**Glover**
| | | | | | | |
|---|---|---|---|---|---|---|
| Geo. Michael | 21 | 12mo | 1800 | William | Mary | 8 |

**Gondel**
| | | | | | | |
|---|---|---|---|---|---|---|
| Adam | 1 | Jan | 1761 | Adam | not given | 12 |
| Maria Catharine | 5 | Apr | 1757 | Adam | not given | 12 |
| Maria Magdalena | 24 | Jan | 1759 | Adam | not given | 12 |
| Philip | 23 | May | 1762 | Adam | not given | 12 |

**Gonn**
| | | | | | | |
|---|---|---|---|---|---|---|
| Hannah | | *circa* | 1782 | Jeremiah | Barbara | 12 |
| Maria, abandoned | ca | Apr | 1780 | Jeremiah | Barbara | 12 |

**Good**
| | | | | | | |
|---|---|---|---|---|---|---|
| Joseph | 26 | 10mo | 1773 | Thomas | Esther | 5 |
| Joseph | 12 | 7mo | 1780 | not given | not given | 5 |
| Thomas | 14 | 8mo | 1735 | not given | not given | 5 |
| Thomas | 8 | 7mo | 1791 | Thomas | not given | 5 |

**Goodwin**
| | | | | | | |
|---|---|---|---|---|---|---|
| Ann | 5 | 2mo | 1762 | John | Naomy | 3 |
| Elizabeth | 1 | 4mo | 1743 | Thomas | Ann | 3 |
| Elizabeth | 23 | 5mo | 1760 | Thomas | Mary | 3 |
| Enoch | 15 | 1mo | 1766 | Richard | Lydia | 3 |
| Ezra | 12 | 9mo | 1762 | Thomas | Mary | 3 |
| George | | 7mo | 1767 | Thomas | Mary | 3 |
| Gideon | | 3mo | 1769 | Thomas | Mary | 3 |
| Hannah | 29 | 3mo | 1793 | John | Mary | 3 |
| Isaac | 12 | 12mo | 1741 | Thomas | Ann | 3 |
| Isaac | 30 | 8mo | 1760 | Richard | Lydia | 3 |
| Jane | 9 | 11mo | 1737 | Thomas | Ann | 3 |
| Jane | 10 | 4mo | 1772 | Thomas | Mary | 3 |
| Jesse | 16 | 7mo | 1760 | John | Naomy | 3 |
| John | 14 | 3mo | 1731 | Thomas | Ann | 3 |
| John | | 2mo | 1764 | Thomas | Mary | 3 |
| Richard | 18 | 8mo | 1735 | Thomas | Ann | 3 |
| Sarah | 1 | 2mo | 1746 | Thomas | Ann | 3 |
| Sarah | 22 | 6mo | 1775 | Thomas | Mary | 3 |
| Susanna | 9 | 1mo | 1766 | Thomas | Mary | 3 |
| Thomas | 26 | 4mo | 1733 | Thomas | Ann | 3 |

## CHESTER COUNTY BIRTHS

**Goodwin**
| | | | | | | |
|---|---|---|---|---|---|---|
| Thomas | 5 | 8mo | 1794 | John | Mary | 3 |

**Goss**
| | | | | | | |
|---|---|---|---|---|---|---|
| Charles | 11 | 3mo | 1731 | Charles | Jane | 5 |
| Evan | 23 | 1mo | 1724/5 | Charles | Jane | 5 |

**Götz**
| | | | | | | |
|---|---|---|---|---|---|---|
| Elizabeth | ca | Jun | 1771 | John | Anna Maria | 12 |

**Graff**
| | | | | | | |
|---|---|---|---|---|---|---|
| John | 29 | Jan | 1770 | John | Julianna | 12 |

**Gray**
| | | | | | | |
|---|---|---|---|---|---|---|
| Ann | 17 | 7mo | 1788 | Joseph | Ann | 5 |
| Edwin | 26 | 10mo | 1800 | Enoch | Sarah (Swayne) | 5 |
| Elizabeth | 15 | 7mo | 1776 | Joseph | Ann | 5 |
| Enoch | | not given | | Enoch | Margery | 5 |
| Hannah | 18 | 11mo | 1779 | Joseph | Ann | 5 |
| Hannah | 18 | 9mo | 1796 | Enoch | Sarah (Swayne) | 5 |
| Jacob | 19 | 10mo | 1783 | Joseph | Ann | 5 |
| Joseph | 5 | 8mo | 1793 | Joseph | Ann | 5 |
| Margaret | 19 | 5mo | 1791 | Joseph | Ann | 5 |
| Matilda | 5 | 9mo | 1798 | Enoch | Sarah (Swayne) | 5 |
| Robert | bp | Mar | 1770 | Joseph | not given | 14 |
| Samuel | 25 | 11mo | 1794 | Enoch | Sarah (Swayne) | 5 |
| Sarah | 26 | 12mo | 1773 | Joseph | Ann | 5 |
| William | 31 | 5mo | 1782 | Joseph | Ann | 5 |
| William | 7 | 11mo | 1785 | Joseph | Ann | 5 |

**Greave**
| | | | | | | |
|---|---|---|---|---|---|---|
| Ann | 2 | 8mo | 1735 | John | Jane | 1 |
| David | 17 | 2mo | 1754 | Jonathan | Sarah | 1 |
| Hannah | 11 | 8mo | 1732 | Samuel | Sidney | 1 |
| Hannah | 27 | 7mo | 1748 | John | Jane | 1 |
| Isaac | 1 | 12mo | 1740 | Samuel | Sidney | 1 |
| Jacob | 23 | 4mo | 1743 | Jonathan | Sarah | 1 |
| Jane | 14 | 3mo | 1742 | John | Jane | 1 |
| John | 7 | 8mo | 1706 | Samuel | Sarah | 1 |
| Jonathan | 29 | 10mo | 1744 | Jonathan | Sarah | 1 |
| Jonathan | 29 | 5mo | 1712 | Samuel | Sarah | 1 |
| Martha | 27 | 5mo | 1704 | Samuel | Sarah | 1 |
| Mary | 24 | 9mo | 1749 | Jonathan | Sarah | 1 |
| Mary | 27 | 2mo | 1740 | John | Jane | 1 |
| Rachel | 13 | 2mo | 1738 | Samuel | Sidney | 1 |
| Rebecca | 25 | 4mo | 1741 | Jonathan | Sarah | 1 |
| Samuel | 16 | 11mo | 1746/7 | John | Jane | 1 |
| Samuel | 10 | 2mo | 1710 | Samuel | Sarah | 1 |
| Sarah | 15 | 9mo | 1738 | John | Jane | 1 |
| Thomas | 5 | 5mo | 1734 | John | Jane | 1 |

## CHESTER COUNTY BIRTHS

**Greave**
| | | | | | | |
|---|---|---|---|---|---|---|
| William | 30 | 4mo | 1737 | John | Jane | 1 |
| William | 8 | 5mo | 1708 | Samuel | Sarah | 1 |

**Green**
| | | | | | | |
|---|---|---|---|---|---|---|
| Hannah | 7 | 11mo | 1796 | Robert | Ann | 1 |
| Isaac | | not given | | Robert | Ann / Amy | 1 |
| Jacob | 16 | 6mo | 1795 | Robert | Ann | 1 |
| John | 23 | 7mo | 1796 | not given | not given | 8 |
| Robert | 28 | 5mo | 1800 | Robert | Ann | 1 |
| Samuel | 28 | 7mo | 1798 | Robert | Ann | 1 |
| Sarah | 6 | 1mo | 1794 | Robert | Ann / Amy | 1 |

**Greenfield**
| | | | | | | |
|---|---|---|---|---|---|---|
| Benjamin | 17 | 2mo | 1799 | Amos | Margaret | 5 |
| Elizabeth | 17 | 10mo | 1797 | Amos | Margaret | 5 |

**Gregg**
| | | | | | | |
|---|---|---|---|---|---|---|
| Abigail | 10 | 5mo | 1746 | Thomas | Dinah | 1 |
| Abraham | 13 | 9mo | 1745 | William | Ann 2nd wf | 1 |
| Abraham | 28 | 12mo | 1789 | William | Mary | 1 |
| Abraham | 19 | 2mo | 1791 | William | Mary | 1 |
| Albina | 29 | 7mo | 1787 | William | Mary | 1 |
| Albinah | 28 | 2mo | 1766 | Michael | Sarah | 1 |
| Amos | 13 | 4mo | 1742 | John | Susanna (Curle) | 1 |
| Amy | 28 | 10mo | 1744 | John | Susanna (Curle) | 1 |
| Amy | 2 | 7mo | 1740 | Thomas | Dinah | 1 |
| Ann | 20 | 7mo | 1775 | Samuel | Dinah | 1 |
| Cephas | 3 | 4mo | 1786 | John | Orpha | 1 |
| Daniel | 20 | 1mo | 1762 | William | Ann (Dixon) | 1 |
| Dinah | 10 | 8mo | 1738 | Thomas | Dinah | 1 |
| Dinah | 13 | 2mo | 1764 | Michael | Sarah | 1 |
| Elizabeth | 9 | 4mo | 1726 | William | Margery (Kinkey) | 1 |
| Elizabeth | 23 | 12mo | 1783 | William | Mary | 1 |
| George | 26 | 4mo | 1747 | John | Susanna (Curle) | 1 |
| Hannah | 8 | 3mo | 1740 | John | Susanna (Curle) | 1 |
| Hannah | 1 | 10mo | 1759 | William | Ann (Dixon) | 1 |
| Hannah | 22 | 2mo | 1736 | William | Margery (Kinkey) | 1 |
| Hannah | 3 | 12mo | 1769 | not given | not given | 5 |
| Henry | 13 | 9mo | 1751 | Herman | Mary (Dixson) | 1 |
| Herman | 10 | 5mo | 1730 | William | Margery (Kinkey) | 1 |
| Herman | 9 | 11mo | 1761 | Herman | Mary (Dixson) | 1 |
| Herman | 28 | 5mo | 1771 | Herman | Mary (Dixson) | 1 |
| Isaac | 20 | 7mo | 1764 | William | Ann (Dixon) | 1 |
| Jacob | 28 | 12mo | 1737 | William | Margery (Kinkey) | 1 |
| Jacob | 9 | 7mo | 1768 | Herman | Mary (Dixson) | 1 |
| Jesse | 17 | 6mo | 1761 | Michael | Sarah | 1 |
| Jesse | 10 | 9mo | 1785 | William | Mary | 1 |

# CHESTER COUNTY BIRTHS

## Gregg

| Name | Day | Mo | Year | Father | Mother | # |
|---|---|---|---|---|---|---|
| Jesse | 18 | 7mo | 1788 | Samuel | Dinah | 1 |
| Joanna | 1 | 9mo | 1757 | Michael | Sarah | 1 |
| John | | not given | | George | Sarah | 1 |
| John | 28 | 9mo | 1749 | John | Susanna (Curle) | 1 |
| John | 6 | 1mo | 1757 | William | Ann (Dixon) | 1 |
| John | 4 | 9mo | 1773 | Herman | Mary (Dixson) | 1 |
| John | 16 | 4mo | 1733 | Thomas | Dinah | 1 |
| John | 31 | 12mo | 1792 | John | Orpha | 1 |
| Joseph | 1 | 12mo | 1782 | John | Orpha | 1 |
| Joshua | 23 | 12mo | 1733 | William | Margery (Kinkey) | 1 |
| Joshua | 16 | 7mo | 1763 | Herman | Mary (Dixson) | 1 |
| Lydia | 2 | 8mo | 1756 | John | Susanna (Curle) | 1 |
| Lydia | 15 | 10mo | 1736 | Thomas | Dinah | 1 |
| Lydia | 3 | 3mo | 1778 | Michael | Sarah | 1 |
| Margaret | 1 | 6mo | 1768 | Michael | Sarah | 1 |
| Margery | 10 | 10mo | 1739 | William | Margery (Kinkey) | 1 |
| Margery | 13 | 3mo | 1754 | Herman | Mary (Dixson) | 1 |
| Mary | 8 | 8mo | 1738 | John | Susanna (Curle) | 1 |
| Mary | 12 | 12mo | 1729 | Thomas | Dinah | 1 |
| Mary | 23 | 10mo | 1773 | Michael | Sarah | 1 |
| Mary | 19 | 4mo | 1777 | Samuel | Dinah | 1 |
| Michael | 5 | 6mo | 1731 | Thomas | Dinah | 1 |
| Michael | 11 | 9mo | 1775 | Michael | Sarah | 1 |
| Orpha | 5 | 11mo | 1790 | John | Orpha | 1 |
| Rebecca | 12 | 8mo | 1758 | John | Susanna (Curle) | 1 |
| Richard | 5 | 3mo | 1752 | John | Susanna (Curle) | 1 |
| Ruth | 22 | 6mo | 1766 | Herman | Mary (Dixson) | 1 |
| Ruth | 15 | 1mo | 1788 | John | Orpha | 1 |
| Samuel | 8 | 9mo | 1770 | Stephen | Susanna (Pryor) | 1 |
| Samuel | 18 | 12mo | 1781 | Samuel | Dinah | 1 |
| Sarah | 30 | 6mo | 1771 | Michael | Sarah | 1 |
| Sarah | | not given | | Michael | not given | 1 |
| Sarah | 12 | 3mo | 1800 | George | Hannah | 5 |
| Silas | 29 | 4mo | 1759 | Herman | Mary (Dixson) | 1 |
| Stephen | | not given | | Thomas | Dinah | 1 |
| Stephen | 19 | 6mo | 1742 | Thomas | Dinah | 1 |
| Thomas | 25 | 2mo | 1769 | Stephen | Susanna (Pryor) | 1 |
| Thomas | 15 | 1mo | 1734 | Thomas | Dinah | 1 |
| Thomas | 20 | 5mo | 1759 | Michael | Sarah | 1 |
| Thomas | 1 | 4mo | 1779 | Samuel | Dinah | 1 |
| William | | not given | | William | Margery | 1 |
| William | | not given | | John | Elizabeth | 1 |
| William | 26 | 4mo | 1732 | William | Margery (Kinkey) | 1 |
| William | 13 | 9mo | 1756 | Herman | Mary (Dixson) | 1 |
| William | 1 | 6mo | 1756 | Michael | Sarah | 1 |

## CHESTER COUNTY BIRTHS

**Griffith**
| | | | | | | | |
|---|---|---|---|---|---|---|---|
| Elizabeth | | 6 | 7mo | 1720 | Benoni | Catharine | 3 |
| Elizabeth | | 11 | 2mo | 1798 | Wm. | Alice | 4 |
| Israel | | 4 | 4mo | 1792 | Wm. | Alice | 4 |
| John | | 13 | 6mo | 1737 | John | Mary | 3 |
| Mary | | 2 | 9mo | 1788 | Wm. | Alice | 4 |
| Nathan | | 21 | 7mo | 1722 | Benoni | Catharine | 3 |
| Nathan | | 26 | 9mo | 1795 | Wm. | Alice | 4 |
| William | | 28 | 3mo | 1736 | John | Mary | 3 |

**Griffiths**
| | | | | | | | |
|---|---|---|---|---|---|---|---|
| Jesse | | 30 | 8mo | 1776 | John | Mary (Falkner) | 7 |
| John | | 13 | 6mo | 1737 | John | Mary | 7 |
| Martha | | 22 | 8mo | 1769 | John | Mary (Falkner) | 7 |
| Mary | | 26 | 6mo | 1771 | John | Mary (Falkner) | 7 |
| Rachel | | 14 | 9mo | 1734 | Benoni | Catharine | 7 |
| Sibbilla | | 10 | 2mo | 1774 | John | Mary (Falkner) | 7 |

**Grob**
| | | | | | | | |
|---|---|---|---|---|---|---|---|
| Henry | bp | 2 | May | 1784 | Henry | Barbara | 12 |
| John | | 14 | Dec | 1786 | Jacob | not given | 13 |
| Verena | | 29 | Nov | 1784 | Jacob | Elizabeth | 12 |

**Grund**
| | | | | | | | |
|---|---|---|---|---|---|---|---|
| Abraham | | 3 | Aug | 1767 | John Nicolas | Eva | 12 |
| Catharine | | 3 | Oct | 1776 | Nicholas | Eva | 12 |
| Elizabeth | | 13 | Apr | 1770 | John Nicholas | Eva | 12 |
| Henry | | 22 | Mar | 1800 | Peter | Elisabeth | 12 |
| John | | 30 | Jan | 1779 | John | not given | 12 |
| John Nicholas | | 18 | Jun | 1783 | Nicholas | Eva | 12 |
| Magdalena | | 5 | Mar | 1772 | John Nicholas | Elizabeth | 12 |

**Gryms**
| | | | | | | | |
|---|---|---|---|---|---|---|---|
| Mary | bp | | Aug | 1769 | John | not given | 14 |

**Gunter**
| | | | | | | | |
|---|---|---|---|---|---|---|---|
| Catharina | | 9 | Aug | 1767 | Jacob | Dorothea | 12 |
| John | | 31 | Dec | 1791 | John | Catharina | 12 |

**Günther**
| | | | | | | | |
|---|---|---|---|---|---|---|---|
| Jacob | | 3 | Jul | 1771 | Jacob | Dorothea | 12 |

**Guthery**
| | | | | | | | |
|---|---|---|---|---|---|---|---|
| Mary | bp | | Apr | 1770 | Adam | not given | 14 |

# H

**Haas**
| | | | | | | | |
|---|---|---|---|---|---|---|---|
| a daughter | | 3 | Jan | 1764 | Johannes | not given | 11 |

# CHESTER COUNTY BIRTHS

**Haasen**
| | | | | | | |
|---|---|---|---|---|---|---|
| Phil Jacob | 3 | Oct | 1766 | Michel. | not given | 13 |

**Haass**
| | | | | | | |
|---|---|---|---|---|---|---|
| Johannes | 5 | May | 1762 | Joh. | Elisabeth | 11 |
| Johannes | 6 | Feb | 1763 | Michael | Mar. Elis. | 11 |
| Maria Elisabeth | 16 | Feb | 1764 | Mich. | Maria Elis. | 11 |

**Haassam**
| | | | | | | |
|---|---|---|---|---|---|---|
| Peter | 8 | Sep | 1770 | Andoni | Elisabetha | 11 |

**Hadley**
| | | | | | | |
|---|---|---|---|---|---|---|
| Ann | 7 | 12mo | 1717/8 | Simon | Ruth | 5 |
| Deborah | 25 | 2mo | 1701 | Simon | Ruth | 5 |
| Elizabeth | 27 | 8mo | 1751 | John | Margaret (Morton) | 5 |
| Emey | 11 | 1mo | 1756 | John | Margaret (Morton) | 5 |
| Hannah | 16 | 11mo | 1709/0 | Simon | Ruth | 5 |
| Hannah | 24 | 2mo | 1762 | John | Margaret (Morton) | 5 |
| John | 2 | 2mo | 1724 | Joseph | not given | 5 |
| Joseph | 25 | 8mo | 1698 | Simon | Ruth | 5 |
| Joshua | 6 | 3mo | 1703 | Simon | Ruth | 5 |
| Katharine | 25 | 2mo | 1715 | Simon | Ruth | 5 |
| Mary | | not given | | John | not given | 1 |
| Mary | 12 | 7mo | 1759 | John | Margaret (Morton) | 5 |
| Phebe | 20 | 1mo | 1793 | Samuel | Mabel | 5 |
| Ruth | 6 | 12mo | 1711/2 | Simon | Ruth | 5 |
| Samuel | 14 | 6mo | 1767 | John | Margaret (Morton) | 5 |
| Sarah | 16 | 8mo | 1730 | Joshua | Mary | 5 |
| Simon | 23 | 12mo | 1704/5 | Simon | Ruth | 5 |
| Simon | 6 | 2mo | 1754 | John | Margaret (Morton) | 5 |

**Haines**
| | | | | | | |
|---|---|---|---|---|---|---|
| Ann | 23 | 3mo | 1779 | Jacob | Mary | 4 |
| Ann | 3 | 10mo | 1788 | Jacob | Ann | 6 |
| Anne | 24 | 7mo | 1732 | Joseph | Elizabeth | 4 |
| Daniel | 15 | 9mo | 1736 | Joseph | Elizabeth | 4 |
| David | 18 | 6mo | 1773 | Isaac | Lydia | 3 |
| Deborah | 14 | 2mo | 1724 | Joseph | Elizabeth | 4 |
| Deborah | 15 | 1mo | 1740 | Joseph | Elizabeth | 4 |
| Deborah | 24 | 11mo | 1792 | Isaac | Hannah | 6 |
| Dorothy | 24 | 11mo | 1718 | Joseph | Dorothy | 4 |
| Eli | 17 | 7mo | 1776 | Job | Esther | 4 |
| Elisha | 19 | 9mo | 1787 | Job | Esther | 4 |
| Elizabeth | 12 | 10mo | 1754 | William | Lydia | 4 |
| Elizabeth | 16 | 2mo | 1783 | Job | Esther | 4 |
| Elizabeth | 13 | 9mo | 1770 | Jacob | Mary | 4 |
| Elizabeth | 2 | 3mo | 1777 | Isaac | Mary | 4 |
| Elizabeth | 12 | 9mo | 1765 | Joshua | Hannah | 6 |
| Elizabeth | 24 | 10mo | 1794 | Isaac | Hannah | 6 |

## CHESTER COUNTY BIRTHS

**Haines**

| | | | | | | |
|---|---|---|---|---|---|---|
| Elizabeth | 20 | 12mo | 1797 | Jacob | Ann | 6 |
| Ellis | | circa | 1722 | Isaac | Katharine | 3 |
| Esther | 13 | 6mo | 1715 | Isaac | Katharine | 3 |
| Esther | 18 | 5mo | 1785 | Job | Esther | 4 |
| Esther | 7 | 9mo | 1781 | Jacob | Mary | 4 |
| Ezra | 12 | 2mo | 1774 | Isaac | Lydia | 3 |
| George | 10 | 7mo | 1788 | Isaac | Lydia | 3 |
| Hannah | 4 | 1mo | 1717 | Isaac | Katharine | 3 |
| Hannah | 2 | 2mo | 1753 | William | Lydia | 4 |
| Hannah | 5 | 4mo | 1774 | Jacob | Mary | 4 |
| Immer | 30 | 10mo | 1775 | William | Rebecca | 4 |
| Isaac | 10 | 8mo | 1718 | Isaac | Katharine | 3 |
| Isaac | 21 | 11mo | 1779 | Isaac | Lydia | 3 |
| Isaac | 19 | 4mo | 1738 | Joseph | Elizabeth | 4 |
| Isaac | 18 | 2mo | 1781 | William | Rebecca | 4 |
| Isaac | 15 | 9mo | 1763 | Joshua | Hannah | 6 |
| Jacob | 14 | 4mo | 1784 | William | Rebecca | 4 |
| Jacob | 28 | 1mo | 1734 | Jacob | Mary | 4 |
| Jacob | 1 | 2mo | 1788 | Jacob | Mary | 4 |
| Jacob | 24 | 2mo | 1753 | Joshua | Elizabeth | 6 |
| Jacob | 10 | 3mo | 1792 | Jacob | Ann | 6 |
| James | 27 | 3mo | 1785 | Jacob | Ann | 6 |
| Jane | 18 | 2mo | 1721 | Isaac | Katharine | 3 |
| Jeremiah | 8 | 5mo | 1735 | Jacob | Mary | 4 |
| Jesse | 30 | 3mo | 1768 | Joshua | Hannah | 6 |
| Job | 26 | 8mo | 1744 | Joseph | Elizabeth | 4 |
| Job | 22 | 2mo | 1778 | Job | Esther | 4 |
| John | 8 | 3mo | 1766 | Isaac | Mary | 4 |
| John | 14 | 5mo | 1772 | Joshua | Hannah | 6 |
| Joseph | 9 | 11mo | 1730 | Joseph | Elizabeth | 4 |
| Joseph | 22 | 7mo | 1756 | William | Lydia | 4 |
| Joseph | 13 | 9mo | 1768 | Isaac | Mary | 4 |
| Joseph | 3 | ?mo | 1798 | Reuben | Mary | 4 |
| Joseph | 17 | 8mo | 1759 | Joshua | Hannah | 6 |
| Joseph | 24 | 1mo | 1800 | Isaac | Hannah | 6 |
| Joshua | 23 | 1mo | 1760 | William | Lydia | 4 |
| Joshua | 30 | 1mo | 1726 | Jacob | Mary | 4 |
| Joshua | 26 | 2mo | 1756 | Joshua | Elizabeth | 6 |
| Joshua | 25 | 9mo | 1797 | Isaac | Hannah | 6 |
| Joshua | 27 | 3mo | 1785 | Jacob | Ann | 6 |
| Josiah | | circa | 1724 | Isaac | Katharine | 3 |
| Lydia | 17 | 7mo | 1784 | Isaac | Lydia | 3 |
| Lydia | 29 | 6mo | 1768 | William | Lydia | 4 |
| Margaret | 11 | 1mo | 1734 | Joseph | Elizabeth | 4 |
| Margaret | 22 | 11mo | 1729 | Jacob | Mary | 4 |

# CHESTER COUNTY BIRTHS

## Haines

| Name | Day | Mo | Year | Father | Mother | |
|---|---|---|---|---|---|---|
| Mary | 2 | 6mo | 1720 | Isaac | Katharine | 3 |
| Mary | 22 | 2mo | 1776 | Isaac | Lydia | 3 |
| Mary | 10 | 12mo | 1731/2 | Jacob | Mary | 4 |
| Mary | 18 | 5mo | 1772 | Jacob | Mary | 4 |
| Mary | 14 | 9mo | 1785 | Jacob | Mary | 4 |
| Mary | 20 | 9mo | 1754 | Joshua | Elizabeth | 6 |
| Mary | 12 | 3mo | 1799 | Jacob | Ann | 6 |
| Miriam | 24 | 7mo | 1711 | Joseph | Dorothy | 4 |
| Nathan | 28 | 2mo | 1735 | Joseph | Elizabeth | 4 |
| Nathan | 16 | 12mo | 1770 | Isaac | Mary | 4 |
| Nathan | 26 | 4mo | 1790 | Job | Esther | 4 |
| Patience | 24 | 11mo | 1715 | Joseph | Dorothy | 4 |
| Patience | 24 | 1mo | 1715 | Joseph | Dorothy | 5 |
| Prudence | 20 | 12mo | 1727/8 | Jacob | Mary | 4 |
| Prudence | 13 | 11mo | 1777 | Jacob | Mary | 4 |
| Rachel | 8 | 2mo | 1769 | Jacob | Mary | 4 |
| Rachel | 29 | 6mo | 1741 | Joseph | Elizabeth | 6 |
| Rebecca | 1 | 8mo | 1749 | Joseph | Elizabeth | 6 |
| Reuben | 26 | 9mo | 1726 | Joseph | Elizabeth | 4 |
| Reuben | 27 | 3mo | 1764 | Isaac | Mary | 4 |
| Reuben | 17 | 5mo | 1772 | Job | Esther | 4 |
| Reuben | 5 | 1mo | 1794 | Jacob | Ann | 6 |
| Robert | 28 | 6mo | 1799 | Reuben | Mary | 4 |
| Ruth | 28 | 8mo | 1709 | Joseph | Dorothy | 4 |
| Sarah | 24 | 6mo | 1706 | Joseph | Dorothy | 4 |
| Sarah | 27 | 9mo | 1722 | Joseph | Elizabeth | 4 |
| Sarah | 8 | 6mo | 1751 | William | Lydia | 4 |
| Sarah | 8 | 8mo | 1738 | Jacob | Mary | 4 |
| Sarah | 5 | 4mo | 1774 | Jacob | Mary | 4 |
| Sarah | 24 | 6mo | 1706 | Joseph | Dorothy | 5 |
| Sarah | 13 | 8mo | 1758 | Joshua | Hannah | 6 |
| Sarah | 20 | 4mo | 1770 | Joshua | Hannah | 6 |
| Sarah | 13 | 6mo | 1745 | Joseph | Elizabeth | 6 |
| Sarah W. | 13 | 7mo | 1798 | David | Alice | 9 |
| Solomon | 22 | 9mo | 1713 | Joseph | Dorothy | 4 |
| Solomon | 28 | 6mo | 1728 | Joseph | Elizabeth | 4 |
| Stephen | | not given | | Jacob | Mary | 4 |
| Stephen | 12 | 4mo | 1761 | Joshua | Hannah | 6 |
| Susanna | 22 | 10mo | 1746 | Joseph | Elizabeth | 6 |
| Thomas | 30 | 3mo | 1779 | William | Rebecca | 4 |
| Timothy | 15 | 11mo | 1768 | Job | Esther | 4 |
| William | 3 | 1mo | 1705 | Joseph | Dorothy | 4 |
| William | 8 | 4mo | 1725 | Joseph | Elizabeth | 4 |
| William | 2 | 11mo | 1762 | William | Lydia | 4 |
| William D. | 18 | 4mo | 1790 | Isaac | Lydia | 3 |

## CHESTER COUNTY BIRTHS

**Hainge**
| | | | | | | |
|---|---|---|---|---|---|---|
| John | 9 | May | 1784 | George | M. Catharina | 12 |

**Hall**
| | | | | | | |
|---|---|---|---|---|---|---|
| John | 28 | 10mo | 1766 | Thomas | Mary | 3 |
| Lydia | 27 | 6mo | 1786 | William | Lydia | 8 |
| Maris | 20 | 9mo | 1794 | John | Susanna | 3 |
| Mary | 21 | 7mo | 1749 | not given | not given | 1 |
| Mary | 29 | 3mo | 1772 | Thomas | Mary | 3 |
| Mary | 2 | 5mo | 1792 | William | Lydia | 8 |
| Mary Ann | 3 | 3mo | 1799 | John | Susanna | 3 |
| Mordecai | 28 | 8mo | 1778 | William | Lydia | 8 |
| Phebe | 24 | 6mo | 1782 | Thomas | Mary | 3 |
| Sarah | 6 | 7mo | 1764 | Thomas | Mary | 3 |
| Seth | 21 | 5mo | 1763 | Thomas | Mary | 3 |
| Thomas | 29 | 5mo | 1777 | Thomas | Mary | 3 |
| Thomas | 27 | 10mo | 1795 | William | Lydia | 8 |
| William | 15 | 2mo | 1784 | William | Lydia | 1 |
| William | 14 | 2mo | 1784 | William | Lydia | 8 |

**Halladay**
| | | | | | | |
|---|---|---|---|---|---|---|
| Rachel | bp 26 | Jan | 1769 | Samuel | not given | 14 |

**Halliday**
| | | | | | | |
|---|---|---|---|---|---|---|
| Deborah | 28 | 2mo | 1716 | William | Deborah | 1 |
| Jacob | 18 | 8mo | 1706 | William | Deborah | 5 |
| Marget | 13 | 11mo | 1709 | William | Deborah | 5 |
| Rachel | 25 | 10mo | 1704 | William | Deborah | 5 |
| Robert | 16 | 7mo | 1702 | William | Deborah | 5 |
| Sarah | 24 | 1mo | 1713 | William | Deborah | 5 |

**Hallman**
| | | | | | | |
|---|---|---|---|---|---|---|
| Elizabeth | 7 | Aug | 1782 | John | Esther | 12 |

**Hallowell**
| | | | | | | |
|---|---|---|---|---|---|---|
| Elizabeth | 14 | 3mo | 1789 | John | Lydia | 5 |
| Grace | 11 | 12mo | 1780 | John | Lydia | 5 |
| Jesse | 1 | 9mo | 1797 | John | Lydia | 5 |
| John | 11 | 3mo | 1787 | John | Lydia | 5 |
| John | 22 | 3mo | 1778 | William | Mary | 7 |
| Joseph | 7 | 1mo | 1791 | John | Lydia | 5 |
| Lydia | 5 | 12mo | 1795 | John | Lydia | 5 |
| Margaret | 29 | 12mo | 1800 | John | Lydia | 5 |
| Thomas | 26 | 9mo | 1782 | John | Lydia | 5 |

**Halman**
| | | | | | | |
|---|---|---|---|---|---|---|
| Jones | 4 | Apr | 1786 | Jean | Esther | 12 |

**Hambleton**
| | | | | | | |
|---|---|---|---|---|---|---|
| James | 21 | 4mo | 1791 | John | Rachel | 5 |
| Rachel | 3 | 12mo | 1800 | John | Rachel | 5 |
| Samuel | 28 | 2mo | 1785 | John | Sarah | 5 |

## CHESTER COUNTY BIRTHS

**Hambleton**
| | | | | | | |
|---|---|---|---|---|---|---|
| Sarah | 16 | 7mo | 1795 | John | Rachel | 5 |
| Thomas | 23 | 6mo | 1798 | John | Rachel | 5 |
| William | 18 | 6mo | 1797 | John | Rachel | 5 |

**Hampton**
| | | | | | | |
|---|---|---|---|---|---|---|
| Eli | 13 | 7mo | 1787 | Jonathan | Elizabeth | 8 |
| Elizabeth | 1 | 9mo | 1797 | Jonathan | Elizabeth | 8 |
| Jonathan | 15 | 10mo | 1799 | Jonathan | Elizabeth | 8 |
| Mary | 24 | 9mo | 1792 | Jonathan | Elizabeth | 8 |
| Rebecca | 12 | 5mo | 1790 | Jonathan | Elizabeth | 8 |
| Thomas | 7 | 2mo | 1784 | Jonathan | Elizabeth | 8 |

**Hamton**
| | | | | | | |
|---|---|---|---|---|---|---|
| Elizabeth P. | 1 | 9mo | 1797 | Jonathan | Elizabeth | 10 |
| Thomas | 7 | 2mo | 1784 | Jonathan | Elizabeth | 10 |

**Hanbe**
| | | | | | | |
|---|---|---|---|---|---|---|
| Elizabeth | 26 | 9mo | 1721 | William | Mary | 5 |

**Hanby**
| | | | | | | |
|---|---|---|---|---|---|---|
| Elizabeth | 28 | 9mo | 1721 | Wm. | Mary | 4 |
| John | 10 | 11mo | 1725/6 | Wm. | Mary | 4 |
| Mary | 1 | 9mo | 1729 | Wm. | Mary | 4 |
| William | 28 | 2mo | 1724 | Wm. | Mary | 4 |

**Hancock**
| | | | | | | |
|---|---|---|---|---|---|---|
| Benjamin | 10 | 5mo | 1767 | James | Elizabeth | 7 |
| Elizabeth | 2 | 2mo | 1759 | James | Elizabeth | 7 |
| James | 2 | 9mo | 1730 | William | Sarah | 7 |
| James | 21 | 12mo | 1760 | James | Elizabeth | 7 |
| Joel | 26 | 4mo | 1769 | James | Elizabeth | 7 |
| John | 9 | 11mo | 1762 | James | Elizabeth | 7 |
| Joseph | 11 | 2mo | 1753 | James | Elizabeth | 7 |
| Rebekah | 22 | 10mo | 1757 | James | Elizabeth | 7 |
| Sarah | 13 | 6mo | 1756 | James | Elizabeth | 7 |
| Sarah | 4 | 11mo | 1764 | James | Elizabeth | 7 |
| William | 14 | 10mo | 1754 | James | Elizabeth | 7 |

**Hannum**
| | | | | | | |
|---|---|---|---|---|---|---|
| Jane | 9 | 4mo | 1775 | James | Jane (Chandler) | 1 |

**Hans**
| | | | | | | |
|---|---|---|---|---|---|---|
| Samuel | 25 | Mar | 1794 | Jacob | Elizabeth | 12 |

**Harlan**
| | | | | | | |
|---|---|---|---|---|---|---|
| Aaron | 21 | 6mo | 1800 | Eli | Elizabeth | 8 |
| Abigail | 23 | 9mo | 1692 | Michael | Dinah | 1 |
| Benjamin | 7 | 8mo | 1729 | Ezekiel | Ruth | 1 |
| Caleb | 9 | 6mo | 1792 | Caleb | Hannah | 2 |
| Caleb | 9 | 5mo | 1755 | Joel | Hanna (Wickersham) | 5 |
| Deborah | 15 | 11mo | 1720 | Joshua | Mary | 1 |
| Dinah | 23 | 8mo | 1707 | Michael | Dinah | 1 |

## CHESTER COUNTY BIRTHS

**Harlan**

| | | | | | | |
|---|---|---|---|---|---|---|
| Dinah | 16 | 7mo | 1747 | Joel | Hanna (Wickersham) | 5 |
| Edith | 5 | 5mo | 1793 | Samuel | Elizabeth (Passmore) | 1 |
| Elizabeth | 6 | 2mo | 1798 | Samuel | Elizabeth (Passmore) | 1 |
| Elizabeth | 6 | 6mo | 1713 | Ezekiel | Ruth | 1 |
| Ellwood | 9 | 11mo | 1780 | James | Elizabeth | 1 |
| Enoch | 30 | 11mo | 1790 | Samuel | Elizabeth (Passmore) | 1 |
| Ezekiel | 19 | 5mo | 1707 | Ezekiel | Ruth | 1 |
| Ezekiel | 15 | 10mo | 1775 | Joseph | Hannah | 4 |
| George | 26 | 6mo | 1799 | Saumel | Elizabeth (Passmore) | 1 |
| George | 4 | 10mo | 1690 | Michael | Dinah | 1 |
| George | 22 | Feb | 1718 | James | Eliz. | 1 |
| Hannah | 24 | 11mo | 1782 | James | Elizabeth | 1 |
| Hannah | 29 | 9mo | 1783 | Samuel | Orpha (Webb) | 1 |
| Hannah | *circa* | | 1745 | Isaac | not given | 1 |
| Hannah | 9 | 1mo | 1795 | Caleb | Hannah | 2 |
| Hannah | 11 | 6mo | 1789 | Joseph | Hannah | 4 |
| Israel | | not given | | Thomas | not given | 1 |
| Jacob | | | 1725 | James | Eliz. | 1 |
| James | | | 1703 | Michael | Dinah | 1 |
| James | 20 | Jul | 1719 | James | Eliz. | 1 |
| Jane | 29 | 12mo | 1772 | Joseph | Hannah | 4 |
| Joel | 10 | 11mo | 1724 | George | Mary | 2 |
| Joel | 26 | 8mo | 1800 | Caleb | Hannah | 2 |
| Joel | 15 | 5mo | 1797 | Joseph | Hannah | 4 |
| Joel | 10 | 11mo | 1724 | George | Mary | 5 |
| Joel | 16 | 8mo | 1764 | Joel | Hanna(Wickersham) | 5 |
| John | 2 | Jan | 1716 | James | Eliz. | 1 |
| John | 20 | 11mo | 1777 | Joseph | Hannah | 4 |
| Joseph | 10 | 9mo | 1781 | Samuel | Orpha (Webb) | 1 |
| Joseph | 4 | 6mo | 1721 | Ezekiel | Ruth | 1 |
| Joseph | 29 | 12mo | 1750 | Joseph | Hannah | 1 |
| Joseph | 17 | 5mo | 1723 | Joshua | Mary | 1 |
| Joseph | 19 | 10mo | 1783 | Joseph | Hannah | 4 |
| Joshua | 7 | 7mo | 1757 | Joel | Hanna (Wickersham) | 5 |
| Levi | 20 | 3mo | 1785 | Caleb | Hannah | 2 |
| Lewis | 19 | 2mo | 1787 | Joseph | Hannah | 4 |
| Lydia | 6 | 12mo | 1795 | Israel | Hannah (Webb) | 1 |
| Lydia | 5 | 1mo | 1799 | Israel | Hannah (Webb) | 1 |
| Lydia | 29 | 10mo | 1789 | Caleb | Hannah | 2 |
| Lydia | 13 | 10mo | 1798 | Joseph | Hannah | 4 |
| Martha | 21 | 3mo | 1746 | Joseph | Hannah | 1 |
| Martha | 8 | 6mo | 1787 | Caleb | Hannah | 2 |
| Mary | 13 | 5mo | 1797 | Israel | Hannah (Webb) | 1 |
| Mary | 28 | 12mo | 1788 | Samuel | Elizabeth (Passmore) | 1 |
| Mary | 12 | 4mo | 1719 | Ezekiel | Ruth | 1 |

## CHESTER COUNTY BIRTHS

**Harlan**

| | | | | | | |
|---|---|---|---|---|---|---|
| Mary | 3 | 2mo | 1744 | Joseph | Hannah | 1 |
| Mary | 9 | 2mo | 1783 | Caleb | Hannah | 2 |
| Mary | 30 | 7mo | 1779 | Joseph | Hannah | 4 |
| Mary | 5 | 3mo | 1753 | Joel | Hanna (Wickersham) | 5 |
| Michael | 7 | 2mo | 1699 | Michael | Dinah | 1 |
| Oburn | 26 | 5mo | 1797 | Eli | Elizabeth | 8 |
| Orpha | 21 | 4mo | 1785 | Samuel | Orpha (Webb) | 1 |
| Pamela | 22 | 3mo | 1774 | Joseph | Hannah | 4 |
| Phebe | 23 | 12mo | 1794 | Joseph | Hannah | 4 |
| Phillip | 21 | Sep | 1723 | James | Eliz. | 1 |
| Rachel | 31 | 3mo | 1800 | Thomas | Betty (Harry) | 1 |
| Robert | 2 | 11mo | 1747 | Joseph | Hannah | 1 |
| Ruth | 11 | 1mo | 1723 | Ezekiel | Ruth | 1 |
| Ruth | 30 | 6mo | 1741 | Joseph | Hannah | 1 |
| Ruth | 31 | 11mo | 1750 | Joel | Hanna (Wickersham) | 5 |
| Samuel | 3 | 8mo | 1756 | Joseph | Edith | 1 |
| Samuel | 23 | 4mo | 1796 | Samuel | Elizabeth (Passmore) | 1 |
| Sarah | 22 | 12mo | 1779 | Samuel | Orpha (Webb) | 1 |
| Sarah | 29 | 4mo | 1793 | Joseph | Hannah | 4 |
| Solomon | 7 | 10mo | 1701 | Michael | Dinah | 1 |
| Stephen | | 2mo | 1697 | Michael | Dinah | 1 |
| Thomas | 24 | 4mo | 1694 | Michael | Dinah | 1 |
| Thomas | 1 | 2mo | 1799 | Joel | Lydia | 2 |
| William | 1 | 9mo | 1702 | Ezekiel | Mary | 1 |
| William | 17 | 2mo | 1791 | Joseph | Hannah | 4 |
| a son | 4 | 11mo | 1776 | Joseph | Hannah | 4 |

**Harmer**

| | | | | | | |
|---|---|---|---|---|---|---|
| George | 10 | 10mo | 1799 | Amos | Elizabeth | 6 |
| Hannah | 9 | 7mo | 1798 | Amos | Elizabeth | 6 |

**Harris**

| | | | | | | |
|---|---|---|---|---|---|---|
| Ann | 29 | 3mo | 1755 | Samuel | Margaret | 4 |
| Charity | 2 | 11mo | 1736/7 | John | Phebe | 4 |
| Dinah | 16 | 12mo | 1744/5 | John | Phebe | 4 |
| Elizabeth | 22 | 5mo | 1733 | John | Phebe | 4 |
| Elizabeth | 27 | 9mo | 1719 | Evan | Elizabeth | 5 |
| Joseph | 12 | 1mo | 1754 | Samuel | Margaret | 4 |
| Mary | 12 | 3mo | 1758 | Samuel | Margaret | 4 |
| Phebe | 28 | 6mo | 1741 | John | Phebe | 4 |
| Rachel | 7 | 3mo | 1748 | John | Phebe | 4 |
| Richard | 16 | 10mo | 1738 | John | Phebe | 4 |
| Samuel | 22 | 9mo | 1756 | Samuel | Margaret | 4 |
| Welmet, dau | 19 | 2mo | 1741 | John | Phebe | 4 |
| William | 4 | 12mo | 1734/5 | John | Phebe | 4 |

## CHESTER COUNTY BIRTHS

**Harrison**
| | | | | | | |
|---|---|---|---|---|---|---|
| George | 19 | 6mo | 1763 | George | Lydia | 2 |
| Huldah | 30 | 11mo | 1758 | George | Lydia | 2 |
| Lydia | 4 | 3mo | 1767 | George | Lydia | 2 |

**Harrold**
| | | | | | | |
|---|---|---|---|---|---|---|
| Elizabeth | 10 | 3mo | 1711 | Richard | Mary | 5 |
| John | 21 | 10mo | 1714 | Richard | Mary | 5 |
| Jonathan | 20 | 11mo | 1717 | Richard | Mary | 5 |
| Jonathan | 15 | 5mo | 1723 | Richard | Mary | 5 |
| Mary | 28 | 1mo | 1713 | Richard | Mary | 5 |
| Mary | 19 | 9mo | 1718 | Richard | Mary | 5 |
| Rachel | 9 | 2mo | 1721 | Richard | Mary | 5 |

**Harry**
| | | | | | | |
|---|---|---|---|---|---|---|
| Absalom | 10 | 8mo | 1753 | Amos | Hannah | 1 |
| Amos | 19 | 9mo | 1783 | Thomas | Rachel (Way) | 1 |
| Betty | | 11mo | 1773 | Thomas | Rachel (Way) | 1 |
| Christiana | 28 | 11mo | 1769 | Jesse | Mary | 1 |
| Cyrus | 13 | 5mo | 1793 | George | Phebe | 1 |
| Eli | 24 | 7mo | 1789 | Absalom | Rebecca (Fincher) | 1 |
| Elizabeth | 11 | 3mo | 1775 | Jesse | Mary | 1 |
| Evan | 31 | 10mo | 1775 | Thomas | Rachel (Way) | 1 |
| Hannah | 8 | 2mo | 1787 | George | Phebe | 1 |
| Hannah | 1 | 6mo | 1771 | Thomas | Rachel (Way) | 1 |
| Hannah | 1 | 12mo | 1795 | Absalom | Rebecca (Fincher) | 1 |
| Isaac | 13 | 1mo | 1786 | Thomas | Rachel (Way) | 1 |
| Jacob | 5 | 10mo | 1781 | Thomas | Rachel (Way) | 1 |
| Jane | 15 | 2mo | 1783 | Absalom | Rebecca (Fincher) | 1 |
| Joel | 10 | 7mo | 1781 | Absalom | Rebecca (Fincher) | 1 |
| John | 27 | 3mo | 1788 | George | Phebe | 1 |
| Joseph | 9 | 4mo | 1782 | Jesse | Mary | 1 |
| Josiah | 2 | 4mo | 1787 | Absalom | Rebecca (Fincher) | 1 |
| Lydia | 16 | 9mo | 1779 | Thomas | Rachel (Way) | 1 |
| Lydia | 1 | 12mo | 1795 | Absalom | Rebecca (Fincher) | 1 |
| Mary | 2 | 6mo | 1795 | George | Phebe | 1 |
| Mary | 25 | 12mo | 1779 | Jesse | Mary | 1 |
| Mary | | 10mo | 1769 | Hugh | Rachel (Way) | 1 |
| Naomi | 25 | 6mo | 1777 | Jesse | Mary | 1 |
| Rachel | | 3mo | 1777 | Thomas | Rachel (Way) | 1 |
| Rebecca | 22 | 10mo | 1771 | Jesse | Mary | 1 |
| Ruth | 24 | 10mo | 1772 | Jesse | Mary | 1 |
| Sarah | | 9mo | 1772 | Thomas | Rachel (Way) | 1 |
| Thomas | 14 | 10mo | 1789 | George | Phebe | 1 |
| Thomas | 8 | 1mo | 1742 | Hugh | Elizabeth | 1 |
| William | 22 | 5mo | 1791 | George | Phebe | 1 |
| William | 10 | 4mo | 1793 | Absalom | Rebecca (Fincher) | 1 |

## CHESTER COUNTY BIRTHS

**Harry**
| | | | | | | |
|---|---|---|---|---|---|---|
| Zillah | 27 | 7mo | 1779 | Absalom | Rebecca (Fincher) | 1 |

**Hart**
| | | | | | | |
|---|---|---|---|---|---|---|
| John Henry | 1 | Feb | 1761 | George | Catharine | 12 |

**Hartley**
| | | | | | | |
|---|---|---|---|---|---|---|
| Ann | 26 | 8mo | 1795 | Joseph | Phebe | 4 |
| Benjamin | 3 | 2mo | 1797 | Joseph | Phebe | 4 |
| Elizabeth | 11 | 10mo | 1792 | Joseph | Phebe | 4 |
| James | 14 | 11mo | 1793 | Joseph | Phebe | 4 |
| Levi | 26 | 1mo | 1792 | Samuel | Levinia | 5 |
| Ruth | 19 | 5mo | 1786 | Samuel | Levinia | 5 |
| Samuel | 9 | 8mo | 1798 | Joseph | Phebe | 4 |
| Samuel | 25 | 9mo | 1794 | Samuel | Levinia | 5 |
| Sarah | 16 | 10mo | 1800 | Joseph | Phebe | 4 |
| Sidney | 5 | 2mo | 1784 | Samuel | Levinia | 5 |
| Thomas | 25 | 2mo | 1789 | Samuel | Levinia | 5 |
| William | 18 | 2mo | 1782 | Samuel | Levinia | 5 |

**Hartman**
| | | | | | | |
|---|---|---|---|---|---|---|
| Johannes | bp 24 | May | 1762 | Peter | Maria | 11 |
| son | 5 | Aug | 1765 | Peter | not given | 11 |

**Harvey**
| | | | | | | |
|---|---|---|---|---|---|---|
| Amos | 7 | 4mo | 1749 | William | Ann (Evitt) | 1 |
| Amos | 6 | 11mo | 1785 | Peter | Jane (Walter) | 1 |
| Amos | 3 | 10mo | 1721 | William | Judith | 1 |
| Ann | 23 | 1mo | 1772 | William | Mary (Chandler) | 1 |
| Ann | 31 | 5mo | 1783 | Amos | Hannah | 1 |
| Benjamin | 16 | 3mo | 1780 | William | Mary (Chandler) | 1 |
| Caleb | | | 1746 | William | Ann (Evitt) | 1 |
| Eli | 29 | 12mo | 1772 | Amos | Hannah | 1 |
| Ellis | 20 | 5mo | 1796 | Joshua | Susanna (House) | 1 |
| Ellis | 1 | 7mo | 1771 | Amos | Hannah | 1 |
| Evitt Walter | 5 | 9mo | 1788 | Peter | Jane (Walter) | 1 |
| Hannah | 14 | 1mo | 1773 | William | Mary (Chandler) | 1 |
| Hannah | 28 | 11mo | 1793 | Amos | Hannah | 1 |
| Hannah | 18 | 6mo | 1715 | William | Judith | 1 |
| Isaac | 21 | 9mo | 1718 | William | Judith | 1 |
| James | 27 | 11mo | 1781 | Peter | Jane (Walter) | 1 |
| James | 21 | 6mo | 1723 | William | Judith | 1 |
| Joseph | 30 | 9mo | 1778 | Peter | Jane (Walter) | 1 |
| Joshua | 26 | 11mo | 1769 | Amos | Hannah | 1 |
| Judith | 3 | 9mo | 1742 | William | Ann (Evitt) | 1 |
| Lydia | 19 | 11mo | 1789 | Amos | Hannah | 1 |
| Mary | 9 | 12mo | 1779 | Amos | Hannah | 1 |
| Peter | 20 | 10mo | 1751 | William | Ann (Evitt) | 1 |
| Peter | | not given | | William | not given | 1 |

## CHESTER COUNTY BIRTHS

**Harvey**
| | | | | | | |
|---|---|---|---|---|---|---|
| Phebe | 17 | 6mo | 1787 | Amos | Hannah | 1 |
| Pusey | 17 | 1mo | 1794 | Joshua | Susanna (House) | 1 |
| Rachel | 22 | 6mo | 1800 | William | Sarah (Marshall) | 1 |
| Rebecca | 6 | 1mo | 1784 | Peter | Jane (Walter) | 1 |
| Samuel | 5 | 5mo | 1779 | not given | not given | 5 |
| Sarah | 26 | 5mo | 1798 | Joshua | Susanna (House) | 1 |
| Susanna | 22 | 6mo | 1768 | William | Hannah (Pusey) | 1 |
| Thomas | 15 | 7mo | 1774 | William | Mary (Chandler) | 1 |
| William | 9 | 2mo | 1717 | William | Judith | 1 |
| William | 3 | 6mo | 1744 | William | Ann (Evitt) | 1 |
| William | | not given | | William | Ann | 1 |
| William | 2 | 1mo | 1775 | Amos | Hannah | 1 |
| William | 17 | 11mo | 1779 | Peter | Jane (Walter) | 1 |
| William | 5 | 9mo | 1678 | not given | not given | 1 |

**Hatton**
| | | | | | | |
|---|---|---|---|---|---|---|
| Edward | 1 | 4mo | 1772 | Thomas | Sarah (Morris) | 7 |
| Jesse | 8 | 9mo | 1781 | Thomas | Sarah (Morris) | 7 |
| Joseph | 11 | 10mo | 1775 | Thomas | Sarah (Morris) | 7 |
| Mary | 20 | 3mo | 1774 | Thomas | Sarah (Morris) | 7 |
| Susanna | 23 | 5mo | 1778 | Thomas | Sarah (Morris) | 7 |
| Susanna | 20 | 11mo | 1753 | Joseph | Susanna | 7 |
| Thomas | | not given | | Joseph | Susanna | 7 |
| Thomas | 21 | 12mo | 1779 | Thomas | Sarah (Morris) | 7 |

**Hauck**
| | | | | | | |
|---|---|---|---|---|---|---|
| Elisabeth | 10 | Oct | 1762 | Fried. | Sarah | 11 |

**Hauenstein**
| | | | | | | |
|---|---|---|---|---|---|---|
| Catharina | 21 | Jan | 1776 | Jacob | Catharina | 12 |
| Elizabeth | ca | Feb | 1773 | Jacob | Catharina | 12 |
| Magdalena | 14 | May | 1774 | Jacob | Catharina | 12 |

**Haup**
| | | | | | | |
|---|---|---|---|---|---|---|
| Johan Fridrich | ca | Aug | 1752 | Friedrich | not given | 13 |

**Hausam**
| | | | | | | |
|---|---|---|---|---|---|---|
| Catharina | bp 19 | Jul | 1768 | Andoni | not given | 11 |

**Haussam**
| | | | | | | |
|---|---|---|---|---|---|---|
| Antony | 1 | Jul | 1775 | Antony | not given | 11 |
| Elisabeth | 22 | Oct | 1773 | Antony | Elisabeth | 11 |

**Hawley**
| | | | | | | |
|---|---|---|---|---|---|---|
| Abram | 31 | 12mo | 1798 | William | Ann | 2 |
| Amos | 23 | 3mo | 1786 | Caleb | Hannah | 2 |
| Anne | 4 | 1mo | 1793 | Robert | Patience | 2 |
| Benjamin | 18 | 5mo | 1775 | Benjamin | Mary | 2 |
| Benjamin | 20 | 7mo | 1790 | Caleb | Hannah | 2 |
| Caleb | 23 | 4mo | 1757 | Benjamin | Mary | 2 |
| Caleb | 29 | 5mo | 1788 | Caleb | Hannah | 2 |

## CHESTER COUNTY BIRTHS

**Hawley**
| | | | | | | |
|---|---|---|---|---|---|---|
| David | 31 | 10mo | 1784 | Caleb | Hannah | 2 |
| Dinah | 18 | 1mo | 1776 | Benjamin | Mary | 2 |
| Dinah | 21 | 12mo | 1764 | Joseph | Elizabeth | 2 |
| Elizabeth | 29 | 5mo | 1770 | Joseph | Elizabeth | 2 |
| Elizabeth | 4 | 3mo | 1797 | William | Ann | 2 |
| Esther | 18 | 2mo | 1763 | Joseph | Elizabeth | 2 |
| Gideon | 16 | 1mo | 1791 | Robert | Patience | 2 |
| Hannah | 7 | 4mo | 1766 | Benjamin | Mary | 2 |
| Isaac | 6 | 8mo | 1775 | Joseph | Elizabeth | 2 |
| John | 25 | 9mo | 1778 | Joseph | Elizabeth | 2 |
| Joseph | 6 | 6mo | 1760 | Benjamin | Mary | 2 |
| Joseph | 12 | 11mo | 1772 | Joseph | Elizabeth | 2 |
| Lydia | 28 | 2mo | 1769 | Benjamin | Mary | 2 |
| Mary | 2 | 9mo | 1767 | Benjamin | Mary | 2 |
| Mary | 14 | 9mo | 1768 | Joseph | Elizabeth | 2 |
| Mary | 19 | 6mo | 1792 | Caleb | Hannah | 2 |
| Mary | 2 | 3mo | 1799 | Joseph | Rebecca | 7 |
| Nathan | 11 | 2mo | 1783 | Caleb | Hannah | 2 |
| Phebe | 14 | 1mo | 1779 | Benjamin | Mary | 2 |
| Rachel | 3 | 8mo | 1763 | Benjamin | Mary | 2 |
| Rachel | 26 | 4mo | 1795 | William | Ann | 2 |
| Rebecca | 9 | 1mo | 1774 | Benjamin | Mary | 2 |
| Richard | 1 | 3mo | 1794 | Caleb | Hannah | 2 |
| Robert | 28 | 3mo | 1762 | Benjamin | Mary | 2 |
| Susanna | 11 | 9mo | 1770 | Benjamin | Mary | 2 |
| Tamer | 2 | 5mo | 1772 | Benjamin | Mary | 2 |
| Thomas | 6 | 12mo | 1758 | Benjamin | Mary | 2 |
| William | 18 | 7mo | 1766 | Joseph | Elizabeth | 2 |

**Haws**
| | | | | | | |
|---|---|---|---|---|---|---|
| Priscilla | 25 | 8mo | 1777 | James | Hannah | 1 |

**Hayes**
| | | | | | | |
|---|---|---|---|---|---|---|
| Eli | 21 | 10mo | 1768 | Mordecai | Ann | 2 |
| Elizabeth | 15 | 10mo | 1769 | Henry | Elisabeth | 5 |
| Elizabeth | 8 | 6mo | 1795 | Isaac | Sarah | 8 |
| Hannah | 1 | 1mo | 1736 | William | Jane | 5 |
| Israel | 9 | 9mo | 1797 | Isaac | Sarah | 8 |
| Jacob | 7 | 9mo | 1766 | Mordecai | Ann | 2 |
| Jane | 3 | 2mo | 1765 | Mordecai | Ann | 2 |
| John | 23 | 7mo | 1772 | Mordecai | Ann | 2 |
| Jonathan | 3 | 1mo | 1776 | Mordecai | Ann | 2 |
| Mordecai | 19 | 7mo | 1780 | Mordecai | Ann | 2 |
| Phebe | | not given | | David | Ann | 5 |
| Rebecca | 16 | 12mo | 1799 | Isaac | Sarah | 8 |

# CHESTER COUNTY BIRTHS

**Hayward**
| | | | | | | | |
|---|---|---|---|---|---|---|---|
| Rachel | | 19 | 9mo | 1758 | Joseph | Rebecca | 4 |

**Hazlet**
| | | | | | | | |
|---|---|---|---|---|---|---|---|
| Elizabeth Baine | bp | | Jul | 1793 | John | Elizabeth | 15 |
| James | bp | 22 | Aug | 1781 | William | Jane | 15 |
| Jane Wilson | | 30 | Aug | 1791 | John | Mary | 15 |
| John | bp | | Oct | 1781 | John | Margaret | 15 |
| Mary Patterson | | 6 | Feb | 1791 | John | Mary | 15 |

**Heald**
| | | | | | | |
|---|---|---|---|---|---|---|
| Dinah | 15 | 12mo | 1708/9 | Samuel | Mary (Bancroft) | 1 |
| Hannah | 7 | 11mo | 1773 | Joseph | Mary (Leonard) | 1 |
| Hannah | | not given | | Jacob | not given | 1 |
| Jacob | 25 | 3mo | 1748 | Joseph | Hannah | 1 |
| Jacob | 27 | 10mo | 1711 | Samuel | Mary (Bancroft) | 1 |
| Jane | 9 | 5mo | 1700 | Samuel | Mary (Bancroft) | 1 |
| Joseph | 14 | 6mo | 1777 | Joseph | Mary (Leonard) | 1 |
| Lydia | 13 | 3mo | 1779 | Joseph | Mary (Leonard) | 1 |
| Lydia | | not given | | Jacob | not given | 1 |
| Mary | 21 | 6mo | 1784 | Joseph | Mary (Leonard) | 1 |
| Mary | | 6mo | 1707 | John | Martha | 1 |
| Mary | 15 | 10mo | 1697 | Samuel | Mary (Bancroft) | 1 |
| Orpha | 4 | 7mo | 1787 | Joseph | Mary (Leonard) | 1 |
| Ruth | 26 | 4mo | 1775 | Joseph | Mary (Leonard) | 1 |
| Samuel | 12 | 9mo | 1668 | William | Jane | 1 |
| Samuel | 22 | 7mo | 1702 | Samuel | Mary (Bancroft) | 1 |
| Sarah | 19 | 5mo | 1692 | Samuel | Mary (Bancroft) | 1 |
| William | 20 | 2mo | 1694 | Samuel | Mary (Bancroft) | 1 |

**Heberle**
| | | | | | | |
|---|---|---|---|---|---|---|
| Maria Margaretha | 15 | Jul | 1766 | Andreas | not given | 11 |

**Heck**
| | | | | | | |
|---|---|---|---|---|---|---|
| Anna Maria | 29 | Mar | 1769 | Jonas | Susanna | 12 |
| Elizabeth | 6 | Jan | 1774 | Jonas | Susanna | 12 |
| Jacob | 31 | Jan | 1769 | Andreas | Barbara | 12 |
| Petter | bp 23 | Jun | 1754 | Jonnas | Susanna | 13 |

**Heid**
| | | | | | | |
|---|---|---|---|---|---|---|
| John | 13 | Mar | 1789 | John | Christina | 12 |

**Heilman**
| | | | | | | |
|---|---|---|---|---|---|---|
| Adam | 26 | Jun | 1786 | Johannes | Margaretha | 11 |
| An. Maria | 27 | Apr | 1762 | Conrad | An. Maria | 11 |
| Catarina | 25 | Apr | 1788 | Johannes | Margaretha | 11 |
| Daniel | 10 | Dec | 1790 | Stephanus | Maria | 11 |
| Elisabeth | 5 | Mar | 1798 | Stephan | Anna Maria | 11 |
| Elisabetha | 8 | Oct | 1780 | Johannes | Margaretha | 11 |
| Elisabetha | 4 | Nov | 1780 | Johannes | Margaretha | 11 |
| Georg | 5 | Apr | 1784 | Stephan | Anna Maria | 11 |

## CHESTER COUNTY BIRTHS

**Heilman**
| | | | | | | |
|---|---|---|---|---|---|---|
| Georg | | 2 Apr | 1784 | Stephanus | Maria | 11 |
| Hanna | | 8 Dec | 1784 | Johannes | Margaretha | 11 |
| Henry | | 30 Aug | 1795 | Stephan | Anna Maria | 11 |
| Jacob | | 31 Jan | 1780 | Stephanus | Barbara | 11 |
| Johannes | | 17 Aug | 1782 | Johannes | Margaretha | 11 |
| Maria | | 23 Jul | 1786 | Stephanus | Maria | 11 |
| Peter | | 20 Sep | 1788 | Stephanus | Maria | 11 |

**Heim**
| | | | | | | |
|---|---|---|---|---|---|---|
| Frantz Hugo | | 17 Sep | 1738 | Wilhelm | not given | 16 |
| John Casper | | 17 May | 1734 | Wilhelm | not given | 16 |
| John Christian | | 1 Oct | 1731 | Wilhelm | not given | 16 |

**Heinch**
| | | | | | | |
|---|---|---|---|---|---|---|
| John | | 16 Dec | 1785 | George | Magdalena | 12 |

**Heinrich**
| | | | | | | |
|---|---|---|---|---|---|---|
| George, abandoned | | *circa* | 1784 | George | not given | 12 |

**Helfferich**
| | | | | | | |
|---|---|---|---|---|---|---|
| John Peter | | 6 Sep | 1733 | John | not given | 16 |

**Hell**
| | | | | | | |
|---|---|---|---|---|---|---|
| Conrad | | 13 Sep | 1772 | John Jacob | Susanna | 12 |
| Elizabeth | | 8 Jan | 1770 | John Jacob | Maria Susanna | 12 |
| Margaret | | 24 Mar | 1776 | John Jacob | Susanna | 12 |
| Maria | | 8 Apr | 1771 | John Jacob | Maria Susanna | 12 |

**Heller**
| | | | | | | |
|---|---|---|---|---|---|---|
| Elisabetha | bp | 16 May | 1769 | Joh. Wintzer | Elisabetha | 11 |

**Hellwich**
| | | | | | | |
|---|---|---|---|---|---|---|
| Maria | | 20 Mar | 1770 | Jacob | Dorothea | 12 |

**Helsby**
| | | | | | | |
|---|---|---|---|---|---|---|
| Mary | | 6 3mo | 1713 | Joseph | Jane | 3 |

**Helwig**
| | | | | | | |
|---|---|---|---|---|---|---|
| Catharine | | 9 Aug | 1753 | Jacob | not given | 12 |
| Eva Elizabeth | | 15 Nov | 1751 | Jacob | not given | 12 |

**Hemphill**
| | | | | | | |
|---|---|---|---|---|---|---|
| Alexander | bp | 2 Apr | 1771 | John | not given | 14 |

**Henchy**
| | | | | | | |
|---|---|---|---|---|---|---|
| Maria | | 20 Apr | 1786 | George | Catharina | 12 |
| Sarah | | 20 Sep | 1786 | John | Margaret | 12 |

**Hencke**
| | | | | | | |
|---|---|---|---|---|---|---|
| Michael | | 20 Jan | 1767 | Simon | not given | 13 |
| Susanna | | 21 Sep | 1767 | Henry | Anna Margaret | 12 |

**Hencken**
| | | | | | | |
|---|---|---|---|---|---|---|
| George | | 15 Aug | 1772 | Henry | Margaret | 12 |
| John Peter | | 19 Feb | 1769 | Henry | Anna Margaret | 12 |
| Philip Henry | | 5 Nov | 1770 | Henry | Anna Margaret | 12 |

## CHESTER COUNTY BIRTHS

**Henderson**
| | | | | | | | |
|---|---|---|---|---|---|---|---|
| Eleanor | | 28 | 7mo | 1769 | not given | not given | 6 |
| James | bp | 19 | Jun | 1768 | Samuel | Agnes | 14 |
| William Brown | bp | | Sep | 1769 | James | not given | 14 |
| not given | bp | | Feb | 1770 | James | not given | 14 |
| not given | bp | | Feb | 1770 | John | not given | 14 |

**Henge**
| | | | | | | | |
|---|---|---|---|---|---|---|---|
| John Jacob | | 31 | Jan | 1761 | John | Christina | 12 |

**Herigan**
| | | | | | | | |
|---|---|---|---|---|---|---|---|
| Henry | | 25 | Feb | 1788 | George | Catharina | 12 |

**Herleman**
| | | | | | | | |
|---|---|---|---|---|---|---|---|
| Conrad | | 26 | Dec | 1787 | Conrad | Elisabetha | 11 |
| David | | 13 | Feb | 1782 | Conrad | Elisabetha | 11 |
| Elisabetha | | 15 | Sep | 1785 | Conrath | Elisabetha | 11 |
| Isack | | 16 | Jan | 1780 | Conrad | Elisabetha | 11 |
| Jacob | | 6 | Sep | 1770 | Jacob | Elisabetha | 11 |
| Jacob | | 28 | Jul | 1774 | Conrat | Elisabeth | 11 |
| Maria Magdalena | | 5 | Nov | 1766 | Conrad | Elisabeth | 11 |
| Peter | | 2 | Aug | 1772 | Conrad | Elisabeth | 11 |

**Herlemann**
| | | | | | | | |
|---|---|---|---|---|---|---|---|
| Abraham | | 9 | May | 1777 | Conrat | Elisabetha | 11 |
| Johannes | bp | 9 | May | 1768 | Conrath | not given | 11 |

**Heron**
| | | | | | | | |
|---|---|---|---|---|---|---|---|
| Hannah | bp | 8 | May | 1791 | James Gordon | Elianor | 15 |

**Hert**
| | | | | | | | |
|---|---|---|---|---|---|---|---|
| Catharina | bp | 1 | Jan | 1770 | Christophel | not given | 11 |

**Heston**
| | | | | | | | |
|---|---|---|---|---|---|---|---|
| Zebulon | | 29 | 7mo | 1790 | not given | not given | 6 |

**Hetterich**
| | | | | | | | |
|---|---|---|---|---|---|---|---|
| Johann Adam | | 25 | Feb | 1780 | Heinrich | Elisabetha | 11 |
| Johannes | | 12 | May | 1782 | Heinrich | Elisabetha | 11 |

**Hetterig**
| | | | | | | | |
|---|---|---|---|---|---|---|---|
| Elisabetha | | 6 | Aug | 1784 | Heinrich | Elisabetha | 11 |

**Hetterling**
| | | | | | | | |
|---|---|---|---|---|---|---|---|
| Elisabeth | | 10 | Jun | 1773 | Jacob | Urschula | 11 |

**Heylemann**
| | | | | | | | |
|---|---|---|---|---|---|---|---|
| Jacob | | 19 | Jan | 1780 | Stephan | Barbara | 11 |

**Heylman**
| | | | | | | | |
|---|---|---|---|---|---|---|---|
| Adam | | 24 | Mar | 1767 | Adam | Elisabetha | 11 |
| Catharina | | 2 | Sep | 1750 | Adam | Elisabetha | 11 |
| Elisabeth | bp | 6 | Mar | 1759 | Adam | Elisabetha | 11 |
| Elisabetha | | 7 | Feb | 1766 | Conrad | not given | 11 |
| Elisabetha | | 21 | Jan | 1764 | Adam | Elisabetha | 11 |
| Heinrich | bp | 23 | Feb | 1756 | Adam | Elisabetha | 11 |

## CHESTER COUNTY BIRTHS

**Heylman**

| | | | | | | |
|---|---|---|---|---|---|---|
| Johannes | 2 | Jul | 1746 | Adam | Elisabetha | 11 |
| Maria | 14 | Mar | 1762 | Adam | Elisabetha | 11 |
| Martin | 19 | May | 1770 | Adam | Elisabetha | 11 |
| Michael | 18 | Jun | 1748 | Adam | Elisabetha | 11 |

**Hibberd**

| | | | | | | |
|---|---|---|---|---|---|---|
| Aaron | 22 | 10mo | 1769 | Joseph | Jane | 3 |
| Abraham | 11 | 5mo | 1731 | John | Deborah | 3 |
| Abraham | 31 | 12mo | 1758 | John | Mary | 3 |
| Abraham | 21 | 7mo | 1796 | Abraham | Susanna | 3 |
| Allen | 29 | 7mo | 1771 | Joseph | Jane | 3 |
| Amos | 12 | 8mo | 1756 | John | Mary | 3 |
| Amos | 1 | 11mo | 1770 | Benjamin | Mary | 3 |
| Ann | 21 | 5mo | 1733 | John | Deborah | 3 |
| Anna | 21 | 3mo | 1771 | Samuel | Mary | 3 |
| Benjamin | 25 | 8mo | 1740 | Benjamin | Phebe | 3 |
| Benjamin | 29 | 10mo | 1775 | Benjamin | Mary | 3 |
| Caleb | 1 | 12mo | 1742 | Benjamin | Phebe | 3 |
| Caleb | 19 | 11mo | 1781 | Caleb | Phebe | 3 |
| Deborah | 2 | 4mo | 1747 | John | Mary | 3 |
| Deborah | 14 | 2mo | 1774 | Samuel | Mary | 3 |
| Edith | 6 | 6mo | 1792 | Abraham | Susanna | 3 |
| Elizabeth | 30 | 9mo | 1775 | Samuel | Mary | 3 |
| Elizabeth | 2 | 4mo | 1798 | William | Jane | 3 |
| Elizabeth | 4 | 10mo | 1774 | Caleb | Phebe | 3 |
| Enos | 5 | 11mo | 1773 | Benjamin | Mary | 3 |
| Enos | 5 | 7mo | 1800 | Amos | Hannah | 3 |
| Esther | 1 | 7mo | 1789 | Caleb | Phebe | 3 |
| George | 13 | 1mo | 1771 | Josiah | Susanna | 3 |
| Hannah | 31 | 1mo | 1737 | Benjamin | Phebe | 3 |
| Hannah | 26 | 3mo | 1768 | Joseph | Jane | 3 |
| Hannah | 9 | 11mo | 1790 | Abraham | Susanna | 3 |
| Hannah | 28 | 3mo | 1777 | Caleb | Phebe | 3 |
| Isaac | 21 | 6mo | 1784 | Caleb | Phebe | 3 |
| Jacob | 3 | 10mo | 1752 | John | Mary | 3 |
| James | 2 | 4mo | 1775 | Josiah | Susanna | 3 |
| Jane | 23 | 12mo | 1734/5 | Benjamin | Phebe | 3 |
| Jane | 5 | 1mo | 1775 | Joseph | Jane | 3 |
| John | 2 | 8mo | 1739 | John | Deborah | 3 |
| John | 8 | 10mo | 1800 | William | Jane | 3 |
| Joseph | 19 | 12mo | 1738/9 | Benjamin | Phebe | 3 |
| Joseph | 18 | 4mo | 1779 | Joseph | Jane | 3 |
| Josiah | 22 | 2mo | 1733 | Benjamin | Phebe | 3 |
| Josiah | 4 | 3mo | 1769 | Josiah | Susanna | 3 |
| Lydia | 1 | 4mo | 1749 | John | Mary | 3 |
| Lydia | 2 | 10mo | 1777 | Benjamin | Mary | 3 |

## CHESTER COUNTY BIRTHS

**Hibberd**
| Martha | 6 | 7mo | 1754 | John | Mary | 3 |
| Martha | 3 | 9mo | 1772 | Samuel | Mary | 3 |
| Martha | 21 | 12mo | 1787 | Caleb | Phebe | 3 |
| Mary | 18 | 9mo | 1750 | John | Mary | 3 |
| Mary | 17 | 12mo | 1780 | Samuel | Mary | 3 |
| Mary | 21 | 12mo | 1794 | Abraham | Susanna | 3 |
| Mary | 18 | 11mo | 1768 | Caleb | Phebe | 3 |
| Naomi | 21 | 8mo | 1788 | Abraham | Susanna | 3 |
| Orpha | 18 | 2mo | 1782 | Benjamin | Mary | 3 |
| Owen | 21 | 7mo | 1765 | Josiah | Susanna | 3 |
| Phebe | 16 | 2mo | 1745 | Benjamin | Phebe | 3 |
| Phebe | 21 | 6mo | 1784 | Joseph | Jane | 3 |
| Phebe | 12 | 8mo | 1772 | Caleb | Phebe | 3 |
| Philena | 5 | 9mo | 1798 | Amos | Hannah | 3 |
| Phinehas | 13 | 5mo | 1736 | John | Deborah | 3 |
| Rachel | 16 | 2mo | 1779 | Samuel | Mary | 3 |
| Rebecca | 30 | 3mo | 1767 | Josiah | Susanna | 3 |
| Rebecca | 30 | 8mo | 1793 | Abraham | Susanna | 3 |
| Rhoda | 13 | 7mo | 1779 | Caleb | Phebe | 3 |
| Samuel | 23 | 3mo | 174? | John | Deborah | 3 |
| Samuel | 29 | 8mo | 1792 | Caleb | Phebe | 3 |
| Sarah | 28 | 6mo | 1777 | Joseph | Jane | 3 |
| Sarah | 9 | 11mo | 1777 | Samuel | Mary | 3 |
| Sidney | 1 | 7mo | 1779 | Abraham | Susanna | 3 |
| Silas | 3 | 3mo | 1782 | Joseph | Jane | 3 |
| Susanna | 1 | 10mo | 1772 | Josiah | Susanna | 3 |
| Susanna | 21 | 1mo | 1798 | Abraham | Susanna | 3 |
| William | 19 | 10mo | 1770 | Caleb | Phebe | 3 |

**Hicklin**
| Ann | | not given | | William | Dinah | 1 |
| Benjamin | 8 | 7mo | 1783 | John | Dinah | 1 |
| Betty | | not given | | William | Dinah | 1 |
| Dinah | 23 | 11mo | 1778 | William | Jane | 1 |
| John | 4 | 4mo | 1771 | William | Jane | 1 |
| Joshua | 25 | 10mo | 1773 | William | Jane | 1 |
| Samuel | 25 | 3mo | 1777 | William | Jane | 1 |
| Samuel | 7 | 6mo | 1785 | John | Dinah | 1 |
| Susanna | 7 | 5mo | 1782 | John | Dinah | 1 |
| Thomas | 22 | 4mo | 1781 | William | Jane | 1 |
| William | 19 | 7mo | 1775 | William | Jane | 1 |

**Hicks**
| Margaret Robinson bp | 30 | Oct | 1791 | Edward | not given | 15 |
| Thomas | 9 | 3mo | 1783 | not given | not given | 8 |
| William | 26 | 9mo | 1776 | William | Abigail | 3 |

## CHESTER COUNTY BIRTHS

**Hiett**
| | | | | | | |
|---|---|---|---|---|---|---|
| Ann | 7 | 1mo | 1728/9 | Thomas | Elizabeth | 5 |
| Katharine | 26 | 2mo | 1726 | Thomas | Elizabeth | 5 |

**Hilles**
| | | | | | | |
|---|---|---|---|---|---|---|
| Ann | 9 | 7mo | 1781 | David | Dinah (Milhous) | 7 |
| Ann | 1 | 11mo | 1781 | William | Rebecca (Pugh) | 7 |
| David | 11 | 9mo | 1755 | Hugh | Ann | 7 |
| David | 16 | 12mo | 1794 | David | Dinah (Milhous) | 7 |
| David | 13 | 12mo | 1785 | William | Rebecca (Pugh) | 7 |
| Eli | 20 | 7mo | 1783 | William | Rebecca (Pugh) | 7 |
| Hannah | 1 | 11mo | 1790 | David | Dinah (Milhous) | 7 |
| Hugh | 8 | 3mo | 1778 | William | Rebecca (Pugh) | 7 |
| Jesse | 26 | 12mo | 1792 | David | Dinah (Milhous) | 7 |
| Jonathan | 16 | 12mo | 1794 | David | Dinah (Milhous) | 7 |
| Lydia | 6 | 4mo | 1796 | David | Dinah (Milhous) | 7 |
| Mary | 31 | 3mo | 1780 | William | Rebecca (Pugh) | 7 |
| Nathan | 29 | 8mo | 1799 | David | Dinah (Milhous) | 7 |
| Phebe | 26 | 9mo | 1784 | David | Dinah (Milhous) | 7 |
| Rachel | 18 | 1mo | 1789 | David | Dinah (Milhous) | 7 |
| Robert | 23 | 12mo | 1782 | David | Dinah (Milhous) | 7 |
| Samuel | 20 | 11mo | 1788 | William | Rebecca (Pugh) | 7 |
| William | 26 | 11mo | 1786 | David | Dinah (Milhous) | 7 |
| William | 11 | 10mo | 1752 | Hugh | Ann | 7 |

**Himelreich**
| | | | | | | |
|---|---|---|---|---|---|---|
| Samuel | 12 | Dec | 1786 | Philip | Sarah | 12 |

**Himmelreich**
| | | | | | | |
|---|---|---|---|---|---|---|
| Catherine | | 14 | Dec | 1788 | Philip | Sophia | 12 |
| Elizabeth | bp | 13 | Apr | 1791 | Philip | Sophia | 12 |
| Susanna | | 7 | Mar | 1785 | Heinrich | Margaretha | 11 |
| daughter | | 23 | Apr | 1787 | Heinrich | not given | 11 |

**Hippel**
| | | | | | | |
|---|---|---|---|---|---|---|
| Abraham | bp | 10 | Apr | 1791 | Lawrence | Rosina | 12 |
| Anna Catharine | | 10 | Mar | 1758 | Henry | not given | 12 |
| Anna Christina | | 14 | Nov | 1770 | Henry | not given | 12 |
| Anna Elizabeth | | 14 | Nov | 1762 | Henry | not given | 12 |
| Anna Maria | | 16 | Jan | 1749 | John | not given | 12 |
| Anna Maria | | 7 | Feb | 1760 | Henry | not given | 12 |
| Anna Maria Elizabeth | | 7 | Mar | 1766 | Henry | not given | 12 |
| Anna Maria Margaret | | 2 | Feb | 1764 | Henry | not given | 12 |
| Caspar | | 28 | Aug | 1787 | Henry | Anna | 12 |
| Catharina | | 24 | Nov | 1774 | Lorentz | Catharina | 12 |
| Catharina | | 2 | Jan | 1787 | Henry | Catharine | 12 |
| Catharina | | 4 | ??? | 1798 | Henry | Hannah | 12 |
| Elizabeth | | 26 | Sep | 1771 | Frederick | Anna Maria | 12 |
| Elizabeth | | 8 | Feb | 1771 | Lorentz | Anna Maria | 12 |

# CHESTER COUNTY BIRTHS

## Hippel

| | | | | | | | |
|---|---|---|---|---|---|---|---|
| Elizabeth | | 9 | May | 1776 | Lorentz, Jr. | Margaret | 12 |
| Elizabeth | | 4 | Oct | 1784 | Lorentz | Margaret | 12 |
| Elizabeth | | 2 | Apr | 1790 | Henry | Hannah | 12 |
| Elizabeth | | 18 | Oct | 1791 | Jacob | Elizabeth | 12 |
| George | | 22 | Sep | 1795 | Lawrence | Margaret | 12 |
| Hannah | | 28 | Mar | 1795 | Henry | Catharina | 12 |
| Henrich | | 5 | Jan | 1753 | Lorentz | not given | 12 |
| Henry | | 2 | Jul | 1763 | Lorentz | not given | 12 |
| Henry | | 14 | Jan | 1793 | Henry | Hannah | 12 |
| Henry | | 15 | May | 1796 | John | Hannah | 12 |
| Jacob | | 3 | Jan | 1756 | Henry | not given | 12 |
| Jacob | | 31 | Jan | 1756 | Henry | not given | 12 |
| Jacob | | 14 | Apr | 1787 | Lorenz | Margaret | 12 |
| Jacob | | 14 | Jul | 1788 | Lorentz | Rosina | 12 |
| Jesse | | 11 | Oct | 1800 | John | Hannah | 12 |
| Johann Conrad | bp | 13 | May | 17?? | Lorentz | not given | 13 |
| John | | 12 | May | 1752 | John | not given | 12 |
| John | | 8 | Oct | 1755 | Lorentz | not given | 12 |
| John | | 10 | Aug | 1777 | John | Anna Maria | 12 |
| John | | 7 | Dec | 1783 | Jacob | Elizabeth | 12 |
| John | | 21 | Jul | 1784 | Henry | Hannah | 12 |
| John | | 29 | Sep | 1791 | Lawrence | Margaret | 12 |
| John George | | 2 | Apr | 1786 | Lorentz | Rosina | 12 |
| John George | | 18 | Sep | 1789 | Jacob | Elizabeth | 12 |
| John Jost | | 21 | Nov | 1760 | Lorentz | not given | 12 |
| John Jost | bp | 26 | Oct | 1760 | Lorentz | Maria | 12 |
| Lorentz | | 8 | Jun | 1754 | Henry | not given | 12 |
| Lorentz | | 10 | Jun | 1754 | Henry | not given | 12 |
| Lorentz | | 28 | Sep | 1777 | Hnery | Catharine | 12 |
| Lorentz | | 2 | Dec | 1782 | Lorentz | Christina | 12 |
| Lorentz | | 23 | Nov | 1787 | Jacob | Elizabeth | 12 |
| Magdalena | | 14 | May | 1756 | John | not given | 12 |
| Magdalena | | 17 | Jan | 1775 | John | Anna Maria | 12 |
| Magdalena | | 5 | Dec | 1781 | Henry | Hannah | 12 |
| Margaret | | 1 | May | 1770 | Frederick | Anna Maria | 12 |
| Maria | | 12 | Jul | 1789 | Lorentz | Margaret | 12 |
| Maria | | 19 | Jun | 1791 | Henry | Catharina | 12 |
| Maria | | 19 | Oct | 1793 | Lawrence | Rosina | 12 |
| Maria | | 15 | ??? | 1794 | Jacob | Elizabeth | 12 |
| Maria Elizabeth | | 5 | May | 1780 | Henry | Catharine | 12 |
| Peter | | 15 | Jun | 1769 | Lorentz | Anna Maria | 12 |
| Peter | | 19 | Nov | 1795 | Henry | Hannah | 12 |
| William | | 28 | Feb | 1777 | Frederick | A. Maria | 12 |
| Zacharias | | 1 | Nov | 1785 | Jacob | Elizabeth | 12 |

## CHESTER COUNTY BIRTHS

**Hirsch**
| | | | | | | |
|---|---|---|---|---|---|---|
| Adam | 2 | Mar | 1798 | George | Magdalena | 12 |
| Elizabeth | 26 | Feb | 1794 | Samuel | Susanna | 12 |
| George | 23 | Apr | 1791 | Samuel | Susanna | 12 |
| John | ca | Jul | 1785 | Samuel | Susanna | 12 |
| Magdalena | 29 | Jul | 1787 | Samuel | Susanna | 12 |
| Magdalena | 31 | Jan | 1791 | George | Magdalena | 12 |
| Samuel |  | Aug | 17?? | George | Magdalena | 12 |
| Susanna | 1 | Nov | 1796 | Samuel | Susanna | 12 |

**Hobson**
| | | | | | | |
|---|---|---|---|---|---|---|
| Elizabeth | 17 | 3mo | 1799 | Francis | Ann | 5 |
| Martha | 20 | 11mo | 1800 | Francis | Ann | 5 |

**Hoff**
| | | | | | | |
|---|---|---|---|---|---|---|
| Elizabeth | 6 | Sep | 1771 | Christian | Catharina | 12 |

**Hoffman**
| | | | | | | |
|---|---|---|---|---|---|---|
| Henry | 29 | Mar | 1778 | John | Elisabeth | 12 |
| John | 26 | Dec | 1790 | John | Elizabeth | 12 |
| John Daniel | 7 | Oct | 1782 | John | Maria Elizabeth | 12 |
| Maria Elizabeth | 1 | Sep | 1777 | John | Elizabeth | 12 |

**Hofman**
| | | | | | | |
|---|---|---|---|---|---|---|
| Catharina | 20 | Dec | 1785 | John | Elisabeth | 12 |

**Hofmann**
| | | | | | | |
|---|---|---|---|---|---|---|
| George | 9 | Jun | 1793 | John | Elizabeth | 12 |

**Hohlman**
| | | | | | | |
|---|---|---|---|---|---|---|
| John | 10 | Sep | 1780 | John J. | Esther | 12 |
| Susanna | 6 | Jul | 1778 | John | Esther | 12 |

**Holland**
| | | | | | | |
|---|---|---|---|---|---|---|
| Hannah | 10 | 4mo | 1721 | John | Mary | 3 |
| John | 7 | 4mo | 1714 | John | Mary | 3 |
| Margaret | 18 | 5mo | 1730 | Thomas | Margaret | 5 |
| Samuel | 15 | 6mo | 1717 | John | Mary | 3 |

**Hollingsworth**
| | | | | | | |
|---|---|---|---|---|---|---|
| Aaron | 4 | 6mo | 1769 | Thomas | Jane | 1 |
| Abigail | 27 | 11mo | 1729 | Enoch | Joanna | 1 |
| Abraham | 19 | 1mo | 1686 | Thomas | Margaret | 1 |
| Amor | 7 | 3mo | 1785 | Amor | Mary | 1 |
| Ann | 6 | 5mo | 1701 | Thomas | Grace | 1 |
| Christopher | 14 | 4mo | 1781 | Christopher | Sarah, 2nd wf | 1 |
| Christopher | 15 | 3mo | 1742 | Thomas | Judith | 1 |
| David | 11 | 12mo | 1791 | Levi | Mary | 1 |
| David | 3 | 7mo | 1777 | Thomas | Jane | 1 |
| Elisha | 16 | 12mo | 1798 | Err | Phebe | 1 |
| Elizabeth | 1 | 2mo | 1766 | Christopher | Elizabeth | 1 |
| Elizabeth | 8 | 11mo | 1694 | Thomas | Grace | 1 |
| Emmor | 29 | 5mo | 1739 | Thomas | Judith | 1 |

## CHESTER COUNTY BIRTHS

### Hollingsworth

| | | | | | | |
|---|---|---|---|---|---|---|
| Err | 26 | 6mo | 1762 | Thomas | Jane | 1 |
| George | 7 | 4mo | 1712 | Abraham | Ann | 1 |
| Grace | 13 | 4mo | 1729 | Thomas | Judith | 1 |
| Grace | 21 | 12mo | 1726 | Thomas | Judith | 1 |
| Grace | 9 | 3mo | 1712 | Thomas | Grace | 1 |
| Hannah | 16 | 8mo | 1727 | Enoch | Joanna | 1 |
| Hannah | 17 | 1mo | 1697 | Thomas | Grace | 1 |
| Isaac | 13 | 6mo | 1731 | Thomas | Judith | 1 |
| Isaac | 16 | 4mo | 1693 | Thomas | Grace | 1 |
| Jacob | 4 | 1mo | 1704 | Thomas | Grace | 1 |
| Jane | 9 | 9mo | 1771 | Thomas | Jane | 1 |
| Jehu | 13 | 7mo | 1784 | John | Jemima | 1 |
| Jehu | 17 | 10mo | 1731 | Enoch | Joanna | 1 |
| Joel | 8 | 1mo | 1773 | Amor | Mary | 1 |
| John | 19 | 2mo | 1684 | Valentine | Ann | 1 |
| Joseph | 10 | 1mo | 1686 | Valentine | Ann | 1 |
| Joseph | 11 | 3mo | 1709 | Thomas | Grace | 1 |
| Joshua | 24 | 2mo | 1774 | Thomas | Jane | 1 |
| Judith | 18 | 5mo | 1782 | John | Jemima | 1 |
| Judith | 21 | 7mo | 1767 | Thomas | Jane | 1 |
| Judith | 14 | 5mo | 1744 | Thomas | Judith | 1 |
| Levi | 22 | 4mo | 1764 | Thomas | Jane | 1 |
| Margaret | 28 | 1mo | 1715 | Abraham | Ann | 1 |
| Mark | 19 | 2mo | 1777 | Amor | Mary | 1 |
| Mary | 24 | 8mo | 1760 | Thomas | Jane | 1 |
| Nathaniel | 4 | 8mo | 1755 | Thomas | Jane | 1 |
| Nathaniel | 29 | 8mo | 1733 | Thomas | Judith | 1 |
| Rachel | 19 | 12mo | 1781 | Amor | Mary | 1 |
| Rachel | 13 | 5mo | 1736 | Thomas | Judith | 1 |
| Samuel | 10 | 10mo | 1784 | Christopher | Sarah, 2nd wf | 1 |
| Samuel | 2 | 8mo | 1796 | Err | Phebe | 1 |
| Sarah | 6 | 8mo | 1778 | Christopher | Sarah, 2nd wf | 1 |
| Sarah | 7 | 8mo | 1706 | Thomas | Grace | 1 |
| Susanna | 12 | 9mo | 1758 | Thomas | Jane | 1 |
| Susanna | 30 | 7mo | 1724 | Thomas | Judith | 1 |
| Thomas | 11 | 6mo | 1790 | Levi | Mary | 1 |
| Thomas | 31 | 10mo | 1756 | Thomas | Jane | 1 |
| Thomas | 13 | 2mo | 1729 | Thomas | Judith | 1 |
| Thomas | 23 | 12mo | 1698/9 | Thomas | Grace | 1 |
| William | 13 | 10mo | 1776 | Christopher | Sarah, 2nd wf | 1 |

### Hood

| | | | | | | |
|---|---|---|---|---|---|---|
| James | 26 | 6mo | 1779 | Joseph | Mary | 3 |
| Jonathan | 17 | 9mo | 1777 | Joseph | Mary | 3 |
| Joseph | 4 | 8mo | 1783 | Joseph | Mary | 3 |
| Rebecca | 15 | 12mo | 1786 | Joseph | Mary | 3 |

## CHESTER COUNTY BIRTHS

**Hood**
| | | | | | |
|---|---|---|---|---|---|
| Richard | 9 10mo 1775 | Joseph | Mary | 3 |
| Thomas | 15 12mo 1781 | Joseph | Mary | 3 |
| William | 10 11mo 1788 | Joseph | Mary | 3 |

**Hooper**
| | | | | | |
|---|---|---|---|---|---|
| Christian | not given | Daniel | Jane | 1 |
| Isaac G. | 4 10mo 1798 | Issachor | Rachel | 9 |
| Susanna | 8 10mo 1796 | Issachor | Rachel | 9 |

**Hoopes**
| | | | | | |
|---|---|---|---|---|---|
| Aaron | 10 10mo 1743 | Nathan | Margaret | 3 |
| Abiah | 13 3mo 1758 | Joshua | Susanna | 2 |
| Abner | 13 1mo 1777 | Thomas | Sarah | 3 |
| Abner | 24 4mo 1764 | Joshua | Mary | 3 |
| Albinah | 24 4mo 1779 | Jesse | Rachel | 3 |
| Amor | 12 3mo 1773 | Nathan | Ann | 3 |
| Amos | 9 6mo 1745 | Joshua | Hannah | 3 |
| Amy | 4 11mo 1799 | Caleb | Mary (Passmore) | 1 |
| Amy | 11 3mo 1767 | Thomas | Sarah | 3 |
| Ann | 12 12mo 1745/6 | Nathan | Margaret | 3 |
| Ann | 14 4mo 1781 | Nathan | Ann | 3 |
| Ann | 14 5mo 1782 | Ezra | Ann | 3 |
| Benjamin | 21 4mo 1778 | Joshua | Susanna | 2 |
| Benjamin | 29 12mo 1779 | John | Jane | 2 |
| Benjamin | not given | Jesse | Amy | 3 |
| Benjamin | 15 8mo 1782 | Jonathan | Elizabeth | 8 |
| Caleb | not given | Thomas | not given | 1 |
| Caleb | 19 4mo 1769 | Thomas | Sarah | 3 |
| Caleb | 29 11mo 1777 | Ezra | Ann | 3 |
| Caleb | 4 4mo 1792 | Abner | Sarah | 3 |
| Christian | 17 7mo 1757 | John | Christian [sic] | 3 |
| Curtis | 20 2mo 1786 | Ezra | Ann | 3 |
| Daniel | 8 7mo 1738 | Nathan | Margaret | 3 |
| David | 22 3mo 1776 | John | Jane | 2 |
| David | 15 3mo 1778 | James | Phebe | 3 |
| David | 9 2mo 1785 | Jesse | Rachel | 3 |
| David | 29 7mo 1743 | Thomas | Susanna | 3 |
| Davis | 24 12mo 1796 | John | Jane | 2 |
| Deborah | 27 10mo 1763 | Joshua | Susanna | 2 |
| Deborah | 21 2mo 1782 | Abiah | Abigail | 2 |
| Eli | 12 12mo 1766 | Daniel | Elizabeth | 3 |
| Elijah | 5 4mo 1767 | Nathan | Ann | 3 |
| Elisha | 12 10mo 1765 | Nathan | Ann | 3 |
| Elizabeth | 31 8mo 1748 | John | Christian [sic] | 3 |
| Elizabeth | 3 10mo 1778 | Nathan | Ann | 3 |
| Elizabeth | 16 1mo 1776 | Jesse | Rachel | 3 |

## CHESTER COUNTY BIRTHS

**Hoopes**

| | | | | | | |
|---|---|---|---|---|---|---|
| Elizabeth | 6 | 12mo | 1794 | Ezra | Ann | 3 |
| Elizabeth | 4 | 4mo | 1799 | William | Ann | 8 |
| Elizabeth | 27 | 11mo | 1780 | Jonathan | Elizabeth | 8 |
| Emmor | 10 | 8mo | 1766 | Joshua | Susanna | 2 |
| Enos | 4 | 10mo | 1774 | Nathan | Ann | 3 |
| Ezra | 29 | 2mo | 1788 | John | Jane | 2 |
| Ezra | 31 | 7mo | 1751 | Joshua | Hannah | 3 |
| Ezra | 15 | 4mo | 1788 | Ezra | Ann | 3 |
| Ezra | 1 | 10mo | 1751 | Joshua | Hannah | 3 |
| Francis | 3 | 4mo | 1752 | John | Christian [sic] | 3 |
| George | 8 | 5mo | 1734 | Joshua | Hannah | 3 |
| George | 6 | 9mo | 1770 | Daniel | Elizabeth | 3 |
| George M. | 1 | 9mo | 1794 | Joshua | Hannah | 3 |
| Hannah | 29 | 9mo | 1767 | Joshua | Mary | 3 |
| Hannah | 3 | 5mo | 1797 | Joshua | Hannah | 3 |
| Hannah | 22 | 2mo | 1790 | Ezra | Ann | 3 |
| Henry | 5 | 2mo | 1786 | John | Jane | 2 |
| Henry | 12 | 3mo | 1747 | John | Christian [sic] | 3 |
| Israel | 1 | 6mo | 1750 | Joshua | Hannah | 3 |
| Israel | 30 | 10mo | 1778 | Jonathan | Elizabeth | 8 |
| Issachar | 18 | 8mo | 1769 | Joshua | Susanna | 2 |
| James | 20 | 5mo | 1754 | Nathan | Margaret | 3 |
| James | 25 | 5mo | 1750 | John | Christian [sic] | 3 |
| James | 1 | 10mo | 1772 | Daniel | Elizabeth | 3 |
| James | 3 | 10mo | 1784 | Jonathan | Elizabeth | 8 |
| Jane | 8 | 2mo | 1782 | John | Jane | 2 |
| Jane | 9 | 2mo | 1754 | John | Christian [sic] | 3 |
| Jane | 12 | 7mo | 1732 | Joshua | Hannah | 3 |
| Jane | 25 | 7mo | 1781 | Jesse | Rachel | 3 |
| Jane | 17 | 1mo | 1777 | Jonathan | Elizabeth | 8 |
| Jeffrey | 17 | 7mo | 1796 | Caleb | Mary (Passmore) | 1 |
| Jesse | | not given | | David | Esther | 3 |
| Jesse | 29 | 3mo | 1749 | Thomas | Susanna | 3 |
| Joel | 12 | 9mo | 1765 | Joshua | Mary | 3 |
| Joel | 17 | 11mo | 1788 | Jonathan | Elizabeth | 5 |
| Joel | 15 | 11mo | 1788 | Jonathan | Elizabeth | 8 |
| John | 2 | 5mo | 1774 | John | Jane | 2 |
| John | 7 | 6mo | 1745 | John | Christian [sic] | 3 |
| John P. | 6 | 8mo | 1784 | not given | not given | 8 |
| Jonathan | 21 | 10mo | 1747 | Nathan | Margaret | 3 |
| Jonathan | 21 | 1mo | 1798 | William | Ann | 8 |
| Joseph | 8 | 3mo | 1773 | John | Jane | 2 |
| Joseph | | not given | | David | Esther | 3 |
| Joseph | 10 | 3mo | 1748 | Joshua | Hannah | 3 |
| Joseph | 5 | 2mo | 1775 | Daniel | Elizabeth | 3 |

## CHESTER COUNTY BIRTHS

**Hoopes**

| Name | Day | Month | Year | Father | Mother | # |
|---|---|---|---|---|---|---|
| Joshua | 14 | 9mo | 1787 | Abiah | Abigail | 2 |
| Joshua | 15 | 7mo | 1736 | Joshua | Hannah | 3 |
| Joshua | 12 | 2mo | 1788 | Joshua | Hannah | 3 |
| Lavinah | 10 | 4mo | 1792 | Ezra | Ann | 3 |
| Lewis | 30 | 4mo | 1792 | John | Jane | 2 |
| Lewis | 9 | 2mo | 1777 | Nathan | Ann | 3 |
| Lydia | 7 | 10mo | 1760 | Joshua | Susanna | 2 |
| Lydia | 31 | 1mo | 1785 | William | Phebe | 2 |
| Lydia | 24 | 11mo | 1755 | John | Christian [sic] | 3 |
| Lydia | not given | | | David | Esther | 3 |
| Lydia | 19 | 3mo | 1775 | Thomas | Sarah | 3 |
| Lydia | 26 | 6mo | 1785 | Nathan | Ann | 3 |
| Lydia | 7 | 12mo | 1775 | Ezra | Ann | 3 |
| Margaret | 26 | 9mo | 1787 | William | Phebe | 2 |
| Margaret | 20 | 4mo | 1752 | Nathan | Margaret | 3 |
| Margaret | 16 | 2mo | 1765 | Thomas | Sarah | 3 |
| Margaret | 29 | 9mo | 1783 | Nathan | Ann | 3 |
| Margaret | 25 | 12mo | 1774 | Jonathan | Elizabeth | 8 |
| Marshall | 26 | 11mo | 1793 | Abner | Sarah | 3 |
| Martin | 10 | 8mo | 1792 | Joshua | Hannah | 3 |
| Mary | 14 | 5mo | 1790 | Abiah | Abigail | 2 |
| Mary | 4 | 4mo | 1739 | Joshua | Hannah | 3 |
| Mary | 13 | 9mo | 1763 | Daniel | Elizabeth | 3 |
| Mary | 16 | 3mo | 1781 | Thomas | Sarah | 3 |
| Mary | 20 | 2mo | 1786 | Joshua | Hannah | 3 |
| Mary | 1 | 10mo | 1800 | Abner | Sarah | 3 |
| Mary R. | 26 | 1mo | 1782 | not given | not given | 7 |
| Moses | 25 | 5mo | 1790 | John | Jane | 2 |
| Moses | 15 | 3mo | 1769 | Nathan | Ann | 3 |
| Moses | 6 | 2mo | 1774 | Ezra | Ann | 3 |
| Nathan | 12 | 10mo | 1789 | William | Phebe | 2 |
| Nathan | 9 | 12mo | 1741/2 | Nathan | Margaret | 3 |
| Nathan | 6 | 5mo | 1765 | Daniel | Elizabeth | 3 |
| Neal | 13 | 3mo | 1783 | William | Phebe | 2 |
| Passmore | 17 | 10mo | 1794 | Caleb | Mary (Passmore) | 1 |
| Phebe | 29 | 7mo | 1791 | William | Phebe | 2 |
| Phebe | 13 | 9mo | 1741 | Joshua | Hannah | 3 |
| Phebe | 11 | 3mo | 1784 | Ezra | Ann | 3 |
| Phebe | 24 | 11mo | 1786 | Jonathan | Elizabeth | 8 |
| Rebecca | 1 | 3mo | 1772 | Joshua | Susanna | 2 |
| Rebecca | 23 | 9mo | 1790 | Joshua | Hannah | 3 |
| Samuel | 30 | 1mo | 1778 | John | Jane | 2 |
| Samuel G. | 4 | 2mo | 1797 | Thomas | Ann | 3 |
| Sarah | 13 | 11mo | 1798 | Caleb | Mary (Passmore) | 1 |
| Sarah | 29 | 3mo | 1784 | John | Jane | 2 |

## CHESTER COUNTY BIRTHS

**Hoopes**
| | | | | | | |
|---|---|---|---|---|---|---|
| Sarah | 1 | 11mo | 1772 | Thomas | Sarah | 3 |
| Sarah | 5 | 4mo | 1780 | Ezra | Ann | 3 |
| Susanna | 11 | 10mo | 1756 | Nathan | Margaret | 3 |
| Susanna | 12 | 9mo | 1768 | David | Esther | 3 |
| Susanna | 2 | 7mo | 1781 | James | Phebe | 3 |
| Susanna | 23 | 4mo | 1771 | Nathan | Ann | 3 |
| Susanna | 2 | 3mo | 1792 | Jesse | Amy | 3 |
| Susanna | 2 | 2mo | 1793 | Jonathan | Elizabeth | 8 |
| Thamzin | 10 | 9mo | 1771 | Jonathan | Elizabeth | 8 |
| Thomas | 19 | 12mo | 1792 | Caleb | Mary (Passmore) | 1 |
| Thomas | 13 | 11mo | 1739 | Nathan | Margaret | 3 |
| Thomas | 16 | 2mo | 1767 | David | Esther | 3 |
| Thomas | 7 | 10mo | 1770 | Thomas | Sarah | 3 |
| Thomas | 27 | 7mo | 1794 | Jesse | Amy | 3 |
| Thomas | 25 | 3mo | 1791 | Jonathan | Elizabeth | 8 |
| William | 21 | 7mo | 1749 | Nathan | Margaret | 3 |
| William | 30 | 9mo | 1768 | Daniel | Elizabeth | 3 |
| William | 26 | 4mo | 1762 | Joshua | Mary | 3 |
| William | 21 | 4mo | 1773 | Jonathan | Elizabeth | 8 |
| Wm. Lewis | 5 | 10mo | 1793 | Henry | Hannah | 3 |

**Hope**
| | | | | | | |
|---|---|---|---|---|---|---|
| Deborah | 23 | 1mo | 1741 | Thomas | Mary | 1 |
| Eliz. | 4 | 3mo | 1719 | Thomas | Eliz. | 1 |
| Elizabeth | 7 | 7mo | 1745 | Thomas | Mary | 1 |
| John | 18 | 12mo | 1716/7 | Thomas | Eliz. | 1 |
| Mary | 22 | 4mo | 1749 | Thomas | Mary | 1 |
| Sarah | 22 | 6mo | 1713 | Thomas | Eliz. | 1 |
| Susanna | 25 | 7mo | 1723 | Thomas | Eliz. | 1 |
| Thomas | 19 | 2mo | 1738 | Thomas | Mary | 1 |
| Thomas | 7 | 9mo | 1714 | Thomas | Eliz. | 1 |
| William | 28 | 9mo | 1743 | Thomas | Mary | 1 |

**Hopper**
| | | | | | | |
|---|---|---|---|---|---|---|
| Ann | 12 | 5mo | 1788 | Levi | Rachel | 4 |

**Horn**
| | | | | | | |
|---|---|---|---|---|---|---|
| Anna Barbara | 9 | Feb | 1767 | Joh. | not given | 13 |

**Horsman / Horseman**
| | | | | | | |
|---|---|---|---|---|---|---|
| David | 21 | 1mo | 1746 | Charles | Elizabeth | 1 |
| Ebenezer | 7 | 6mo | 1744 | Charles | Elizabeth | 1 |

**Hottenbach**
| | | | | | | |
|---|---|---|---|---|---|---|
| Catharina | bp 7 | Mar | 1769 | Peter | not given | 11 |

**Hough**
| | | | | | | |
|---|---|---|---|---|---|---|
| John | 21 | 1mo | 1783 | Benjamin | Sarah | 4 |

**Houlton**
| | | | | | |
|---|---|---|---|---|---|
| Sarah | not given | | Nathaniel | Martha | 1 |

## CHESTER COUNTY BIRTHS

**House**
| | | | | | | | |
|---|---|---|---|---|---|---|---|
| Amos | | *circa* | 1742 | James | not given | | 1 |
| Benjamin | | 23 1mo | 1785 | Amos | Martha (Edwards) | | 1 |
| Elizabeth | | 14 11mo | 1765 | Amos | Sarah (Townsend) | | 1 |
| James | | 27 4mo | 1768 | Amos | Sarah (Townsend) | | 1 |
| Jehu | | 6 4mo | 1783 | Amos | Martha (Edwards) | | 1 |
| Martha | | 5 4mo | 1776 | Amos | Sarah (Townsend) | | 1 |
| Mary | | 9 8mo | 1779 | Amos | Martha (Edwards) | | 1 |
| Phebe | | 27 7mo | 1770 | Amos | Sarah (Townsend) | | 1 |
| Susanna | | 15 4mo | 1773 | Amos | Sarah (Townsend) | | 1 |

**Houston**
| | | | | | | | |
|---|---|---|---|---|---|---|---|
| Lettice | bp | 25 Feb | 1793 | James | Jane | | 15 |

**Howell**
| | | | | | | | |
|---|---|---|---|---|---|---|---|
| Esther | | not given | | Evan | not given | | 1 |
| Hannah | | *circa* | 1689 | William | not given | | 1 |

**Hubener**
| | | | | | | | |
|---|---|---|---|---|---|---|---|
| Abraham | | 31 Dec | 1797 | George | Catharine | | 12 |
| Daniel | | 24 Jul | 1795 | George | Catharina | | 12 |
| George | | 6 Apr | 1792 | George | Catharina | | 12 |
| William | | 21 Apr | 1794 | George | Catharine | | 12 |

**Hughes**
| | | | | | | | |
|---|---|---|---|---|---|---|---|
| Edward Thomas | | 9 1mo | 1765 | Elisha | Mary | | 4 |
| Elizabeth | | 7 11mo | 1750 | Elisha | Mary | | 4 |
| Ellis | | 4 10mo | 1792 | Samuel | Lydia | | 5 |
| James M. | | 12 1mo | 1795 | Samuel | Lydia | | 5 |
| Jesse | | 29 5mo | 1800 | Samuel | Lydia | | 5 |
| Margaret | | 21 11mo | 1751 | Elisha | Mary | | 4 |
| Mark | | 12 12mo | 1771 | Samuel | not given | | 5 |
| Mary | | 13 8mo | 1763 | Elisha | Mary | | 4 |
| Rachel | | 10 2mo | 1755 | Elisha | Mary | | 4 |
| Rachel | | 10 2mo | 1754 | Elisha | Mary | | 4 |
| Sarah | | 27 7mo | 1796 | Samuel | Lydia | | 5 |

**Humbrod**
| | | | | | | | |
|---|---|---|---|---|---|---|---|
| Johann Adam | bp | 2 Jun | 1754 | Petter | not given | | 13 |

**Humphrey**
| | | | | | | | |
|---|---|---|---|---|---|---|---|
| Mary | | 11 4mo | 1747 | Owen | Sarah | | 7 |

**Hunt**
| | | | | | | | |
|---|---|---|---|---|---|---|---|
| Joseph | | 8 2mo | 1768 | not given | not given | | 8 |
| Mary | | not given | | William | not given | | 1 |
| Nathan | | 8 5mo | 1800 | Joseph | Agness | | 10 |

**Hurford**
| | | | | | | | |
|---|---|---|---|---|---|---|---|
| Ann | | 24 9mo | 1768 | Joseph | Naomi | | 5 |
| Benjamin | | 22 1mo | 1777 | Joseph | Naomi | | 5 |
| Benjamin | | 10 5mo | 1790 | Nicholas | Mary | | 8 |
| Caleb | | 4 12mo | 1745/6 | John | Hannah (Fairlamb) | | 5 |

## CHESTER COUNTY BIRTHS

**Hurford**
| | | | | | | |
|---|---|---|---|---|---|---|
| Catharine | 26 | 8mo | 1770 | Samuel | Rachel | 5 |
| Eli | 18 | 12mo | 1749 | John | Hannah (Fairlamb) | 5 |
| Elizabeth | 25 | 10mo | 1742 | John | Hannah (Fairlamb) | 5 |
| Elizabeth | 5 | 8mo | 1775 | Samuel | Rachel | 5 |
| Hannah | 15 | 12mo | 1743/4 | John | Hannah (Fairlamb) | 5 |
| Hannah | 24 | 2mo | 1768 | Samuel | Rachel | 5 |
| Hannah | 5 | 3mo | 1765 | Joseph | Naomi | 5 |
| Isaac | 4 | 5mo | 1739 | John | Hannah (Fairlamb) | 5 |
| Jesse | 13 | 2mo | 1798 | Nicholas | Dinah | 8 |
| Joel | 11 | 11mo | 1800 | Nicholas | Dinah | 8 |
| John | 14 | 5mo | 1712 | John | Elizabeth | 5 |
| John | 8 | 11mo | 1734 | John | Hannah (Fairlamb) | 5 |
| John | 18 | 9mo | 1760 | Samuel | Rachel | 5 |
| John | 9 | 8mo | 1774 | Caleb | Martha (Maris) | 5 |
| John | 3 | 9mo | 1766 | Joseph | Naomi | 5 |
| John | 26 | 4mo | 1789 | Nicholas | Mary | 8 |
| Joseph | 12 | 2mo | 1737 | John | Hannah (Fairlamb) | 5 |
| Joseph | 12 | 6mo | 1765 | Samuel | Rachel | 5 |
| Joseph | 29 | 12mo | 1774 | Joseph | Naomi | 5 |
| Katharine | 25 | 1mo | 1748 | John | Hannah (Fairlamb) | 5 |
| Mary | 3 | 2mo | 1796 | Nicholas | Dinah | 8 |
| Michael | 29 | 9mo | 1794 | Nicholas | Dinah | 8 |
| Nathan | 12 | 12mo | 1772 | Joseph | Naomi | 5 |
| Nicholas | 14 | 3mo | 1754 | John | Hannah (Fairlamb) | 5 |
| Rachel | 1 | 1mo | 1773 | Samuel | Rachel | 5 |
| Ruth | 3 | 9mo | 1780 | Samuel | Rachel | 5 |
| Samuel | 28 | 12mo | 1732/3 | John | Hannah (Fairlamb) | 5 |
| Samuel | 23 | 4mo | 1778 | Samuel | Rachel | 5 |
| Samuel | 5 | 10mo | 1781 | Joseph | Naomi | 5 |
| Sarah | 18 | 10mo | 1751 | John | Hannah (Fairlamb) | 5 |
| Sarah | 9 | 3mo | 1763 | Samuel | Rachel | 5 |
| Thomas | 26 | 7mo | 1779 | Joseph | Naomi | 5 |
| William | 2 | 3mo | 1783 | Samuel | Rachel | 5 |
| William | 14 | 8mo | 1770 | Joseph | Naomi | 5 |

**Hussey**
| | | | | | | |
|---|---|---|---|---|---|---|
| Rebecca | 19 | 2mo | 1697 | John | Grace | 1 |
| Rebecca | 30 | 10mo | 1703 | John | Grace | 1 |

**Hutton**
| | | | | | | |
|---|---|---|---|---|---|---|
| Ann | 9 | 7mo | 1781 | Benjamin | Ann (Nayle) | 5 |
| Benjamin | 1 | 12mo | 1728/9 | Joseph | Mary | 5 |
| Caleb | 12 | 8mo | 1776 | Benjamin | Ann (Nayle) | 5 |
| Catharine | 22 | 1mo | 1786 | Jesse | Lydia | 4 |
| Ebenezer | 4 | 4mo | 1744 | Thomas | Elizabeth (Harris) | 5 |
| Elizabeth | 28 | 8mo | 1771 | Benjamin | Ann (Nayle) | 5 |

## CHESTER COUNTY BIRTHS

**Hutton**

| | | | | | | |
|---|---|---|---|---|---|---|
| Elizabeth | 29 | 1mo | 1758 | Nehemiah | Ann | 5 |
| Enos | 14 | 3mo | 1783 | Jesse | Lydia | 4 |
| Hannah | 30 | 1mo | 1787 | Jesse | Lydia | 4 |
| Hannah | 17 | 4mo | 1774 | Benjamin | Ann (Nayle) | 5 |
| Hannah | 7 | 1mo | 1749/50 | Thomas | Katharine (Hiett) | 5 |
| Hannah | 10 | 1mo | 1795 | Hiett | Sarah | 5 |
| Hiett | 12 | 2mo | 1756 | Thomas | Katharine (Hiett) | 5 |
| Isaac | 15 | 6mo | 1769 | Benjamin | Ann (Nayle) | 5 |
| Isaac | 21 | 9mo | 1754 | Thomas | Katharine (Hiett) | 5 |
| Isaiah | 19 | 12mo | 1788 | Jesse | Lydia | 4 |
| Jesse | 4 | 7mo | 1752 | Thomas | Katharine (Hiett) | 5 |
| John | 31 | 6mo | 1715 | Joseph | Mary | 5 |
| John | 7 | 2mo | 1727 | Nehemiah | Sarah | 5 |
| John | 19 | 12mo | 1760 | Thomas | Katharine (Hiett) | 5 |
| Joseph | 13 | 7mo | 1791 | Jesse | Lydia | 4 |
| Joseph | 28 | 5mo | 1720 | Joseph | Mary | 5 |
| Joseph | 9 | 9mo | 1761 | Benjamin | Elizabeth (Temple) | 5 |
| Joseph | 29 | 2mo | 1742 | Thomas | Elizabeth (Harris) | 5 |
| Joshua | 26 | 3mo | 1793 | Hiett | Sarah | 5 |
| Lydia | 6 | 4mo | 1784 | Benjamin | Ann (Nayle) | 5 |
| Margaret | 19 | 9mo | 1793 | Jesse | Lydia | 4 |
| Mary | 8 | 9mo | 1797 | Hiett | Sarah | 4 |
| Mary | 8 | 2mo | 1763 | Benjamin | Elizabeth (Temple) | 5 |
| Mary | 14 | 12mo | 1739 | Thomas | Elizabeth (Harris) | 5 |
| Nehemiah | 27 | 6mo | 1731 | Joseph | Mary | 5 |
| Rachel | 23 | 8mo | 1778 | Benjamin | Ann (Nayle) | 5 |
| Samuel | 15 | 2mo | 1724 | Joseph | Mary | 5 |
| Samuel | 28 | 6mo | 1763 | Thomas | Katharine (Hiett) | 5 |
| Sarah | | not given | | Nehemiah | Ann | 5 |
| Sarah | 3 | 3mo | 1767 | Benjamin | Ann (Nayle) | 5 |
| Sarah | 18 | 11mo | 1755 | Nehemiah | Ann | 5 |
| Sidney | 30 | 5mo | 1800 | Hiett | Sarah | 4 |
| Susanna | 10 | 3mo | 1722 | Joseph | Mary | 5 |
| Susanna | 20 | 11mo | 1724 | Nehemiah | Sarah | 5 |
| Thomas | 20 | 12mo | 1716 | Joseph | Mary | 5 |
| Thomas | 11 | 11mo | 1746 | Thomas | Elizabeth (Harris) | 5 |
| Thomas | 9 | 3mo | 1758 | Thomas | Katharine (Hiett) | 5 |
| William | 14 | 12mo | 1725 | Joseph | Mary | 5 |
| William | 1 | 7mo | 1759 | Benjamin | Elizabeth (Temple) | 5 |

# I

**Ibiensen / Köster**
| | | | | | | |
|---|---|---|---|---|---|---|
| Anna Maria, ill | | circa | 1753 | Wilhelm Köster | Elisab. Ibiensen | 13 |

**Imhoff**
| | | | | | | |
|---|---|---|---|---|---|---|
| Magdalena | | 24 Nov | 1759 | John | not given | 12 |

**Irwine**
| | | | | | | |
|---|---|---|---|---|---|---|
| Samuel | bp | Nov | 1768 | Theophelius | Rose | 14 |

# J

**Jack**
| | | | | | | |
|---|---|---|---|---|---|---|
| Elizabeth | bp | Nov | 1768 | Allen | Isabel | 14 |

**Jackson**
| | | | | | | |
|---|---|---|---|---|---|---|
| Alice | 26 | 3mo | 1728 | Joseph | Hannah | 5 |
| Alice | 1 | 12mo | 1745 | Joseph | Susanna | 5 |
| Alice | 23 | 6mo | 1779 | Isaac | Hannah | 5 |
| Alice | 3 | 9mo | 1773 | John | Susanna | 5 |
| Ann | 17 | 6mo | 1755 | John | Sarah | 5 |
| Ann | 19 | 12mo | 1738 | Thomas, Jr. | Lydia | 5 |
| Ann | 19 | 5mo | 1739 | William | Katharine (Miller) | 5 |
| Ann | 17 | 6mo | 1755 | John | Sarah (Miller) | 5 |
| Ann | 31 | 7mo | 1774 | Caleb | Hannah (Bennett) | 5 |
| Caleb | 2 | 7mo | 1740 | Thomas, Jr. | Lydia | 5 |
| Caleb | 8 | 4mo | 1778 | Caleb | Hannah (Bennett) | 5 |
| Deborah | 21 | 11mo | 1730 | Samuel | Mary | 5 |
| Deborah | 1 | 10mo | 1767 | Caleb | Hannah (Bennett) | 5 |
| Edith | 1 | 11mo | 1799 | Josiah | Mary (Sharpless) | 1 |
| Eleazer | 27 | 2mo | 1752 | Caleb | Ann | 6 |
| Elizabeth | | not given | | Thomas | not given | 5 |
| Elizabeth | 25 | 2mo | 1720 | John | Jane | 5 |
| Elizabeth | 10 | 8mo | 1745 | Isaac | Mary | 5 |
| Elizabeth | 19 | 11mo | 1741 | William | Katharine (Miller) | 5 |
| Ephraim | 19 | 6mo | 1723 | Joseph | Hannah | 5 |
| Ephraim | 27 | 3mo | 1735 | Joseph | Susanna | 5 |
| Esther | 20 | 5mo | 1776 | Caleb | Hannah (Bennett) | 5 |
| George Chandler | 22 | 1mo | 1797 | Thomas | Margaret (Chandler) | 1 |
| Grace | 15 | 11mo | 1766 | Josiah | Ruth | 6 |

## CHESTER COUNTY BIRTHS

**Jackson**

| | | | | | | |
|---|---|---|---|---|---|---|
| Hannah | 27 | 7mo | 1741 | Joseph | Susanna | 5 |
| Hannah | 15 | 5mo | 1757 | William | Katharine (Miller) | 5 |
| Hannah | 16 | 1mo | 1745 | John | Sarah (Miller) | 5 |
| Hannah | 13 | 12mo | 1767 | Isaac | Hannah | 5 |
| Hannah | 17 | 7mo | 1784 | John | Mary (Harlan) | 5 |
| Isaac | 29 | 10mo | 1741 | John | Sarah | 5 |
| Isaac | 4 | 12mo | 1740 | Isaac | Mary | 5 |
| Isaac | 2 | 7mo | 1734 | William | Katharine (Miller) | 5 |
| Isaac | 29 | 10mo | 1742 | John | Sarah (Miller) | 5 |
| Isaac | 1 | 10mo | 1775 | Isaac | Hannah | 5 |
| Isaiah | 3 | 12mo | 1781 | John | Mary (Harlan) | 5 |
| Israel | 4 | 7mo | 1779 | John | Mary (Harlan) | 5 |
| Jacob | 1 | 10mo | 1772 | Caleb | Hannah (Bennett) | 5 |
| James | 4 | 12mo | 1733/4 | Isaac | Mary | 5 |
| James | 3 | 11mo | 1736 | William | Katharine (Miller) | 5 |
| James | 1 | 8mo | 1752 | John | Sarah (Miller) | 5 |
| Jane | 4 | 2mo | 1793 | Thomas | Margaret (Chandler) | 1 |
| Jesse | 10 | 8mo | 1744 | Samuel | Mary | 5 |
| Joel | 20 | 10mo | 1776 | John | Mary (Harlan) | 5 |
| John | 29 | 6mo | 1795 | Thomas | Margaret (Chandler) | 1 |
| John | 25 | 7mo | 1797 | James | Ann | 4 |
| John | 11 | 7mo | 1736 | Joseph | Susanna | 5 |
| John | 9 | 11mo | 1748 | William | Katharine (Miller) | 5 |
| John | 16 | 10mo | 1712 | Isaac | Ann | 5 |
| John | 16 | 11mo | 1746 | John | Sarah (Miller) | 5 |
| John | 13 | 11mo | 1777 | John | Susanna | 5 |
| Joseph | 13 | 2mo | 1763 | Isaac | Hannah | 5 |
| Joseph | 25 | 3mo | 1779 | John | Susanna | 5 |
| Joseph | 13 | 9mo | 1768 | Caleb | Hannah (Bennett) | 5 |
| Joshua | 14 | 3mo | 1780 | Caleb | Hannah (Bennett) | 5 |
| Josiah | | not given | | James | not given | 1 |
| Josiah | 5 | 3mo | 1732 | Samuel | Ann | 4 |
| Josiah | 8 | 11mo | 1739 | Joseph | Susanna | 5 |
| Katharine | 6 | 2mo | 1736 | Isaac | Mary | 5 |
| Katharine | 10 | 4mo | 1752 | William | Katharine (Miller) | 5 |
| Katharine | 2 | 10mo | 1754 | William | Katharine (Miller) | 5 |
| Katherine | 27 | 12mo | 1769 | Isaac | Hannah | 5 |
| Katherine | 22 | 8mo | 1771 | Isaac | Hannah | 5 |
| Katherine | 27 | 1mo | 1792 | John | Mary (Harlan) | 5 |
| Lydia | 30 | 10mo | 1798 | James | Ann | 4 |
| Lydia | 6 | 7mo | 1787 | John | Mary (Harlan) | 5 |
| Lydia | 25 | 6mo | 1766 | Caleb | Hannah (Bennett) | 5 |
| Mary | | not given | | Thomas | not given | 1 |
| Mary | 27 | 3mo | 1738 | Joseph | Susanna | 5 |
| Mary | 31 | 1mo | 1742 | Samuel | Mary | 5 |

## CHESTER COUNTY BIRTHS

**Jackson**
| | | | | | | |
|---|---|---|---|---|---|---|
| Mary | 27 | 8mo | 1742 | Thomas, Jr. | Lydia | 5 |
| Mary | 8 | 2mo | 1766 | Isaac | Hannah | 5 |
| Mary | 2 | 7mo | 1770 | Caleb | Hannah (Bennett) | 5 |
| Nathaniel | 27 | 12mo | 1743/4 | Isaac | Mary | 5 |
| Phebe | 9 | 7mo | 1777 | Isaac | Hannah | 5 |
| Rachel | 3 | 12mo | 1734/5 | Samuel | Ann | 4 |
| Rachel | 11 | 10mo | 1726 | Joseph | Hannah | 5 |
| Rachel | 28 | 11mo | 1741 | John | Sarah (Miller) | 5 |
| Rachel | 15 | 9mo | 1769 | John | Susanna | 5 |
| Rachel | 20 | 12mo | 1757 | Caleb | Ann | 6 |
| Rebecca | 20 | 5mo | 1796 | James | Ann | 4 |
| Rebecca | 13 | 12mo | 1781 | Isaac | Hannah | 5 |
| Ruth | | not given | | Jonathan | not given | 1 |
| Ruth | 27 | 4mo | 1733 | Samuel | Mary | 5 |
| Ruth | 25 | 12mo | 1748/9 | Isaac | Mary | 5 |
| Samuel | 15 | 1mo | 1749/50 | Joseph | Susanna | 5 |
| Samuel | 11 | 5mo | 1739 | Samuel | Mary | 5 |
| Samuel | 27 | 8mo | 1788 | Isaac | Hannah | 5 |
| Samuel | 20 | 6mo | 1782 | John | Susanna | 5 |
| Samuel | 25 | 9mo | 1754 | Caleb | Ann | 6 |
| Samuel | 7 | 1mo | 1765 | Josiah | Ruth | 6 |
| Sarah | | not given | | Samuel | Mary | 1 |
| Sarah | 6 | 2mo | 1748 | Joseph | Susanna | 5 |
| Sarah | 9 | 7mo | 1728 | Samuel | Mary | 5 |
| Sarah | 4 | 3mo | 1750 | John | Sarah (Miller) | 5 |
| Sarah | 3 | 4mo | 1771 | John | Susanna | 5 |
| Susanna | 7 | 7mo | 1743 | Joseph | Susanna | 5 |
| Susanna | 27 | 7mo | 1775 | John | Susanna | 5 |
| Susannah | 23 | 10mo | 1773 | Isaac | Hannah | 5 |
| Thomas | | not given | | John | not give | 1 |
| Thomas | 22 | 4mo | 1731 | Isaac | Mary | 5 |
| Thomas | 8 | 6mo | 1743 | William | Katharine (Miller) | 5 |
| Thomas | 4 | 11mo | 1757 | John | Sarah (Miller) | 5 |
| Thomas | 15 | 5mo | 1788 | John | Susanna | 5 |
| Thomas | 13 | 8mo | 1771 | Caleb | Hannah (Bennett) | 5 |
| Thomas | 18 | 3mo | 1782 | Caleb | Hannah (Bennett) | 5 |
| William | 6 | 5mo | 1738 | Isaac | Mary | 5 |
| William | 24 | 2mo | 1705 | Isaac | Ann | 5 |
| William | 14 | 5mo | 1746 | William | Katharine (Miller) | 5 |
| William | 1 | 8mo | 1764 | Isaac | Hannah | 5 |
| William | 7 | 11mo | 1789 | John | Mary (Harlan) | 5 |
| William | 14 | 4mo | 1784 | Caleb | Hannah (Bennett) | 5 |

**Jacobs**
| | | | | | | |
|---|---|---|---|---|---|---|
| Ann | 14 | 8mo | 1769 | Isaac | Hannah (Trimble) | 7 |
| Anne | 17 | 11mo | 1727 | Thomas | Mary | 4 |

## CHESTER COUNTY BIRTHS

**Jacobs**

| | | | | | | |
|---|---|---|---|---|---|---|
| Benjamin | 1 | 1mo | 1754 | John | Elizabeth | 3 |
| Catharine | 1 | 11mo | 1713/4 | Thomas | Mary | 4 |
| Elisabeth | 22 | 11mo | 1777 | Isaac | Hannah (Trimble) | 7 |
| Grace | 17 | 2mo | 1718 | Thomas | Mary | 4 |
| Hannah | 7 | 7mo | 1730 | Thomas | Mary | 4 |
| Hannah | 25 | 12mo | 1775 | Isaac | Hannah (Trimble) | 7 |
| Isaac | 13 | 2mo | 1741 | John | Mary | 7 |
| Isaac | 14 | 4mo | 1782 | Isaac | Hannah (Trimble) | 7 |
| John | 12 | 4mo | 1757 | John | Elizabeth | 3 |
| John | 6 | 12mo | 1715/6 | Thomas | Mary | 4 |
| John | 4 | 7mo | 1784 | Isaac | Hannah (Trimble) | 7 |
| Joseph | 26 | 6mo | 1720 | Thomas | Mary | 4 |
| Joseph | 17 | 6mo | 1786 | Isaac | Hannah (Trimble) | 7 |
| Mary | 29 | 9mo | 1721 | Thomas | Mary | 4 |
| Mary | 7 | 2mo | 1768 | Isaac | Hannah (Trimble) | 7 |
| Phebe | 9 | 6mo | 1771 | Isaac | Hannah (Trimble) | 7 |
| Rachel | 3 | 9mo | 1788 | Isaac | Hannah (Trimble) | 7 |
| Sarah | 22 | 2mo | 1756 | John | Elizabeth | 3 |
| Sarah | 2 | 12mo | 1722/3 | Thomas | Mary | 4 |
| Sarah | 4 | 3mo | 1780 | Isaac | Hannah (Trimble) | 7 |
| Thomas | 3 | 4mo | 1724 | Thomas | Mary | 4 |
| Thomas | 18 | 3mo | 1725 | Thomas | Mary | 4 |
| William | 15 | 8mo | 1773 | Isaac | Hannah (Trimble) | 7 |

**Jager**

| | | | | | | |
|---|---|---|---|---|---|---|
| Anna Maria | 12 | Oct | 1755 | George | not given | 12 |
| Anna Maria | 29 | Jan | 1789 | John | Magdalena | 12 |
| Elizabeth | 29 | Apr | 1784 | John | Maria Magdalena | 12 |
| George | 14 | May | 1792 | Peter | Elizabeth | 12 |
| Henry | 1 | Apr | 1787 | Peter | Elisabeth | 12 |
| John | 24 | Aug | 1758 | John George | not given | 12 |
| Maria | 22 | Feb | 1789 | Peter | Elizabeth | 12 |

**Jäger**

| | | | | | | |
|---|---|---|---|---|---|---|
| Anna Catharina | 10 | Jan | 1762 | John George | not given | 12 |
| George | 20 | Oct | 1768 | George | Anna Maria | 12 |
| George | 3 | Feb | 1775 | George | Anna Maria | 12 |
| Jacob | 27 | Sep | 1771 | George | Anna Maria | 12 |
| Peter | 27 | Jan | 1765 | George | not given | 12 |

**James**

| | | | | | | |
|---|---|---|---|---|---|---|
| Aaron | 20 | 7mo | 1738 | Thomas | Hannah | 3 |
| Alexander | bp | May | 1793 | John | Esther | 15 |
| Ann | 9 | 12mo | 1775 | Ezekiel | Keziah | 3 |
| Ann | 3 | 6mo | 1741 | Joseph | Hannah | 3 |
| Benjamin | 11 | 10mo | 1720 | Thomas | Mary | 3 |
| Caleb | 4 | 5mo | 1736 | Joseph | Hannah | 3 |

## CHESTER COUNTY BIRTHS

**James**
| | | | | | |
|---|---|---|---|---|---|
| Dinah | | not given | Mordecai | Dinah | 4 |
| Eber | 11 | 11mo 1800 | Caleb | Mary | 3 |
| Elizabeth | *circa* | 1732 | Samuel | not given | 1 |
| Elizabeth | 25 | 11mo 1744 | Joseph | Hannah | 3 |
| Esther | 6 | 9mo 1757 | Joseph | Hannah | 3 |
| Ezekiel | 6 | 6mo 1782 | Ezekiel | Keziah | 3 |
| Ezekiel | 24 | 10mo 1736 | John | Ann | 3 |
| George | 10 | 10mo 1738 | Mordecai | Dinah | 4 |
| Hannah | 7 | 1mo 1778 | Ezekiel | Keziah | 3 |
| Hannah | 1 | 8mo 1739 | Joseph | Hannah | 3 |
| Hannah | 23 | 1mo 1740 | John | Ann | 3 |
| Hannah | 11 | 1mo 1728 | Mordecai | Gaynor | 4 |
| Isaac | 19 | 5mo 1725 | Thomas | Mary | 3 |
| Isaac | 13 | 10mo 1745 | Aaron | Hannah | 3 |
| Jacob | 4 | 4mo 1744 | Aaron | Hannah | 3 |
| Jane | 1 | 6mo 1742 | Aaron | Hannah | 3 |
| Jesse | 12 | 3mo 1756 | Joseph | Hannah | 3 |
| John | 16 | 7mo 1713 | Thomas | Mary | 3 |
| John | 20 | 8mo 1779 | Ezekiel | Keziah | 3 |
| Joseph | 9 | 9mo 1717 | Thomas | Mary | 3 |
| Joseph | 11 | 5mo 1736 | Thomas | Hannah | 3 |
| Joseph | 21 | 3mo 1743 | Joseph | Hannah | 3 |
| Lydia | 14 | 8mo 1746 | Thomas | Hannah | 3 |
| Mary | 31 | 10mo 1751 | Aaron | Ann | 1 |
| Mary | 4 | 10mo 1751 | Thomas | Hannah | 3 |
| Mary | 25 | 7mo 1737 | Joseph | Hannah | 3 |
| Mary | 11 | 1mo 1738/9 | Thomas, Jr. | Elizabeth | 3 |
| Micajah | 6 | 5mo 1737 | Mordecai | Dinah | 4 |
| Moses | 20 | 12mo 1752 | Joseph | Hannah | 3 |
| Phebe | 3 | 2mo 1733 | Thomas | Hannah | 3 |
| Robert | 14 | 3mo 1734 | Thomas | Hannah | 3 |
| Ruth | 2 | 2mo 1749 | Thomas | Hannah | 3 |
| Ruth | 7 | 11mo 1750 | Joseph | Hannah | 3 |
| Sarah | 2 | 12mo 1743/4 | Thomas | Hannah | 3 |
| Sarah | 22 | 12mo 1746/7 | Joseph | Hannah | 3 |
| Susan | 10 | 8mo 1798 | Caleb | Mary | 3 |
| Susanna | 20 | 7mo 1744 | Aaron | Ann | 1 |
| Susanna | 20 | 2mo 1749 | Joseph | Hannah | 3 |
| Thomas | 14 | 12mo 1715 | Thomas | Mary | 3 |
| Thomas | 14 | 6mo 1740 | Thomas | Hannah | 3 |

**Janney**
| | | | | | |
|---|---|---|---|---|---|
| Abel | 17 | 9mo 1752 | Jacob | Elizabeth | 1 |
| Amos | 28 | 12mo 1744 | Jacob | Elizabeth | 1 |
| Elizabeth | 29 | 11mo 1749 | Jacob | Elizabeth | 1 |
| Levis | 13 | 8mo 1747 | Jacob | Elizabeth | 1 |

## CHESTER COUNTY BIRTHS

**Janney**
| | | | | | | |
|---|---|---|---|---|---|---|
| William | 29 | 9mo | 1741 | Jacob | Elizabeth | 1 |

**Jefferis**
| | | | | | | |
|---|---|---|---|---|---|---|
| Abraham | 22 | 5mo | 1800 | Abraham | Ann | 2 |
| Ann | 11 | 7mo | 1785 | Emmor | Rachel | 1 |
| Carpenter | 1 | 12mo | 1790 | John | Hannah (Carpenter) | 3 |
| Chandler | 17 | 3mo | 1797 | Abraham | Martha | 2 |
| Cheyney | 27 | 5mo | 1783 | Emmor | Rachel | 1 |
| Elizabeth | 30 | 5mo | 1795 | Emmor | Rachel | 1 |
| Evan | 8 | 9mo | 1746 | Evan | Elizabeth | 3 |
| Gainer | 23 | 1mo | 1744/5 | Evan | Elizabeth | 3 |
| Hannah | 22 | 6mo | 1792 | Abraham | Martha | 2 |
| Hannah | 7 | 3mo | 1791 | Cheyney | Mary | 9 |
| James | 19 | 3mo | 1787 | Emmor | Rachel | 1 |
| James | 10 | 5mo | 1792 | Cheyney | Mary | 9 |
| John | 28 | 1mo | 1763 | Samuel | Margaret | 3 |
| Joshua | 27 | 12mo | 1794 | Abraham | Martha | 2 |
| Lydia | 7 | 6mo | 1790 | Abraham | Martha | 2 |
| Malinda | 9 | 9mo | 1792 | John | Hannah (Carpenter) | 3 |
| Mary | 9 | 10mo | 1792 | Emmor | Rachel | 1 |
| Phebe | 26 | 7mo | 1788 | Emmor | Rachel | 1 |
| Phebe Baily | 29 | 8mo | 1794 | John | Hannah (Carpenter) | 3 |
| Rebecca | 22 | 12mo | 1780 | Emmor | Rachel | 1 |
| Samuel | 28 | 8mo | 1797 | Emmor | Rachel | 1 |
| Sidney | 6 | 4mo | 1790 | Emmor | Rachel | 1 |
| Titus | 11 | 2mo | 1794 | Cheyney | Mary | 9 |
| Townsend | 22 | 6mo | 1789 | John | Hannah (Carpenter) | 3 |
| Way | 17 | 3mo | 1797 | Abraham | Martha | 2 |
| Wm. Walter | 5 | 12mo | 1796 | John | Hannah (Carpenter) | 3 |

**Jeger**
| | | | | | | |
|---|---|---|---|---|---|---|
| Elizabeth | 17 | Jun | 1797 | Peter | Elizabeth | 12 |
| Hannah | 25 | Feb | 1791 | John | Magdalena | 12 |
| John | 23 | Nov | 1786 | John | Magdalena | 12 |
| Magdalena | 19 | Mar | 1794 | John | Magdalena | 12 |

**Jenkin**
| | | | | | | |
|---|---|---|---|---|---|---|
| Ann | 14 | 12mo | 1714/5 | Evan | Sarah | 7 |

**Jenner**
| | | | | | | |
|---|---|---|---|---|---|---|
| Rebecca | bp 15 | Nov | 1790 | Hugh | Rebecca | 15 |

**Job**
| | | | | | | |
|---|---|---|---|---|---|---|
| Abraham | 14 | 6mo | 1702 | Andrew | Elizabeth | 5 |
| Andrew | 15 | 10mo | 1771 | Daniel | Mary | 4 |
| Ann | 22 | 7mo | 1759 | Daniel | Mary | 4 |
| Archibald | 25 | 10mo | 1767 | Daniel | Mary | 4 |
| Archibald | 5 | 1mo | 1781 | Daniel | Mary | 4 |
| Caleb | 26 | 5mo | 1704 | Andrew | Elizabeth | 5 |

## CHESTER COUNTY BIRTHS

**Job**
| | | | | | | |
|---|---|---|---|---|---|---|
| Daniel | 7 | 5mo | 1764 | Daniel | Mary | 4 |
| Elizabeth | 24 | 1mo | 1761 | Daniel | Mary | 4 |
| Enoch | 7 | 11mo | 1700 | Andrew | Elizabeth | 5 |
| Hannah | 22 | 2mo | 1766 | Daniel | Mary | 4 |
| Hannah | 24 | 8mo | 1708 | Andrew | Elizabeth | 5 |
| Jacob | 8 | 10mo | 1773 | Daniel | Mary | 4 |
| Jacob | 3 | 5mo | 1694 | Andrew | Elizabeth | 5 |
| Joseph | 8 | 11mo | 1769 | Daniel | Mary | 4 |
| Joshua | 2 | 1mo | 1706/7 | Andrew | Elizabeth | 5 |
| Lydia | 27 | 4mo | 1735 | Thomas | Elizabeth | 4 |
| Lydia | 14 | 2mo | 1776 | Daniel | Mary | 4 |
| Mary | 27 | 1mo | 1697/8 | Andrew | Elizabeth | 5 |
| Patience | 2 | 7mo | 1710 | Andrew | Elizabeth | 5 |
| Samuel | 26 | 11mo | 1762 | Daniel | Mary | 4 |
| Sarah | 11 | 3mo | 1760 | Archibald | Margaret | 4 |
| Thomas | 21 | 6mo | 1778 | Daniel | Mary | 4 |
| Thomas | 15 | 9mo | 1695 | Andrew | Elizabeth | 5 |

**John**
| | | | | | | |
|---|---|---|---|---|---|---|
| Abel | 22 | 7mo | 1727 | Griffith | Ann | 3 |
| Abner | 17 | 5mo | 1789 | Griffith | Sarah | 6 |
| Abner | 22 | 8mo | 1757 | Joshua | Rachel (Davies) | 7 |
| Adam | 4 | May | 1783 | John | Barbara | 12 |
| Amy | 12 | 10mo | 1787 | Griffith | Sarah | 6 |
| Ann | 2 | 3mo | 1758 | Abel | Mary | 3 |
| Ann | 26 | 12mo | 1776 | Reuben | Lydia (Townsend) | 7 |
| Ann | 7 | 8mo | 1765 | Joshua | Rachel (Davies) | 7 |
| Benjamin | 25 | 9mo | 1793 | Griffith | Sarah | 6 |
| Daniel | 12 | 2mo | 1720 | Samuel | Margaret | 3 |
| David | 30 | 11mo | 1714 | Samuel | Margaret | 3 |
| Ebenezer | 7 | 9mo | 1755 | Samuel | Ann (Jenkin) | 7 |
| Elizabeth | 15 | 8mo | 1749 | Joshua | Rachel (Davies) | 7 |
| Ellen | 26 | 2mo | 1718 | Samuel | Margaret | 3 |
| Esther | 3 | 1mo | 1731 | Griffith | Ann | 3 |
| Griffith | 26 | 8mo | 1729 | Griffith | Ann | 3 |
| Griffith | 2 | 5mo | 1755 | Joshua | Rachel (Davies) | 7 |
| Hannah | 19 | 1mo | 1723 | Griffith | Ann | 3 |
| Hannah | 28 | 6mo | 1757 | Griffith, Jr. | Sarah | 3 |
| Hannah | 15 | 7mo | 1763 | Joshua | Rachel (Davies) | 7 |
| Isaac | 19 | 12mo | 1738/9 | Samuel | Ann (Jenkin) | 7 |
| Isaiah | 12 | 7mo | 1761 | Joshua | Rachel (Davies) | 7 |
| Israel | 16 | 12mo | 1787 | Reuben | Lydia (Townsend) | 7 |
| Jane | 5 | 2mo | 1725 | Griffith | Ann | 7 |
| Joanna | 20 | 1mo | 1773 | Reuben | Lydia (Townsend) | 7 |
| Joseph | 20 | 9mo | 1756 | Abel | Mary | 3 |
| Joshua | 31 | 4mo | 1720 | Griffith | Ann | 3 |

## CHESTER COUNTY BIRTHS

**John**
| | | | | | | |
|---|---|---|---|---|---|---|
| Joshua | 31 | 1mo | 1721 | Griffith | Ann | 7 |
| Lisa | 25 | 2mo | 1745 | Joshua | Rachel (Davies) | 7 |
| Lydia | 7 | 9mo | 1745 | Samuel | Ann (Jenkin) | 7 |
| Lydia | 3 | 6mo | 1782 | Reuben | Lydia (Townsend) | 7 |
| Margaret | 2 | 1mo | 1713 | Samuel | Margaret | 3 |
| Martha | 15 | 10mo | 1769 | Reuben | Lydia (Townsend) | 7 |
| Mary | 19 | 12mo | 1709 | Samuel | Margaret | 3 |
| Mary | 11 | 8mo | 1751 | Samuel | Ann (Jenkin) | 7 |
| Nathan | 19 | 10mo | 1799 | Griffith | Sarah | 6 |
| Pamela | 24 | 6mo | 1775 | Reuben | Lydia (Townsend) | 7 |
| Phebe | 23 | 7mo | 1780 | Reuben | Lydia (Townsend) | 7 |
| Rachel | 28 | 10mo | 1791 | Griffith | Sarah | 6 |
| Rachel | 22 | 6mo | 1759 | Joshua | Rachel (Davies) | 7 |
| Rebecca | 25 | 6mo | 1797 | Griffith | Sarah | 6 |
| Robert | 22 | 7mo | 1734 | Griffith | Ann | 3 |
| Robert | 28 | 2mo | 1771 | Reuben | Lydia (Townsend) | 7 |
| Ruth | 24 | 6mo | 1741 | Samuel | Ann (Jenkin) | 7 |
| Samuel | 22 | 11mo | 1711/2 | Samuel | Margaret | 7 |
| Samuel | 18 | 9mo | 1743 | Samuel | Ann (Jenkin) | 7 |
| Sarah | 31 | 8mo | 1736 | Griffith | Ann | 3 |
| Sarah | 13 | 5mo | 1747 | Joshua | Rachel | 3 |
| Sarah | 11 | 7mo | 1795 | Griffith | Sarah | 6 |
| Sarah | 3 | 8mo | 1748 | Samuel | Ann (Jenkin) | 7 |
| Sarah | 5 | 11mo | 1778 | Reuben | Lydia (Townsend) | 7 |
| Sarah | 13 | 5mo | 1747 | Joshua | Rachel (Davies) | 7 |
| Sibbilla | 3 | 8mo | 1753 | Joshua | Rachel (Davies) | 7 |
| Thomas | 2 | 10mo | 1721 | Thomas | Gwen | 3 |
| Townsend | 20 | 2mo | 1784 | Reuben | Lydia (Townsend) | 7 |

**Johnson**
| | | | | | | |
|---|---|---|---|---|---|---|
| Abigail | 1 | 5mo | 1724 | James | Mary | 5 |
| Ann | 15 | 12mo | 1775 | Caleb | Martha | 6 |
| Benjamin | 28 | 2mo | 1800 | Charles | Mary | 4 |
| Benjamin | 25 | 3mo | 1766 | Caleb | Martha | 6 |
| Caleb | 22 | 3mo | 1740 | Robert | Katharine | 5 |
| Charles | 20 | 7mo | 1765 | Humphrey | Mary | 4 |
| David | 23 | 7mo | 1747 | Joshua | Sarah (Miller) | 5 |
| Dinah | 22 | 5mo | 1742 | Joshua | Sarah (Miller) | 5 |
| Elizabeth | 14 | 7mo | 1797 | Charles | Mary | 4 |
| Elizabeth | 5 | 4mo | 1755 | Joshua | Eliza | 5 |
| Elizabeth | 16 | 3mo | 1779 | Caleb | Martha | 6 |
| Hadley | 6 | 7mo | 1782 | Jonathan | Elizabeth | 5 |
| Hadley | 24 | 5mo | 1780 | Isaac | Lydia | 5 |
| Hannah | 22 | 6mo | 1735 | Robert | Katharine | 5 |
| Hannah | 9 | 2mo | 1738 | Joshua | Sarah (Miller) | 5 |
| Hannah | 18 | 8mo | 1780 | Jonathan | Elizabeth | 5 |

## CHESTER COUNTY BIRTHS

**Johnson**

| | | | | | | |
|---|---|---|---|---|---|---|
| Isaac | 14 | 4mo | 1750 | Robert | Katharine | 5 |
| Isaac | 5 | 6mo | 1776 | Joseph | Rachel (Miller) | 5 |
| Isaac | 4 | 11mo | 1784 | Jonathan | Elizabeth | 5 |
| Isaac | 22 | 6mo | 1778 | Isaac | Lydia | 5 |
| Jacob | 29 | 5mo | 1772 | Caleb | Martha | 6 |
| James | *circa* | | 1694 | not given | not given | 4 |
| James | 17 | 3mo | 1725 | Joshua | Sarah (Miller) | 5 |
| Jethro | 18 | 8mo | 1794 | Charles | Mary | 4 |
| Joanna | 20 | 5mo | 1778 | Jonathan | Elizabeth | 5 |
| Jonathan | 6 | 1mo | 1748 | Robert | Katharine | 5 |
| Jonathan | 10 | 11mo | 1775 | Jonathan | Elizabeth | 5 |
| Joseph | 4 | 4mo | 1752 | Joshua | Eliza | 5 |
| Joseph | 13 | 11mo | 1770 | Caleb | Martha | 6 |
| Joshua | 29 | 7mo | 1696 | Robert | Margaret | 5 |
| Joshua | 22 | 10mo | 1735 | Joshua | Sarah (Miller) | 5 |
| Joshua | 13 | 8mo | 1779 | Joseph | Rachel (Miller) | 5 |
| Joshua | 13 | 6mo | 1791 | Jonathan | Elizabeth | 5 |
| Katharine | 3 | 10mo | 1772 | Isaac | Lydia | 5 |
| Lewis | 29 | 3mo | 1788 | Jonathan | Elizabeth | 5 |
| Lydia | 24 | 5mo | 1790 | Charles | Mary | 4 |
| Lydia | 4 | 5mo | 1742 | Robert | Katharine | 5 |
| Lydia | 1 | 1mo | 1727 | Joshua | Sarah (Miller) | 5 |
| Lydia | 24 | 9mo | 1782 | Isaac | Lydia | 5 |
| Margaret | 7 | 3mo | 1734 | James | Ruth | 4 |
| Margaret | 10 | 5mo | 1729 | Joshua | Sarah (Miller) | 5 |
| Margaret | 27 | 4mo | 1769 | Caleb | Martha | 6 |
| Mary | 3 | 12mo | 1735/6 | James | Ruth | 4 |
| Mary | 6 | 8mo | 1767 | Caleb | Martha | 6 |
| Phebe | 15 | 9mo | 1785 | Simon | Rebecca | 4 |
| Rachel | 22 | 5mo | 1741 | James | Ruth | 4 |
| Rachel | 1 | 8mo | 1781 | Joseph | Rachel (Miller) | 5 |
| Rachel | 23 | 10mo | 1798 | Joseph | Sarah | 5 |
| Rebecca | | not given | | Joshua | not given | 5 |
| Rebecca | 18 | 12mo | 1744 | Joshua | Sarah (Miller) | 5 |
| Rebecca | 5 | 3mo | 1774 | Caleb | Martha | 6 |
| Reuben | 13 | 12mo | 1775 | Isaac | Lydia | 5 |
| Richard | 18 | 9mo | 1796 | Jonathan | Elizabeth | 5 |
| Robert | 5 | 4mo | 1740 | Joshua | Sarah (Miller) | 5 |
| Robert | 17 | 12mo | 1792 | Jonathan | Elizabeth | 5 |
| Robert | 2 | 12mo | 1781 | Caleb | Martha | 6 |
| Ruel | 7 | 8mo | 1784 | Isaac | Lydia | 5 |
| Ruth | 28 | 2mo | 1739 | James | Ruth | 4 |
| Ruth | 4 | 5mo | 1778 | Joseph | Rachel (Miller) | 5 |
| Ruth | 12 | 7mo | 1800 | Joseph | Sarah | 5 |
| Sarah | 31 | 5mo | 1732 | James | Ruth | 4 |

## CHESTER COUNTY BIRTHS

**Johnson**
| | | | | | | |
|---|---|---|---|---|---|---|
| Sarah | 11 | 9mo | 1733 | Joshua | Sarah (Miller) | 5 |
| Simon | 14 | 10mo | 1737 | Robert | Katharine | 5 |
| Stephen | 28 | 8mo | 1744 | Robert | Katharine | 5 |
| Susanna | 17 | 11mo | 1743/4 | James | Ruth | 4 |
| William | 6 | 3mo | 1792 | Charles | Mary | 4 |
| William | 23 | 7mo | 1731 | Joshua | Sarah (Miller) | 5 |
| William | 10 | 11mo | 1772 | Jonathan | Elizabeth | 5 |
| Zillah | 23 | 6mo | 1786 | Isaac | Lydia | 5 |

**Jones**
| | | | | | | |
|---|---|---|---|---|---|---|
| Abner | 16 | 9mo | 1762 | Evan | Susanna (Buffington) | 7 |
| Agness | 1 | 12mo | 1745 | Evan | Susanna (Buffington) | 7 |
| Ann | 15 | 2mo | 1758 | William | Rebecca | 7 |
| Aquila | 1 | 10mo | 1758 | Evan | Susanna (Buffington) | 7 |
| Aquila | 9 | 9mo | 1796 | Abner | Hannah | 7 |
| Benjamin | 9 | 7mo | 1767 | Joseph | Hannah | 3 |
| Cadwalader | 8 | 1mo | 1724 | Cadwalader | Elenor | 3 |
| Charity | 27 | 8mo | 1725 | Joseph | Patience | 5 |
| Cyrus | 3 | 5mo | 1795 | John | Ann | 4 |
| Deborah | 13 | 7mo | 1721 | Richard | Rebecca | 3 |
| Dvaid | | Jan | 1737 | David | not given | 16 |
| Elizabeth | 10 | 9mo | 1764 | James | Ann | 7 |
| Evan | 15 | 10mo | 1721 | Cadwalader | Elinor | 7 |
| Hannah | 20 | 10mo | 1755 | Morgan | Susanna | 6 |
| Hannah | 3 | 12mo | 1755 | Evan | Susanna (Buffington) | 7 |
| Henry | 22 | 4mo | 1733 | Reese | Ann / Amy | 3 |
| Jesse | 25 | 1mo | 1753 | Cadwalader | Mary (Gatlive) | 7 |
| Joel | 26 | 9mo | 1786 | John | Hannah | 5 |
| John | 19 | 8mo | 1711 | Cadwalader | Elenor | 3 |
| John | 18 | 10mo | 1790 | John | Hannah | 4 |
| John | 27 | 9mo | 1738 | Morgan | Susanna | 6 |
| John | 26 | 7mo | 1788 | Benjamin | Rebecca | 9 |
| Jonathan | 12 | 1mo | 1750 | Cadwalader | Mary (Gatlive) | 7 |
| Judith | 1 | 5mo | 1718 | Joseph | Patience | 5 |
| Lydia | 3 | 10mo | 1796 | John | Ann | 4 |
| Lydia | 5 | 5mo | 1780 | Joseph | Rachel | 5 |
| Mary | 20 | 12mo | 1712 | Cadwalader | Elenor | 3 |
| Mary | 2 | 4mo | 1720 | Joseph | Patience | 5 |
| Mary | 26 | 1mo | 1783 | Joseph | Rachel | 5 |
| Mary | 4 | 2mo | 1744 | Morgan | Susanna | 6 |
| Mary | 20 | 6mo | 1753 | Evan | Susanna (Buffington) | 7 |
| Mary | bp 22 | May | 1791 | Captain | not given | 15 |
| Nehemiah | 21 | 7mo | 1723 | Richard | Rebecca | 3 |
| Rachel | 4 | 2mo | 1747 | Morgan | Susanna | 6 |
| Rebecca | 21 | 7mo | 1719 | Richard | Rebecca | 3 |
| Rebecca | 14 | 1mo | 1753 | Nehemiah | Mary | 3 |

## CHESTER COUNTY BIRTHS

**Jones**
| Rebecca | 14 | 12mo | 1748/9 | Evan | Susanna (Buffington) | 7 |
| Rebecca | 1 | 9mo | 1718 | Cadwalader | Elinor | 7 |
| Ruth | 18 | 1mo | 1750/1 | Evan | Susanna (Buffington) | 7 |
| Sarah | 6 | 2mo | 1715 | Cadwalader | Elenor | 3 |
| Sarah | 6 | 11mo | 1732 | Henry | Eleanor | 5 |
| Sarah | 6 | 2mo | 1715 | Cadwalader | Elinor | 7 |
| Susanna | 24 | 5mo | 1790 | Abner | Hannah | 7 |
| Thomas | 16 | 7mo | 1793 | John | Ann | 4 |
| William | 14 | 9mo | 1766 | Joseph | Hannah | 3 |
| William | 5 | 12mo | 1776 | Joseph | Rachel | 5 |
| William | 11 | 10mo | 1787 | John | Hannah | 5 |
| Yearsley | 23 | 8mo | 1792 | Abner | Hannah | 7 |

**Judge**
| Hannah | 21 | 12mo | 1778 | Hugh | Susanna (Hatton) | 7 |
| Hugh | 23 | 11mo | 1750 | Hugh | Margaret | 7 |
| Thomas | 27 | 9mo | 1777 | Hugh | Susanna (Hatton) | 7 |

**Jung**
| Barbara | 9 | Jul | 1793 | Peter | Catharina | 12 |
| Catherina | 17 | Jan | 1788 | Peter | Catharine | 12 |
| Jacob | 1 | Sep | 1774 | Jacob | Elizabeth | 12 |

**Jungblut**
| Anna | 1 | Oct | 1791 | John | Magdalena | 12 |
| Elizabeth | 17 | May | 1764 | John | not given | 12 |
| Elizabeth | 11 | May | 1788 | John | Magdalena | 12 |
| John | 24 | Oct | 1759 | John | not given | 12 |
| John | 11 | Oct | 1789 | John | Magdalena | 12 |
| John Henry | 22 | Mar | 1767 | John | not given | 12 |
| Margaret | 3 | Jul | 1769 | John | not given | 12 |
| Michael | 9 | Dec | 1761 | John | not given | 12 |
| Willy | 16 | Jul | 1793 | John | Magdalena | 12 |

# K

**Kaercher**
| Eva Elisabetha | bp 10 | Dec | 1767 | Nicolaus | Maria Elisabeth | 11 |
| Johannes Jacob | bp 8 | Mar | 1770 | Joh. Niclaus | Maria Elisabeth | 11 |

**Karl**
| Catharine | 30 | May | 1769 | Henry | Elisabeth | 12 |
| Elisabeth | 6 | Jun | 1788 | Henry | Philippina | 12 |
| Elizabeth | 29 | Jun | 1771 | Henry | Elizabeth | 12 |
| John | 8 | May | 1773 | Henry | Elizabeth | 12 |

## CHESTER COUNTY BIRTHS

**Keiser**
| | | | | | | | |
|---|---|---|---|---|---|---|---|
| A. Maria | | 16 | Feb | 1771 | Adam | Catharina | 11 |

**Kelbe**
| | | | | | | | |
|---|---|---|---|---|---|---|---|
| Elizabeth | | 13 | Jan | 1761 | Andrew | Maria Catharine | 12 |

**Kendall**
| | | | | | | | |
|---|---|---|---|---|---|---|---|
| James G. | | 25 | 5mo | 1798 | John | Mary | 6 |
| Jesse | | 24 | 9mo | 1790 | John | Mary | 6 |
| John | | 29 | 6mo | 1800 | John | Mary | 6 |
| Rachel | | 12 | 9mo | 1795 | John | Mary | 6 |
| Rebecca G. | | 29 | 12mo | 1792 | John | Mary | 6 |

**Kenned**
| | | | | | | | |
|---|---|---|---|---|---|---|---|
| Ester | bp | | Sep | 1770 | William | not given | 14 |

**Kennedy**
| | | | | | | | |
|---|---|---|---|---|---|---|---|
| Doroty | bp | | Apr | 1770 | William | not given | 14 |
| Rob. Montgomery | bp | 13 | May | 1792 | Samuel | Genny | 15 |

**Kenney**
| | | | | | | | |
|---|---|---|---|---|---|---|---|
| Daniel | | 14 | 8mo | 1799 | Daniel | Eleanor | 7 |
| Daniel, Jr. | | 4 | 4mo | 1773 | not given | not given | 7 |
| Edith | | 21 | 11mo | 1800 | Thomas | Betty | 3 |
| Hannah | | 30 | 3mo | 1799 | Thomas | Betty | 3 |

**Kent**
| | | | | | | | |
|---|---|---|---|---|---|---|---|
| Anne | | 22 | 6mo | 1798 | Daniel | Esther | 8 |
| Elizabeth | | 19 | 4mo | 1796 | Daniel | Esther | 8 |
| Joseph | | 30 | 6mo | 1795 | not given | not given | 5 |
| Joseph | | 30 | 6mo | 1794 | Daniel | Esther | 8 |
| Mary | | 29 | 12mo | 1800 | Daniel | Esther | 8 |
| William | | 3 | 8mo | 1792 | Daniel | Esther | 8 |

**Kercher**
| | | | | | | | |
|---|---|---|---|---|---|---|---|
| Valentine | | 22 | Jul | 1764 | Nickolaus | Maria Elisa | 11 |

**Kerns**
| | | | | | | | |
|---|---|---|---|---|---|---|---|
| William | bp | 10 | Feb | 1792 | John | Agnes | 15 |

**Kersey**
| | | | | | | | |
|---|---|---|---|---|---|---|---|
| Hannah | | 29 | 3mo | 1791 | Jesse | Elizabeth | 7 |
| Joseph | | 14 | 6mo | 1797 | Jesse | Elizabeth | 7 |
| Lydia | | 24 | 11mo | 1792 | Jesse | Elizabeth | 7 |
| Mary | | 19 | 5mo | 1795 | Jesse | Elizabeth | 7 |
| Rachel | | 29 | 1mo | 1800 | Jesse | Elizabeth | 7 |

**Keuter**
| | | | | | | | |
|---|---|---|---|---|---|---|---|
| Abraham | bp | 30 | Jan | 1770 | Adam | not given | 11 |

**Kidd**
| | | | | | | | |
|---|---|---|---|---|---|---|---|
| Martha | bp | 8 | May | 1791 | George | Jane | 15 |

**Kiefer / Pertsch [?]**
| | | | | | | | |
|---|---|---|---|---|---|---|---|
| Johan Pertsch | | 6 | Oct | 1778 | Jacob Kiefer [?] | not given | 11 |

## CHESTER COUNTY BIRTHS

**Kiehly**
| | | | | | | | |
|---|---|---|---|---|---|---|---|
| Matthias | | 14 | Mar | 1785 | Matthias | M. Margaret | 12 |

**Kihly**
| | | | | | | | |
|---|---|---|---|---|---|---|---|
| Jacob | | 19 | May | 1789 | Conrad | Margaret | 12 |
| John | | 18 | Apr | 1787 | Conrad | Margaret | 12 |
| Magdalena | bp | 11 | Sep | 1791 | Conrad | Margaret | 12 |
| Rebekah | | 11 | Apr | 1783 | Conrad | Margaret | 12 |
| Sophia | | 5 | Dec | 1781 | Andrew | Maria | 12 |

**Kind**
| | | | | | | |
|---|---|---|---|---|---|---|
| Johan | | Jul | 1782 | Johan | Luise | 11 |

**King**
| | | | | | | |
|---|---|---|---|---|---|---|
| Ann | 7 | 6mo | 1770 | Thomas | Ann | 4 |
| Hannah | 3 | 8mo | 1774 | Thomas | Ann | 4 |
| Hannah | 3 | 7mo | 1722 | James | Isabel | 5 |
| Isaac | 25 | 9mo | 1799 | Michael | Hannah | 4 |
| Isabel | 20 | 8mo | 1759 | Thomas | Ann | 4 |
| Jacob | | circa | 1788 | John | Anna | 12 |
| James | 16 | 10mo | 1756 | Thomas | Ann | 4 |
| Jane | 19 | 9mo | 1718 | James | Isabel | 5 |
| Jean | 5 | 1mo | 1765 | Thomas | Ann | 4 |
| Joseph | 27 | 2mo | 1795 | Michael | Hannah | 4 |
| Katharine | 1 | 12mo | 1800 | Michael | Hannah | 4 |
| Margaret | 20 | 3mo | 1761 | Thomas | Ann | 4 |
| Margaret | 20 | 10mo | 1712 | James | Isabel | 5 |
| Mary | 12 | 3mo | 1772 | Thomas | Ann | 4 |
| Mary | 19 | 12mo | 1710 | James | Isabel | 5 |
| Michael | 29 | 5mo | 1763 | Thomas | Ann | 4 |
| Michael | 30 | 10mo | 1714 | James | Isabel | 5 |
| Miriam | 5 | 11mo | 1776 | Thomas | Ann | 4 |
| Rebecca | 17 | 8mo | 1797 | Michael | Hannah | 4 |
| Samuel | 10 | 6mo | 1793 | Michael | Hannah | 4 |
| Thomas | 6 | 12mo | 1757 | Thomas | Ann | 4 |
| Thomas | 28 | 7mo | 1716 | James | Isabel | 5 |
| Vincent | 6 | 1mo | 1768 | Thomas | Ann | 4 |
| Vincent | 5 | 5mo | 1720 | James | Isabel | 5 |

**Kinger**
| | | | | | | |
|---|---|---|---|---|---|---|
| Elisabetha | | 25 | Dec | 1760 | Joh. | Christina Elizabeth | 11 |

**Kinkaid**
| | | | | | | | |
|---|---|---|---|---|---|---|---|
| Betsey | bp | 28 | Jan | 1783 | John | Elizabeth | 15 |
| Betsey | | 21 | Jan | 1783 | John | Elizabehth | 15 |

**Kinkead**
| | | | | | | | |
|---|---|---|---|---|---|---|---|
| Eliezor | bp | | Mar | 1770 | James | not given | 14 |
| Elijah | bp | | Nov | 1768 | James | not given | 14 |

**Kinkey**
| | | | | | |
|---|---|---|---|---|---|
| Margery | | not given | Hermon | Margery | 1 |

111

## CHESTER COUNTY BIRTHS

**Kinsey**
| | | | | | | |
|---|---|---|---|---|---|---|
| Mahlon | 21 | 11mo | 1779 | not given | not given | 5 |
| Samuel | 24 | 10mo | 1777 | Thomas | Margaret | 5 |

**Kirchner**
| | | | | | | |
|---|---|---|---|---|---|---|
| Anna Margaretha | 9 | Feb | 1766 | Nicolaus | Maria Elis. | 11 |

**Kirk**
| | | | | | | |
|---|---|---|---|---|---|---|
| Abigail | 29 | 11mo | 1753 | Adam | Phebe (Mendenhall) | 1 |
| Abigail | 11 | 8mo | 1787 | Caleb | Sarah | 1 |
| Abigail | | 7mo | 1701 | Alphonsus | Abigail | 4 |
| Abigail | 16 | 11mo | 1796 | Timothy | Elizabeth | 4 |
| Abner | 24 | 2mo | 1783 | Abner | Ann | 4 |
| Abner | 6 | 10mo | 1799 | William | Lydia | 4 |
| Adam | 13 | 6mo | 1749 | Adam | Phebe (Mendenhall) | 1 |
| Adam | | not given | | Adam | Phebe | 1 |
| Adam | | not given | | Alphonsius | Abigail | 1 |
| Adam | 16 | 12mo | 1740 | Timothy | Sarah | 3 |
| Adam | 1 | 3mo | 1707 | Alphonsus | Abigail | 4 |
| Adam | 12 | 5mo | 1766 | William | Sibbilla (Davies) | 7 |
| Alphoneus | 2 | 8mo | 1705 | Alphonsus | Abigail | 4 |
| Alphonsus | 16 | 12mo | 1736/7 | Timothy | Sarah | 3 |
| Ann | 17 | 6mo | 1782 | Adam | Esther (Wilson) | 1 |
| Ann | 31 | 5mo | 1789 | Caleb | Sarah | 1 |
| Ann | 20 | 5mo | 1788 | Roger | Rachel | 4 |
| Ann | 2 | 5mo | 1779 | Joseph | Judith | 4 |
| Ann | 29 | 3mo | 1781 | Abner | Ann | 4 |
| Ann | 16 | 9mo | 1797 | William | Lydia | 4 |
| Benjamin | 4 | 4mo | 1780 | Adam | Esther (Wilson) | 1 |
| Betty | 27 | 12mo | 1761 | Adam | Phebe (Mendenhall) | 1 |
| Beulah | 7 | 4mo | 1762 | Caleb | Elizabeth | 2 |
| Caleb | 30 | 3mo | 1756 | Adam | Phebe (Mendenhall) | 1 |
| Caleb | 11 | 11mo | 1784 | Caleb | Sarah | 1 |
| Caleb | 16 | 4mo | 1792 | Caleb | Sarah | 1 |
| Caleb | 3 | 8mo | 1759 | Caleb | Elizabeth | 2 |
| Caleb | 4 | 5mo | 1734 | William | Mary (Buckingham) | 7 |
| Catharine | 14 | 3mo | 1777 | Timothy | Lydia | 4 |
| Deborah | 12 | 10mo | 1758 | Adam | Phebe (Mendenhall) | 1 |
| Deborah | 2 | 5mo | 1723 | Roger | Elizabeth | 4 |
| Deborah | 4 | 2mo | 1781 | Joseph | Judith | 4 |
| Debrey | | 11mo | 1699 | Alphonsus | Abigail | 4 |
| Eli | 13 | 4mo | 1764 | Caleb | Elizabeth | 2 |
| Elijah | 4 | 9mo | 1800 | Eli | Susanna | 4 |
| Elisha | 25 | 12mo | 1757 | Caleb | Elizabeth | 2 |
| Elisha | 20 | 4mo | 1775 | Roger | Rachel | 4 |
| Elizabeth | 5 | 1mo | 1721/2 | Roger | Elizabeth | 4 |
| Elizabeth | 17 | 12mo | 1738 | Roger | Jean | 4 |

## CHESTER COUNTY BIRTHS

**Kirk**
| | | | | | | |
|---|---|---|---|---|---|---|
| Elizabeth | 23 | 4mo | 1695 | Alphonsus | Abigail | 4 |
| Elizabeth | 17 | 2mo | 1772 | Timothy | Lydia | 4 |
| Elizabeth | 9 | 4mo | 1770 | Joseph | Judith | 4 |
| Elizabeth | 21 | 3mo | 1779 | Abner | Ann | 4 |
| Elizabeth | 24 | 11mo | 1756 | William | Sibbilla (Davies) | 7 |
| Elizabeth | 22 | 12mo | 1798 | Isaiah | Elizab. (Richardson) | 7 |
| Esther | 4 | 2mo | 1792 | Timothy | Elizabeth | 4 |
| Esther | 7 | 2mo | 1786 | Eli | Susanna | 4 |
| Ezekiel | 19 | 12mo | 1753 | Timothy | Sarah | 3 |
| Hannah | 31 | 5mo | 1747 | Adam | Phebe (Mendenhall) | 1 |
| Hannah | 22 | 10mo | 1776 | Adam | Esther (Wilson) | 1 |
| Hannah | 20 | 10mo | 1799 | Caleb | Sarah | 1 |
| Hannah | 21 | 10mo | 1740 | William | Mary | 3 |
| Hannah | 10 | 12mo | 1744 | Roger | Jean | 4 |
| Hannah | 3 | 2mo | 1763 | Timothy | Lydia | 4 |
| Hannah | 11 | 12mo | 1776 | Abner | Ann | 4 |
| Hannah | 21 | 10mo | 1740 | William | Mary (Buckingham) | 7 |
| Hannah | 2 | 1mo | 1797 | Isaiah | Elizab. (Richardson) | 7 |
| Henry | 9 | 3mo | 1730 | Roger | Jean | 4 |
| Isaiah | 27 | 2mo | 1775 | Adam | Esther (Wilson) | 1 |
| Isaiah | 9 | 12mo | 1754 | William | Sibbilla (Davies) | 7 |
| Jacob | 19 | 12mo | 1735/6 | Timothy | Sarah | 3 |
| Jacob | 16 | 5mo | 1779 | Roger | Rachel | 4 |
| Jane | 14 | 1mo | 1766 | Timothy | Lydia | 4 |
| Jean | 1 | 12mo | 1733 | Roger | Jean | 4 |
| John | 23 | 3mo | 1781 | Roger | Rachel | 4 |
| John | 17 | 12mo | 1742 | Roger | Jean | 4 |
| John | 25 | 11mo | 1787 | Timothy | Elizabeth | 4 |
| Jonathan | 15 | 11mo | 1697 | Alphonsus | Abigail | 4 |
| Joseph | 5 | 3mo | 1742 | Timothy | Sarah | 3 |
| Joseph | 18 | 11mo | 1774 | Abner | Ann | 4 |
| Joshua | 6 | 11mo | 1763 | Adam | Phebe (Mendenhall) | 1 |
| Joshua | 27 | 6mo | 1779 | Caleb | Sarah | 1 |
| Joshua | 20 | 8mo | 1770 | Timothy | Lydia | 4 |
| Joshua | 12 | 12mo | 1759 | William | Sibbilla (Davies) | 7 |
| Josiah | 17 | 8mo | 1784 | Roger | Rachel | 4 |
| Judith | 18 | 3mo | 1776 | Joseph | Judith | 4 |
| Levi | 17 | 5mo | 1790 | Roger | Rachel | 4 |
| Lewis | 15 | 11mo | 1793 | Roger | Rachel | 4 |
| Lydia | 8 | 11mo | 1746 | Adam | Phebe (Mendenhall) | 1 |
| Lydia | 30 | 12mo | 1796 | Caleb | Sarah | 1 |
| Lydia | 11 | 12mo | 1748/9 | William | Mary | 3 |
| Lydia | 28 | 3mo | 1768 | Timothy | Lydia | 4 |
| Lydia | 3 | 5mo | 1789 | Timothy | Elizabeth | 4 |
| Lydia | 11 | 12mo | 1748/9 | William | Mary (Buckingham) | 7 |

## CHESTER COUNTY BIRTHS

**Kirk**

| | | | | | | |
|---|---|---|---|---|---|---|
| Margaret | 5 | 9mo | 1731 | Roger | Jean | 4 |
| Mary | 9 | 10mo | 1715 | Roger | Elizabeth | 4 |
| Mary | 4 | 2mo | 1792 | Roger | Rachel | 4 |
| Mary | 5 | 3mo | 1731 | William | Margaret | 4 |
| Mary | 27 | 12mo | 1740 | Roger | Jean | 4 |
| Mary | 31 | 8mo | 1698 | Alphonsus | Abigail | 4 |
| Mary | 15 | 5mo | 1774 | Timothy | Lydia | 4 |
| Mary | 17 | 1mo | 1774 | Joseph | Judith | 4 |
| Mary | 4 | 7mo | 1771 | Abner | Ann | 4 |
| Mary | 26 | 3mo | 1796 | William | Lydia | 4 |
| Mary | 1 | 1mo | 1751 | William | Mary (Buckingham) | 7 |
| Phebe | 28 | 7mo | 1751 | Adam | Phebe (Mendenhall) | 1 |
| Phebe | 20 | 2mo | 1781 | Caleb | Sarah | 1 |
| Rachel | 18 | 12mo | 1738 | Timothy | Sarah | 3 |
| Rachel | 24 | 6mo | 1746 | William | Mary | 3 |
| Rachel | 4 | 7mo | 1771 | Abner | Ann | 4 |
| Rachel | 24 | 6mo | 1746 | William | Mary (Buckingham) | 7 |
| Rachel | 18 | 4mo | 1763 | William | Sibbilla (Davies) | 7 |
| Rachel | 19 | 7mo | 1790 | Isaiah | Elizab. (Richardson) | 7 |
| Rebecca | 30 | 3mo | 1778 | Adam | Esther (Wilson) | 1 |
| Rebecca | 31 | 3mo | 1744 | William | Mary (Buckingham) | 7 |
| Rebecca | 3 | 2mo | 1758 | William | Sibbilla (Davies) | 7 |
| Rebekah | 25 | 8mo | 1729 | Roger | Elizabeth | 4 |
| Reuben | 13 | 6mo | 1792 | Eli | Susanna | 4 |
| Roger | 5 | 6mo | 1751 | Timothy | Ann | 4 |
| Roger | 21 | 1mo | 1694 | Alphonsus | Abigail | 4 |
| Roger | 30 | 5mo | 1794 | Eli | Susanna | 4 |
| Ruth | 16 | 7mo | 1736 | William | Mary (Buckingham) | 7 |
| Ruth | 16 | 4mo | 1761 | William | Sibbilla (Davies) | 7 |
| Sampson | 18 | 12mo | 1746 | Roger | Jean | 4 |
| Samuel | 25 | 8mo | 1782 | Caleb | Sarah | 1 |
| Samuel | 23 | 9mo | 1733 | Roger | Elizabeth | 4 |
| Samuel R. | 6 | 6mo | 1788 | Isaiah | Elizab. (Richardson) | 7 |
| Sarah | 28 | 12mo | 1793 | Caleb | Sarah | 1 |
| Sarah | 10 | 10mo | 1751 | Timothy | Sarah | 3 |
| Sarah | 13 | 12mo | 1750 | Roger | Jean | 4 |
| Sarah | 17 | 2mo | 1772 | Joseph | Judith | 4 |
| Sarah | 1 | 1mo | 1751 | William | Mary (Buckingham) | 7 |
| Sibbilla | 23 | 10mo | 1771 | William | Sibbilla (Davies) | 7 |
| Susanna | 18 | 7mo | 1787 | Joseph | Judith | 4 |
| Tamer | 25 | 2mo | 1738 | William | Mary (Buckingham) | 7 |
| Thomas | 26 | 9mo | 1744 | Timothy | Sarah | 3 |
| Timothy | 8 | 1mo | 1749 | Timothy | Sarah | 3 |
| Timothy | 17 | 11mo | 1717 | Roger | Elizabeth | 4 |
| Timothy | 23 | 3mo | 1781 | Roger | Rachel | 4 |

## CHESTER COUNTY BIRTHS

**Kirk**
| | | | | | | | |
|---|---|---|---|---|---|---|---|
| Timothy | | 22 | 2mo | 1734 | Roger | Jean | 4 |
| Timothy | | 6 | 3mo | 1704 | Alphonsus | Abigail | 4 |
| Timothy | | 1 | 5mo | 1711 | Alphonsus | Abigail | 4 |
| Timothy | | 13 | 9mo | 1796 | Eli | Susanna | 4 |
| William | | 13 | 9mo | 1765 | Adam | Phebe (Mendenhall) | 1 |
| William | | 21 | 12mo | 1746 | Timothy | Sarah | 3 |
| William | | 25 | 11mo | 1719 | Roger | Elizabeth | 4 |
| William | | 10 | 2mo | 1736 | Roger | Jean | 4 |
| William | | 4 | 1mo | 1708 | Alphonsus | Abigail | 4 |
| William | | 17 | 4mo | 1783 | Joseph | Judith | 4 |
| William | | 4 | 2mo | 1773 | Abner | Ann | 4 |
| William | | 8 | 1mo | 1788 | Eli | Susanna | 4 |
| William | | 4 | 1mo | 1709 | Alponsus | Abigail | 7 |
| William | | 23 | 1mo | 1769 | William | Sibbilla (Davies) | 7 |
| William | | 27 | 3mo | 1793 | Isaiah | Elizab. (Richardson) | 7 |

**Kirkwood**
| | | | | | | | |
|---|---|---|---|---|---|---|---|
| John | bp | 13 | Mar | 1791 | Archibald | Elizabeth | 15 |
| William | | 17 | 10mo | 1782 | William | Mary | 6 |
| William | | 15 | 11mo | 1782 | not given | not given | 6 |

**Klein**
| | | | | | | | |
|---|---|---|---|---|---|---|---|
| Daniel | | 1 | Mar | 1769 | John | Henrietta | 12 |
| David | | 6 | Jan | 1772 | John | Henrietta | 12 |
| John | | 6 | Jan | 1772 | John | Margaret | 12 |
| John Jacob | | 14 | Jul | 1762 | John Jacob | not given | 12 |
| Rebecca | | 17 | Feb | 1787 | Philip | not given | 13 |

**Kleindienst**
| | | | | | | | |
|---|---|---|---|---|---|---|---|
| Barbara | | 6 | Sep | 1760 | David | Magdalena | 11 |
| Joh. Andreas | | 8 | Jul | 1762 | David | Magdalena | 11 |

**Klinger**
| | | | | | | | |
|---|---|---|---|---|---|---|---|
| Johannes | bp | 29 | Feb | 1768 | Johannes | not given | 11 |
| Maria Magdalena | bp | 7 | Jul | 1769 | Johannes | not given | 11 |
| a daughter | | 25 | Jan | 1765 | Johannes | not given | 11 |

**Knerr**
| | | | | | | | |
|---|---|---|---|---|---|---|---|
| Abraham | | 22 | Jan | 1770 | Heinrich | Elisabetha | 11 |
| Anna Maria | | 16 | Jun | 1779 | Henrich | Elisabet | 11 |
| Barbara | | 10 | May | 1768 | Henrich | not given | 11 |
| Elisabeth | | 17 | May | 1766 | Henrich | not given | 11 |
| Heinrich | | 21 | Dec | 1760 | Hen. | Elisabeth | 11 |
| Isack | | | Dec | 1776 | Henrich | Elisabet | 11 |
| Jacob | | 22 | Jan | 1770 | Heinrich | Elisabetha | 11 |
| Johannes | | 14 | Feb | 1764 | Henrich | not given | 11 |
| Magdalina | | 12 | Jan | 1762 | Henrich | not given | 11 |
| Margaretha | bp | 30 | Sep | 1769 | Vallentin | not given | 11 |
| Susana | | 6 | Jul | 1783 | Henrich | Elisabet | 11 |

**Kochs**
| | | | | | | | |
|---|---|---|---|---|---|---|---|
| Henry | 10 | Jul | 1798 | Thomas | Violetta | 12 |
| Thomas | 6 | Sep | 1793 | Thomas | Violetta | 12 |

**Kolb**
| | | | | | | |
|---|---|---|---|---|---|---|
| Anna | 4 | Feb | 1798 | George Michael | Elisabeth | 12 |
| Maria | 24 | Aug | 1800 | Peter | Hannah | 12 |

**Kramp**
| | | | | | | |
|---|---|---|---|---|---|---|
| Barbara | 21 | Feb | 1766 | Carl | not given | 11 |

**Kranck**
| | | | | | | |
|---|---|---|---|---|---|---|
| Joh. Wilhelm | 26 | Sep | 1762 | Joh. | Catherina | 11 |
| daughter | 10 | Jul | 1765 | Joh. | not given | 11 |

**Kreiner**
| | | | | | | |
|---|---|---|---|---|---|---|
| Elizabeth | 19 | Mar | 1794 | Christopher | Elizabeth | 12 |

**Krob**
| | | | | | | |
|---|---|---|---|---|---|---|
| Maria Catharina | 13 | May | 1761 | Joh. | Hannah | 11 |

**Kugler**
| | | | | | | |
|---|---|---|---|---|---|---|
| Elizabetha | 8 | Jan | 1781 | Carl | Catharina | 11 |

**Kyle / Pyle**
| | | | | | | |
|---|---|---|---|---|---|---|
| Margaret Hamilton bp | 11 | Sep | 1792 | Joseph | Jane | 15 |

**Köster**
| | | | | | |
|---|---|---|---|---|---|
| Anna Maria | circa | | 1750 | Reichart | Elisab. | 13 |
| Reichart | circa | | 1725 [?] | not given | not given | 13 |
| Susanna | circa | | 1753 | Reichart | Elisab. | 13 |

# L

**Labach**
| | | | | | | |
|---|---|---|---|---|---|---|
| Catharine | 19 | Oct | 1795 | Ludwig | Catharine | 12 |
| Henry | 9 | Jul | 1791 | Henry | Anna Maria | 12 |

**Labauch**
| | | | | | | |
|---|---|---|---|---|---|---|
| Peter | 25 | Nov | 1782 | Henry | Anna Maria | 12 |

**Lamborn**
| | | | | | | |
|---|---|---|---|---|---|---|
| Alice | 19 | 8mo | 1780 | Josiah | Sarah | 5 |
| Ann | 22 | 8mo | 1766 | Robert | Ann (Bourne) | 1 |
| Ann | 14 | 1mo | 1776 | Robert | Martha (Townsend) | 1 |
| Ann | 24 | 8mo | 1795 | George | Martha (Marshall) | 1 |
| Ann | 8 | 8mo | 1728 | Robert | Sarah (Swayne) | 5 |
| Ann | 12 | 7mo | 1793 | Samuel | Ann | 8 |
| Aquilla | 14 | 3mo | 1779 | John | Naomi (Webb) | 1 |
| Benjamin | 25 | 9mo | 1797 | George | Martha (Marshall) | 1 |
| Cyrus | 9 | 8mo | 1783 | John | Naomi (Webb) | 1 |

## CHESTER COUNTY BIRTHS

**Lamborn**

| | | | | | | |
|---|---|---|---|---|---|---|
| Daniel | 15 | 4mo | 1776 | John | Naomi (Webb) | 1 |
| David | 13 | 2mo | 1764 | Robert | Ann (Bourne) | 1 |
| Eli | 10 | 2mo | 1786 | John | Naomi (Webb) | 1 |
| Elizabeth | 1 | 9mo | 1764 | John | Lydia (Levis) | 1 |
| Elizabeth | 7 | 1mo | 1756 | William | Sarah | 1 |
| Elizabeth | 31 | 11mo | 1730 | Robert | Sarah (Swayne) | 5 |
| Ephraim | 15 | 11mo | 1785 | Josiah | Sarah | 5 |
| Ezra | 14 | 7mo | 1786 | Thomas | Dinah (Cerson) | 5 |
| Francis | 8 | 1mo | 1733 | Robert | Sarah (Swayne) | 5 |
| George | 23 | 12mo | 1768 | Robert | Ann (Bourne) | 1 |
| Hannah | 21 | 4mo | 1754 | William | Sarah | 1 |
| Hannah | 1 | 3mo | 1789 | Josiah | Sarah | 5 |
| Isaac | 8 | 12mo | 1775 | Josiah | Sarah | 5 |
| Isaac | 17 | 8mo | 1772 | Thomas | Dinah (Cerson) | 5 |
| Jacob | 23 | 7mo | 1756 | Robert | Ann (Bourne) | 1 |
| Jacob | 19 | 10mo | 1782 | Thomas | Dinah (Cerson) | 5 |
| Jesse | | not given | | Robert | Ann (Bourne) | 1 |
| Jesse | 23 | 4mo | 1782 | Robert | Martha (Townsend) | 1 |
| Joanna | 10 | 4mo | 1774 | Robert | Martha (Townsend) | 1 |
| Job | 16 | 8mo | 1799 | David | Elizabeth | 8 |
| John | | not given | | Robert | Ann (Bourne) | 1 |
| John | 13 | 1mo | 1733 | Robert | Sarah | 1 |
| John | 15 | 12mo | 1736 | Robert | Sarah (Swayne) | 5 |
| John | 14 | 2mo | 1778 | Josiah | Sarah | 5 |
| Jonathan | 7 | 8mo | 1778 | Thomas | Dinah (Cerson) | 5 |
| Joseph | | not given | | Robert | Ann (Bourne) | 1 |
| Joseph | 24 | 9mo | 1767 | Josiah | Sarah | 5 |
| Josiah | 9 | 3mo | 1738 | Robert | Sarah (Swayne) | 5 |
| Josiah | 2 | 1mo | 1773 | Josiah | Sarah | 5 |
| Levi | 21 | 7mo | 1769 | Thomas | Dinah (Cerson) | 5 |
| Levis | | 3mo | 1768 | John | Lydia (Levis) | 1 |
| Lewis | 7 | 9mo | 1791 | George | Martha (Marshall) | 1 |
| Lydia | 1 | 6mo | 1771 | Robert | Ann (Bourne) | 1 |
| Lydia | 15 | 8mo | 1772 | Robert | Ann (Bourne) | 1 |
| Margaret | 11 | 9mo | 1788 | Robert | Martha (Townsend) | 1 |
| Marshall | 21 | 4mo | 1800 | George | Martha (Marshall) | 1 |
| Martha | 9 | 5mo | 1793 | Robert | Martha (Townsend) | 1 |
| Mary | 26 | 4mo | 1753 | Robert | Ann (Bourne) | 1 |
| Mary | 1 | 9mo | 1786 | Robert | Martha (Townsend) | 1 |
| Miriam | 18 | 8mo | 1776 | Thomas | Dinah (Cerson) | 5 |
| Parmenas | 4 | 8mo | 1766 | Thomas | Dinah (Cerson) | 5 |
| Richard | 10 | 12mo | 1763 | Thomas | Dinah (Cerson) | 5 |
| Robert | 8 | 4mo | 1751 | Robert | Ann (Bourne) | 1 |
| Robert | 25 | 11mo | 1790 | Robert | Martha (Townsend) | 1 |
| Robert | | not given | | Josiah | Ann | 5 |

## CHESTER COUNTY BIRTHS

**Lamborn**
| Robert | | 3 | 6mo | 1723 | Robert | Sarah (Swayne) | 5 |
|---|---|---|---|---|---|---|---|
| Samuel | | 4 | 4mo | 1769 | Josiah | Sarah | 5 |
| Sarah | | 26 | 9mo | 1761 | Robert | Ann (Bourne) | 1 |
| Sarah | | 28 | 5mo | 1780 | Robert | Martha (Townsend) | 1 |
| Sarah | | 21 | 2mo | 1741 | Robert | Sarah (Swayne) | 5 |
| Sarah | | 25 | 11mo | 1782 | Josiah | Sarah | 5 |
| Susanna | | 7 | 4mo | 1749 | Robert | Ann (Bourne) | 1 |
| Susanna | | 24 | 1mo | 1774 | John | Naomi (Webb) | 1 |
| Susanna | | 2 | 4mo | 1784 | Robert | Martha (Townsend) | 1 |
| Susanna | | 22 | 1mo | 1771 | Josiah | Sarah | 5 |
| Thomas | | | not given | | Robert | Ann (Bourne) | 1 |
| Thomas | | 9 | 1mo | 1771 | John | Naomi (Webb) | 1 |
| Thomas | | 9 | 3mo | 1738 | Robert | Sarah (Swayne) | 5 |
| Thomas | | 22 | 7mo | 1774 | Thomas | Dinah (Cerson) | 5 |
| Thomas | | 13 | 5mo | 1793 | George | Martha | 5 |
| Townsend | | 15 | 4mo | 1778 | Robert | Martha (Townsend) | 1 |
| William | | 19 | 3mo | 1790 | John | Namoi (Webb) | 1 |
| William | | 31 | 10mo | 1725 | Robert | Sarah (Swayne) | 5 |

**Lata**
| Alexander | bp | | Nov | 1770 | deceased | Rebecka, widow | 14 |
|---|---|---|---|---|---|---|---|

**Laubach**
| Anna Catharina | 21 | Jan | 1776 | Henry | Anna Maria | 12 |
|---|---|---|---|---|---|---|
| Anna Margaret | 6 | Jul | 1758 | John | not given | 12 |
| Anna Maria | 20 | Jul | 1756 | John | not given | 12 |
| Anna Maria | 25 | Jun | 1787 | Henry | Anna Maria | 12 |
| Christina | 29 | May | 1761 | John | not given | 12 |
| Elizabeth | 2 | Sep | 1780 | Henry | Anna Maria | 12 |
| Henry | 26 | Jun | 1753 | John | not given | 12 |
| John | 8 | Aug | 1778 | Henry | Anna Maria | 12 |
| John Ludwig | 4 | Jan | 1771 | John | Catharina | 12 |
| Margaret | 21 | Oct | 1788 | Henry | Anna Maria | 12 |
| Rebekah | 31 | Mar | 1774 | John | Catharina | 12 |

**Lauderbach**
| Christine | 14 | Aug | 1764 | Philip | not given | 12 |
|---|---|---|---|---|---|---|

**Laughlin**
| Mary | | circa | 1731 | James | not given | 1 |
|---|---|---|---|---|---|---|

**Lehr**
| Anna Maria | 26 | Dec | 1774 | Adam | Magdalena | 11 |
|---|---|---|---|---|---|---|
| Elisabetha | 5 | Apr | 1777 | Adam | Magdalena | 11 |

**Leonard**
| Benjamin | 31 | 12mo | 1753 | Daniel | Ruth (Harlan) | 1 |
|---|---|---|---|---|---|---|
| Daniel | | not given | | George | Christian [sic] | 1 |
| Daniel | 12 | 1mo | 1748 | Daniel | Ruth (Harlan) | 1 |
| Ezekiel | 18 | 10mo | 1740 | Daniel | Ruth (Harlan) | 1 |

## CHESTER COUNTY BIRTHS

**Leonard**
| | | | | | | |
|---|---|---|---|---|---|---|
| George | 4 | 7mo | 1751 | Daniel | Ruth (Harlan) | 1 |
| Joseph | 9 | 5mo | 1756 | Daniel | Ruth (Harlan) | 1 |
| Mary | 4 | 1mo | 1744 | Daniel | Ruth (Harlan) | 1 |
| Ruth | 9 | 5mo | 1749 | Daniel | Ruth (Harlan) | 1 |

**Leslie**
| | | | | | | |
|---|---|---|---|---|---|---|
| Elizabeth | 31 | 8mo | 1796 | Robert | Rachel | 4 |
| Margaret | 3 | 8mo | 1794 | Robert | Rachel | 4 |
| Thomas | 5 | 11mo | 1798 | Robert | Rachel | 4 |

**Levis**
| | | | | | | |
|---|---|---|---|---|---|---|
| Betty | 30 | 11mo | 1754 | Samuel | Elizabeth (Gregg) | 1 |
| Elizabeth | 20 | 1mo | 1750/1 | William | Martha (Marshall) | 1 |
| Elizabeth | 30 | 8mo | 1721 | William | Elizabeth | 1 |
| Hanna | 18 | 2mo | 1754 | William | Martha (Marshall) | 1 |
| Hannah | 30 | 7mo | 1759 | Samuel | Elizabeth (Gregg) | 1 |
| Lydia | 16 | 6mo | 1734 | William | Elizabeth | 1 |
| Martha | 16 | 7mo | 1762 | William | Martha (Marshall) | 1 |
| Mary | 10 | 2mo | 1732 | William | Elizabeth | 1 |
| Phebe | 6 | 4mo | 1756 | William | Martha (Marshall) | 1 |
| Samuel | 12 | 12mo | 1752 | Samuel | Elizabeth (Gregg) | 1 |
| Samuel | 18 | 9mo | 1723 | William | Elizabeth | 1 |
| Sarah | 29 | 1mo | 1757 | Samuel | Elizabeth (Gregg) | 1 |
| Sarah | 31 | 6mo | 1728 | William | Elizabeth | 1 |
| William | 17 | 5mo | 1750 | Samuel | Elizabeth (Gregg) | 1 |
| William | 7 | 3mo | 1759 | William | Martha (Marshall) | 1 |
| William | 3 | 12mo | 1725/6 | William | Elizabeth | 1 |

**Lewden**
| | | | | | | |
|---|---|---|---|---|---|---|
| Esther | 8 | 10mo | 1764 | John | Rachel | 4 |
| Esther | 9 | 4mo | 1773 | John | Rachel | 4 |
| Jeremiah | 26 | 12mo | 1767 | John | Rachel | 4 |
| John | 5 | 7mo | 1775 | John | Rachel | 4 |
| John | 5 | 4mo | 1777 | John | Rachel | 4 |
| Josiah | 28 | 9mo | 1770 | John | Rachel | 4 |
| Mary | 9 | 2mo | 1769 | John | Rachel | 4 |
| Rachel | 8 | 10mo | 1780 | John | Rachel | 4 |

**Lewis**
| | | | | | | |
|---|---|---|---|---|---|---|
| Abigail | 7 | 11mo | 1734 | Griffith | Mary | 3 |
| Ambrose | 13 | 8mo | 1728 | William | Lowry | 3 |
| Ambrose | 9 | 1mo | 1745 | Nathan | Margaret | 3 |
| Amos | 29 | 6mo | 1761 | William | Elizabeth (Thomas) | 7 |
| Ann | 21 | 6mo | 1725 | William | Lowry | 3 |
| Ann | 27 | 8mo | 1776 | John | Grace (Meredith) | 7 |
| Azariah | 29 | 8mo | 1743 | Nathan | Margaret | 3 |
| Benjamin | 18 | 7mo | 1721 | William | Lowry | 3 |
| David | 8 | 11mo | 1750 | Jabez | Hannah | 3 |

## CHESTER COUNTY BIRTHS

**Lewis**

| | | | | | | |
|---|---|---|---|---|---|---|
| Debbe | 22 | 7mo | 1771 | Didymus | Phebe | 3 |
| Debe | 15 | 5mo | 1750 | Nathan | Margaret | 3 |
| Didymus | 16 | 11mo | 1747 | Nathan | Margaret | 3 |
| Dinah | 23 | 6mo | 1763 | Samuel | Margaret (Trotter) | 7 |
| Eli | 18 | 7mo | 1784 | Didymus | Phebe | 3 |
| Elizabeth | 6 | 5mo | 1753 | Jabez | Hannah | 3 |
| Elizabeth | 29 | 11mo | 1755 | William | Elizabeth (Thomas) | 7 |
| Ellis | 22 | 3mo | 1719 | Ellis | Elizabeth | 1 |
| Ellis | | circa | 1680 | not given | not given | 1 |
| Enos | 19 | 6mo | 1714 | William | Gwen | 3 |
| Enos | 15 | 5mo | 1787 | Henry | Mary | 3 |
| Esther | 16 | 3mo | 1785 | Henry | Mary | 3 |
| Gabriel | 1 | 12mo | 1744 | Jabez | Hannah | 3 |
| Gideon | 26 | 5mo | 1723 | William | Lowry | 3 |
| Gideon | 23 | 7mo | 1755 | Jabez | Hannah | 3 |
| Griffith | 6 | 12mo | 1766 | Samuel | Margaret (Trotter) | 7 |
| Hannah | 12 | 9mo | 1747 | Samuel | Margaret | 3 |
| Hannah | 1 | 4mo | 1782 | Azariah | Hannah | 3 |
| Hannah | 2 | 9mo | 1757 | Samuel | Margaret (Trotter) | 7 |
| Hannah | 1 | 3mo | 1766 | William | Elizabeth (Thomas) | 7 |
| Hannah | 28 | 5mo | 1779 | John | Grace (Meredith) | 7 |
| Hannah | 1 | 7mo | 1793 | Griffith | Lydia (Williams) | 7 |
| Henry | 25 | 4mo | 1790 | Henry | Mary | 3 |
| James | 21 | 5mo | 1748 | Jabez | Hannah | 3 |
| James | 17 | 5mo | 1773 | Azariah | Hannah | 3 |
| Jephthah | 27 | 3mo | 1711 | William | Gwen | 3 |
| John | 10 | 8mo | 1737 | John | Catharine | 7 |
| John | 29 | 3mo | 1781 | John | Grace (Meredith) | 7 |
| Jonathan | 24 | 7mo | 1726 | Evan | Sarah | 3 |
| Jonathan | 8 | 11mo | 1750 | Jabez | Hannah | 3 |
| Joseph | 4 | 3mo | 1719 | William | Lowry | 3 |
| Joseph | 20 | 1mo | 1732 | Nathan | Margaret | 3 |
| Leah | 16 | 7mo | 1739 | Nathan | Margaret | 3 |
| Levi | 3 | 12mo | 1734/5 | Nathan | Margaret | 3 |
| Lydia | 31 | 1mo | 1739 | Jabez | Hannah | 3 |
| Margaret | 27 | 8mo | 1778 | Azariah | Hannah | 3 |
| Margaret | 14 | 2mo | 1789 | Didymus | Phebe | 3 |
| Margaret | 18 | 9mo | 1769 | Samuel | Margaret (Trotter) | 7 |
| Margret | bp 23 | Apr | 1769 | John | not given | 14 |
| Mary | 4 | 4mo | 1792 | Henry | Mary | 3 |
| Mary | 19 | 12mo | 1779 | Didymus | Phebe | 3 |
| Mary | 6 | 1mo | 1715/6 | Ellis | Elizabeth | 5 |
| Mary | 11 | 7mo | 1748 | William | Elizabeth (Thomas) | 7 |
| Mary | 10 | 4mo | 1783 | John | Grace (Meredith) | 7 |
| Mary | 27 | 4mo | 1799 | Griffith | Lydia (Williams) | 7 |

## CHESTER COUNTY BIRTHS

**Lewis**

| | | | | | | | |
|---|---|---|---|---|---|---|---|
| Mary | bp 20 | Mar | 1769 | Alexander | Mary | 14 |
| Miles | 1 | 2mo | 1742 | Nathan | Margaret | 3 |
| Nathan | 21 | 9mo | 1705 | William | Gwen | 3 |
| Nathan | 18 | 8mo | 1755 | Joseph | Sarah | 3 |
| Nathan | 29 | 11mo | 1780 | Azariah | Hannah | 3 |
| Nathan | 18 | 7mo | 1782 | Didymus | Phebe | 3 |
| Nathaniel | 11 | 10mo | 1717 | Ellis | Elizabeth | 1 |
| Peter | 26 | 1mo | 1753 | Nathan | Margaret | 3 |
| Phebe | 27 | 9mo | 1777 | Didymus | Phebe | 3 |
| Phinehas | 23 | 11mo | 1741 | Jabez | Hannah | 3 |
| Rebecca | 27 | 12mo | 1742 | Jabez | Hannah | 3 |
| Rebecca | 28 | 10mo | 1759 | Samuel | Margaret (Trotter) | 7 |
| Rebecca | 21 | 6mo | 1750 | William | Elizabeth (Thomas) | 7 |
| Robert | 21 | 1mo | 1714 | Ellis | Elizabeth | 1 |
| Robert | 27 | 2mo | 1786 | Azariah | Hannah | 3 |
| Samuel | 5 | 8mo | 1726 | Griffith | Mary | 7 |
| Samuel | 13 | 10mo | 1791 | Griffith | Lydia (Williams) | 7 |
| Sarah | 4 | 4mo | 1775 | Azariah | Hannah | 3 |
| Sarah | 29 | 7mo | 1758 | William | Elizabeth (Thomas) | 7 |
| Tacy | 22 | 1mo | 1793 | Didymus | Phebe | 3 |
| Tamar | 23 | 12mo | 1735/6 | Nathan | Margaret | 3 |
| Tamar | 15 | 7mo | 1774 | Didymus | Phebe | 3 |
| Thomas | 17 | 5mo | 1747 | Jabez | Hannah | 3 |
| Thomas | 23 | 9mo | 1786 | Didymus | Phebe | 3 |
| Thos. Massey | 8 | 7mo | 1800 | Elijah | Esther | 3 |
| Unity | 22 | 10mo | 1770 | Azariah | Hannah | 3 |
| William | 23 | 2mo | 1724 | Griffith | Mary | 3 |
| William | 23 | 8mo | 1708 | William | Gwen | 3 |
| William | 22 | 2mo | 1724 | Griffith | Mary | 7 |
| William | 24 | 7mo | 1752 | William | Elizabeth (Thomas) | 7 |

**Lightfoot**

| | | | | | | |
|---|---|---|---|---|---|---|
| Benjamin | 12 | 1mo | 1787 | Thomas | Rachel | 7 |
| David | 6 | 2mo | 1774 | William | Mary (Ferris) | 7 |
| Deborah | 26 | 4mo | 1772 | William | Mary (Ferris) | 7 |
| Elinor | 16 | 10mo | 1708 | Michael | Mary | 5 |
| Katharine | 12 | 6mo | 1714 | Michael | Mary | 5 |
| Mary | 20 | 1mo | 1710/1 | Michael | Mary | 5 |
| Mary | 28 | 4mo | 1770 | William | Mary (Ferris) | 7 |
| Samuel | 5 | 9mo | 1768 | William | Mary (Ferris) | 7 |
| Sarah | 30 | 4mo | 1707 | Michael | Mary | 5 |
| Sarah | 22 | 7mo | 1776 | William | Mary (Ferris) | 7 |
| Susanna | 15 | 8mo | 1767 | William | Mary (Ferris) | 7 |
| Susanna | 8 | 1mo | 1786 | Thomas | Rachel | 7 |
| Thomas | 16 | 5mo | 1717 | Michael | Mary | 5 |
| William | 22 | 3mo | 1720 | Michael | Mary | 5 |

## CHESTER COUNTY BIRTHS

**Lightfoot**
| | | | | | | | |
|---|---|---|---|---|---|---|---|
| William | | 20 | 1mo | 1731 | Samuel | Mary | 7 |
| William | | 4 | 9mo | 1782 | William | Mary (Ferris) | 7 |
| William M. | | 30 | 4mo | 1800 | Samuel | Rachel | 7 |

**Lindemann**
| | | | | | | | |
|---|---|---|---|---|---|---|---|
| Joh. Heinrich | | 20 | Dec | 1765 | Justus | Magdalena | 11 |

**Lindley**
| | | | | | | | |
|---|---|---|---|---|---|---|---|
| Alice | | 25 | 2mo | 1716 | James | Eleanor | 5 |
| Deborah | | 26 | 12mo | 1753 | Jonathan | Deborah | 5 |
| Elinor | | 11 | 1mo | 1727/8 | James | Eleanor | 5 |
| Elizabeth | | 4 | 8mo | 1720 | James | Eleanor | 5 |
| Hannah | | 11 | 1mo | 1723 | James | Eleanor | 5 |
| Jacob | | 18 | 9mo | 1744 | Jonathan | Deborah | 5 |
| James | | 30 | 4mo | 1709 | James | Eleanor | 5 |
| James | | 22 | 9mo | 1735 | Thomas | Ruth | 5 |
| James | | 18 | 10mo | 1746 | Jonathan | Deborah | 5 |
| Jonathan | | 11 | 3mo | 1719 | James | Eleanor | 5 |
| Jonathan | | 18 | 9mo | 1750 | Jonathan | Deborah | 5 |
| Katharine | | 22 | 9mo | 1732 | Thomas | Ruth | 5 |
| Mary | | 4 | 9mo | 1717 | James | Eleanor | 5 |
| Rachel | | 11 | 5mo | 1707 | James | Eleanor | 5 |
| Robert | | 30 | 4mo | 1712 | James | Eleanor | 5 |
| Simon | | 5 | 1mo | 1738/9 | Thomas | Ruth | 5 |
| Thomas | | 25 | 2mo | 1706 | James | Eleanor | 5 |
| Thomas | | 7 | 8mo | 1740 | Thomas | Ruth | 5 |
| William | | 20 | 12mo | 1714 | James | Eleanor | 5 |
| William | | 27 | 12mo | 1742 | Thomas | Ruth | 5 |

**Linscom**
| | | | | | | | |
|---|---|---|---|---|---|---|---|
| William | bp | 14 | Jul | 1793 | William | Mary | 15 |

**Littler**
| | | | | | | | |
|---|---|---|---|---|---|---|---|
| John | | 28 | 3mo | 1708 | Samuel | Rachel | 5 |
| Joshua | | 10 | 1mo | 1710/1 | Samuel | Rachel | 5 |
| Minshall | | 2 | 2mo | 1718 | Samuel | Rachel | 5 |
| Rachel | | 16 | 7mo | 1737 | Samuel | Mary | 1 |
| Rachel | | 14 | 8mo | 1736 | Joshua | Deborah | 4 |
| Rachel | | 19 | 7mo | 1737 | Samuel | Mary | 4 |
| Rachel | | 21 | 8mo | 1715 | Samuel | Rachel | 5 |
| Rachel | bp | | Feb | 1771 | Thomas | not given | 14 |
| Samuel | | 7 | 12mo | 1712/3 | Samuel | Rachel | 5 |
| Sarah | | 24 | 6mo | 1721 | Samuel | Rachel | 5 |
| Susannah | | 5 | 8mo | 1737 | Joshua | Deborah | 4 |
| Thomas | | 10 | 10mo | 1734 | Joshua | Deborah | 4 |

**Lloyd**
| | | | | | | | |
|---|---|---|---|---|---|---|---|
| David | | 29 | 1mo | 1741 | Humphrey | Hannah | 3 |
| Grace | | 23 | 11mo | 1733 | Humphrey | Hannah | 3 |

## CHESTER COUNTY BIRTHS

**Lloyd**
| | | | | | | | |
|---|---|---|---|---|---|---|---|
| Hannah | | 24 | 11mo | 1737/8 | Humphrey | Hannah | 3 |
| Humphrey | | 10 | 2mo | 1745 | Humphrey | Hannah | 3 |
| John | | 27 | 9mo | 1749 | Humphrey | Hannah | 3 |
| Jones | | 7 | 9mo | 1742 | Humphrey | Hannah | 3 |
| Margaret | | 31 | 1mo | 1731 | Humphrey | Hannah | 3 |
| Rebecca | | 12 | 11mo | 1735 | Humphrey | Hannah | 3 |
| Sarah | | 25 | 11mo | 1729 | Humphrey | Hannah | 3 |

**Lockard**
| | | | | | | | |
|---|---|---|---|---|---|---|---|
| James | bp | 12 | Feb | 1769 | Robert | Phebe | 14 |
| Jean | bp | | Jan | 1771 | Robert | not given | 14 |

**Lodge**
| | | | | | | | |
|---|---|---|---|---|---|---|---|
| Abel | | 22 | 8mo | 1770 | Jozabad | Catharine (Strange) | 1 |
| Esther | | 24 | 10mo | 1756 | Jozabad | Catharine (Strange) | 1 |
| Jacob | | 31 | 5mo | 1759 | Jozabad | Catharine (Strange) | 1 |
| Jonathan | | 28 | 2mo | 1762 | Jozabad | Catharine (Strange) | 1 |
| Jozabad | | | not given | | Robert | Esther | 1 |
| Jozabad | | 5 | 10mo | 1767 | Jozabad | Catharine (Strange) | 1 |
| Nathan | | 5 | 12mo | 1764 | Jozabad | Catharine (Strange) | 1 |
| William | | | not given | | Jozabad | Catharine (Strange) | 1 |

**Loewenberg**
| | | | | | | | |
|---|---|---|---|---|---|---|---|
| Johannes | | 27 | May | 1783 | Peter | Justina | 11 |

**Logan**
| | | | | | | | |
|---|---|---|---|---|---|---|---|
| Archebal | bp | | Sep | 1769 | William | not given | 14 |
| Margret | bp | | Mar | 1772 | William | not given | 14 |

**Logue**
| | | | | | | | |
|---|---|---|---|---|---|---|---|
| Elizabeth | | 3 | 4mo | 1782 | Stephen | Hannah (Nichols) | 1 |
| Esther | | 22 | 11mo | 1788 | Stephen | Hannah (Nichols) | 1 |
| Lydia N. | | 25 | 3mo | 1778 | Stephen | Hannah (Nichols) | 1 |
| Margaret | | 24 | 8mo | 1784 | Stephen | Hannah (Nichols) | 1 |
| Mary | | 16 | 11mo | 1790 | Stephen | Hannah (Nichols) | 1 |
| Ruth | | 16 | 2mo | 1780 | Stephen | Hannah (Nichols) | 1 |
| Ruth | | 20 | 9mo | 1751 | David | Betty | 1 |
| Samuel | | 11 | 5mo | 1793 | Stephen | Hannah (Nichols) | 1 |
| Sarah | | 25 | 2mo | 1796 | Stephen | Hannah (Nichols) | 1 |
| Stephen | | 16 | 3mo | 1753 | David | Elizabeth | 1 |
| Stephen | | 14 | 6mo | 1786 | Stephen | Hannah (Nichols) | 1 |

**Loiea / Love [?]**
| | | | | | | | |
|---|---|---|---|---|---|---|---|
| Samuel Edmiston | bp | 13 | Oct | 1793 | John | not given | 15 |

**Long**
| | | | | | | | |
|---|---|---|---|---|---|---|---|
| Ester | bp | | Feb | 1771 | William | not given | 14 |

**Longstreth**
| | | | | | | | |
|---|---|---|---|---|---|---|---|
| Elizabeth | | 15 | 3mo | 1741 | Bartholomew | Ann | 7 |
| Hannah | | 9 | 10mo | 1768 | John | Jane | 7 |
| Jane | | 23 | 11mo | 1735 | Bartholomew | Ann | 7 |

## CHESTER COUNTY BIRTHS

**Longstreth**
| | | | | | | |
|---|---|---|---|---|---|---|
| Jane | | 14 | 7mo | 1784 | John | Jane | 7 |
| John | | 10 | 2mo | 1771 | John | Jane | 7 |
| Moses | | 18 | 6mo | 1780 | John | Jane | 7 |
| Sarah | | 18 | 10mo | 1773 | John | Jane | 7 |

**Love**
| | | | | | | |
|---|---|---|---|---|---|---|
| John | bp | | | 1793 | Samuel | not given | 15 |
| Martha | bp | 8 | Aug | 1792 | James | Mary | 15 |
| Mary | bp | 17 | May | 1791 | Samuel | Martha | 15 |

**Lukens**
| | | | | | | |
|---|---|---|---|---|---|---|
| Daniel | | 16 | 3mo | 1793 | Daniel | Mary | 5 |
| Elizabeth | | 21 | 7mo | 1799 | Daniel | Mary | 8 |
| Hannah | | 2 | 9mo | 1794 | Daniel | Mary | 8 |
| Rebecca | | 18 | 1mo | 1796 | Daniel | Mary | 8 |
| William | | 23 | 9mo | 1797 | Daniel | Mary | 8 |

**Luttwig**
| | | | | | | |
|---|---|---|---|---|---|---|
| Johannes | bp | 27 | Mar | 1769 | Vallentin | not given | 11 |
| Peter | | 20 | May | 1772 | Vallentin | not given | 11 |

**Lyons**
| | | | | | | |
|---|---|---|---|---|---|---|
| John | bp | 9 | Apr | 1783 | James | not given | 15 |

# M

**Machonochy**
| | | | | | | |
|---|---|---|---|---|---|---|
| Robert | bp | | May | 1772 | David | not given | 14 |

**Mack**
| | | | | | | |
|---|---|---|---|---|---|---|
| Conrad | | 12 | Mar | 1784 | Nicholas | Magdalena | 12 |
| Isaac | | 18 | Jul | 1770 | Johannes | Margaretha | 11 |
| Jacob | | 18 | Feb | 1780 | Nicholas | Magdalena | 12 |
| Margaret | | 30 | Oct | 1781 | Nicholas | Magdalena | 12 |
| Reinhart | | 13 | Apr | 1761 | Joh. | Anna Mar. | 11 |

**Mackaskey**
| | | | | | | |
|---|---|---|---|---|---|---|
| Sarah | | *circa* | | 1751 | Alexander | not given | 4 |

**Macky**
| | | | | | | |
|---|---|---|---|---|---|---|
| John Hamilton, tw | bp | 23 | Jan | 1769 | John | not given | 14 |
| William, tw | bp | 23 | Jan | 1769 | John | not given | 14 |

**Malin**
| | | | | | | |
|---|---|---|---|---|---|---|
| Alice | | 22 | 10mo | 1775 | John | Sophia | 3 |
| Elisha | | 31 | 7mo | 1757 | Thomas | Mary | 3 |
| Elizabeth | | 25 | 12mo | 1781 | John | Sophia | 3 |
| Ezra | | 31 | 8mo | 1788 | Joseph | Lydia | 3 |
| George | | 21 | 8mo | 1777 | Joseph | Lydia | 3 |

## CHESTER COUNTY BIRTHS

**Malin**
| | | | | | | |
|---|---|---|---|---|---|---|
| James | 22 | 6mo | 1774 | John | Sophia | 3 |
| Jane | | 3mo | 1755 | Randal | Alice | 3 |
| Jane | 7 | 5mo | 1786 | Joseph | Lydia | 3 |
| John | 28 | 3mo | 1746 | Randal | Alice | 3 |
| John | 22 | 9mo | 1787 | John | Sophia | 3 |
| John | 17 | 1mo | 1780 | Randal | Jane | 3 |
| Joseph | 21 | 6mo | 1753 | Randal | Alice | 3 |
| Joseph | 10 | 2mo | 1784 | Joseph | Lydia | 3 |
| Lucy | 13 | 11mo | 1759 | Thomas | Mary | 3 |
| Mary | 19 | 2mo | 1774 | Randal | Alice | 3 |
| Mary | 30 | 12mo | 1781 | Joseph | Lydia | 3 |
| Randal | 13 | 11mo | 1790 | Joseph | Lydia | 3 |
| Randall | 23 | 8mo | 1750 | Randal | Alice | 3 |
| Rebecca | 15 | 9mo | 1779 | Joseph | Lydia | 3 |
| Sarah | 25 | 2mo | 1748 | Randal | Alice | 3 |
| Sarah | 8 | 5mo | 1779 | John | Sophia | 3 |
| Susanna | 14 | 12mo | 1751 | Randal | Alice | 3 |
| Susanna | 4 | 5mo | 1777 | John | Sophia | 3 |
| Thomas | 14 | 3mo | 1762 | Thomas | Mary | 3 |

**Man**
| | | | | | | |
|---|---|---|---|---|---|---|
| Mary | bp 10 | Jul | 1768 | John | Margret | 14 |

**Mann**
| | | | | | | |
|---|---|---|---|---|---|---|
| Abigail | 9 | 7mo | 1790 | John | Lydia | 8 |
| Issachar | 25 | 12mo | 1794 | John | Lydia | 8 |
| John | 21 | 8mo | 1784 | John | Lydia | 8 |
| Levi | 7 | 9mo | 1782 | John | Lydia | 8 |
| Lydia | 18 | 7mo | 1786 | John | Lydia | 8 |
| Margaret | 24 | 9mo | 1792 | John | Lydia | 8 |
| Mary | 20 | 3mo | 1788 | John | Lydia | 8 |

**Marchbank**
| | | | | | | |
|---|---|---|---|---|---|---|
| David | bp 14 | Jul | 1793 | David | Jane | 15 |

**Maris**
| | | | | | | |
|---|---|---|---|---|---|---|
| Ann | 26 | 5mo | 1777 | Caleb | Ann | 3 |
| Caleb | 25 | 2mo | 1788 | Caleb | Ann | 3 |
| George | 25 | 8mo | 1775 | Caleb | Ann | 3 |
| Hannah | 31 | 10mo | 1783 | Caleb | Ann | 3 |
| Jonathan | 12 | 9mo | 1791 | Caleb | Ann | 3 |
| Katharine | | | 1708 | John | Susanna | 5 |
| Martha | 8 | 6mo | 1750 | John | Katharine | 5 |
| Mary | 28 | 1mo | 1774 | Caleb | Ann | 3 |
| Phebe | 22 | 12mo | 1785 | Caleb | Ann | 3 |
| Rebecca | 28 | 8mo | 1769 | Caleb | Ann | 3 |
| Richard | 20 | 1mo | 1790 | Caleb | Ann | 3 |
| Susanna | 22 | 7mo | 1771 | Caleb | Ann | 3 |

## CHESTER COUNTY BIRTHS

**Maris**
| | | | | | |
|---|---|---|---|---|---|
| Susanna | not given | | John | Katharine | 5 |

**Marsh**
| | | | | | |
|---|---|---|---|---|---|
| Rolph C. | 17 6mo 1783 | | Christopher | Ann | 1 |

**Marshall**
| | | | | | |
|---|---|---|---|---|---|
| Abraham | not given | | John | not given | 1 |
| Abraham | 1 3mo 1799 | | Abraham | Alice (Pennock) | 1 |
| Abraham | 4 1mo 1713 | | Abraham | Mary | 1 |
| Abraham | 25 7mo 1748 | | John | Hannah (Caldwell) | 1 |
| Abraham | 5 8mo 1777 | | Samuel | Rachel | 2 |
| Ann | 22 8mo 1778 | | John | Susanna (Lamborn) | 1 |
| Ann | 7 2mo 1740 | | John | Hannah (Caldwell) | 1 |
| Ann | 1 7mo 1769 | | Samuel | Rachel | 2 |
| Ann | 10 5mo 1775 | | Samuel | Rachel | 2 |
| Armitt | 21 2mo 1793 | | Jacob | Margaret | 2 |
| Betty | 12 12mo 1737 | | John | Hannah (Caldwell) | 1 |
| Eliza | 19 11mo 1797 | | Abraham | Alice (Pennock) | 1 |
| Eliza | 23 10mo 1790 | | Samuel | Rachel | 2 |
| Elizabeth | 6 3mo 1741 | | Abraham | Rachel | 2 |
| Elizabeth | 5 10mo 1784 | | James | Margaret | 5 |
| Esther | 9 3mo 1769 | | James | Sarah | 2 |
| George | 16 8mo 1790 | | Abraham | Alice (Pennock) | 1 |
| Hannah | not given | | John | Hannah | 1 |
| Hannah | 7 1mo 1775 | | John | Susanna (Lamborn) | 1 |
| Hannah | not given | | Thomas | not given | 1 |
| Hannah | 6 7mo 1799 | | Thomas | Sarah (Gregg) | 1 |
| Hannah | 18 5mo 1786 | | Abraham | Alice (Pennock) | 1 |
| Hannah | 7 9mo 1715 | | Abraham | Mary | 1 |
| Hannah | 25 11mo 1749 | | John | Hannah (Caldwell) | 1 |
| Hannah | 20 4mo 1750 | | James | Sarah | 2 |
| Hannah | 25 3mo 1756 | | James | Sarah | 2 |
| Hannah | 29 10mo 1784 | | Samuel | Rachel | 2 |
| Humphrey | 10 8mo 1722 | | Abraham | Mary | 1 |
| Humphrey | 18 4mo 1782 | | Samuel | Rachel | 2 |
| Isaac | 27 7mo 1795 | | Joseph | Agnes | 1 |
| Isaac | 7 12mo 1718 | | Abraham | Mary | 1 |
| Israel | 5 11mo 1795 | | Abraham | Alice | 1 |
| Jacob | 26 4mo 1720 | | Abraham | Mary | 1 |
| Jacob | 8 8mo 1796 | | Jacob | Margaret | 2 |
| Jacob | 25 2mo 1761 | | James | Sarah | 2 |
| James | 13 1mo 1725 | | Abraham | Mary | 1 |
| James | 28 5mo 1791 | | Jacob | Margaret | 2 |
| James | 10 6mo 1766 | | James | Sarah | 2 |
| John | 10 6mo 1793 | | Joseph | Agnes | 1 |
| John | before 1744 | | Abraham | not given | 1 |
| John | 12 11mo 1744 | | John | Hannah (Caldwell) | 1 |

## CHESTER COUNTY BIRTHS

**Marshall**
| | | | | | | |
|---|---|---|---|---|---|---|
| John | 7 | 9mo | 1707 | Abraham | Mary | 1 |
| John | 12 | 1mo | 1714 | William | Mary | 1 |
| John | 2 | 2mo | 1716 | William | Mary | 1 |
| John | 12 | 11mo | 1787 | Abraham | Alice | 1 |
| Joseph | 15 | 12mo | 1788 | Abraham | Alice (Pennock) | 1 |
| Joseph | 29 | 5mo | 1735 | John | Hannah (Caldwell) | 1 |
| Levi | 23 | 7mo | 1792 | Abraham | Alice (Pennock) | 1 |
| Lydia | 2 | 8mo | 1788 | Samuel | Rachel | 2 |
| Margaret | 8 | 3mo | 1798 | Jacob | Margaret | 2 |
| Martha | | not given | | Thomas | Hannah | 1 |
| Martha | 5 | 5mo | 1764 | John | Hannah (James) | 1 |
| Martha | 20 | 8mo | 1780 | John | Susanna (Lamborn) | 1 |
| Martha | | not given | | Thomas | not given | 1 |
| Martha | 12 | 6mo | 1723 | William | Mary | 1 |
| Mary | 11 | 10mo | 1761 | John | Hannah (James) | 1 |
| Mary | 22 | 2mo | 1742 | John | Hannah (Caldwell) | 1 |
| Mary | | 7mo | 1720 | William | Mary | 1 |
| Mary | 14 | 6mo | 1747 | James | Sarah | 2 |
| Mary | 22 | 5mo | 1771 | Samuel | Rachel | 2 |
| Mary | 29 | 8mo | 1783 | not given | not given | 2 |
| Milton | 19 | 12mo | 1800 | Abraham | Alice (Pennock) | 1 |
| Moses | 30 | 11mo | 1758 | James | Sarah | 2 |
| Phebe | 6 | 6mo | 1797 | Thomas | Sarah (Gregg) | 1 |
| Rachel | 3 | 4mo | 1773 | Samuel | Rachel | 2 |
| Richard | 28 | 6mo | 1787 | Jacob | Margaret | 2 |
| Robert | 15 | 9mo | 1771 | John | Susanna (Lamborn) | 1 |
| Ruth | 29 | 5mo | 1735 | John | Hannah (Caldwell) | 1 |
| Samuel | 12 | 1mo | 1714 | William | Mary | 1 |
| Samuel | 1 | 2mo | 1745 | James | Sarah | 2 |
| Samuel | 12 | 10mo | 1793 | Samuel | Rachel | 2 |
| Sarah | 15 | 2mo | 1780 | Samuel | Rachel | 2 |
| Susanna | 13 | 1mo | 1800 | Joseph | Agnes | 1 |
| Susanna | 30 | 8mo | 1795 | Thomas | Sarah (Gregg) | 1 |
| Thomas | 22 | 4mo | 1769 | John | Susanna (Lamborn) | 1 |
| Thomas | | not given | | John | not given | 1 |
| Thomas B. | 11 | 12mo | 1788 | Jacob | Margaret | 2 |
| Vincent | 5 | 3mo | 1794 | Abraham | Alice (Pennock) | 1 |
| William | 26 | 5mo | 1773 | John | Susanna (Lamborn) | 1 |
| William | 30 | 7mo | 1784 | John | Susanna (Lamborn) | 1 |
| William | 18 | 2mo | 1798 | Joseph | Agnes | 1 |
| William | 11 | 12mo | 1711 | William | Mary | 1 |

**Martin**
| | | | | | | |
|---|---|---|---|---|---|---|
| Aaron | 5 | 2mo | 1755 | Thomas | Sarah | 3 |
| Aaron | 6 | 2mo | 1755 | Thomas | Sarah (Jones) | 7 |
| Abraham | 26 | 9mo | 1765 | George | Martha (Widdows) | 1 |

# CHESTER COUNTY BIRTHS

## Martin
| | | | | | | |
|---|---|---|---|---|---|---|
| Curtis | 20 | 7mo | 1795 | George | Amy (Buffington) | 1 |
| Elianor | 29 | 1mo | 1751 | Thomas | Sarah (Jones) | 7 |
| George | | not given | | George | not given | 1 |
| George | 5 | 11mo | 1797 | George | Amy (Buffington) | 1 |
| George | 12 | 5mo | 1763 | George | Martha (Widdows) | 1 |
| Hannah | 4 | 12mo | 1752 | Thomas | Sarah | 3 |
| Hannah | 12 | 6mo | 1752 | Thomas | Sarah (Jones) | 7 |
| Isaac | 19 | 12mo | 1767 | George | Martha (Widdows) | 1 |
| John | 2 | 7mo | 1758 | Thomas | Sarah (Jones) | 7 |
| Lydia | 3 | 4mo | 1759 | George | Martha (Widdows) | 1 |
| Martha | 16 | 12mo | 1790 | George | Amy (Buffington) | 1 |
| Mary | 23 | 5mo | 1756 | Thomas | Sarah (Jones) | 7 |
| Phebe | 6 | 3mo | 1793 | George | Amy (Buffington) | 1 |
| Ruth | 28 | 1mo | 1757 | George | Martha (Widdows) | 1 |
| Sarah | 11 | 1mo | 1755 | Georg | Martha (Widdows) | 1 |
| Susanna | 25 | 11mo | 1753 | Thomas | Sarah (Jones) | 7 |
| Thomas | 8 | 12mo | 1799 | George | Amy (Buffington) | 1 |
| Thomas | 12 | 4mo | 1761 | George | Martha (Widdows) | 1 |
| Thomas | 21 | 10mo | 1714 | John | Elizabeth | 7 |

## Mason
| | | | | | | |
|---|---|---|---|---|---|---|
| Benjamin | 19 | 6mo | 1785 | Benjamin | Sarah | 5 |
| George | 17 | 5mo | 1783 | Benjamin | Sarah | 5 |
| George | 21 | 1mo | 1782 | George | Susanna | 5 |
| Jane | 3 | 9mo | 1788 | Benjamin | Sarah | 5 |
| Mary | 3 | 1mo | 1791 | Benjamin | Sarah | 5 |
| Rachel | 16 | 10mo | 1783 | George | Susanna | 5 |
| Sarah | 9 | 3mo | 1793 | Benjamin | Sarah | 5 |
| Susanna | 18 | 5mo | 1785 | George | Susanna | 5 |
| William | 27 | 9mo | 1779 | George | Susanna | 5 |

## Massey
| | | | | | | |
|---|---|---|---|---|---|---|
| Aaron | 6 | 10mo | 1745 | Thomas | Sarah | 3 |
| Abram | 6 | 2mo | 1729 | James | Ann | 3 |
| Elizabeth | 31 | 1mo | 1734 | Thomas | Sarah | 3 |
| Esther | 15 | 12mo | 1740/1 | Thomas | Sarah | 3 |
| Esther | 17 | 5mo | 1777 | Thomas, Jr. | Jane | 3 |
| George | 11 | 8mo | 1775 | Levi | Catherine | 3 |
| Hannah | 10 | 6mo | 1729 | Thomas | Sarah | 3 |
| Isaac | 5 | 2mo | 1732 | Thomas | Sarah | 3 |
| Isaac | 22 | 8mo | 1782 | Joseph | Ann | 3 |
| Isaac | 13 | 11mo | 1797 | George | Susanna | 7 |
| Israel | 7 | 6mo | 1769 | Joseph | Ann | 3 |
| James | 2 | 11mo | 1731 | James | Ann | 3 |
| Jane | 18 | 10mo | 1736 | Thomas | Sarah | 3 |
| Jane | 21 | 11mo | 1786 | Joseph | Ann | 3 |

## CHESTER COUNTY BIRTHS

**Massey**
| | | | | | | |
|---|---|---|---|---|---|---|
| John | 11 | 3mo | 1783 | Levi | Catherine | 3 |
| Joseph | 26 | 4mo | 1738 | Thomas | Sarah | 3 |
| Joseph | 5 | 9mo | 1780 | Joseph | Ann | 3 |
| Levi | 23 | 3mo | 1742 | Thomas | Sarah | 3 |
| Lewis | 4 | 9mo | 1726 | James | Ann | 3 |
| Lydia | 25 | 10mo | 17?? | James | Ann | 3 |
| Mary | 30 | 8mo | 1730 | Thomas | Sarah | 3 |
| Mary | 12 | 4mo | 1734 | James | Ann | 3 |
| Mary | 17 | 12mo | 1781 | Levi | Catherine | 3 |
| Mary | 21 | 5mo | 1778 | Joseph | Ann | 3 |
| Mordecai | 2 | 9mo | 1726 | Thomas | Sarah | 3 |
| Mordecai | 24 | 1mo | 1747 | James | Ann | 3 |
| Phebe | 13 | 2mo | 1728 | Thomas | Sarah | 3 |
| Phebe | 14 | 3mo | 1794 | Levi | Catharine | 3 |
| Phebe | 5 | 8mo | 1767 | Joseph | Ann | 3 |
| Phinehas | 13 | 10mo | 1739 | James | Ann | 3 |
| Rebecca | 1 | 8mo | 1743 | Thomas | Sarah | 3 |
| Robert | 27 | 12mo | 1794 | George | Susanna | 7 |
| Sarah | 9 | 5mo | 1725 | Thomas | Sarah | 3 |
| Sarah | 26 | 9mo | 1778 | Levi | Catherine | 3 |
| Sarah | 22 | 2mo | 1771 | Joseph | Ann | 3 |
| Sarah | 22 | 11mo | 1774 | Joseph | Ann | 3 |
| Susannah | 2 | 2mo | 1773 | Joseph | Ann | 3 |
| Thomas | 7 | 2mo | 1735 | Thomas | Sarah | 3 |
| Thomas | 19 | 1mo | 1724 | James | Ann | 3 |
| Thomas | 15 | 6mo | 1777 | Levi | Catherine | 3 |
| William | 7 | 12mo | 1736 | James | Ann | 3 |
| William | 28 | 11mo | 1785 | Levi | Catherine | 3 |

**Matlack**
| | | | | | | |
|---|---|---|---|---|---|---|
| Amos | | not given | | Joseph | Rebecca | 3 |
| Esther | 23 | 6mo | 1733 | Joseph | Rebecca | 3 |
| Hannah | 26 | 12mo | 1757 | Nathan | Mary | 3 |
| Isaiah | 25 | 2mo | 1725 | Joseph | Rebecca | 3 |
| Jemima | 20 | 4mo | 1722 | Joseph | Rebecca | 3 |
| Jesse | 2 | 10mo | 1735 | Joseph | Rebecca | 3 |
| Jonathan | 16 | 3mo | 1737 | Joseph | Rebecca | 3 |
| Joseph | | not given | | Joseph | Rebecca | 3 |
| Nathan | 16 | 3mo | 1727 | Joseph | Rebecca | 3 |
| Phebe | 12 | 9mo | 1750 | Nathan | Mary | 3 |
| Rebecca | 21 | 1mo | 1752 | Nathan | Mary | 3 |
| Ruth | 23 | 12mo | 1729 | Joseph | Rebecca | 3 |
| Simeon | 10 | 12mo | 1755 | Nathan | Mary | 3 |
| Thomas | 13 | 5mo | 1785 | William | Deborah | 3 |
| William | 21 | 6mo | 1753 | Nathan | Mary | 3 |

## CHESTER COUNTY BIRTHS

**Matthews**
| | | | | | | | |
|---|---|---|---|---|---|---|---|
| Edward | | 3 | 12mo | 1731/2 | Geo. | Elizabeth | 4 |

**Maurer**
| | | | | | | | |
|---|---|---|---|---|---|---|---|
| Andreas | | 8 | Aug | 1763 | Jac. | Marg. | 11 |
| Margaretha | | 4 | Apr | 1787 | Jacob | Maria | 11 |

**Maxwell**
| | | | | | | | |
|---|---|---|---|---|---|---|---|
| Eleanor | | 26 | 4mo | 1770 | not given | not given | 7 |
| John | bp | 26 | Sep | 1791 | not given | Esther | 15 |

**Mayer**
| | | | | | | | |
|---|---|---|---|---|---|---|---|
| Hanna | ca | 14 | Apr | 1753 | Johannes | not given | 13 |
| Margaretha | | | | 1782 | Jacob | Elisabetha | 11 |
| Maria | | 23 | Nov | 1786 | Jacob | Elisabeth | 11 |

**McCacharan**
| | | | | | | | |
|---|---|---|---|---|---|---|---|
| James | bp | 13 | Jun | 1768 | James | Mary | 14 |

**McCackran**
| | | | | | | | |
|---|---|---|---|---|---|---|---|
| John | bp | | Nov | 1770 | James | not given | 14 |

**McCally**
| | | | | | | | |
|---|---|---|---|---|---|---|---|
| William | bp | 28 | Feb | 1771 | Saml. | not given | 14 |

**McCardy**
| | | | | | | | |
|---|---|---|---|---|---|---|---|
| Andrew | bp | 14 | Aug | 1768 | Daniel | Margret | 14 |

**McClellan**
| | | | | | | | |
|---|---|---|---|---|---|---|---|
| John | | 1 | May | 1783 | James | not given | 15 |

**McClennahan**
| | | | | | | | |
|---|---|---|---|---|---|---|---|
| Mary Susanna | bp | 1 | Oct | 1781 | Tinny | Serah | 15 |

**McConnehy**
| | | | | | | | |
|---|---|---|---|---|---|---|---|
| John | bp | | Sep | 1793 | David | not given | 15 |

**McCord**
| | | | | | | | |
|---|---|---|---|---|---|---|---|
| Hannah | | 11 | 8mo | 1742 | John | Hannah | 3 |
| John | | 23 | 11mo | 1744 | John | Hannah | 3 |
| Mary | | 28 | 12mo | 1746 | John | Hannah | 3 |

**McCoy**
| | | | | | | | |
|---|---|---|---|---|---|---|---|
| John | bp | 18 | Apr | 1793 | Hugh | Margaret | 15 |

**McDowel**
| | | | | | | | |
|---|---|---|---|---|---|---|---|
| Agnes | bp | 27 | Jan | 1793 | not given | not given | 15 |

**McG[????]**
| | | | | | | | |
|---|---|---|---|---|---|---|---|
| Ann | bp | 6 | Oct | 1793 | not given | Mary | 15 |

**McGah[?]n**
| | | | | | | | |
|---|---|---|---|---|---|---|---|
| Jesse Wilson | bp | 9 | Apr | 1792 | Thomas | Judith | 15 |

**McKee**
| | | | | | | | |
|---|---|---|---|---|---|---|---|
| Robert | bp | | Oct | 1769 | John | not given | 14 |
| Robert | bp | 24 | Mar | 1771 | John | not given | 14 |

**McKinly**
| | | | | | | | |
|---|---|---|---|---|---|---|---|
| Isaac | bp | | Oct | 1769 | William | not given | 14 |

## CHESTER COUNTY BIRTHS

**McKinly**
| Rebecka | bp | 15 | Feb | 1769 | Joseph | Elizabeth | 14 |
| daughter | bp | 9 | Apr | 1772 | William | not given | 14 |

**McKis[o]e**
| Martha | bp | 8 | Aug | 1791 | Archd. | not given | 15 |

**McKisock**
| Walter Buchanan | bp | 7 | Oct | 1792 | Arthur | Mary | 15 |

**McKnight**
| Elisabeth | bp |  | Oct | 1768 | Paul | not given | 14 |
| Jesse | bp |  | Sep | 1771 | Paul | not given | 14 |

**McMeekan**
| Hugh | bp | 8 | May | 1791 | James | Mary | 15 |

**McNeal**
| Alexander Porter | bp | 13 | May | 1792 | Alexander | Ann W. | 15 |

**McNi[o]le**
| Ann | bp | 7 | Apr | 1783 | Alexander | not given | 15 |

**McNight**
| Sarah | bp | 26 | Apr | 1761 | Paul | not given | 14 |

**McSpavin**
| Ann | bp | 1 | Jan | 1783 | Joseph | not given | 15 |

**McVeagh**
| Alice |  | 23 | 7mo | 1771 | not given | not given | 7 |
| Ellin |  | 20 | 2mo | 1774 | not given | not given | 7 |
| Mary |  | 28 | 10mo | 1758 | not given | not given | 7 |
| Rachel |  | 12 | 3mo | 1768 | not given | not given | 7 |

**Mechem**
| Ann |  | 25 | 3mo | 1766 | John | Jane | 7 |
| Ellen |  | 26 | 2mo | 1763 | John | Jane | 7 |
| Francis |  | 11 | 6mo | 1764 | John | Jane | 7 |
| George |  | 2 | 3mo | 1778 | John | Jane | 7 |
| John |  | 21 | 4mo | 1731 | not given | not given | 7 |
| John |  | 29 | 8mo | 1772 | John | Jane | 7 |
| Mary |  | 29 | 2mo | 1768 | John | Jane | 7 |
| Naomi |  | 6 | 3mo | 1770 | John | Jane | 7 |

**Medcalf**
| Abraham |  | 14 | 2mo | 1782 | Abraham | Mary | 4 |
| Abraham |  | 10 | 3mo | 1794 | Moses | Susanna | 4 |
| Ann Buffington |  | 1 | 5mo | 1792 | Abraham | Rebecca | 4 |
| David |  | 29 | 10mo | 1783 | Abraham | Mary | 4 |
| Elizabeth |  | 25 | 2mo | 1796 | Moses | Susanna | 4 |
| James |  | 10 | 12mo | 1773 | Abraham | Mary | 4 |
| Jesse |  | 20 | 12mo | 1775 | Abraham | Mary | 4 |
| Joshua |  | 31 | 5mo | 1789 | Abraham | Rebecca | 4 |
| Margaret |  | 3 | 9mo | 1769 | Abraham | Mary | 4 |

# CHESTER COUNTY BIRTHS

**Medcalf**

| | | | | | | |
|---|---|---|---|---|---|---|
| Mary | 29 | 11mo | 1777 | Abraham | Mary | 4 |
| Mary | 26 | 10mo | 1798 | Moses | Susanna | 4 |
| Moses | 14 | 7mo | 1771 | Abraham | Mary | 4 |
| Phebe | 21 | 3mo | 1780 | Abraham | Mary | 4 |
| Rebecca | 24 | 8mo | 1800 | Moses | Susanna | 4 |
| William | 7 | 2mo | 1787 | Abraham | Rebecca | 4 |

**Mendenhall**

| | | | | | | |
|---|---|---|---|---|---|---|
| Aaron | 20 | 2mo | 1760 | Isaac | Martha (Robertson) | 1 |
| Aaron | 2 | 9mo | 1776 | Isaac | Lydia (Heald) | 1 |
| Aaron | 1 | 2mo | 1769 | Joshua | Lydia | 2 |
| Alice | | *circa* | 1717 | Moses | Alice | 1 |
| Alice | 16 | 2mo | 1720 | Moses | Alice | 1 |
| Alice | 15 | 12mo | 1790 | Robert | Mary | 3 |
| Ann | 23 | 2mo | 1773 | Moses | Mary (James) | 1 |
| Ann | 23 | 11mo | 1782 | Caleb | Susanna (James) | 1 |
| Ann | 11 | 2mo | 1787 | Isaac | Lydia (Heald) | 1 |
| Ann | 13 | 4mo | 1732 | Joseph | Ruth | 1 |
| Benjamin | | not given | | Joseph | Ruth | 1 |
| Benjamin | 28 | 7mo | 1756 | Isaac | Martha (Robertson) | 1 |
| Benjamin | 31 | 3mo | 1777 | Caleb | Susanna (James) | 1 |
| Benjamin | 13 | 3mo | 1775 | Isaac | Lydia (Heald) | 1 |
| Benjamin | 8 | 2mo | 1729 | Joseph | Ruth | 1 |
| Betty | 22 | 9mo | 1750 | Isaac | Martha (Robertson) | 1 |
| Caleb | 3 | 11mo | 1746 | Caleb | Ann (Peirce) | 1 |
| Caleb | 12 | 5mo | 1764 | Isaac | Martha (Robertson) | 1 |
| Caleb | 10 | 12mo | 1771 | Moses | Mary (James) | 1 |
| Caleb | | not given | | Caleb | not given | 1 |
| Caleb | 1 | 1mo | 1781 | Caleb | Susanna (James) | 1 |
| Caleb | 22 | 7mo | 1721 | Moses | Alice | 1 |
| Catharine | 12 | 8mo | 1779 | Moses | Mary (James) | 1 |
| Chalkley | 25 | 12mo | 1784 | Isaac | Lydia (Heald) | 1 |
| Daniel | 31 | 8mo | 1784 | Robert | Mary | 3 |
| David | 11 | 11mo | 1755 | Joshua | Lydia | 2 |
| Davis | 25 | 1mo | 1785 | Thomas | Ruth | 1 |
| Dinah | 24 | 1mo | 1758 | Isaac | Martha (Robertson) | 1 |
| Dinah | 7 | 8mo | 1799 | Caleb | Betty (Taylor) | 1 |
| Eli | 15 | 9mo | 1757 | Benjamin | Hannah (Wilson) | 1 |
| Eli | 6 | 10mo | 1784 | Caleb | Susanna (James) | 1 |
| Elijah | 15 | 12mo | 1748 | James | Hannah | 2 |
| Elizabeth | 28 | 10mo | 1778 | Thomas | Ruth | 1 |
| Elizabeth | | 5mo | 1791 | Moses | Mary (James) | 1 |
| Elizabeth | 24 | 3mo | 1759 | John | Elizabeth | 2 |
| Emelia | 16 | 11mo | 1774 | Caleb | Susanna (James) | 1 |
| George | 21 | 5mo | 1751 | James | Hannah | 2 |
| Grace | 14 | 11mo | 1746 | James | Hannah | 2 |

## CHESTER COUNTY BIRTHS

**Mendenhall**

| Name | Day | Month | Year | Father | Mother | # |
|---|---|---|---|---|---|---|
| Griffith | 10 | 9mo | 1740 | James | Martha | 2 |
| Guli | 21 | 3mo | 1779 | David | Mary | 2 |
| Hannah | 5 | 9mo | 1783 | Thomas | Ruth | 1 |
| Hannah | 5 | 1mo | 1779 | Caleb | Susanna (James) | 1 |
| Hannah | 24 | 11mo | 1721 | Joseph | Ruth | 1 |
| Hannah | 24 | 4mo | 1757 | James | Hannah | 2 |
| Hannah | 23 | 3mo | 1762 | Joshua | Lydia | 2 |
| Isaac | | not given | | Joseph | not given | 1 |
| Isaac | 19 | 5mo | 1748 | Isaac | Martha (Robertson) | 1 |
| Isaac | 30 | 1mo | 1798 | Isaac | Lydia (Heald) | 1 |
| Isaac | 13 | 8mo | 1719 | Joseph | Ruth | 1 |
| Isaac | 29 | 4mo | 1766 | Joshua | Lydia | 2 |
| Israel | 19 | 1mo | 1780 | Isaac | Lydia (Heald) | 1 |
| James | 2 | 2mo | 1764 | Joshua | Lydia | 2 |
| Jane Newlin | 18 | 3mo | 1794 | Robert | Mary | 3 |
| Jemima | 9 | 12mo | 1757 | Joshua | Lydia | 2 |
| Jesse | 12 | 12mo | 1735 | Joseph | Ruth | 1 |
| John | 26 | 11mo | 1746 | John | Elizabeth | 2 |
| Jonathan | 24 | 10mo | 1759 | Joshua | Lydia | 2 |
| Joseph | 15 | 9mo | 1762 | Benjamin | Hannah | 1 |
| Joseph | 29 | 11mo | 1746 | Isaac | Martha (Robertson) | 1 |
| Joseph | 18 | 11mo | 1789 | Moses | Mary (James) | 1 |
| Joseph | 16 | 3mo | 1724 | Joseph | Ruth | 1 |
| Joseph | 18 | 7mo | 1791 | David | Mary | 2 |
| Joshua | 24 | 11mo | 1774 | Moses | Mary (James) | 1 |
| Joshua | 27 | 2mo | 1785 | David | Mary | 2 |
| Lydia | 3 | 5mo | 1760 | Benjamin | Hannah (Wilson) | 1 |
| Lydia | 12 | 3mo | 1782 | Isaac | Lydia (Heald) | 1 |
| Lydia | 27 | 8mo | 1780 | David | Mary | 2 |
| Marmaduke | 23 | 11mo | 1754 | James | Hannah | 2 |
| Martha | 22 | 2mo | 1781 | Thomas | Ruth | 1 |
| Martha | 28 | 7mo | 1756 | Isaac | Martha (Robertson) | 1 |
| Martha | 10 | 12mo | 1772 | Joshua | Lydia | 2 |
| Martha | 12 | 9mo | 1788 | Robert | Mary | 3 |
| Mary | 4 | 11mo | 1782 | Moses | Mary (James) | 1 |
| Mary | 13 | 1mo | 1771 | Caleb | Susanna (James) | 1 |
| Mary | 2 | 3mo | 1783 | Isaac | Lydia (Heald) | 1 |
| Mary | 7 | 12mo | 1792 | Robert | Mary | 3 |
| Moses | 5 | 3mo | 1744 | Caleb | Ann (Peirce) | 1 |
| Moses | | not given | | Caleb | not given | 1 |
| Moses | 5 | 3mo | 1788 | Moses | Mary (James) | 1 |
| Moses | 15 | 9mo | 1772 | Caleb | Susanna (James) | 1 |
| Moses | 11 | 4mo | 1798 | Caleb | Betty (Taylor) | 1 |
| Moses | 23 | 2mo | 1727 | Moses | Alice | 1 |
| Moses | 23 | 12mo | 1744 | John | Elizabeth | 2 |

133

# CHESTER COUNTY BIRTHS

**Mendenhall**

| | | | | | | |
|---|---|---|---|---|---|---|
| Moses | 3 | 11mo | 1787 | David | Mary | 2 |
| Noah | 30 | 1mo | 1754 | Isaac | Martha (Robertson) | 1 |
| Orpah | 3 | 7mo | 1791 | Isaac | Lydia (Heald) | 1 |
| Phebe | 22 | 2mo | 1778 | Isaac | Lydia (Heald) | 1 |
| Phebe | 2 | 5mo | 1724 | Moses | Alice | 1 |
| Phineas | 20 | 12mo | 1741/2 | James | Martha | 2 |
| Priscilla | 17 | ??mo | 1756 | John | Elizabeth | 2 |
| Richard | 28 | 7mo | 1744 | James | Hannah | 2 |
| Rose | 4 | 8mo | 1733 | Aaron | Rose | 7 |
| Ruth | 8 | 11mo | 1754 | Benjamin | Hannah (Wilson) | 1 |
| Ruth | 19 | 7mo | 1762 | Isaac | Martha (Robertson) | 1 |
| Samuel | 9 | 7mo | 1776 | Moses | Mary (James) | 1 |
| Samuel | 19 | 12mo | 1780 | Moses | Mary (James) | 1 |
| Samuel | 21 | 4mo | 1753 | John | Elizbeth | 2 |
| Stephen | 17 | 11mo | 1733 | Joseph | Ruth | 1 |
| Susanna | 29 | 10mo | 1777 | Moses | Mary (James) | 1 |
| Susanna | 9 | 7mo | 1749 | John | Elizabeth | 2 |
| Thomas | 8 | 11mo | 1752 | Isaac | Martha (Robertson) | 1 |
| Thomas | 9 | 1mo | 1783 | David | Mary | 2 |

**Menges**

| | | | | | | |
|---|---|---|---|---|---|---|
| Maria Elisabeth | 13 | Mar | 1765 | Henrich | not given | 13 |

**Mercer**

| | | | | | | |
|---|---|---|---|---|---|---|
| Abigail | 18 | 3mo | 1787 | Solomon | Abigail (Sharpless) | 1 |
| Abner | | not given | | Richard | not given | 1 |
| Ann | 8 | 12mo | 1722 | Joseph | Ann | 1 |
| Caleb | 2 | 3mo | 1785 | Solomon | Abigail (Sharpless) | 1 |
| Caleb | 13 | 9mo | 1770 | Caleb | Mary | 6 |
| Caleb | 20 | 7mo | 1799 | George | Rachel | 6 |
| Daniel | | not given | | Thomas | not given | 1 |
| Daniel | 20 | 3mo | 1747 | Daniel | Rebecca (Townsend) | 1 |
| Daniel | 15 | 3mo | 1768 | Solomon | Olive (Pyle) | 1 |
| David | 23 | 6mo | 1742 | Daniel | Rebecca (Townsend) | 1 |
| George | 21 | 10mo | 1772 | Caleb | Mary | 6 |
| Hannah | 22 | 12mo | 1798 | Daniel | Alice | 1 |
| Hannah | 13 | 8mo | 1725 | Joseph | Ann | 1 |
| Hannah | 16 | 8mo | 1777 | Abner | Jane (Brown) | 1 |
| Jesse | 23 | 7mo | 1740 | Daniel | Rebecca (Townsend) | 1 |
| John | 8 | 4mo | 1775 | Solomon | Olive (Pyle) | 1 |
| Joseph | 8 | 6mo | 1731 | Joseph | Ann | 1 |
| Lydia | 6 | 4mo | 1793 | Jesse | Betty | 9 |
| Martha | 30 | 9mo | 1799 | William | Charity | 6 |
| Mary | 10 | 12mo | 1790 | Daniel | Alice | 1 |
| Mary | 7 | 2mo | 1720 | Joseph | Ann | 1 |
| Mary | 31 | 10mo | 1797 | George | Rachel | 6 |

## CHESTER COUNTY BIRTHS

**Mercer**

| Olive | 15 | 1mo | 1792 | Daniel | Alice | 1 |
| Phebe | 11 | 8mo | 1750 | Daniel | Rebecca (Townsend) | 1 |
| Phebe | 15 | 5mo | 1790 | Solomon | Abigail (Sharpless) | 1 |
| Rachel | 13 | 7mo | 1766 | Solomon | Olive (Pyle) | 1 |
| Rachel | 20 | 9mo | 1728 | Joseph | Ann | 1 |
| Rachel | 24 | 2mo | 1775 | Abner | Jane (Brown) | 1 |
| Rebecca | 1 | 10mo | 1738 | Daniel | Rebecca (Townsend) | 1 |
| Rebecca | 14 | 2mo | 1794 | Daniel | Alice | 1 |
| Richard | 5 | 10mo | 1723 | Joseph | Ann | 1 |
| Solomon | 30 | 10mo | 1736 | Daniel | Rebecca (Townsend) | 1 |
| William | 13 | 5mo | 1775 | Caleb | Mary | 6 |

**Meredith**

| Abel | 8 | 8mo | 1762 | Enoch | Jane (John) | 7 |
| Abraham | 31 | 1mo | 1794 | James | Rebecca (Dolby) | 7 |
| Ann | 6 | 6mo | 1738 | John | Grace (Williams) | 7 |
| Beulah | 5 | 3mo | 1783 | John | Elizabeth (Kirk) | 7 |
| Elizabeth | 18 | 9mo | 1736 | John | Grace (Williams) | 7 |
| Elizabeth | 30 | 4mo | 1755 | Enoch | Jane (John) | 7 |
| Elizabeth | 2 | 5mo | 1772 | Simon | Dinah (Pugh) | 7 |
| Enoch | 18 | 6mo | 1728 | John | Grace (Williams) | 7 |
| Enoch | 18 | 1mo | 1766 | Enoch | Jane (John) | 7 |
| Enoch | 30 | 3mo | 1790 | John | Elizabeth (Kirk) | 7 |
| Enoch | 24 | 10mo | 1787 | James | Rebecca (Dolby) | 7 |
| Ezra | 5 | 11mo | 1760 | Enoch | Jane (John) | 7 |
| Grace | 24 | 1mo | 1745 | John | Grace | 7 |
| Grace | 13 | 11mo | 1744 | John | Grace (Williams) | 7 |
| Grace | 26 | 9mo | 1757 | Simon | Dinah (Pugh) | 7 |
| Grace | 13 | 10mo | 1764 | Simon | Dinah (Pugh) | 7 |
| Hannah | 1 | 5mo | 1741 | John | Grace (Williams) | 7 |
| Hannah | 2 | 1mo | 1759 | Enoch | Jane (John) | 7 |
| Hugh | 24 | 6mo | 1774 | Simon | Dinah (Pugh) | 7 |
| Isaac | 26 | 11mo | 1795 | James | Rebecca (Dolby) | 7 |
| Isaiah | 12 | 9mo | 1786 | John | Elizabeth (Kirk) | 7 |
| James | 11 | 10mo | 1731 | John | Grace (Williams) | 7 |
| James | 1 | 10mo | 1753 | Enoch | Jane (John) | 7 |
| James | 4 | 9mo | 1768 | Simon | Dinah (Pugh) | 7 |
| Jane | 30 | 11mo | 1734 | John | Grace (Williams) | 7 |
| Jane | 12 | 1mo | 1742/3 | John | Grace (Williams) | 7 |
| Jane | 26 | 11mo | 1767 | Enoch | Jane (John) | 7 |
| Jane | 25 | 6mo | 1785 | James | Rebecca (Dolby) | 7 |
| Jesse | 13 | 8mo | 1770 | Simon | Dinah (Pugh) | 7 |
| Joel | 30 | 3mo | 1759 | Simon | Dinah (Pugh) | 7 |
| John | 9 | 2mo | 1699 | not given | not given | 7 |
| John | 21 | 3mo | 1757 | Enoch | Jane (John) | 7 |
| John | 6 | 2mo | 1761 | Simon | Dinah (Pugh) | 7 |

## CHESTER COUNTY BIRTHS

**Meredith**
| | | | | | | |
|---|---|---|---|---|---|---|
| John | 26 | 12mo | 1776 | Simon | Dinah (Pugh) | 7 |
| John | 18 | 5mo | 1788 | John | Elizabeth (Kirk) | 7 |
| John | 1 | 10mo | 1790 | James | Rebecca (Dolby) | 7 |
| John | 29 | 4mo | 1747 | John | Grace (Williams) | 7 |
| Mary | | circa | 1762 | Simon | not given | 1 |
| Mary | 6 | 7mo | 1756 | Simon | Dinah (Pugh) | 7 |
| Mary | 6 | 11mo | 1762 | Simon | Dinah (Pugh) | 7 |
| Mary | 16 | 4mo | 1777 | John | Mary (Jones) | 7 |
| Rebecca | 10 | 8mo | 1766 | Simon | Dinah (Pugh) | 7 |
| Ruth | 17 | 3mo | 1750 | John | Grace (Williams) | 7 |
| Simon | 12 | 10mo | 1729 | John | Grace (Williams) | 7 |
| Simon | 27 | 11mo | 1781 | John | Elizabeth (Kirk) | 7 |
| Thomas | 29 | 10mo | 1770 | Enoch | Jane (John) | 7 |
| William | 18 | 9mo | 1784 | John | Elizabeth (Kirk) | 7 |
| infant son | 11 | 9mo | 1733 | John | Grace (Williams) | 7 |

**Mertz**
| | | | | | | |
|---|---|---|---|---|---|---|
| Barbara | 18 | Sep | 1776 | John | Catharina | 12 |
| Catharina | 7 | Nov | 1770 | John | Catharina | 12 |
| Daniel | 21 | Feb | 1761 | Daniel | Susanna | 11 |
| Elizabeth | 29 | Dec | 1772 | John | Catharina | 12 |
| John | 24 | Oct | 1774 | John | Catharina | 12 |
| John Conrad | 22 | Mar | 1783 | John | Catharina | 12 |
| John George, tw | 23 | Jan | 1779 | John | Catharina | 12 |
| Maria Magdalena | 14 | May | 1781 | John | Catharina | 12 |
| Michael | bp 16 | Mar | 1770 | Daniel | not given | 11 |
| Peter, tw | 23 | Jan | 1779 | John | Catharina | 12 |
| Thomas | 2 | Aug | 1768 | John | not given | 12 |

**Metz**
| | | | | | | |
|---|---|---|---|---|---|---|
| Henry | 12 | Feb | 1795 | Henry | Magdalena | 12 |
| Jacob | 23 | Dec | 1790 | Henry | Magdalena | 12 |

**Metzler**
| | | | | | | |
|---|---|---|---|---|---|---|
| Johann Thomas | 7 | Apr | 1768 | Johann Thomas | Maria Margaretha | 11 |

**Michener**
| | | | | | | |
|---|---|---|---|---|---|---|
| Abi | 10 | 8mo | 1785 | Joseph | Anna | 5 |
| Alice | 25 | 2mo | 1781 | Barak | Jane (Wilson) | 5 |
| Ann | 24 | 10mo | 1789 | Barak | Jane (Wilson) | 5 |
| Barak | 17 | 3mo | 1754 | Mordecai | Sarah (Fisher) | 5 |
| Deborah | 23 | 4mo | 1757 | Mordecai | Sarah | 5 |
| Elizabeth | | not given | | Mordecai | Sarah | 5 |
| Ezra | 24 | 11mo | 1794 | Mordecai | Alice (Dunn) | 5 |
| Hannah | 9 | 6mo | 1788 | Barak | Jane (Wilson) | 5 |
| Jane | 11 | 8mo | 1783 | Barak | Jane (Wilson) | 5 |
| Jesse | 26 | 9mo | 1795 | Joseph | Anna | 5 |
| John | 15 | 9mo | 1785 | Barak | Jane (Wilson) | 5 |

## CHESTER COUNTY BIRTHS

**Michener**
| | | | | | | |
|---|---|---|---|---|---|---|
| Joseph | 22 | 8mo | 1791 | Joseph | Anna | 5 |
| Joseph | 17 | 4mo | 1791 | Mahlon | Sarah | 5 |
| Lydia | 13 | 11mo | 1788 | Mordecai | Alice (Dunn) | 5 |
| Martha | 13 | 6mo | 1783 | Joseph | Anna | 5 |
| Mordecai | 30 | 1mo | 1723 | William | Mary | 5 |
| Mordecai | 28 | 1mo | 1759 | Mordecai | Sarah | 5 |
| Phebe | 18 | 12mo | 1790 | Mordecai | Alice (Dunn) | 5 |
| Robert | 3 | 3mo | 1787 | Mordecai | Alice (Dunn) | 5 |
| Sarah | 27 | 11mo | 1791 | Barak | Jane (Wilson) | 5 |
| Sarah | 13 | 11mo | 1759 | John | Mary | 7 |
| William | 13 | 7mo | 1788 | Joseph | Anna | 5 |

**Mickle**
| | | | | | | |
|---|---|---|---|---|---|---|
| Ann | 7 | 8mo | 1734 | Robert | Mary | 5 |
| Jane | 29 | 9mo | 1741 | Robert | Mary | 5 |
| John | 12 | 8mo | 1736 | Robert | Mary | 5 |
| Sarah | 17 | 3mo | 1739 | Robert | Mary | 5 |

**Milhous**
| | | | | | | |
|---|---|---|---|---|---|---|
| Deborah | 31 | 7mo | 1764 | Thomas | Elizabeth (Paschall) | 7 |
| Dinah | 26 | 3mo | 1759 | Robert | Ann (Meredith) | 7 |
| Elizabeth | 1 | 12mo | 1769 | Thomas | Elizabeth (Paschall) | 7 |
| Enos | 6 | 12mo | 1766 | Thomas | Elizabeth (Paschall) | 7 |
| Hannah | 22 | 1mo | 1749/50 | John | Margaret (Paschall) | 7 |
| Hannah | 19 | 2mo | 1754 | Thomas | Elizabeth (Paschall) | 7 |
| Hannah | 15 | 11mo | 1780 | William | Hannah (Baldwin) | 7 |
| Isaac | 5 | 6mo | 1760 | Thomas | Elizabeth (Paschall) | 7 |
| Jane | 10 | 6mo | 1790 | William | Hannah (Baldwin) | 7 |
| Jesse | 14 | 3mo | 1761 | Robert | Ann (Meredith) | 7 |
| Joanna | 24 | 4mo | 1754 | John | Margaret | 7 |
| John | 16 | 5mo | 1757 | Robert | Ann (Meredith) | 7 |
| John | 8 | 1mo | 1722/3 | Thomas | Sarah | 7 |
| Joshua | 26 | 9mo | 1778 | William | Hannah (Baldwin) | 7 |
| Lydia | 15 | 10mo | 1758 | John | Margaret (Paschall) | 7 |
| Lydia | 5 | 2mo | 1762 | John | Margaret (Paschall) | 7 |
| Mary | 17 | 3mo | 1756 | John | Margaret (Paschall) | 7 |
| Mercy | 28 | 8mo | 1768 | William | Hannah (Baldwin) | 7 |
| Paschall | 23 | 6mo | 1752 | Thomas | Elizabeth (Paschall) | 7 |
| Phebe | 13 | 12mo | 1761 | Thomas | Elizabeth (Paschall) | 7 |
| Phebe | 26 | 5mo | 1785 | William | Hannah (Baldwin) | 7 |
| Rachel | 14 | 1mo | 1776 | William | Hannah (Baldwin) | 7 |
| Robert | 26 | 11mo | 1733/4 | Thomas | Sarah | 7 |
| Ruth | 31 | 8mo | 1760 | John | Margaret (Paschall) | 7 |
| Samuel | 25 | 11mo | 1755 | Thomas | Elizabeth (Paschall) | 7 |
| Samuel | 13 | 4mo | 1773 | William | Hannah (Baldwin) | 7 |
| Sarah | 31 | 5mo | 1751 | John | Margaret (Paschall) | 7 |

# CHESTER COUNTY BIRTHS

**Milhous**
| | | | | | | |
|---|---|---|---|---|---|---|
| Sarah | 28 | 5mo | 1757 | Thomas | Elizabeth (Paschall) | 7 |
| Sarah | 4 | 1mo | 1771 | William | Hannah (Baldwin) | 7 |
| Seth | 22 | 10mo | 1758 | Thomas | Elizabeth (Paschall) | 7 |
| Susanna | 26 | 6mo | 1768 | Thomas | Elizabeth (Paschall) | 7 |
| Thomas | 16 | 11mo | 1765 | John | Margaret (Paschall) | 7 |
| Thomas | 27 | 2mo | 1731 | Thomas | Sarah | 7 |
| William | 29 | 3mo | 1753 | John | Margaret (Paschall) | 7 |
| William | 23 | 8mo | 1738 | Thomas | Sarah | 7 |
| William | 4 | 6mo | 1783 | William | Hannah (Baldwin) | 7 |

**Milhouse**
| | | | | | | |
|---|---|---|---|---|---|---|
| Amos | 17 | 7mo | 1777 | Paschall | Abigail | 1 |
| Hannah | 9 | 8mo | 1785 | Paschall | Abigail | 1 |
| Hannah | | not given | | Thomas | not given | 1 |
| Isaac | | 8mo | 1788 | Paschall | Abigail | 1 |
| Lydia | 22 | 4mo | 1783 | Paschall | Abigail | 1 |
| Margaret | 26 | 2mo | 1772 | Thomas | Elizabeth | 1 |
| Phebe | | not given | | Thomas | Elizabeth | 5 |
| Samuel | 1 | 9mo | 1794 | Paschall | Abigail | 1 |
| Thomas | 2 | 2mo | 1779 | Paschall | Abigail | 1 |
| Townsend | 3 | 2mo | 1781 | Paschall | Abigail | 1 |
| William | 31 | 3mo | 1774 | Thomas | Elizabeth | 1 |
| William | | 7mo | 1791 | Paschall | Abigail | 1 |

**Millar**
| | | | | | | |
|---|---|---|---|---|---|---|
| An. Margaretha | 8 | Jan | 1764 | Conrad | An. Margareth | 11 |

**Miller**
| | | | | | | |
|---|---|---|---|---|---|---|
| Adam | 5 | Jan | 1762 | Peter | Margaretha | 11 |
| Ann | 18 | 10mo | 1753 | Isaac | Hannah | 1 |
| Ann | 3 | 1mo | 1726 | James | Ann (Cain) | 5 |
| Ann | 25 | 2mo | 1743 | William | Ann (Emlen) | 5 |
| Ann | 10 | 12mo | 1775 | William | Hannah | 5 |
| Ann | 10 | 10mo | 1753 | Isaac | Hannah (Miller) | 5 |
| Ann | | | 1782 | not given | not given | 5 |
| Benjamin | 4 | 6mo | 1717 | Gayen | Margaret | 1 |
| Benjamin | 19 | 12mo | 1752 | Robert | Ruth | 2 |
| Benjamin | 10 | 6mo | 1736 | James | Rachel | 5 |
| Caleb | 17 | 6mo | 1770 | Isaac | Hannah (Miller) | 5 |
| Caleb | 18 | 4mo | 1767 | James | Phebe | 6 |
| Caleb | 12 | 11mo | 1769 | James | Phebe | 6 |
| Caspar | 14 | Feb | 1761 | Jacob | Sybilla | 12 |
| Catarina | 4 | Nov | 1776 | Peter | Margaretha | 11 |
| Catharina | 17 | Aug | 1777 | Johannes | Catharina | 11 |
| Catharina | 24 | Jun | 1779 | Christoph | Clara Elisabetha | 11 |
| Conrad | bp 9 | Nov | 1761 | Conr. | Margaretha | 11 |
| Conrad | 27 | Jun | 1763 | Nickolaus | Christina | 11 |

## CHESTER COUNTY BIRTHS

**Miller**

| | | | | | | |
|---|---|---|---|---|---|---|
| Deborah | 14 | 9mo | 1725 | James | Rachel | 5 |
| Dorothy | 31 | 6mo | 1729 | Robert | Ruth | 2 |
| Elisabetha | 3 | Dec | 1781 | Johannes | Catharina | 11 |
| Elizabeth | 7 | 5mo | 1713 | Gayen | Margaret | 1 |
| Elizabeth | 3 | 9mo | 1777 | Warwick | Elizabeth | 2 |
| Elizabeth | | 1mo | 1704 | John | Mary | 5 |
| George | 19 | 5mo | 1723 | Gayen | Margaret | 1 |
| George | 5 | Mar | 1771 | Peter | Margaretha | 11 |
| Hannah | 17 | 2mo | 1733 | Robert | Ruth | 2 |
| Hannah | 7 | 2mo | 1734 | Robert | Ruth | 2 |
| Hannah | 20 | 2mo | 1737 | James | Ann (Cain) | 5 |
| Hannah | 19 | 10mo | 1734 | William | Ann (Emlen) | 5 |
| Hannah | 2 | 7mo | 1759 | Isaac | Hannah (Miller) | 5 |
| Heinrich | 22 | Sep | 1773 | Peter | Margaretha | 11 |
| Heinrich | 13 | Jul | 1794 | Johann | Catharina | 11 |
| Horatio | 22 | 10mo | 1800 | William | Phebe | 6 |
| Isaac | 11 | 1mo | 1737/8 | Robert | Ruth | 2 |
| Isaac | 11 | 5mo | 1766 | Warwick | Elizabeth | 2 |
| Isaac | 2 | 3mo | 1727 | Joseph | Ann | 5 |
| Isaac | 18 | 10mo | 1761 | Isaac | Hannah (Miller) | 5 |
| Isaac | 1 | 9mo | 1799 | William | Phebe | 6 |
| Jacob | 13 | 9mo | 1739 | Robert | Ruth | 2 |
| Jacob | 13 | Jul | 1765 | Niclaus Jacob | not given | 11 |
| Jacob | 10 | Dec | 1788 | Johann | Elisabetha | 11 |
| James | 5 | 11mo | 1696 | Gayen | Margaret | 1 |
| James | 21 | 10mo | 1754 | Robert | Ruth | 2 |
| James | 30 | 10mo | 1728 | James | Rachel | 5 |
| James | | 1mo | 1693 | John | Mary | 5 |
| James | 28 | 5mo | 1745 | James | Ann (Cain) | 5 |
| James | | | 1777 | not given | not given | 5 |
| James | 30 | 9mo | 1764 | James | Phebe | 6 |
| Jane | 13 | 5mo | 1768 | James | Phebe | 6 |
| Jesse | 30 | 11mo | 1730 | James | Rachel | 5 |
| Jesse | 26 | 5mo | 1771 | James | Phebe | 6 |
| Joh. Adam | 5 | Jan | 1762 | Joh. Ad. | Margaretha | 11 |
| Johan | 21 | Apr | 1799 | Johan | Catharina | 11 |
| John | 6 | 11mo | 1720/1 | Gayen | Margaret | 1 |
| John | 30 | 10mo | 1725 | Joseph | Ann | 5 |
| John | 20 | 2mo | 1730 | James | Ann (Cain) | 5 |
| John | 24 | 1mo | 1732/3 | William | Ann (Emlen) | 5 |
| John | 8 | 8mo | 1766 | Isaac | Hannah (Miller) | 5 |
| John | 26 | 2mo | 1754 | James | Sarah | 6 |
| Joseph | 14 | 7mo | 1715 | Gayen | Margaret | 1 |
| Joseph | 8 | 8mo | 1744 | Robert | Ruth | 2 |
| Joseph | 17 | 3mo | 1732 | James | Ann (Cain) | 5 |

## CHESTER COUNTY BIRTHS

**Miller**

| Name | Day | Month | Year | Father | Mother | Ref |
|---|---|---|---|---|---|---|
| Joseph | 8 | 4mo | 1765 | Isaac | Hannah (Miller) | 5 |
| Joseph | 6 | 6mo | 1775 | James | Phebe | 6 |
| Joshua | 3 | 2mo | 1746 | William | Ann (Emlen) | 5 |
| Katharine | 24 | 1mo | 1738/9 | James | Rachel | 5 |
| Katharine | 30 | 1mo | 1713 | James | Katharine | 5 |
| Lydia | 4 | 11mo | 1751 | Isaac | Hannah (Miller) | 5 |
| Margaret | 26 | 11mo | 1726 | Robert | Ruth | 2 |
| Margaret | 1 | 12mo | 1742 | Robert | Sarah | 6 |
| Margaretha | 31 | Oct | 1779 | Johannes | Catharina | 11 |
| Margretha | 15 | Jan | 1780 | Peter | Margretha | 11 |
| Maria | 20 | Jan | 1793 | Philipp, Jr. | Maria | 11 |
| Maria | 1 | Apr | 1796 | Johan | Catharina | 11 |
| Martha | 16 | 9mo | 1799 | Reuben | Hannah | 4 |
| Mary | | not given | | John | not given | 1 |
| Mary | 7 | 3mo | 1707 | Gayen | Margaret | 1 |
| Mary | 17 | 3mo | 1724 | James | Ann (Cain) | 5 |
| Mary | 19 | 7mo | 1741 | William | Ann (Emlen) | 5 |
| Mary | 12 | 8mo | 1778 | William | Hannah | 5 |
| Mary | 20 | 4mo | 1747 | Robert | Sarah | 6 |
| Mary | 24 | 3mo | 1761 | James | Phebe | 6 |
| Mary | 27 | 1mo | 1798 | William | Phebe | 6 |
| Mordecai | 17 | 9mo | 1764 | Warwick | Elizabeth | 2 |
| Patience | 20 | 1mo | 1730/1 | Robert | Ruth | 2 |
| Patrick | 28 | 12mo | 1708 | Gayen | Margaret | 1 |
| Peter | 17 | Dec | 1782 | Peter | Margretha | 11 |
| Phebe | 21 | 11mo | 1773 | James | Phebe | 6 |
| Rachel | 13 | 8mo | 1742 | Robert | Ruth | 2 |
| Rachel | 29 | 4mo | 1746 | Robert | Ruth | 2 |
| Rachel | | not given | | Robert | Ruth | 5 |
| Rachel | 8 | 8mo | 1752 | James | Sarah | 6 |
| Rachel | 18 | 2mo | 1760 | James | Phebe | 6 |
| Rebecca | 13 | 8mo | 1742 | Robert | Ruth | 2 |
| Rebecca | 24 | 6mo | 1780 | William | Hannah | 5 |
| Reuben | 11 | 9mo | 1770 | Warwick | Elizabeth | 2 |
| Robert | 3 | 3mo | 1703 | Gayen | Margaret | 1 |
| Robert | 27 | 1mo | 1763 | Warwick | Elizabeth | 2 |
| Robert | 18 | 3mo | 1755 | Robert | Sarah | 6 |
| Ruth | 2 | 4mo | 1750 | Robert | Ruth | 2 |
| Ruth | 28 | 9mo | 1772 | Warwick | Elizabeth | 2 |
| Samuel | 14 | 4mo | 1711 | Gayen | Margaret | 1 |
| Samuel | 13 | 3mo | 1768 | Warwick | Elizabeth | 2 |
| Samuel | 11 | 1mo | 1738/9 | Joseph | Jane | 5 |
| Samuel | 13 | 12mo | 1744 | Robert | Sarah | 6 |
| Samuel | 29 | 11mo | 1780 | James | Phebe | 6 |
| Sarah | | 9mo | 1753 | James | Rebecca | 1 |

## CHESTER COUNTY BIRTHS

### Miller
| | | | | | | |
|---|---|---|---|---|---|---|
| Sarah | 13 | 6mo | 1748 | Robert | Ruth | 2 |
| Sarah | 30 | 4mo | 1723 | James | Rachel | 5 |
| Sarah | 10 | 10mo | 1727 | James | Ann (Cain) | 5 |
| Sarah | 30 | 2mo | 1764 | Isaac | Hannah (Miller) | 5 |
| Sarah | 1 | 9mo | 1704 | Gayen | Margaret | 5 |
| Sarah | 5 | 10mo | 1749 | Robert | Sarah | 6 |
| Sarah | 9 | 6mo | 1762 | James | Phebe | 6 |
| Solomon | 28 | 12mo | 1727 | Robert | Ruth | 2 |
| Susannah | 11 | 1mo | 1734/5 | James | Ann (Cain) | 5 |
| Thomas | 28 | 3mo | 1734 | James | Rachel | 5 |
| Thomas | 8 | 3mo | 1757 | Isaac | Hannah (Miller) | 5 |
| Warrick | 18 | 3mo | 1785 | James | Phebe | 6 |
| Warwick | 30 | 11mo | 1735 | Robert | Ruth | 2 |
| William | 30 | 8mo | 1698 | Gayen | Margaret | 1 |
| William | 22 | 9mo | 1774 | Warwick | Elizabeth | 2 |
| William | 10 | 10mo | 1739 | James | Ann (Cain) | 5 |
| William | | 2mo | 1698 | John | Mary | 5 |
| William | 5 | 8mo | 1737 | William | Ann (Emlen) | 5 |
| William | 18 | 5mo | 1777 | William | Hannah | 5 |
| William | 13 | 8mo | 1755 | Isaac | Hannah (Miller) | 5 |
| William | 27 | 2mo | 1759 | James | Phebe | 6 |
| William | 20 | 12mo | 1765 | James | Phebe | 6 |

### Millhouse
| | | | | | | |
|---|---|---|---|---|---|---|
| James | 21 | 7mo | 1727 | Thomas | Sarah | 5 |
| John | 8 | 1mo | 1723/3 | Thomas | Sarah | 5 |
| Robert | 26 | 11mo | 1733 | Thomas | Sarah | 5 |
| Sarah | 3 | 4mo | 1736 | Thomas | Sarah | 5 |
| Thomas | 27 | 2mo | 1731 | Thomas | Sarah | 5 |
| Thomas | 3 | 2mo | 1779 | not given | not given | 5 |
| William | 12 | 6mo | 1738 | Thomas | Sarah | 5 |

### Minshall
| | | | | | | |
|---|---|---|---|---|---|---|
| Sarah | 16 | 4mo | 1745 | John | Sarah | 7 |

### Moffit
| | | | | | | |
|---|---|---|---|---|---|---|
| Thomas | bp 15 | Nov | 1790 | Samuel | Ann | 15 |

### Montgomery
| | | | | | | |
|---|---|---|---|---|---|---|
| William | bp | Nov | 1770 | Samuel | not given | 14 |

### Moode
| | | | | | | |
|---|---|---|---|---|---|---|
| Alexander | 29 | 8mo | 1765 | William | Phebe | 8 |
| Alexander | 27 | 7mo | 1781 | William | Phebe | 8 |
| Alexander | 16 | 9mo | 1713 | not given | not given | 8 |
| Allen | 10 | 7mo | 1779 | William | Phebe | 8 |
| Emery | 30 | 8mo | 1745 | Alexander | Rebecca | 8 |
| Emey | 18 | 4mo | 1773 | William | Phebe | 8 |
| Hannah | 18 | 4mo | 1750 | Alexander | Rebecca | 8 |

## CHESTER COUNTY BIRTHS

**Moode**

| | | | | | | |
|---|---|---|---|---|---|---|
| Mary | 24 | 12mo | 1768 | William | Phebe | 8 |
| Phebe | 30 | 6mo | 1777 | William | Phebe | 8 |
| Phebe | 10 | 5mo | 1784 | William | Phebe | 8 |
| Rebecca | 19 | 11mo | 1770 | William | Phebe | 8 |
| Ruth | 21 | 10mo | 1747 | Alexander | Rebecca | 8 |
| William | 18 | 10mo | 1742 | Alexander | Rebecca | 8 |
| William | 4 | 12mo | 1774 | William | Phebe | 8 |

**Moore**

| | | | | | | |
|---|---|---|---|---|---|---|
| Abigail | 31 | 7mo | 1782 | Robert | Mary (Brinton) | 6 |
| Abigail | 1 | 12mo | 1786 | Andrew | Ruth | 6 |
| Abner | 25 | 4mo | 1754 | James | Phebe | 3 |
| Abraham | 2 | 6mo | 1786 | John | Mary | 6 |
| Abraham | 1 | 8mo | 1786 | James | Lydia | 6 |
| Andrew | 1 | 5mo | 1742 | James | Ann | 6 |
| Andrew | 6 | 8mo | 1775 | Robert | Mary (Brinton) | 6 |
| Andrew | 16 | 4mo | 1762 | Andrew | Rebecca | 6 |
| Andrew | 21 | 10mo | 1752 | William | Lydia | 6 |
| Andrew | 22 | 7mo | 1795 | Andrew | Jane | 6 |
| Ann | 27 | 9mo | 1751 | James | Ann | 6 |
| Ann | 29 | 8mo | 1757 | Joseph | Jane | 6 |
| Ann | 8 | 11mo | 1769 | Andrew | Ruth | 6 |
| Anna | 31 | 8mo | 1793 | Joseph | Mercy | 4 |
| Anna | 6 | 3mo | 1792 | James | Lydia | 6 |
| Asahel | 20 | 5mo | 1783 | John | Elizabeth | 6 |
| Asahel | 8 | 3mo | 1799 | Andrew | Anna | 6 |
| Benjamin | 24 | 10mo | 1783 | Abner | Leah | 3 |
| Caleb | 18 | 11mo | 1783 | David | Martha | 5 |
| Cassandra | 18 | 3mo | 1792 | Andrew | Ruth | 6 |
| Cyrus | 5 | 1mo | 1786 | John | Elizabeth | 6 |
| David | 10 | 11mo | 1769 | David | Martha | 5 |
| David | 30 | 5mo | 1776 | Joseph | Jane | 5 |
| David | 2 | 10mo | 1745 | not given | not given | 5 |
| Dinah | 5 | 4mo | 1778 | Joseph | Jane | 5 |
| Downing | 26 | 10mo | 1783 | John | Mary | 6 |
| Eli | 26 | 12mo | 1769 | William | Lydia | 6 |
| Elinor | 12 | 6mo | 1779 | Robert | Mary (Brinton) | 6 |
| Elizabeth | 6 | 6mo | 1769 | James | Elizab. (Dickinson) | 6 |
| Elizabeth | 11 | 7mo | 1767 | Andrew | Ruth | 6 |
| Elizabeth | 21 | 3mo | 1771 | Andrew | Ruth | 6 |
| Elizabeth | 31 | 8mo | 1789 | Andrew | Ruth | 6 |
| Elizabeth | 27 | 3mo | 1793 | Andrew | Jane | 6 |
| Esther | 18 | 7mo | 1788 | James | Lydia | 6 |
| Gainer | 26 | 1mo | 1778 | John | Mary | 6 |
| Gaius | 20 | 8mo | 1799 | John | Elizabeth | 6 |
| Hannah | 15 | 3mo | 1777 | David | Martha | 5 |

## CHESTER COUNTY BIRTHS

**Moore**

| | | | | | | |
|---|---|---|---|---|---|---|
| Hannah | 15 | 9mo | 1754 | William | Lydia | 6 |
| Hannah | 7 | 3mo | 1791 | Andrew | Jane | 6 |
| Isaac | 13 | 7mo | 1785 | Abner | Leah | 3 |
| Isaac | 26 | 12mo | 1785 | David | Martha | 5 |
| Isaac | 8 | 5mo | 1764 | Andrew | Rebecca | 6 |
| Jacob | 14 | 7mo | 1781 | David | Martha | 5 |
| Jacob | 23 | 7mo | 1784 | Andrew | Jane | 6 |
| James | 19 | 7mo | 1749 | James | Ann | 6 |
| James | 8 | 8mo | 1761 | James | Ann | 6 |
| James | 8 | 1mo | 1760 | Andrew | Rebecca | 6 |
| James | | not given | | James | not given | 6 |
| James | 20 | 12mo | 1761 | James | Elizab. (Dickinson) | 6 |
| James | 31 | 12mo | 1778 | John | Elizabeth | 6 |
| Jane | 26 | 8mo | 1795 | Joseph | Mercy | 4 |
| Jane | 17 | 12mo | 1764 | Joseph | Jane | 5 |
| Jeremiah | 22 | 4mo | 1745 | James | Ann | 6 |
| Jeremiah | 22 | 8mo | 1755 | Andrew | Rebecca | 6 |
| Jesse | 24 | 3mo | 1789 | David | Martha | 5 |
| Jesse | 12 | 4mo | 1781 | John | Elizabeth | 6 |
| John | 2 | 7mo | 1754 | James | Ann | 6 |
| John | 24 | 1mo | 1774 | John | Sarah | 6 |
| John | 21 | 10mo | 1756 | William | Lydia | 6 |
| Jonathan | 20 | 12mo | 1788 | Andrew | Jane | 6 |
| Joseph | 16 | 7mo | 1773 | David | Martha | 5 |
| Joseph | 11 | 4mo | 1767 | Joseph | Jane | 5 |
| Joseph | 15 | 12mo | 1759 | James | Elizab. (Dickinson) | 6 |
| Joseph | 15 | 3mo | 1765 | William | Lydia | 6 |
| Joseph | 21 | 10mo | 1797 | John | Elizabeth | 6 |
| Joshua | 26 | 12mo | 1785 | David | Martha | 5 |
| Joshua | 15 | 3mo | 1774 | Joseph | Jane | 5 |
| Joshua | 21 | 8mo | 1767 | William | Lydia | 6 |
| Joshua | 17 | 10mo | 1791 | Thomas | Sarah | 6 |
| Leah | 10 | 9mo | 1795 | Abner | Leah | 3 |
| Lydia | 22 | 7mo | 1796 | David, Jr. | Martha | 5 |
| Lydia | 27 | 10mo | 1772 | William | Lydia | 6 |
| Lydia | 22 | 1mo | 1790 | James | Lydia | 6 |
| Lydia | 16 | 10mo | 1795 | John | Elizabeth | 6 |
| Lydia | | 2mo | 1778 | Andrew | Jane | 6 |
| Margaret | 25 | 11mo | 1768 | John | Sarah | 6 |
| Margaret | 6 | 6mo | 1769 | James | Elizab. (Dickinson) | 6 |
| Margaret | 17 | 7mo | 1782 | Andrew | Jane | 6 |
| Mary | 1 | 9mo | 1771 | David | Martha | 5 |
| Mary | 13 | 10mo | 1792 | David, Jr. | Martha | 5 |
| Mary | 3 | 6mo | 1769 | Joseph | Jane | 5 |
| Mary | 23 | 6mo | 1747 | James | Ann | 6 |

# CHESTER COUNTY BIRTHS

**Moore**

| | | | | | | |
|---|---|---|---|---|---|---|
| Mary | 7 | 5mo | 1766 | James | Mary | 6 |
| Mary | 7 | 9mo | 1780 | John | Mary | 6 |
| Mary | 6 | 7mo | 1793 | John | Mary | 6 |
| Mary | 11 | 7mo | 1774 | James | Elizab. (Dickinson) | 6 |
| Mary | 1 | 10mo | 1784 | Andrew | Ruth | 6 |
| Mary | 23 | 9mo | 1797 | Andrew | Anna | 6 |
| Moses | 1 | 9mo | 1769 | Robert | Mary (Brinton) | 6 |
| Phebe | 28 | 4mo | 1790 | Abner | Leah | 3 |
| Phebe | 3 | 4mo | 1786 | Robert | Mary (Brinton) | 6 |
| Phebe | 24 | 5mo | 1761 | Joseph | Jane | 6 |
| Phebe | 13 | 6mo | 1780 | Andrew | Ruth | 6 |
| Rachel | 14 | 5mo | 1779 | David | Martha | 5 |
| Rachel | 10 | 7mo | 1759 | Joseph | Jane | 5 |
| Rachel | 17 | 10mo | 1772 | Robert | Mary (Brinton) | 6 |
| Rachel | 6 | 9mo | 1789 | John | Mary | 6 |
| Rachel | 6 | 11mo | 1757 | Andrew | Rebecca | 6 |
| Rachel | 18 | 7mo | 1759 | Joseph | Jane | 6 |
| Rachel | 11 | 12mo | 1759 | William | Lydia | 6 |
| Rebecca | 16 | 2mo | 1744 | James | Ann | 6 |
| Rebecca | 16 | 4mo | 1778 | Andrew | Ruth | 6 |
| Robert | 22 | 10mo | 1739 | Andrew | Rachel | 6 |
| Robert | 4 | 1mo | 1789 | Robert | Mary (Brinton) | 6 |
| Robert | 18 | 7mo | 1776 | John | Elizabeth | 6 |
| Ruth | 23 | 1mo | 1763 | Joseph | Jane | 5 |
| Ruth | 21 | 6mo | 1773 | Andrew | Ruth | 6 |
| Samuel | 21 | 12mo | 1772 | John | Sarah | 6 |
| Samuel | 1 | 10mo | 1793 | Thomas | Sarah | 6 |
| Samuel | 11 | 4mo | 1787 | Andrew | Jane | 6 |
| Samuel | 25 | 3mo | 1800 | Robert | Elinor | 6 |
| Sarah | 16 | 5mo | 1787 | Abner | Leah | 3 |
| Sarah | 26 | 1mo | 1792 | David | Martha | 5 |
| Sarah | 9 | 7mo | 1777 | James | Elizab. (Dickinson) | 6 |
| Sarah | 11 | 11mo | 1775 | Andrew | Ruth | 6 |
| Sidney | 29 | 1mo | 1798 | David, Jr. | Martha | 5 |
| Susan | 24 | 7mo | 1797 | Joseph | Mercy | 4 |
| Susanna | 9 | 10mo | 1764 | James | Elizab. (Dickinson) | 6 |
| Susanna | 27 | 11mo | 1771 | James | Elizab. (Dickinson) | 6 |
| Thomas | 22 | 11mo | 1766 | John | Sarah | 6 |
| Thomas | 9 | 5mo | 1766 | Andrew | Rebecca | 6 |
| Walker | 27 | 5mo | 1792 | Abner | Leah | 3 |
| William | 22 | 7mo | 1796 | David | Martha | 4 |
| William | 7 | 2mo | 1795 | David, Jr. | Martha | 5 |
| William | 24 | 2mo | 1771 | Joseph | Jane | 5 |
| William | 20 | 9mo | 1770 | John | Sarah | 6 |
| William | 16 | 3mo | 1767 | James | Elizab. (Dickinson) | 6 |

## CHESTER COUNTY BIRTHS

**Moore**
| | | | | | | | |
|---|---|---|---|---|---|---|---|
| William | | 20 | 11mo | 1758 | William | Lydia | 6 |
| William | | 22 | 6mo | 1762 | William | Lydia | 6 |
| William | | 8 | 12mo | 1779 | Andrew | Jane | 6 |
| Ziba | | 16 | 1mo | 1800 | David, Jr. | Martha | 5 |

**Moore / Halliday**
| | | | | | | | |
|---|---|---|---|---|---|---|---|
| Ann | | 28 | 8mo | 1757 | Joseph Moore | not given | 5 |

**Morgan**
| | | | | | | | |
|---|---|---|---|---|---|---|---|
| Eliza Trimble | | 16 | 1mo | 1791 | Jesse | Albina (Carpenter) | 1 |
| Elizabeth | | 19 | 4mo | 1732 | John | Hannah | 3 |
| Elizabeth P. | | 5 | 9mo | 1786 | John | Rebecca | 8 |
| Hannah | | 27 | 9mo | 1784 | Jesse | Albina (Carpenter) | 1 |
| Jacob | | 15 | 2mo | 1735 | John | Hannah | 3 |
| James B. | | 26 | 1mo | 1793 | Jesse | Albina (Carpenter) | 1 |
| Jesse | | | not given | | Jesse | not given | 1 |
| Jesse J. | | 23 | 7mo | 1798 | Jesse | Albina (Carpenter) | 1 |
| John C. | | 1 | 6mo | 1786 | Jesse | Albina (Carpenter) | 1 |
| Mary | | 16 | 1mo | 1783 | Jesse | Albina (Carpenter) | 1 |
| Reuben | | 16 | 3mo | 1738 | John | Hannah | 3 |
| Ruth | | 18 | 8mo | 1724 | John | Hannah | 3 |
| Sarah | | 28 | 3mo | 1729 | John | Hannah | 3 |
| Thomas M. | | 23 | 1mo | 1796 | Jesse | Albina (Carpenter) | 1 |
| William P. | | 11 | 10mo | 1788 | Jesse | Albina (Carpenter) | 1 |

**Morison**
| | | | | | | | |
|---|---|---|---|---|---|---|---|
| Ann | bp | 26 | Aug | 1792 | not given | not given | 15 |
| daughter | bp | | Jul | 1793 | not given | not given | 15 |

**Morris**
| | | | | | | | |
|---|---|---|---|---|---|---|---|
| Ann | | 27 | 2mo | 1782 | Lewis | Rachel | 3 |
| David | | 7 | 8mo | 1781 | Edward | Hannah | 7 |
| Hannah | | 18 | 4mo | 1774 | Lewis | Rachel | 3 |
| Isaac | | 2 | ?mo | 1771 | Lewis | Rachel | 3 |
| John | | 17 | 12mo | 1769 | Lewis | Rachel | 3 |
| Jonathan | | 16 | 2mo | 1779 | Edward | Hannah | 7 |
| Joseph | | 10 | 4mo | 1790 | Lewis | Rachel | 3 |
| Leah | | 14 | 5mo | 1776 | Lewis | Rachel | 3 |
| Lewis | | 22 | 9mo | 1786 | Lewis | Rachel | 3 |
| Mary | | 10 | 7mo | 1798 | John | Hannah | 3 |
| Phebe | | 8 | 6mo | 1784 | Lewis | Rachel | 3 |
| Priscilla | | 20 | 1mo | 1800 | John | Hannah | 3 |
| Rachel | | 7 | 6mo | 1778 | Lewis | Rachel | 3 |
| Sarah | | 12 | 11mo | 1772 | Lewis | Rachel | 3 |
| Sarah | | 27 | 2mo | 1782 | Lewis | Rachel | 3 |
| Sarah | | | not given | | Jonathan | Mary | 7 |

**Morrison**
| | | | | | | | |
|---|---|---|---|---|---|---|---|
| Jonas | | 10 | 10mo | 1800 | James | Elizabeth | 6 |

## CHESTER COUNTY BIRTHS

**Morrow**
| | | | | | | | |
|---|---|---|---|---|---|---|---|
| James | bp | 7 Apr | 1792 | David | Agnes | 15 |

**Morry**
| | | | | | | |
|---|---|---|---|---|---|---|
| Elizabeth | | 13 May | 1776 | James | Martha | 12 |

**Morton**
| | | | | | | |
|---|---|---|---|---|---|---|
| Ann | | 11 11mo | 1776 | Samuel | Hannah (Taylor) | 5 |
| Benjamin | | 26 9mo | 1765 | Samuel | Hannah (Taylor) | 5 |
| Elizabeth | | 3 2mo | 1773 | Samuel | Hannah (Taylor) | 5 |
| Hannah | | 13 6mo | 1771 | Samuel | Hannah (Taylor) | 5 |
| John | | 28 4mo | 1729 | Samuel | Eliza | 5 |
| Margaret | | 1 10mo | 1727/8 | Samuel | Eliza | 5 |
| Mary | | 9 9mo | 1737 | Samuel | Eliza | 5 |
| Mary | | 7 4mo | 1779 | Samuel | Hannah (Taylor) | 5 |
| Mary | | *circa* | 1779 | Thomas | not given | 5 |
| Phebe | | *circa* | 1783 | Thomas | not given | 5 |
| Samuel | | 27 7mo | 1732 | Samuel | Eliza | 5 |
| Samuel | | 11 12mo | 1766 | Samuel | Hannah (Taylor) | 5 |
| Sarah | | 25 2mo | 1775 | Samuel | Hannah (Taylor) | 5 |
| Thomas | | 6 7mo | 1740 | Samuel | Eliza | 5 |
| Thomas | | 12 10mo | 1768 | Samuel | Hannah (Taylor) | 5 |
| William | | 9 1mo | 1734/5 | Samuel | Eliza | 5 |
| William | | 11 3mo | 1770 | Samuel | Hannah (Taylor) | 5 |

**Moses**
| | | | | | | |
|---|---|---|---|---|---|---|
| Elisabetha | | 8 Aug | 1762 | Henrich | Philippina | 11 |

**Mueller**
| | | | | | | |
|---|---|---|---|---|---|---|
| Anna Elisabeth | | 31 Mar | 1763 | Joh. Ad. | Anna Maria | 11 |
| Catharina | | 28 Dec | 1765 | Benedict | not given | 11 |
| Christina | | 7 Dec | 1776 | Conrad | Anna Margaretha | 11 |
| Elizabetha | | 28 Dec | 1765 | Benedict | not given | 11 |
| George | | 8 May | 1798 | Henrich | Elisabeth | 11 |
| Jesse | | 3 Aug | 1799 | Henrich | Elisabeth | 11 |
| John | | 27 Feb | 1794 | Henrich | Elisabeth | 11 |
| Peter | bp | 16 Jan | 1769 | Peter | not given | 11 |
| Sara | | 21 Mar | 1766 | John Adam | not given | 11 |

**Muentz**
| | | | | | | |
|---|---|---|---|---|---|---|
| Elisabetha | | 15 Sep | 1771 | Stophel | Barbara | 11 |

**Muller**
| | | | | | | |
|---|---|---|---|---|---|---|
| Christina | | 10 ??? | 1800 | Georg | Margaretha | 11 |
| Gertraut | bp | 20 Mar | 1767 | Benedict | not given | 11 |
| Hannah | | 29 Feb | 1760 | Joh. Ad. | Anna Maria | 11 |
| Johannes | bp | 9 Feb | 1769 | Joh. Adam | not given | 11 |
| Margaretha | bp | 22 Dec | 1798 | Georg | Margaretha | 11 |

**Müller**
| | | | | | | |
|---|---|---|---|---|---|---|
| Daniel | | 23 Jan | 1791 | Christopher | Clarissa | 12 |
| Isaiah | | 31 Jul | 1784 | Christopher | Clara | 12 |

## CHESTER COUNTY BIRTHS

**Müller**
| | | | | | | |
|---|---|---|---|---|---|---|
| Jacob | 26 | Jan | 1786 | Christopher | Clara Elizabeth | 12 |
| John | 17 | Jun | 1756 | Jacob | not given | 12 |

**Mundschauer**
| | | | | | | |
|---|---|---|---|---|---|---|
| Jacob, [adult] | 5 | Nov | 1776 | Jacob | | 12 |

**Muntschauer**
| | | | | | | |
|---|---|---|---|---|---|---|
| Philip | 13 | Jul | 1797 | Michael | Catharine | 12 |

**Musgrave**
| | | | | | | |
|---|---|---|---|---|---|---|
| Abraham | 17 | 7mo | 1759 | Thomas | Hannah | 6 |
| Elinor | 23 | 8mo | 1747 | Thomas | Hannah | 6 |
| Hannah | 7 | 12mo | 1751 | Thomas | Hannah | 6 |
| John | 23 | 2mo | 1744 | Thomas | Hannah | 6 |
| Mary | 30 | 8mo | 1745 | Thomas | Hannah | 6 |
| Rachel | 29 | 11mo | 1756 | Thomas | Hannah | 6 |
| Thomas | 6 | 12mo | 1749 | Thomas | Hannah | 6 |
| William | 20 | 4mo | 1754 | Thomas | Hannah | 6 |

**Musgrove**
| | | | | | | |
|---|---|---|---|---|---|---|
| Aaron | 1 | 12mo | 1763 | Joseph | Esther (Bennett) | 1 |
| Bennett | 20 | 3mo | 1770 | Joseph | Esther (Bennett) | 1 |
| Deborah | 23 | 4mo | 1762 | Joseph | Esther (Bennett) | 1 |
| Elizabeth | 5 | 9mo | 1765 | Joseph | Esther (Bennett) | 1 |
| Elizabeth | 24 | 8mo | 1766 | Joseph | Esther (Bennett) | 1 |
| Esther | 30 | 4mo | 1774 | Joseph | Esther | 1 |
| Joseph | | not given | | Aaron | Elizabeth | 1 |
| Joseph | 29 | 12mo | 1768 | Joseph | Esther (Bennett) | 1 |
| Joseph | 24 | 3mo | 1776 | Joseph | Esther | 1 |
| William | 25 | 1mo | 1772 | Joseph | Esther (Bennett) | 1 |

# N

**Nailer**
| | | | | | | |
|---|---|---|---|---|---|---|
| Catharina | 17 | Jul | 1779 | Jacob | Catharine | 12 |

**Natari**
| | | | | | | |
|---|---|---|---|---|---|---|
| Philippina | 21 | Mar | 1766 | Jacob | not given | 13 |

**Naule**
| | | | | | | |
|---|---|---|---|---|---|---|
| Hannah | 15 | 10mo | 1787 | not given | not given | 6 |

**Nayle**
| | | | | | | |
|---|---|---|---|---|---|---|
| Ann | 8 | 8mo | 1740 | Henry | Sarah | 5 |

**Naylor**
| | | | | | | |
|---|---|---|---|---|---|---|
| Rebecca | | *circa* | 1763 | John | not given | 4 |

**Needham**
| | | | | | | |
|---|---|---|---|---|---|---|
| Rachel | 14 | 6mo | 1727 | Ralph | not given | 4 |

## CHESTER COUNTY BIRTHS

**Neil**
| | | | | | | | |
|---|---|---|---|---|---|---|---|
| John Bailey | bp | 9 | Jan | 1783 | John | Jane | 15 |
| Mary | bp | 10 | Oct | 1792 | Jno. | Jane | 15 |

**Neiler**
| | | | | | | |
|---|---|---|---|---|---|---|
| Mary | | 14 | Dec | 1781 | Jacob | Catharina | 12 |

**Neisbit**
| | | | | | | | |
|---|---|---|---|---|---|---|---|
| Joseph Gordon | bp | 8 | May | 1791 | Alexander | Elizabeth | 15 |

**Neoritz**
| | | | | | | |
|---|---|---|---|---|---|---|
| Jacob | | 22 | Jan | 1797 | Jacob | Barbara | 12 |

**Newberry**
| | | | | | | | |
|---|---|---|---|---|---|---|---|
| Isaac | bp | 15 | Jan | 1783 | not given | Rachel | 15 |

**Newlin**
| | | | | | | |
|---|---|---|---|---|---|---|
| Samuel | | 1 | 2mo | 1787 | Henry | Sarah | 5 |

**Nichols**
| | | | | | |
|---|---|---|---|---|---|
| Amor | | not given | | Thomas | Lydia | 1 |
| Charity | | not given | | John | Charity | 1 |
| Daniel | 28 | 2mo | 1766 | Thomas | Lydia | 1 |
| Dinah | | not given | | Thomas | Lydia | 1 |
| Eli | | not given | | Thomas | Lydia | 1 |
| Ellis | 27 | 10mo | 1795 | Daniel | Dinah (Wilson) | 1 |
| Hannah | 8 | 3mo | 1789 | Samuel | Ruth | 1 |
| Hannah | 19 | 2mo | 1754 | Joseph | Margaret | 1 |
| Henry | | not given | | Thomas | Lydia | 1 |
| Isaac | | 2mo | 1743 | Lydia | Thomas | 1 |
| Judith | | not given | | Thomas | Lydia | 1 |
| Lydia | 17 | 9mo | 1786 | Samuel | Ruth | 1 |
| Lydia | 13 | 12mo | 1797 | Daniel | Dinah (Wilson) | 1 |
| Mary | | not given | | Thomas | Lydia | 1 |
| Rachel | | not given | | Thomas | Lydia | 1 |
| Thomas | | not given | | Thomas | Lydia | 1 |
| Thomas | 5 | 7mo | 1799 | Daniel | Dinah (Wilson) | 1 |

**Nicoly**
| | | | | | | |
|---|---|---|---|---|---|---|
| Anna Catharine | ca | Nov | 1766 | John | Anna Catharine | 12 |

# O

**Oexlein**
| | | | | | | |
|---|---|---|---|---|---|---|
| Bernhard | 8 | May | 1765 | Adam | not given | 12 |
| Philip Henry | 11 | Dec | 1762 | Adam | not given | 12 |

**Ohlweyn**
| | | | | | | |
|---|---|---|---|---|---|---|
| Henry | 4 | Apr | 1790 | Abraham | Rebeckah | 12 |
| Samuel | 17 | Nov | 1788 | Abraham | Rebeckah | 12 |

## CHESTER COUNTY BIRTHS

**Orbell**
| | | | | | | |
|---|---|---|---|---|---|---|
| Margaret | 3 | 6mo | 1685 | Samuel | Joanna | 4 |

**Ouran**
| | | | | | | |
|---|---|---|---|---|---|---|
| Benjamin | | not given | | Benjamin | not given | 1 |
| Elizabeth | 2 | 6mo | 1788 | Benjamin | Mary (Miller) | 1 |

**Owen**
| | | | | | | |
|---|---|---|---|---|---|---|
| Elisha | 29 | 8mo | 1780 | Evan | Jane | 7 |
| Elizabeth | 15 | 3mo | 1797 | Benjamin | Lydia | 6 |
| Lydia | 13 | 7mo | 1799 | Benjamin | Lydia | 6 |
| Thomas | | circa | 1749 | not given | not given | 13 |

# P

**Packer**
| | | | | | | |
|---|---|---|---|---|---|---|
| Aaron | 5 | 11mo | 1764 | James | Rose (Mendenhall) | 7 |
| Amos | 30 | 1mo | 1759 | James | Rose (Mendenhall) | 7 |
| Amos | 14 | 8mo | 1790 | Eli | Elizabeth | 10 |
| Ann | 2 | 7mo | 1792 | John | Hannah | 1 |
| Betty | 28 | 12mo | 1798 | John | Hannah | 1 |
| Eli | 9 | 9mo | 1757 | James | Rose (Mendenhall) | 7 |
| Gulielma | 18 | 12mo | 1794 | John | Hannah | 1 |
| Hannah | 14 | 4mo | 1783 | John | Hannah | 1 |
| Hannah | 19 | 12mo | 1755 | James | Rose (Mendenhall) | 7 |
| Hannah | 14 | 4mo | 1783 | Job | Hannah (Lamborn) | 7 |
| Hulda | 3 | 6mo | 1797 | John | Hannah | 1 |
| James | 2 | 7mo | 1792 | John | Hannah | 1 |
| James | 4 | 2mo | 1726 | Philip | Ann | 7 |
| Job | 2 | 5mo | 1788 | John | Hannah | 1 |
| Job | 27 | 3mo | 1754 | James | Rose (Mendenhall) | 7 |
| Levi | 27 | 6mo | 1790 | John | Hannah | 1 |
| Lewis | 9 | 11mo | 1800 | John | Hannah | 1 |
| Lydia | 2 | 12mo | 1784 | John | Hannah | 1 |
| Lydia | 19 | 1mo | 1763 | James | Rose (Mendenhall) | 7 |
| Moses | 26 | 4mo | 1761 | James | Rose (Mendenhall) | 7 |
| Rose | 6 | 12mo | 1752 | James | Rose (Mendenhall) | 7 |
| Sarah | 25 | 3mo | 1779 | Job | Hannah (Lamborn) | 7 |
| William | 14 | 4mo | 1781 | Job | Hannah (Lamborn) | 7 |

**Pain**
| | | | | | | |
|---|---|---|---|---|---|---|
| Alice | 22 | 10mo | 1720 | Josiah | Martha | 5 |
| Elizabeth | 5 | 12mo | 1724 | Josiah | Martha | 5 |
| George | 4 | 10mo | 1728 | Josiah | Martha | 5 |
| Hannah | 14 | 12mo | 1753 | George | Rachel | 4 |

## CHESTER COUNTY BIRTHS

**Pain**
| | | | | | | |
|---|---|---|---|---|---|---|
| Henry | 5 | 3mo | 1756 | George | Rachel | 4 |
| Jesse | 6 | 7mo | 1755 | George | Rachel | 4 |
| Joseph | 11 | 1mo | 1758 | George | Rachel | 4 |
| Josiah | 3 | 8mo | 1716 | Josiah | Martha | 5 |
| Martha | 10 | 10mo | 1722 | Josiah | Martha | 5 |
| Mary | 6 | 11mo | 1758 | George | Rachel | 4 |
| Mary | 7 | 2mo | 1718 | Josiah | Martha | 5 |
| Mathew | 20 | 3mo | 1719 | Josiah | Martha | 5 |
| Ruth | 27 | 2mo | 1724 | Josiah | Martha | 5 |

**Painter**
| | | | | | | |
|---|---|---|---|---|---|---|
| Elizabeth | | not given | | Thomas | Grace | 5 |

**Palmer**
| | | | | | | |
|---|---|---|---|---|---|---|
| Beulah | 9 | 10mo | 1780 | John | Hannah | 1 |
| John | 16 | 6mo | 1778 | John | Hannah | 1 |
| Joseph | 4 | 2mo | 1785 | Asher | Alice | 1 |
| Samuel | 16 | 9mo | 1793 | not given | not given | 2 |

**Parke**
| | | | | | | |
|---|---|---|---|---|---|---|
| Hannah | 27 | 12mo | 1746 | Thomas | Jane | 2 |
| Jacob | 26 | 4mo | 1754 | Thomas | Jane | 2 |
| Jane | 31 | 6mo | 1752 | Thomas | Jane | 2 |
| Rebecca | 19 | 5mo | 1744 | Thomas | Jane | 2 |
| Robert | 14 | 2mo | 1740 | Thomas | Jane | 2 |
| Sarah | 29 | 1mo | 1742 | Thomas | Jane | 2 |
| Thomas | 6 | 6mo | 1749 | Thomas | Jane | 2 |

**Parker**
| | | | | | | |
|---|---|---|---|---|---|---|
| Abraham | 12 | 3mo | 1775 | John | Hannah (Milhouse) | 1 |
| Alexander | 30 | 3mo | 1772 | Thompson | Sarah (Milhouse) | 5 |
| Benjamin | 21 | 7mo | 1783 | John | Hannah (Milhouse) | 1 |
| Caleb | 22 | 9mo | 1793 | John | Hannah (Milhouse) | 1 |
| Elizabeth | 17 | 3mo | 1778 | John | Hannah (Milhouse) | 1 |
| George | 2 | 11mo | 1763 | Thompson | Sarah (Milhouse) | 5 |
| Hannah | 30 | 3mo | 1788 | John | Hannah (Milhouse) | 1 |
| Isaac | 11 | 7mo | 1776 | John | Hannah (Milhouse) | 1 |
| John | 20 | 9mo | 1786 | John | Hannah (Milhouse) | 1 |
| Joseph | 8 | 4mo | 1781 | John | Hannah (Milhouse) | 1 |
| Mary | 8 | 9mo | 1796 | John | Hannah (Milhouse) | 1 |
| Richardson | 22 | 2mo | 1785 | John | Hannah (Milhouse) | 1 |
| Susanna | 2 | 8mo | 1790 | John | Hannah (Milhouse) | 1 |
| Thomas | 11 | 12mo | 1779 | John | Hannah (Milhouse) | 1 |
| Thomas | 10 | 5mo | 1774 | Thompson | Sarah (Milhouse) | 5 |
| Thompson | 10 | 3mo | 1737 | Alexander | Sarah | 5 |
| Wistar | 28 | 1mo | 1792 | John | Hannah (Milhouse) | 1 |

**Parks**
| | | | | | | |
|---|---|---|---|---|---|---|
| Margret | bp | Sep | 1770 | Samuel | not given | 14 |

## CHESTER COUNTY BIRTHS

**Parsons**
| | | | | | | |
|---|---|---|---|---|---|---|
| Henry | 7 | 12mo | 1721 | Henry | Margaret | 5 |
| John | 16 | 7mo | 1745 | Henry | Elizabeth | 4 |
| Joseph | 5 | 5mo | 1748 | Henry | Elizabeth | 4 |
| Margaret | 14 | 8mo | 1757 | Henry | Elizabeth | 4 |
| Prudence | 11 | 2mo | 1750 | Henry | Elizabeth | 4 |
| Vincent | 7 | 4mo | 1753 | Henry | Elizabeth | 4 |

**Parvin**
| | | | | | | |
|---|---|---|---|---|---|---|
| Mary | 11 | 7mo | 1762 | Francis | not given | 6 |

**Paschall**
| | | | | | | |
|---|---|---|---|---|---|---|
| Elizabeth | 5 | 11mo | 1729/30 | William | Hannah | 7 |
| Grace | 26 | 4mo | 1721 | William | Grace | 3 |
| Hannah | 3 | 10mo | 1723 | William | Hannah | 3 |
| Margaret | 4 | 10mo | 1724 | William | Hannah | 7 |

**Passmore**
| | | | | | | |
|---|---|---|---|---|---|---|
| Abi | 5 | 4mo | 1798 | Thomas | Esther | 8 |
| Abiah | 14 | 11mo | 1779 | George | Mary (Pennock) | 5 |
| Abigail | 6 | 1mo | 1794 | Richard | Deborah | 3 |
| Abigail | 17 | 7mo | 1765 | Augustine | Hannah | 4 |
| Abijah | 12 | 11mo | 1796 | Richard | Deborah | 3 |
| Alice | 8 | 10mo | 1744 | Augustine | Judith | 4 |
| Andrew Moore | 12 | 12mo | 1800 | Ellis | Ruth | 4 |
| Ann | 10 | 9mo | 1738 | Augustine | Judith | 4 |
| Ann | 6 | 6mo | 1764 | George | Margaret (Stroud) | 5 |
| Anne | 14 | 11mo | 1799 | George | Ann (Williams) | 10 |
| Augustine | 27 | 7mo | 1714 | John | Mary | 4 |
| Augustine | 31 | 1mo | 1749 | Augustine | Judith | 4 |
| Betty | 7 | 2mo | 1727 | William | Mary (Heald) | 1 |
| Beulah | 7 | 7mo | 1792 | Richard | Deborah | 3 |
| Carleton | 29 | 3mo | 1785 | William | Hannah (Carleton) | 1 |
| Cyrus | 27 | 7mo | 1790 | Thomas | Esther | 8 |
| Deborah | 18 | 2mo | 1799 | Richard | Deborah | 3 |
| Elizabeth | 9 | 4mo | 1759 | Enoch | Mary (Laughlin) | 1 |
| Elizabeth | 13 | 9mo | 1793 | James | Martha (Walter) | 1 |
| Elizabeth | 13 | 3mo | 1759 | George | Margaret (Stroud) | 5 |
| Elizabeth | 14 | 10mo | 1785 | John | Phebe (Pusey) | 5 |
| Ellis | 1 | 3mo | 1771 | John | Phebe (Pusey) | 5 |
| Ellis Pusey | 9 | 3mo | 1799 | Ellis | Ruth | 4 |
| Enoch | | not given | | William | not given | 1 |
| Enoch | 28 | 12mo | 1735 | William | Mary (Heald) | 1 |
| Esther | 28 | 7mo | 1800 | Thomas | Esther | 8 |
| Everatt | 9 | 11mo | 1787 | Richard | Deborah | 3 |
| Gaius | 13 | 7mo | 1794 | Thomas | Esther | 8 |
| George | 2 | 6mo | 1766 | Enoch | Mary (Laughlin) | 1 |
| George | 2 | 7mo | 1740 | William | Mary (Heald) | 1 |

## CHESTER COUNTY BIRTHS

**Passmore**

| Name | Day | Mo | Year | Father | Mother | # |
|---|---|---|---|---|---|---|
| George | 21 | 11mo | 1742 | Augustine | Judith | 4 |
| George | 28 | 7mo | 1748 | George | Margaret (Stroud) | 5 |
| George | 20 | 7mo | 1783 | John | Phebe (Pusey) | 5 |
| George | 7 | 9mo | 1740 | not given | not given | 10 |
| George | 29 | 12mo | 1800 | George | Ann | 10 |
| George S. | 22 | 3mo | 1788 | George | Mary (Pennock) | 5 |
| Hannah | 11 | 2mo | 1733 | William | Mary (Heald) | 1 |
| Hannah | 8 | 6mo | 1789 | Richard | Deborah | 3 |
| Hannah | 13 | 6mo | 1756 | Augustine | Hannah | 4 |
| Hannah | 16 | 6mo | 1774 | John | Phebe (Pusey) | 5 |
| Henry | 29 | 7mo | 1761 | Augustine | Hannah | 4 |
| Hugh | 1 | 3mo | 1796 | James | Martha (Walter) | 1 |
| Humphrey | 11 | 4mo | 1731 | William | Mary (Heald) | 1 |
| James | 12 | 6mo | 1763 | Enoch | Mary (Laughlin) | 1 |
| John | 16 | 10mo | 1725 | William | Mary (Heald) | 1 |
| John | 2 | 7mo | 1743 | George | Margaret (Stroud) | 5 |
| John | 20 | 9mo | 1781 | George | Mary (Pennock) | 5 |
| Joseph | 3 | 1mo | 1738 | William | Mary (Heald) | 1 |
| Joseph | 8 | 2mo | 1794 | George | Mary (Pennock) | 5 |
| Levis | 17 | 2mo | 1777 | George | Mary (Pennock) | 5 |
| Lydia | 22 | 7mo | 1729 | William | Mary (Heald) | 1 |
| Lydia | 18 | 6mo | 1778 | John | Phebe (Pusey) | 5 |
| Margaret | 11 | 3mo | 1751 | George | Margaret (Stroud) | 5 |
| Margaret | 26 | 4mo | 1767 | John | Phebe (Pusey) | 5 |
| Margaret | 26 | 4mo | 1778 | George | Mary (Pennock) | 5 |
| Margaret | 28 | 5mo | 1792 | Thomas | Esther | 8 |
| Margery | 24 | 2mo | 1762 | George | Margaret (Stroud) | 5 |
| Margery | 23 | 10mo | 1772 | John | Phebe (Pusey) | 5 |
| Mary | 9 | 8mo | 1788 | Thomas | Esther | 8 |
| Mary | 28 | 9mo | 1768 | Enoch | Mary (Laughlin) | 1 |
| Mary | 12 | 9mo | 1798 | James | Martha (Walter) | 1 |
| Mary | 8 | 1mo | 1742 | William | Mary (Heald) | 1 |
| Mary | 11 | 2mo | 1791 | Richard | Deborah | 3 |
| Mary | 15 | 3mo | 1747 | Augustine | Judith | 4 |
| Mary | 18 | 12mo | 1753 | George | Margaret (Stroud) | 5 |
| Mary | | not given | | John | Mary | 5 |
| Mary | 7 | 1mo | 1766 | John | Phebe (Pusey) | 5 |
| Mary | 9 | 11mo | 1776 | John | Phebe (Pusey) | 5 |
| Mary | 21 | 11mo | 1795 | George | Mary (Pennock) | 5 |
| Pennock | 2 | 8mo | 1790 | George | Mary (Pennock) | 5 |
| Phebe | 19 | 10mo | 1771 | Enoch | Mary (Laughlin) | 1 |
| Phebe | 27 | 4mo | 1734 | William | Mary (Heald) | 1 |
| Phebe | 16 | 9mo | 1792 | Ellis | Ruth | 4 |
| Phebe | 11 | 9mo | 1763 | Augustine | Hannah | 4 |
| Phebe | 2 | 2mo | 1780 | John | Phebe (Pusey) | 5 |

## CHESTER COUNTY BIRTHS

**Passmore**
| | | | | | | | |
|---|---|---|---|---|---|---|---|
| Rachel | | 3 | 9mo | 1785 | George | Mary (Pennock) | 5 |
| Rebecca | | 13 | 4mo | 1758 | Augustine | Hannah | 4 |
| Richard | | 29 | 10mo | 1795 | Richard | Deborah | 3 |
| Richard | | 11 | 12mo | 1755 | Augustine | Hannah | 4 |
| Ruth | | 4 | 3mo | 1794 | Ellis | Ruth | 4 |
| Sarah | | 5 | 12mo | 1781 | John | Phebe (Pusey) | 5 |
| Susanna | | 13 | 10mo | 1743 | William | Mary (Heald) | 1 |
| Susanna | | 16 | 12mo | 1768 | John | Phebe (Pusey) | 5 |
| Susanna | | 9 | 12mo | 1769 | John | Phebe (Pusey) | 5 |
| Thomas | | 7 | 3mo | 1756 | George | Margaret (Stroud) | 5 |
| Thomas | | 4 | 7mo | 1799 | George | Mary (Pennock) | 5 |
| Thomas | | 28 | 4mo | 1796 | Thomas | Esther | 8 |
| William | | 5 | 5mo | 1761 | Enoch | Mary (Laughlin) | 1 |
| William | | 16 | 11mo | 1703 | John | Mary | 1 |
| Wm. Pennock | | 21 | 1mo | 1784 | George | Mary (Pennock) | 5 |

**Patten**
| | | | | | | | |
|---|---|---|---|---|---|---|---|
| David William | bp | 8 | May | 1791 | Thomas | Sarah | 15 |

**Patterson**
| | | | | | | | |
|---|---|---|---|---|---|---|---|
| Samuel | bp | 8 | May | 1791 | Samuel | Elizabeth | 15 |

**Paul**
| | | | | | | | |
|---|---|---|---|---|---|---|---|
| Abraham | | 28 | Jul | 1730 | Andreas | not given | 16 |
| Benjamin | bp | 4 | May | 1754 | Johannes | Magdalena | 13 |
| Johannes | | 4 | Aug | 1746 | Johannes | Magdalena | 13 |

**Paxson**
| | | | | | | |
|---|---|---|---|---|---|---|
| Edward | 8 | 10mo | 1789 | Joseph | Phebe | 6 |
| Jacob | 17 | 3mo | 1795 | Joseph | Phebe | 6 |
| Joseph | 3 | 6mo | 1792 | Joseph | Phebe | 6 |
| Sarah | 19 | 4mo | 1770 | not given | not given | 6 |
| Susanna F. | 20 | 1mo | 1798 | Joseph | Phebe | 6 |
| Timothy | 20 | 12mo | 1800 | Joseph | Phebe | 6 |

**Pearson**
| | | | | | | |
|---|---|---|---|---|---|---|
| Benjamin | 10 | 1mo | 1721/2 | Lawrence | Esther | 3 |
| Charity | 17 | 9mo | 1730 | Lawrence | Esther | 3 |
| Esther | 31 | 10mo | 1724 | Lawrence | Esther | 3 |
| Hannah | 25 | 3mo | 1712 | Lawrence | Esther | 3 |
| Lydia | 8 | 1mo | 1733/4 | Lawrence | Esther | 3 |
| Margery | 14 | 5mo | 1726 | Lawrence | Esther | 3 |
| Phebe | 2 | 10mo | 1719 | Lawrence | Esther | 3 |
| Sibilla | 24 | 8mo | 1717 | Lawrence | Esther | 3 |
| Thomas | 9 | 7mo | 1714 | Lawrence | Esther | 3 |

**Peart**
| | | | | | | |
|---|---|---|---|---|---|---|
| Abner | 25 | 7mo | 1798 | Thomas | Mary | 8 |
| Benjamin | 11 | 4mo | 1796 | Thomas | Mary | 8 |
| John | 31 | 10mo | 1791 | Thomas | Mary | 8 |

## CHESTER COUNTY BIRTHS

**Peart**
| | | | | | | |
|---|---|---|---|---|---|---|
| Rebecca | 19 | 3mo | 1789 | Thomas | Mary | 8 |

**Peirce**
| | | | | | | |
|---|---|---|---|---|---|---|
| Ann | 27 | 12mo | 1766 | Joshua | Ann (Bailey) | 1 |
| Ann | 20 | 3mo | 1792 | Joshua | Sarah (Taylor) | 1 |
| Ann | 24 | 6mo | 1784 | Caleb | Prisc. (Wickersham) | 1 |
| Ann | 20 | 10mo | 1718 | Joshua | Ann | 1 |
| Ann | 7 | 8mo | 1725 | Gainer | Sarah | 3 |
| Ann | 5 | 5mo | 1773 | Gainer | Jane | 6 |
| Ann | 11 | 11mo | 1724/5 | Caleb | Mary | 7 |
| Benjamin | 10 | 5mo | 1784 | Joshua | Sarah (Taylor) | 1 |
| Caleb | 2 | 12mo | 1727/8 | Joshua | Rachel | 1 |
| Caleb | 6 | 7mo | 1757 | Caleb | Hannah (Greave) | 1 |
| Caleb | 15 | 5mo | 1793 | Jacob | Hannah (Buffington) | 1 |
| Calvin | 23 | 2mo | 1780 | Gainer | Jane | 6 |
| Cyrus | 23 | 2mo | 1780 | Gainer | Jane | 6 |
| Daniel | 1 | 11mo | 1754 | Joshua | Ann (Bailey) | 1 |
| Daniel | 22 | 4mo | 1788 | Joshua | Sarah (Taylor) | 1 |
| David | 9 | 1mo | 1787 | Jacob | Hannah (Buffington) | 1 |
| Elizabeth | 24 | 1mo | 1722 | Gainer | Sarah | 3 |
| Elizabeth | 14 | 8mo | 1763 | Gainer | Jane | 6 |
| Gainer | 1 | 7mo | 1740 | Gainer | Sarah | 3 |
| Gainer | 1 | 9mo | 1775 | Gainer | Jane | 6 |
| George | 5 | 5mo | 1714 | Joshua | Ann | 1 |
| George | 10 | 8mo | 1720 | Gainer | Sarah | 3 |
| George | 25 | 3mo | 1767 | Gainer | Jane | 6 |
| Gideon | 30 | 12mo | 1793 | Caleb | Prisc. (Wickersham) | 1 |
| Hannah | 9 | 8mo | 1776 | Joshua | Sarah (Taylor) | 1 |
| Hannah | 26 | 9mo | 1782 | Caleb | Prisc. (Wickersham) | 1 |
| Hannah | 12 | 11mo | 1797 | Jacob | Hannah (Buffington) | 1 |
| Hannah | 11 | 1mo | 1727 | Mordecai | Gayner | 3 |
| Isaac | 4 | 4mo | 1756 | Joshua | Ann (Bailey) | 1 |
| Isaac | 27 | 9mo | 1778 | Joshua | Sarah (Taylor) | 1 |
| Jacob | 4 | 4mo | 1761 | Caleb | Hannah (Greave) | 1 |
| Jacob | 8 | 1mo | 1790 | Jacob | Hannah (Buffington | 1 |
| James | 7 | 1mo | 1792 | Caleb | Pris. (Wickersham) | 1 |
| James | 31 | 8mo | 1737 | Gainer | Sarah | 3 |
| Jonathan | 30 | 3mo | 1785 | Jacob | Hannah (Buffington) | 1 |
| Joseph | 16 | 10mo | 1725 | Joshua | Rachel | 1 |
| Joshua | 3 | 3mo | 1766 | Caleb | Hanna (Greave) | 1 |
| Joshua | 25 | 5mo | 1751 | Joshua | Ann (Bailey) | 1 |
| Joshua | 14 | 1mo | 1781 | Joshua | Sarah (Taylor) | 1 |
| Joshua | 22 | 1mo | 1724 | Joshua | Rachel | 1 |
| Joshua | *circa* | | 1683 | not given | not given | 1 |
| Levi | 7 | 12mo | 1791 | George | Martha | 1 |
| Lewis | 9 | 10mo | 1794 | Joshua | Sarah (Taylor) | 1 |

## CHESTER COUNTY BIRTHS

**Peirce**
| | | | | | | |
|---|---|---|---|---|---|---|
| Mary | 11 | 9mo | 1794 | Joshua | Sarah (Taylor) | 1 |
| Mary | 3 | 3mo | 1717 | Joshua | Ann | 1 |
| Mary | 10 | 3mo | 1733 | Gainer | Sarah | 3 |
| Mary | 15 | 5mo | 1765 | Gainer | Jane | 6 |
| Olive | 12 | 1mo | 1758 | Joshua | Ann (Bailey) | 1 |
| Rachel | 7 | 7mo | 1749 | Joshua | Ann (Bailey) | 1 |
| Rachel | 9 | 9mo | 1800 | Jacob | Hannah (Buffington) | 1 |
| Samuel | 3 | 3mo | 1766 | Caleb | Hannah (Greave) | 1 |
| Samuel | 3 | 6mo | 1790 | Caleb | Prisc. (Wickersham) | 1 |
| Sarah | 29 | 7mo | 1786 | Joshua | Sarah (Taylor) | 1 |
| Sarah | 27 | 11mo | 1727 | Gainer | Sarah | 3 |
| Sidney | 8 | 10mo | 1770 | Caleb | Hanna (Greave) | 1 |
| Sidney | 12 | 7mo | 1796 | Caleb | Prisc. (Wickersham) | 1 |
| Susanna | 24 | 6mo | 1730 | Gainer | Sarah | 3 |
| Susanna | 27 | 1mo | 1769 | Gainer | Jane | 6 |
| Taylor | 2 | 10mo | 1800 | Joshua | Sarah (Taylor) | 1 |
| Thomas | 4 | 8mo | 1786 | Caleb | Prisc. (Wickersham) | 1 |

**Pennock**
| | | | | | | |
|---|---|---|---|---|---|---|
| Abraham | 30 | 7mo | 1761 | Levis | Ruth | 5 |
| Abraham | 13 | 1mo | 1796 | Abraham | Sarah | 8 |
| Alice | 21 | 5mo | 1761 | William | Alice (Mendenhall) | 1 |
| Alice | 23 | 5mo | 1778 | Caleb | Ann (Thompson) | 5 |
| Amy | 12 | 9mo | 1784 | Caleb | Ann (Thompson) | 1 |
| Amy | 30 | 6mo | 1793 | Samuel | Mary (Hadley) | 1 |
| Ann | 29 | 3mo | 1788 | Caleb | Ann (Thompson) | 1 |
| Ann | 10 | 4mo | 1768 | Levis | Ruth | 5 |
| Ann | 8 | 4mo | 1793 | Samuel | Elizabeth | 8 |
| Ann | 10 | 4mo | 1768 | Levis | Ruth | 8 |
| Benjamin J. | 13 | 3mo | 1797 | Joseph | Hannah | 8 |
| Caleb | 28 | 9mo | 1752 | William | Alice (Mendenhall) | 1 |
| Caleb | 1 | 12mo | 1789 | Caleb | Ann (Thompson) | 1 |
| Elizabeth | 3 | 12mo | 1779 | Caleb | Ann (Thompson) | 1 |
| Elizabeth | 10 | 3mo | 1789 | Samuel | Mary (Hadley) | 1 |
| Elizabeth | 6 | 7mo | 1772 | Levis | Ruth | 5 |
| Elizabeth | 16 | 4mo | 1797 | Samuel | Elizabeth | 8 |
| Elizabeth | 6 | 7mo | 1772 | Levis | Ruth | 8 |
| Esther | 30 | 4mo | 1794 | John | Rachel | 8 |
| George | 25 | 5mo | 1762 | Joseph | Sarah (Taylor) | 5 |
| Grace | 17 | 5mo | 1777 | Caleb | Ann (Thompson) | 5 |
| Hannah | 13 | 6mo | 1745 | William | Alice (Mendenhall) | 1 |
| Hannah | 20 | 2mo | 1787 | Caleb | Ann (Thompson) | 1 |
| Hannah | 7 | 9mo | 1796 | Samuel | Mary (Hadley) | 1 |
| Hannah | 9 | 9mo | 1747 | Joseph | Sarah (Taylor) | 5 |
| Hannah | 14 | 10mo | 1776 | Jesse | Hannah (Baldwin) | 5 |
| Hannah | 16 | 12mo | 1788 | John | Rachel | 8 |

# CHESTER COUNTY BIRTHS

**Pennock**

| | | | | | | |
|---|---|---|---|---|---|---|
| Hannah | 14 | 6mo | 1759 | Levis | Ruth | 8 |
| Isaac | 3 | 6mo | 1759 | Joseph | Sarah (Taylor) | 5 |
| Isaac | 16 | 1mo | 1767 | Joseph | Sarah (Taylor) | 5 |
| Isaac W. | 1 | 5mo | 1798 | Isaac | Martha | 8 |
| Jacob | 9 | 2mo | 1753 | Joseph | Sarah (Taylor) | 5 |
| James | 8 | 10mo | 1788 | Abraham | Sarah | 8 |
| Jesse | 15 | 5mo | 1745 | Joseph | Sarah (Taylor) | 5 |
| Joel | 31 | 12mo | 1800 | Samuel | Elizabeth | 8 |
| John | 10 | 7mo | 1764 | Joseph | Hanna (Buckingham) | 1 |
| John | 17 | 9mo | 1791 | Samuel | Mary (Hadley) | 1 |
| John | 26 | 10mo | 1754 | Levis | Ruth | 5 |
| Joseph | 6 | 11mo | 1742 | William | Alice (Mendenhall) | 1 |
| Joseph | 15 | 9mo | 1715 | Joseph | Mary | 5 |
| Joseph | 7 | 6mo | 1750 | Joseph | Sarah (Taylor) | 5 |
| Joseph | 20 | 6mo | 1770 | Levis | Ruth | 5 |
| Joseph | 27 | 1mo | 1773 | Jesse | Hannah (Baldwin) | 5 |
| Joseph | 13 | 12mo | 1791 | John | Rachel | 8 |
| Joshua | 8 | 8mo | 1757 | William | Alice (Mendenhall) | 1 |
| Joshua | 11 | 5mo | 1799 | Samuel | Elizabeth | 8 |
| Levi | 20 | 1mo | 1756 | Joseph | Sarah (Taylor) | 5 |
| Levis | 17 | 9mo | 1792 | Abraham | Sarah | 8 |
| Levis | 31 | 11mo | 1725 | not given | not given | 8 |
| Lydia | 29 | 8mo | 1790 | Abraham | Sarah | 8 |
| Margaret | 15 | 3mo | 1780 | Samuel | Mary (Hadley) | 5 |
| Martha | 22 | 10mo | 1800 | Isaac | Martha | 8 |
| Mary | 21 | 1mo | 1799 | Samuel | Mary (Hadley) | 1 |
| Mary | 23 | 12mo | 1743/4 | Joseph | Sarah (Taylor) | 5 |
| Mary | 21 | 4mo | 1783 | Jesse | Hannah (Baldwin) | 5 |
| Mary | 11 | 12mo | 1756 | Levis | Ruth | 8 |
| Mary P. | 11 | 1mo | 1799 | Samuel | Mary | 10 |
| Moses | 23 | 11mo | 1740 | William | Alice (Mendenhall) | 1 |
| Moses | 14 | 10mo | 1786 | Samuel | Mary (Hadley) | 1 |
| Phebe | 5 | 7mo | 1747 | William | Alice (Mendenhall) | 1 |
| Phebe | 16 | 10mo | 1783 | Samuel | Mary (Hadley) | 1 |
| Phebe | 21 | 7mo | 1783 | Caleb | Ann (Thompson) | 5 |
| Rachel | 24 | 6mo | 1799 | John | Rachel | 8 |
| Rebecca W. | 6 | 1mo | 1794 | Isaac | Martha | 8 |
| Reuben | 17 | 4mo | 1795 | Samuel | Elizabeth | 8 |
| Samuel | 23 | 11mo | 1754 | William | Alice (Mendenhall) | 1 |
| Samuel | 14 | 1mo | 1763 | not given | not given | 8 |
| Sarah | 19 | 4mo | 1782 | Caleb | Ann (Thompson) | 1 |
| Sarah | 23 | 10mo | 1764 | Joseph | Sarah (Taylor) | 5 |
| Sarah | 20 | 9mo | 1774 | Jesse | Hannah (Baldwin) | 5 |
| Sarah | 6 | 12mo | 1792 | Isaac | Martha | 8 |
| Sarah | 23 | 2mo | 1782 | Samuel | Elizabeth | 8 |

## CHESTER COUNTY BIRTHS

**Pennock**
| | | | | | | |
|---|---|---|---|---|---|---|
| Sarah | 23 | 11mo | 1786 | John | Rachel | 8 |
| Sarah | 28 | 5mo | 1790 | John | Phebe | 8 |
| Sarah | 10 | 4mo | 1766 | Levis | Ruth | 8 |
| Sarah S. | 14 | 3mo | 1796 | Isaac | Martha | 8 |
| Simon | 27 | 9mo | 1781 | Samuel | Mary (Hadley) | 5 |
| Susanna | 15 | 1mo | 1791 | Samuel | Elizabeth | 8 |
| Thomas | 4 | 7mo | 1779 | Jesse | Hannah (Baldwin) | 5 |
| Thomas | 3 | 4mo | 1797 | John | Rachel | 8 |
| William | 29 | 2mo | 1750 | William | Alice (Mendenhall) | 1 |
| William | | not given | | Joseph | Mary | 1 |
| William | 27 | 11mo | 1763 | Levis | Ruth | 8 |

**Perdue**
| | | | | | | |
|---|---|---|---|---|---|---|
| Bennett | 5 | 4mo | 1785 | Mentor Pim | Jemima (Farlow) | 1 |
| Gulielma | 18 | 3mo | 1777 | Mentor Pim | Jemima (Farlow) | 1 |
| Holliard Ridge | 1 | 1mo | 1749 | William | Susanna | 2 |
| Jacob | 4 | 8mo | 1787 | Mentor Pim | Jemima (Farlow) | 1 |
| Mentor Pim | 30 | 10mo | 1751 | William | Susanna | 2 |
| Stephen | 9 | 1mo | 1783 | Mentor Pim | Jemima (Farlow) | 1 |
| William | 12 | 1mo | 1781 | Mentor Pim | Jemima (Farlow) | 1 |

**Perkins**
| | | | | | | |
|---|---|---|---|---|---|---|
| Samuel | bp | Oct | 1770 | Samuel | not given | 14 |

**Peter [?]**
| | | | | | | |
|---|---|---|---|---|---|---|
| Joh. Peter | 28 | Feb | 1761 | Joh. Peter | Anna Maria | 11 |

**Peters**
| | | | | | | |
|---|---|---|---|---|---|---|
| Isabella | 23 | 11mo | 1796 | William | Ann / Mary | 7 |

**Pettit**
| | | | | | | |
|---|---|---|---|---|---|---|
| Andrew | 12 | 7mo | 1790 | William | Sarah | 6 |
| Jane | 6 | 9mo | 1790 | William | Lydia | 6 |
| Lydia | 9 | 4mo | 1786 | William | Lydia | 6 |
| Martha | 23 | 3mo | 1788 | William | Lydia | 6 |

**Phillips**
| | | | | | | |
|---|---|---|---|---|---|---|
| Deborah | 10 | 2mo | 1789 | John | Lydia | 5 |
| Hannah | 29 | 3mo | 1743 | William | Mary | 1 |
| Isaac | 6 | 2mo | 1794 | John | Lydia | 5 |
| James | 15 | 4mo | 1745 | William | Mary | 1 |
| Josiah | 17 | 3mo | 1796 | John | Lydia | 5 |
| Mahlon | 27 | 7mo | 1780 | John | Lydia | 1 |
| Robert | 29 | 1mo | 1747 | William | Mary | 1 |
| Sarah | 5 | 6mo | 1791 | John | Lydia | 5 |
| William | 25 | 10mo | 1785 | John | Lydia | 1 |
| William | 23 | 5mo | 1749 | William | Mary | 1 |

**Phipps**
| | | | | | | |
|---|---|---|---|---|---|---|
| Abigail | 21 | 8mo | 1797 | Elisha | Elisabeth | 5 |
| Jonathan | 11 | 4mo | 1790 | not given | not given | 7 |

## CHESTER COUNTY BIRTHS

**Piggott**

| | | | | | | |
|---|---|---|---|---|---|---|
| Abigail | 30 | 11mo | 1721 | John | Margery | 4 |
| Benjamin | 29 | 9mo | 1732 | John | Margery | 4 |
| Elizabeth | 10 | 1mo | 1720 | John | Rebecca | 5 |
| Hannah | 14 | 8mo | 1709 | John | Rebecca | 5 |
| Hannah | 29 | 3mo | 1763 | Henry | Hannah (Pyle) | 5 |
| Henry | 24 | 7mo | 1738 | John | Rachel | 4 |
| James | 16 | 11mo | 1713/4 | John | Margery | 4 |
| Jeremiah | 19 | 6mo | 1725 | John | Margery | 4 |
| Jeremiah | 26 | 8mo | 1730 | John | Margery | 4 |
| John | 18 | 2mo | 1717 | John | Margery | 4 |
| John | 18 | 2mo | 1717 | John | Rebecca | 5 |
| Margery | 30 | 6mo | 1715 | John | Margery | 4 |
| Margery | 20 | 12mo | 1734/5 | John | Margery | 4 |
| Margery | 30 | 6mo | 1715 | John | Rebecca | 5 |
| Mary | 2 | 6mo | 1706 | John | Rebecca | 5 |
| Moses | 18 | 2mo | 1765 | Henry | Hannah (Pyle) | 5 |
| Obadiah | 19 | 5mo | 1740 | John | Rachel | 4 |
| Rachel | 27 | 3mo | 1761 | Henry | Hannah (Pyle) | 5 |
| Rebecca | 1 | 10mo | 1707 | John | Rebecca | 5 |
| Samuel | 11 | 6mo | 1718 | John | Margery | 4 |
| Samuel | 11 | 6mo | 1718 | John | Rebecca | 5 |
| Susanna | 13 | 1mo | 1723/4 | John | Margery | 4 |
| Susanna | 31 | 1mo | 1770 | Henry | Hannah | 4 |
| William | 8 | 6mo | 1726 | John | Margery | 4 |
| infant | 10 | 4mo | 1729 | John | Margery | 4 |
| infant | 26 | 8mo | 1734 | John | Margery | 4 |

**Pim**

| | | | | | | |
|---|---|---|---|---|---|---|
| Amy | 8 | 1mo | 1785 | Isaac | Hannah | 2 |
| Ann | 17 | 12mo | 1748 | Thomas | Frances | 2 |
| Ann | 6 | 12mo | 1788 | Isaac | Hannah | 2 |
| Hannah | 8 | 4mo | 1755 | Thomas | Frances | 2 |
| Hannah | 12 | 7mo | 1791 | Isaac | Hannah | 2 |
| Isaac | 19 | 4mo | 1757 | Richard | Hannah | 2 |
| John | 29 | 10mo | 1752 | Richard | Hannah | 2 |
| John | 26 | 9mo | 1759 | Thomas | Frances | 2 |
| Mary | 1 | 12mo | 1754 | Richard | Hannah | 2 |
| Moses | 17 | 11mo | 1759 | Richard | Hannah | 2 |
| Moses | 3 | 4mo | 1747 | Thomas | Frances | 2 |
| Nathan | 31 | 3mo | 1783 | Isaac | Hannah | 2 |
| Rachel | 13 | 9mo | 1762 | Thomas | Frances | 2 |
| Sarah | 27 | 9mo | 1757 | Thomas | Frances | 2 |
| Sarah | 10 | 11mo | 1787 | Isaac | Hannah | 2 |
| Thomas | 29 | 1mo | 1753 | Thomas | Frances | 2 |
| Thomas | 21 | 3mo | 1781 | Isaac | Hannah | 2 |
| William | 9 | 11mo | 1750 | Thomas | Frances | 2 |

## CHESTER COUNTY BIRTHS

**Pinkerton**
| 3 children | bp | 2 | Jan | 1782 | James | not given | 15 |
| Elizabeth | bp | 29 | May | 1785 | [blurred] | not given | 15 |
| Elizabeth | bp | 10 | Oct | 1792 | James | not given | 15 |
| James | bp | 2 | Sep | 1792 | William | Isabella | 15 |
| James Criswell | bp | 22 | Jul | 1792 | John | Isabella | 15 |
| Mary | bp | 30 | Mar | 1783 | John | not given | 15 |
| Rachael | bp | 10 | Oct | 1792 | James | not given | 15 |
| Thomas | bp | 10 | Oct | 1792 | James | not given | 15 |

**Plummer**
| Cineh | | 14 | 5mo | 1770 | Thomas | Phebe | 4 |
| Dinah | | 23 | 8mo | 1763 | Thomas | Phebe | 4 |
| Eli | | 14 | 1mo | 1768 | Thomas | Phebe | 4 |
| Elinor | | 15 | 5mo | 1772 | Thomas | Phebe | 4 |
| Esther | | | | 1724 | Robert | Elinor | 5 |
| Hannah | | 13 | 4mo | 1761 | Thomas | Phebe | 4 |
| John | | 22 | 8mo | 1759 | Thomas | Phebe | 4 |
| Phebe | | 15 | 10mo | 1765 | Thomas | Phebe | 4 |

**Points**
| John | bp | | Oct | 1768 | David | Isabel | 14 |
| Samuel Usher | bp | 24 | Mar | 1771 | David | not given | 14 |

**Porter**
| Elisabeth | bp | | Jul | 1769 | Nathaniel | not given | 14 |
| James | bp | | Sep | 1771 | Nathaniel | not given | 14 |

**Potts**
| Alice | | 27 | 10mo | 1780 | Zebulon | Martha | 7 |

**Poultney**
| Alice | | 22 | 1mo | 1768 | Thomas | Elizabeth | 6 |
| Benjamin | | 27 | 8mo | 1745 | Thomas | Elinor | 6 |
| Elinor | | 5 | 7mo | 1754 | Thomas | Elinor | 6 |
| Elinor | | 2 | 3mo | 1758 | Thomas | Elizabeth | 6 |
| Hannah | | 1 | 1mo | 1749 | Thomas | Elinor | 6 |
| James | | 13 | 10mo | 1769 | Thomas | Elizabeth | 6 |
| John | | 16 | 4mo | 1753 | Thomas | Elinor | 6 |
| John | | 20 | 1mo | 1760 | Thomas | Elizabeth | 6 |
| Joseph | | 23 | 7mo | 1747 | Thomas | Elinor | 6 |
| Samuel | | 4 | 8mo | 1766 | Thomas | Elizabeth | 6 |
| Thomas | | 1 | 12mo | 1751 | Thomas | Elinor | 6 |
| Thomas | | 29 | 9mo | 1762 | Thomas | Elizabeth | 6 |
| William | | 16 | 9mo | 1764 | Thomas | Elizabeth | 6 |

**Powel**
| Alice | | 12 | 1mo | 1761 | William | Rachel | 6 |
| Anna | | 25 | 7mo | 1755 | William | Rachel | 6 |
| Isaac | | 3 | 1mo | 1765 | William | Rachel | 6 |
| John | | 22 | 2mo | 1759 | William | Rachel | 6 |

## CHESTER COUNTY BIRTHS

**Powel**
| | | | | | | |
|---|---|---|---|---|---|---|
| Joseph | 7 | 5mo | 1757 | William | Rachel | 6 |
| Mary | 1 | 5mo | 1767 | William | Rachel | 6 |
| Phebe | 22 | 9mo | 1771 | William | Rachel | 6 |
| Rachel | 4 | 7mo | 1769 | William | Rachel | 6 |
| Thomas | 25 | 12mo | 1773 | William | Rachel | 6 |
| William | 27 | 1mo | 1763 | William | Rachel | 6 |

**Powell**
| | | | | | | |
|---|---|---|---|---|---|---|
| Sarah | 1 | 6mo | 1714 | Evan | Mary | 5 |

**Pownall**
| | | | | | | |
|---|---|---|---|---|---|---|
| Catharine | 14 | 11mo | 1784 | Levi | Elizabeth | 6 |
| Elizabeth | 25 | 3mo | 1787 | Levi | Elizabeth | 6 |
| Joseph | 5 | 1mo | 1791 | Levi | Elizabeth | 6 |
| Levi | 23 | 6mo | 1783 | Levi | Elizabeth | 6 |
| Simeon | 17 | 10mo | 1795 | Levi | Elizabeth | 6 |

**Pratt**
| | | | | | | |
|---|---|---|---|---|---|---|
| Abraham | 19 | 12mo | 1746 | Joseph | Jane | 3 |
| Abraham | 24 | 2mo | 1787 | David | Lydia | 3 |
| Ann | 2 | 6mo | 1788 | Thomas | Hannah | 3 |
| Christian | 30 | 8mo | 1796 | David | Lydia | 3 |
| David | 12 | 6mo | 1756 | Joseph | Jane | 3 |
| David | 9 | 12mo | 1780 | David | Lydia | 3 |
| Elizabeth | 2 | 6mo | 1774 | Abraham | Sarah | 3 |
| Henry | 1 | 9mo | 1791 | David | Lydia | 3 |
| Jane | 30 | 5mo | 1751 | Joseph | Jane | 3 |
| Jane | 5 | 3mo | 1785 | David | Lydia | 3 |
| Jane | 8 | 10mo | 1797 | Thomas | Hannah | 3 |
| Jeremia | 18 | 5mo | 1789 | David | Lydia | 3 |
| John | 6 | 1mo | 1779 | David | Lydia | 3 |
| Joseph | 12 | 9mo | 1753 | Joseph | Jane | 3 |
| Joseph | 18 | 2mo | 1783 | David | Lydia | 3 |
| Lydia | 28 | 5mo | 1794 | David | Lydia | 3 |
| Mary | 8 | 5mo | 1759 | Joseph | Jane | 3 |
| Mary | 5 | 5mo | 1793 | Thomas | Hannah | 3 |
| Massey | 13 | 1mo | 1800 | Thomas | Hannah | 3 |
| Orphah | 4 | 12mo | 1798 | David | Lydia | 3 |
| Phinehas | 20 | 10mo | 1795 | Thomas | Hannah | 3 |
| Priscilla | 3 | 9mo | 1761 | Joseph | Jane | 3 |
| Sarah | 13 | 5mo | 1748 | Joseph | Jane | 3 |
| Susanna | 3 | 10mo | 1790 | Thomas | Hannah | 3 |
| Thomas | 13 | 1mo | 1764 | Joseph | Jane | 3 |

**Preston**
| | | | | | | |
|---|---|---|---|---|---|---|
| Amos | 15 | 7mo | 1786 | Joseph | Rebecca | 5 |
| David | 20 | 9mo | 1774 | Joseph | Rebecca | 5 |
| Deborah | 4 | 8mo | 1783 | Joseph | Rebecca | 5 |

## CHESTER COUNTY BIRTHS

**Preston**
| | | | | | | | |
|---|---|---|---|---|---|---|---|
| Eliza | 29 | 11mo | 1799 | David | Judith | | 5 |
| Isaac Hollingsworth | 10 | 1mo | 1798 | David | Judith | | 5 |
| Jonas | 22 | 10mo | 1772 | Joseph | Rebecca | | 5 |
| Joseph | 14 | 1mo | 1795 | William | Mary | | 4 |
| Joseph | 8 | 3mo | 1779 | Joseph | Rebecca | | 5 |
| Mahlon | 8 | 2mo | 1781 | Joseph | Rebecca | | 5 |
| Rachel | 1 | 9mo | 1776 | Joseph | Rebecca | | 5 |
| Rebecca | 7 | 3mo | 1799 | Jonas | Elizabeth | | 4 |
| Sarah | 4 | 8mo | 1783 | Joseph | Rebecca | | 5 |
| William | 6 | 11mo | 1770 | Joseph | Rebecca | | 5 |

**Preusser**
| | | | | | | | |
|---|---|---|---|---|---|---|---|
| Susanna | 8 | Aug | 1790 | Daniel | Sophia | | 12 |

**Prew**
| | | | | | |
|---|---|---|---|---|---|
| Susannah | not given | Caleb | Hannah | | 1 |

**Prikin**
| | | | | | | | |
|---|---|---|---|---|---|---|---|
| John | bp 14 | Aug | 1768 | Samuel | Martha | | 14 |

**Pryor**
| | | | | | |
|---|---|---|---|---|---|
| Susanna | not given | James | Elizabeth | | 1 |

**Pugh**
| | | | | | | | |
|---|---|---|---|---|---|---|---|
| Amos | 15 | 8mo | 1798 | Jesse | Elizabeth | | 4 |
| Caleb | 26 | 1mo | 1785 | Joshua | Hannah | | 4 |
| David | 8 | 9mo | 1788 | John | Rachel | | 4 |
| Dinah | 17 | 11mo | 1745 | William | Mary | | 4 |
| Dinah | 20 | 7mo | 1734 | Hugh | Mary | | 7 |
| Ellis | 25 | 2mo | 1785 | John | Rachel | | 4 |
| Enoch | 1 | 7mo | 1776 | Joshua | Hannah | | 4 |
| Evan | 17 | 12mo | 1743 | John | Mary | | 3 |
| Hannah | 6 | 5mo | 1736 | Hugh | Mary | | 3 |
| Hannah | 27 | 7mo | 1778 | Joshua | Hannah | | 4 |
| Hannah | 16 | 2mo | 1781 | John | Rachel | | 4 |
| Hannah | 1 | 10mo | 1796 | Jesse | Catharine | | 5 |
| Isaac | 5 | 11mo | 1794 | Jesse | Catharine | | 5 |
| Isaac | 24 | 10mo | 1799 | Jesse | Catharine | | 5 |
| Jacob | 7 | 6mo | 1771 | Joshua | Hannah | | 4 |
| James | 31 | 11mo | 1736 | John | Mary | | 3 |
| Jean | 1 | 3mo | 1743 | William | Mary | | 4 |
| Jesse | 14 | 6mo | 1751 | William | Mary | | 4 |
| Jesse | 12 | 3mo | 1767 | Joshua | Hannah | | 4 |
| Jesse | 1 | 3mo | 1772 | John | Rachel | | 4 |
| John | 8 | 8mo | 1738 | Hugh | Mary | | 3 |
| John | 9 | 6mo | 1747 | William | Mary | | 4 |
| John | 11 | 6mo | 1773 | Joshua | Hannah | | 4 |
| John | 11 | 10mo | 1778 | John | Rachel | | 4 |
| Jonathan | 21 | 9mo | 1734 | John | Mary | | 3 |

## CHESTER COUNTY BIRTHS

**Pugh**

| | | | | | | |
|---|---|---|---|---|---|---|
| Joseph | 27 | 7mo | 1740 | Hugh | Mary | 3 |
| Joshua | 19 | 5mo | 1733 | John | Mary | 3 |
| Joshua | 25 | 4mo | 1743 | John | Sarah | 4 |
| Joshua | 19 | 6mo | 1780 | Joshua | Hannah | 4 |
| Lewis | 4 | 12mo | 1796 | Jesse | Elizabeth | 4 |
| Lydia | 12 | 10mo | 1782 | Joshua | Hannah | 4 |
| Mary | 28 | 3mo | 1739 | John | Mary | 3 |
| Mary | 11 | 3mo | 1756 | William | Sarah | 4 |
| Mary | 16 | 2mo | 1781 | John | Rachel | 4 |
| Mary | 21 | 1mo | 1798 | Jesse | Catharine | 5 |
| Rachel | 14 | 12mo | 1795 | Jesse | Elizabeth | 4 |
| Rachel | 12 | 7mo | 1800 | Jesse | Elizabeth | 4 |
| Rebecca | 10 | 7mo | 1745 | Hugh | Mary | 7 |
| Sarah | 31 | 5mo | 1731 | John | Mary | 3 |
| Sarah | 27 | 3mo | 1769 | Joshua | Hannah | 4 |
| Sarah | 24 | 8mo | 1800 | Thomas | Esther | 4 |
| Sarah | 6 | 10mo | 1800 | Jesse | Catharine | 5 |
| Thomas | 17 | 11mo | 1773 | John | Rachel | 4 |
| William | 30 | 1mo | 1759 | William | Patience | 4 |
| William | 4 | 12mo | 1775 | John | Rachel | 4 |

**Pusey**

| | | | | | | |
|---|---|---|---|---|---|---|
| Abigail | 6 | 4mo | 1784 | Ellis | Abigail (Brinton) | 5 |
| Abner | 19 | 2mo | 1763 | Thomas | Mary (Swayne) | 5 |
| Abner | 22 | 1mo | 1788 | Jesse | Elizabeth | 8 |
| Ann | 2 | 4mo | 1723 | Caleb | Prudence | 5 |
| Ann | 4 | 5mo | 1757 | David | Sarah (Dixon) | 5 |
| Ann | 14 | 2mo | 1765 | Joshua | Mary (Miller) | 5 |
| Ann | 15 | 3mo | 1796 | William | Elizabeth (Taylor) | 5 |
| Ann | 12 | 11mo | 1780 | Caleb | Hannah | 8 |
| Benjamin | 1 | 4mo | 1787 | William | Elizabeth (Taylor) | 5 |
| Betty | 11 | 10mo | 1743 | William | Mary (Passmore) | 5 |
| Caleb | 30 | 9mo | 1713 | Caleb | Prudence | 5 |
| Caleb | 21 | 10mo | 1750 | Thomas | Mary (Swayne) | 5 |
| Caleb | 12 | 2mo | 1769 | Joshua | Mary (Miller) | 5 |
| Caleb | 27 | 12mo | 1782 | Caleb | Hannah | 8 |
| David | 19 | 4mo | 1726 | Caleb | Prudence | 5 |
| David | 13 | 4mo | 1765 | David | Sarah (Dixon) | 5 |
| Edith | 22 | 1mo | 1787 | Joshua | Hannah | 5 |
| Elenor | 20 | 5mo | 1746 | William | Mary (Passmore) | 5 |
| Elinor | 18 | 12mo | 1781 | Ellis | Abigail (Brinton) | 5 |
| Elizabeth | | not given | | William | not given | 1 |
| Elizabeth | 14 | 11mo | 1716 | William | Elizabeth | 5 |
| Elizabeth | 17 | 5mo | 1740 | Joshua | Mary (Lewis) | 5 |
| Elizabeth | 9 | 8mo | 1760 | Thomas | Mary (Swayne) | 5 |
| Elizabeth | 13 | 9mo | 1761 | Ellis | Susanna (Baily) | 5 |

## CHESTER COUNTY BIRTHS

**Pusey**

| | | | | | | |
|---|---|---|---|---|---|---|
| Ellis | 21 | 6mo | 1735 | Joshua | Mary (Lewis) | 5 |
| Ellis | 7 | 11mo | 1782 | Lewis | Rebecca (Taylor) | 5 |
| Ellis | 2 | 1mo | 1789 | Ellis | Abigail (Brinton) | 5 |
| Ellis | 24 | 7mo | 1791 | Ellis | Abigail (Brinton) | 5 |
| Enoch | 20 | 9mo | 1761 | William | Mary (Passmore) | 5 |
| George | 12 | 3mo | 1743 | John | Katharine (Maris) | 5 |
| Hannah | | not given | | Joshua | Mary | 1 |
| Hannah | 21 | 4mo | 1752 | Joshua | Mary (Lewis) | 5 |
| Hannah | 8 | 2mo | 1771 | Joshua | Mary (Miller) | 5 |
| Hannah | 4 | 4mo | 1787 | Lewis | Rebecca (Taylor) | 5 |
| Isaac | 3 | 2mo | 1765 | James | Rachel | 5 |
| Isaac | 18 | 7mo | 1778 | Lewis | Rebecca (Taylor) | 5 |
| Jacob | 10 | 9mo | 1792 | Joshua | Hannah | 8 |
| James | 3 | 5mo | 1735 | John | Katharine (Maris) | 5 |
| James | 26 | 6mo | 1768 | John | Elizabeth (Painter) | 5 |
| Jane | 2 | 10mo | 1719 | William | Elizabeth | 5 |
| Jane | 30 | 3mo | 1746 | John | Katharine (Maris) | 5 |
| Jane | 26 | 8mo | 1765 | William | Mary (Passmore) | 5 |
| Jesse | 24 | 1mo | 1754 | Thomas | Mary (Swayne) | 5 |
| John | | | 1708 | William | Elizabeth | 5 |
| John | 1 | 11mo | 1738 | John | Katharine (Maris) | 5 |
| John | 28 | 10mo | 1762 | James | Rachel | 5 |
| John | 23 | 9mo | 1768 | David | Sarah (Dixon) | 5 |
| John | 24 | 7mo | 1764 | Ellis | Susanna (Baily) | 5 |
| Jonas | 3 | 7mo | 1789 | Joshua | Hannah | 5 |
| Jonas | 12 | 1mo | 1791 | Joshua | Hannah | 5 |
| Jonas | 3 | 7mo | 1789 | Joshua | Hannah | 8 |
| Jonathan | 18 | 12mo | 1793 | William | Elizabeth (Taylor) | 5 |
| Joseph | 22 | 8mo | 1783 | Joshua | Hannah | 5 |
| Joshua | 9 | 11mo | 1714 | William | Elizabeth | 5 |
| Joshua | 19 | 9mo | 1738 | Joshua | Mary (Lewis) | 5 |
| Joshua | 22 | 10mo | 1763 | Joshua | Mary (Miller) | 5 |
| Joshua | 12 | 5mo | 1759 | Ellis | Susanna (Baily) | 5 |
| Joshua | 22 | 1mo | 1763 | Joshua | Mary | 8 |
| Lea | 8 | 6mo | 1785 | Joshua | Hannah | 5 |
| Lewis | 4 | 3mo | 1754 | Joshua | Mary (Lewis) | 5 |
| Lydia | 13 | 11mo | 1736 | John | Katharine (Maris) | 5 |
| Lydia | 2 | 7mo | 1758 | Joshua | Mary (Lewis) | 5 |
| Lydia | 8 | 5mo | 1764 | John | Elizabeth (Painter) | 5 |
| Lydia | 6 | 11mo | 1772 | David | Sarah (Dixon) | 5 |
| Lydia | 9 | 1mo | 1780 | Joshua | Lydia | 5 |
| Lydia | 4 | 3mo | 1788 | Caleb | Hannah | 8 |
| Margaret | 16 | 8mo | 1720 | Caleb | Prudence | 5 |
| Mary | 10 | 8mo | 1725 | William | Elizabeth | 1 |
| Mary | 8 | 6mo | 1742 | Joshua | Mary (Lewis) | 5 |

## CHESTER COUNTY BIRTHS

**Pusey**

| | | | | | | |
|---|---|---|---|---|---|---|
| Mary | 13 | 4mo | 1756 | Thomas | Mary (Swayne) | 5 |
| Mary | 31 | 3mo | 1758 | William | Mary (Passmore) | 5 |
| Mary | 31 | 1mo | 1776 | David | Sarah (Dixon) | 5 |
| Mary | 23 | 7mo | 1767 | Joshua | Mary (Miller) | 5 |
| Mary | 21 | 4mo | 1792 | William | Elizabeth (Taylor) | 5 |
| Mary | 12 | 3mo | 1756 | Ellis | Susanna (Baily) | 5 |
| Mary | | 1mo | 1776 | David | Sarah | 8 |
| Mary | 9 | 4mo | 1796 | Jesse | Elizabeth | 8 |
| Mary Ann | 26 | 3mo | 1794 | Joshua | Hannah | 8 |
| Miller | 16 | 4mo | 1775 | Joshua | Mary (Miller) | 5 |
| Nathan | 17 | 5mo | 1748 | John | Katharine (Maris) | 5 |
| Nathan | 10 | 3mo | 1774 | John | Elizabeth (Painter) | 5 |
| Phebe | 7 | 12mo | 1748/9 | Joshua | Mary (Lewis) | 5 |
| Phebe | 9 | 9mo | 1786 | Ellis | Abigail (Brinton) | 5 |
| Phebe | 2 | 7mo | 1784 | Caleb | Hannah | 8 |
| Prudence | 29 | 1mo | 1749 | Thomas | Mary (Swayne) | 5 |
| Rebecca | 25 | 7mo | 1790 | Jesse | Elizabeth | 8 |
| Reuben | 18 | 11mo | 1792 | Jesse | Elizabeth | 8 |
| Robert | 16 | 10mo | 1715 | Caleb | Prudence | 5 |
| Robert | 15 | 12mo | 1746/7 | Joshua | Mary (Lewis) | 5 |
| Ruth | 14 | 6mo | 1766 | Thomas | Mary (Swayne) | 5 |
| Salomon | 14 | 12mo | 1799 | David | Naomi | 8 |
| Samuel | 27 | 1mo | 1741 | John | Katharine (Maris) | 5 |
| Samuel | 29 | 1mo | 1773 | Joshua | Mary (Miller) | 5 |
| Sarah | 27 | 7mo | 1759 | David | Sarah (Dixon) | 5 |
| Sarah | 17 | 7mo | 1780 | Lewis | Rebecca (Taylor) | 5 |
| Sarah | 25 | 7mo | 1799 | Jesse | Elizabeth | 8 |
| Sarah Ann | 11 | 7mo | 1799 | John | Rebecca | 8 |
| Solomon | 2 | 3mo | 1761 | David | Sarah (Dixon) | 5 |
| Susanna | 16 | 10mo | 1750 | John | Katharine (Maris) | 5 |
| Susanna | 11 | 5mo | 1745 | Joshua | Mary (Lewis) | 5 |
| Susanna | 29 | 3mo | 1771 | John | Elizabeth (Painter) | 5 |
| Susanna | 17 | 10mo | 1776 | Joshua | Mary (Miller) | 5 |
| Susanna | 17 | 8mo | 1778 | Ellis | Abigail (Brinton) | 5 |
| Susanna | 27 | 8mo | 1794 | Caleb | Hannah | 8 |
| Thomas | 24 | 6mo | 1718 | Caleb | Prudence | 5 |
| Thomas | 3 | 5mo | 1758 | Thomas | Mary (Swayne) | 5 |
| Thomas | 10 | 1mo | 1767 | John | Elizabeth (Painter) | 5 |
| William | 26 | 8mo | 1736 | Joshua | Mary (Lewis) | 5 |
| William | 9 | 12mo | 1754 | William | Mary (Passmore) | 5 |
| William | 1 | 6mo | 1762 | Joshua | Mary (Miller) | 5 |
| William | 15 | 4mo | 1789 | William | Elizabeth (Taylor) | 5 |
| William | 1 | 6mo | 1762 | Joshua | Mary | 8 |

**Pussey**

| | | | | | | |
|---|---|---|---|---|---|---|
| Sarah Ann | 11 | 7mo | 1799 | John | not given | 5 |

## CHESTER COUNTY BIRTHS

**Pussmore**
| | | | | | | |
|---|---|---|---|---|---|---|
| Elizabeth | before | | 1770 | Enoch | not given | 1 |

**Pyle**
| | | | | | | |
|---|---|---|---|---|---|---|
| Abigail | 10 | 4mo | 1728 | Samuel | Sarah | 1 |
| Abraham | 18 | 2mo | 1784 | Thomas | Rachel | 8 |
| Ann | 13 | 1mo | 1733 | Samuel | Sarah | 1 |
| Betty | 23 | 2mo | 1742 | Samuel | Sarah | 1 |
| Charles | 24 | 10mo | 1795 | John | Ann | 8 |
| Edith | 2 | 3mo | 1726 | Samuel | Sarah | 1 |
| Elizabeth | 27 | 8mo | 1760 | Isaac | Elizab. (Darlington) | 5 |
| Elizabeth | 17 | 7mo | 1792 | John | Ann | 8 |
| Eunice | 4 | 6mo | 1777 | not given | not given | 5 |
| Hannah | 25 | 8mo | 1742 | Moses | Mary | 5 |
| Hannah | 3 | 2mo | 1793 | James | Hannah | 8 |
| Isaac | 25 | 2mo | 1791 | John | Ann | 8 |
| Isaac | 17 | 4mo | 1775 | not given | not given | 8 |
| James | 11 | 10mo | 1752 | not givenn | not given | 8 |
| James | 15 | 2mo | 1790 | James | Hannah | 8 |
| James | 17 | 1mo | 1796 | James | Hannah | 8 |
| Jane | 5 | 1mo | 1783 | Thomas | Rachel | 8 |
| Job | 28 | 7mo | 1751 | Isaac | Elizab. (Darlington) | 5 |
| John | | not given | | John | Rachel | 1 |
| John | 31 | 7mo | 1762 | John | Sarah (Temple) | 1 |
| John | 8 | 4mo | 1723 | Samuel | Sarah | 1 |
| John | 14 | 9mo | 1756 | Isaac | Elizab. (Darlington) | 5 |
| John | 3 | 6mo | 1783 | James | Hannah | 8 |
| Joseph | 14 | 2mo | 1788 | James | Hannah | 8 |
| Lydia | 7 | 7mo | 1785 | James | Hannah | 8 |
| Margaret | 5 | 4mo | 1797 | John | Ann | 8 |
| Mary | 4 | 12mo | 1731 | Samuel | Sarah | 1 |
| Mary | 5 | 4mo | 1758 | Isaac | Elizab. (Darlington) | 5 |
| Mary | 14 | 3mo | 1781 | James | Hannah | 8 |
| Nicholas | 8 | 2mo | 1722 | Samuel | Sarah | 1 |
| Olive | | not given | | John | not given | 1 |
| Olive | 10 | 5mo | 1762 | Isaac | Elizab. (Darlington) | 5 |
| Rachel | 14 | 11mo | 1778 | James | Hannah | 8 |
| Reuben | 27 | 10mo | 1787 | Thomas | Rachel | 8 |
| Samuel | 19 | 11mo | 1736 | Samuel | Sarah | 1 |
| Samuel | 19 | 12mo | 1773 | not given | not given | 8 |
| Sarah | 11 | 12mo | 1778 | Jacob | Sarah | 1 |
| Sarah | 15 | 1mo | 1730 | Samuel | Sarah | 1 |
| Sarah | 12 | 6mo | 1776 | James | Hannah | 8 |
| Thomas | 24 | 12mo | 1754 | Isaac | Elizab. (Darlington) | 5 |
| Thomas | 28 | 10mo | 1754 | not given | not given | 8 |
| Thomas | 15 | 3mo | 1789 | Thomas | Rachel | 8 |
| William | 18 | 6mo | 1740 | Samuel | Sarah | 1 |

# Q

**Quig**
| | | | | | | | | |
|---|---|---|---|---|---|---|---|---|
| John | | bp | 15 | Jan | 1783 | John | Mary | 15 |
| Joseph | | bp | 31 | Mar | 1793 | John | Mary | 15 |

# R

**Ramsey**
| | | | | | | | |
|---|---|---|---|---|---|---|---|
| Mary | bp | 16 | Dec | 1792 | John | Margaret | 15 |
| Nancy | bp | 25 | Feb | 1793 | not given | Ann | 15 |
| William Haslet | bp | 21 | Sep | 1792 | James | Elizabeth | 15 |

**Randall**
| | | | | | | |
|---|---|---|---|---|---|---|
| Elizabeth | 18 | 1mo | 1764 | Joseph | Rachel (Griffith) | 7 |
| Elizabeth | 11 | 5mo | 1725 | not given | not given | 7 |
| Hannah | 26 | 8mo | 1758 | Joseph | Rachel (Griffith) | 7 |
| John | 4 | 2mo | 1765 | Joseph | Rachel (Griffith) | 7 |
| Joseph | 16 | 9mo | 1734 | Joseph | Rebecca | 7 |
| Joseph | 9 | 8mo | 1770 | Joseph | Rachel (Griffith) | 7 |
| Rachel | 7 | 11mo | 1766 | Joseph | Rachel (Griffith) | 7 |
| Rebecca | 25 | 9mo | 1760 | Joseph | Rachel (Griffith) | 7 |
| Ruth | 22 | 9mo | 1768 | Joseph | Rachel (Griffith) | 7 |
| Sarah | 12 | 2mo | 1762 | Joseph | Rachel (Griffith) | 7 |

**Rap**
| | | | | | | |
|---|---|---|---|---|---|---|
| Bernhard | 23 | Aug | 1800 | Bernhard | Esther | 12 |
| Elizabeth | 23 | May | 1800 | Peter | Maria | 12 |
| John | 25 | Jan | 1798 | Bernhard | Esther | 12 |
| Joseph | 19 | Nov | 1800 | Philip | Catharina | 12 |
| Maria | 25 | Aug | 1799 | Benjamin | Elizabeth | 12 |

**Rapp**
| | | | | | | |
|---|---|---|---|---|---|---|
| Elizabeth | 21 | Jun | 1790 | Bernard | Esther | 12 |
| Elizabeth | 20 | Aug | 1797 | Benjamin | Elizabeth | 12 |
| Esther | 2 | Aug | 1795 | Benjamin | Elizabeth | 12 |
| Esther | 15 | Dec | 1795 | Bernhard | Esther | 12 |
| Hannah | 4 | Dec | 1793 | Bernhard | Esther | 12 |
| John | 30 | Jul | 1795 | Philip | Catharina | 12 |
| Maria | 1 | Jul | 1792 | Bernard | Esther | 12 |
| Philip | 10 | Mar | 1795 | Peter | Magdalena | 12 |

## CHESTER COUNTY BIRTHS

**Rapp**
| | | | | | | |
|---|---|---|---|---|---|---|
| Regina | 27 | May | 1797 | Peter | Maria | 12 |

**Raseter**
| | | | | | | |
|---|---|---|---|---|---|---|
| Benjamin | 17 | Dec | 1796 | John | Elizabeth | 12 |
| Sarah | 28 | ??? | 1795 | John | Elizabeth | 12 |

**Rattew**
| | | | | | | |
|---|---|---|---|---|---|---|
| Abigail | 24 | 11mo | 1746 | William | Rebecca | 3 |
| Edith | 16 | 8mo | 1754 | William | Rebecca | 3 |
| Hannah | 24 | 8mo | 1744 | William | Rebecca | 3 |
| Jesse | 12 | 6mo | 1756 | William | Rebecca | 3 |
| John | 24 | 4mo | 1751 | William | Rebecca | 3 |
| Mary | 23 | 1mo | 1743 | William | Rebecca | 3 |
| William | 9 | 6mo | 1748 | William | Rebecca | 3 |

**Rea**
| | | | | | | |
|---|---|---|---|---|---|---|
| Deborah | 1 | 2mo | 1789 | Samuel | Deborah (Bane) | 7 |
| Evan | 21 | 9mo | 1785 | Samuel | Deborah (Bane) | 7 |
| John | 11 | 1mo | 1784 | Samuel | Deborah (Bane) | 7 |
| Mary | 17 | 2mo | 1777 | Samuel | Deborah (Bane) | 7 |
| Samuel | 15 | 6mo | 1749 | John | Sidney | 7 |
| Samuel | 2 | 2mo | 1795 | Samuel | Deborah (Bane) | 7 |
| Sidney | 17 | 4mo | 1780 | Samuel | Deborah (Bane) | 7 |

**Read**
| | | | | | | |
|---|---|---|---|---|---|---|
| David | bp | | Jan 1769 | Charles | not given | 14 |

**Redd**
| | | | | | | |
|---|---|---|---|---|---|---|
| Adam | 18 | 11mo | 1725 | Georg | Susanna | 1 |
| Adam | 18 | 11mo | 1756 | Adam | Miriam (Chandler) | 1 |
| George | 5 | 2mo | 1753 | Adam | Miriam (Chandler) | 1 |
| Jacob | 11 | 1mo | 1751 | Adam | Miriam (Chandler) | 1 |
| Miriam | 28 | 1mo | 1760 | Adam | Ann (Peirce) | 1 |
| Susanna | 2 | 9mo | 1754 | Adam | Mirian (Chandler) | 1 |

**Reece**
| | | | | | | |
|---|---|---|---|---|---|---|
| Mordecai | 15 | 1mo | 1769 | William | Mary | 3 |
| Orpha | 12 | 7mo | 1772 | William | Mary | 3 |
| Sidney | 29 | 10m | 1766 | William | Mary | 3 |

**Reed**
| | | | | | | |
|---|---|---|---|---|---|---|
| Elizabeth | 25 | 3mo | 1755 | William | Elizabeth | 6 |
| John | 5 | 8mo | 1742 | William | Elizabeth | 6 |
| Joseph | bp | | May 1771 | Charles | not given | 14 |
| Margaret | 29 | 5mo | 1749 | William | Elizabeth | 6 |
| Robert | 25 | 11mo | 1752 | William | Elizabeth | 6 |
| Samuel | 17 | 10m | 1740 | William | Elizabeth | 6 |
| Thomas | 25 | 4mo | 1747 | William | Elizabeth | 6 |
| William | 27 | 11mo | 1744 | William | Elizabeth | 6 |

**Rees**
| | | | | | | |
|---|---|---|---|---|---|---|
| David | 18 | 11mo | 1766 | David | Martha | 4 |

# CHESTER COUNTY BIRTHS

**Rees**

| | | | | | | |
|---|---|---|---|---|---|---|
| Ellis | 21 | 7mo | 1769 | David | Martha | 4 |
| Enoch | 12 | 8mo | 1762 | David | Martha | 4 |
| Hannah | 27 | 11mo | 1778 | David | Martha | 4 |
| Jacob | 15 | 3mo | 1757 | David | Martha | 4 |
| Jane | 29 | 11mo | 1758 | David | Martha | 4 |
| John | 24 | 3mo | 1720 | Morris | Sarah | 5 |
| Lydia | 26 | 10mo | 1775 | David | Martha | 4 |
| Martha | 20 | 4mo | 1772 | David | Martha | 4 |
| Mary | 7 | 12mo | 1763 | David | Martha | 4 |
| Morris | 1 | 9mo | 1721 | Morris | Sarah | 5 |
| Samuel | 2 | 11mo | 1781 | David | Martha | 4 |

**Rees / Reese**

| | | | | | | |
|---|---|---|---|---|---|---|
| Ann | 20 | 2mo | 1718 | Thomas | Margaret | 3 |
| Caleb | 28 | 1mo | 1716 | Thomas | Margaret | 3 |
| David | 8 | 5mo | 1713 | Thomas | Margaret | 3 |
| Elizabeth | 18 | 7mo | 1709 | Thomas | Margaret | 3 |
| Joshua | 28 | 1mo | 1716 | Thomas | Margaret | 3 |
| Lewis | 9 | 3mo | 1727 | Thomas | Margaret | 3 |
| Rachel | 11 | 2mo | 1711 | Thomas | Margaret | 3 |
| Rachel | 4 | 7mo | 1724 | Thomas | Margaret | 3 |
| Thomas | 24 | 2mo | 1721 | Thomas | Margaret | 3 |

**Reffert**

| | | | | | | |
|---|---|---|---|---|---|---|
| John | 23 | Oct | 1786 | Philip | Ursula | 12 |

**Refior**

| | | | | | | |
|---|---|---|---|---|---|---|
| Maria Appolonia | 9 | Mar | 1735 | Cunradt | not given | 16 |

**Regester**

| | | | | | | |
|---|---|---|---|---|---|---|
| Abigail | 1 | 5mo | 1797 | David | Catharine | 3 |
| Daniel | 30 | 11mo | 1789 | David | Catharine | 3 |
| Elizabeth | 1 | 9mo | 1794 | David | Catharine | 3 |
| Lydia | 7 | 8mo | 1787 | David | Catharine | 3 |
| Mary | 15 | 6mo | 1800 | David | Catharine | 3 |
| William | 3 | 3mo | 1792 | David | Catharine | 3 |

**Reis**

| | | | | | | |
|---|---|---|---|---|---|---|
| Sarah | 30 | Apr | 1793 | Peter | Maria | 12 |

**Reiss**

| | | | | | | |
|---|---|---|---|---|---|---|
| Elizabetha | 8 | Nov | 1760 | Zachar. | Appolonia | 11 |
| John George | 16 | Nov | 1770 | John | Catharina | 12 |

**Reissic**

| | | | | | | |
|---|---|---|---|---|---|---|
| Maria Engel | bp 23 | Dec | 1769 | Zacharias | Maria Appolonia | 11 |

**Reynolds**

| | | | | | | |
|---|---|---|---|---|---|---|
| Abiah | 12 | 8mo | 1800 | Joseph | Rachel | 4 |
| Abner | 1 | 11mo | 1791 | Levi | Jane | 4 |
| Amelia | 16 | 7mo | 1794 | Thomas | Mary | 4 |
| Amer | 14 | 2mo | 1789 | Levi | Jane | 4 |

## CHESTER COUNTY BIRTHS

**Reynolds**

| | | | | | | |
|---|---|---|---|---|---|---|
| Ann | | 8 | 11mo 1782 | Reuben | Margaret | 4 |
| Ann | | 29 | 3mo 1784 | Henry | Elizabeth | 4 |
| Benjamin | | 30 | 11mo 1743/4 | Henry | Mary, 2nd wf | 4 |
| Bina | | 8 | 8mo 1800 | Thomas | Mary | 4 |
| Catharine | | 1 | 12mo 1729/30 | William | Mary | 4 |
| Cyrus | | 1 | 10mo 1794 | Joseph | Rachel | 4 |
| David | | 27 | 3mo 1750 | Henry | Mary, 2nd wf | 4 |
| David | | 1 | 1mo 1727/8 | William | Mary | 4 |
| David | | 1 | 1mo 1728/9 | William | Mary | 5 |
| Deborah | | 27 | 7mo 1798 | Thomas | Mary | 4 |
| Ebenezer Lownes | | 22 | 11mo 1790 | Jacob | Sarah | 4 |
| Edith | | 9 | 4mo 1796 | Samuel | Mary | 4 |
| Eli | | 23 | 8mo 1796 | Thomas | Mary | 4 |
| Eli | | 4 | 5mo 1788 | Samuel | Isabel | 4 |
| Elianor | bp | 9 | May 1791 | William | Margaret | 15 |
| Elias | | 23 | 10mo 1799 | Joseph | Mary | 4 |
| Elijah | | 23 | 11mo 1772 | Henry | Mary | 4 |
| Elisha | | 2 | 2mo 1753 | Henry | Mary, 2nd wf | 4 |
| Elisha | | 22 | 1mo 1783 | Richard | Rachel | 4 |
| Elizabeth | | 12 | 4mo 1784 | Henry | Mary | 4 |
| Elizabeth | | 6 | 10mo 1790 | Henry | Elizabeth | 4 |
| Emmanuel | | 10 | 12mo 1762 | Henry | Mary | 4 |
| Evan | | 8 | 1mo 1766 | Jacob | Rebecca | 4 |
| Hannah | | 1 | 9mo 1733 | William | Mary | 4 |
| Hannah | | 3 | 10mo 1748 | William | Prudence | 4 |
| Hannah | | 15 | 7mo 1769 | Jacob | Rebecca | 4 |
| Hannah | | 30 | 6mo 1759 | Henry | Mary | 4 |
| Hannah | | 17 | 2mo 1793 | Reuben | Margaret | 4 |
| Henry | | 18 | 1mo 1743/4 | William | Prudence | 4 |
| Henry | | 10 | 11mo 1751 | Samuel | Susanna | 4 |
| Henry | | 23 | 3mo 1757 | Jacob | Rebecca | 4 |
| Henry | | 31 | 1mo 1757 | Henry | Mary | 4 |
| Henry | | 25 | 3mo 1798 | Henry | Mary | 4 |
| Henry | | circa | 1693 | not given | not given | 4 |
| Henry | | 1 | 2mo 1725 | Henry | Hannah | 5 |
| Isaac | | 20 | 5mo 1745 | Henry | Mary, 2nd wf | 4 |
| Isaac | | 3 | 10mo 1799 | Jonathan | Elizabeth | 4 |
| Israel | | 5 | 11mo 1758 | Jacob | Rebecca | 4 |
| Israel | | 3 | 4mo 1782 | Joseph | Rachel | 4 |
| Jacob | | 8 | 5mo 1791 | Jacob | Esther | 4 |
| Jacob | | 23 | 7mo 1747 | William | Prudence | 4 |
| Jacob | | 10 | 11mo 1755 | Jacob | Rebecca | 4 |
| Jacob | | 2 | 8mo 1751 | Henry | Mary | 4 |
| Jacob | | 16 | 11mo 1780 | Henry | Mary | 4 |
| Jacob | | 13 | 3mo 1790 | Levi | Jane | 4 |

## CHESTER COUNTY BIRTHS

**Reynolds**

| | | | | | | |
|---|---|---|---|---|---|---|
| Jacob | 14 | 9mo | 1728 | Henry | Hannah | 5 |
| James | 16 | 10mo | 1787 | Levi | Jane | 4 |
| Jeremiah | 23 | 11mo | 1725 | William | Mary | 4 |
| Jeremiah | 24 | 3mo | 1780 | Joseph | Rachel | 4 |
| Jeremiah | 23 | 11mo | 1727 | William | Mary | 5 |
| Jesse | 22 | 8mo | 1747 | Henry | Mary, 2nd wf | 4 |
| Jesse | 21 | 10mo | 1784 | Jesse | Sarah | 4 |
| Joanna | 25 | 9mo | 1766 | Samuel | Susanna | 4 |
| Joanna | 22 | 11mo | 1788 | Reuben | Margaret | 4 |
| Job | 4 | 1mo | 1787 | Reuben | Margaret | 4 |
| Joel | 28 | 2mo | 1785 | Richard | Rachel | 4 |
| Joel | 25 | 3mo | 1793 | Joseph | Mary | 4 |
| John | 20 | 5mo | 1745 | Henry | Mary, 2nd wf | 4 |
| John | 25 | 8mo | 1787 | Thomas | Mary | 4 |
| John | 28 | 9mo | 1752 | Jacob | Rebecca | 4 |
| Jonathan | 5 | 7mo | 1735 | William | Mary | 4 |
| Jonathan | 9 | 4mo | 1775 | Jacob | Rebecca | 4 |
| Joseph | 31 | 6mo | 1730 | Henry | Hannah | 4 |
| Joseph | 6 | 8mo | 1761 | Samuel | Susanna | 4 |
| Joseph | 5 | 5mo | 1754 | Jacob | Rebecca | 4 |
| Joseph | 29 | 6mo | 1792 | Joseph | Rachel | 4 |
| Joshua | 28 | 2mo | 1766 | Henry | Mary | 4 |
| Josiah | 3 | 2mo | 1782 | Henry | Elizabeth | 4 |
| Lettice | 7 | 10mo | 1797 | Joseph | Rachel | 4 |
| Levi | 12 | 3mo | 1764 | Samuel | Susanna | 4 |
| Levi | 2 | 10mo | 1777 | Samuel | Isabel | 4 |
| Levi | 29 | 11mo | 1797 | Joseph | Mary | 4 |
| Lewis | 23 | 9mo | 1793 | Levi | Jane | 4 |
| Lydia | 5 | 11mo | 1786 | Jacob | Esther | 4 |
| Lydia | 24 | 12mo | 1763 | Jacob | Rebecca | 4 |
| Lydia | 27 | 6mo | 1788 | Joseph | Rachel | 4 |
| Margaret | 17 | 1mo | 1780 | Samuel | Isabel | 4 |
| Margaret | 1 | 1mo | 1797 | Reuben | Margaret | 4 |
| Mary | 15 | 11mo | 1737/8 | William | Mary | 4 |
| Mary | 17 | 12mo | 1791 | Thomas | Mary | 4 |
| Mary | 18 | 12mo | 1788 | Jacob | Esther | 4 |
| Mary | 25 | 9mo | 1750 | William | Prudence | 4 |
| Mary | 9 | 9mo | 1794 | Henry | Mary | 4 |
| Mary | 23 | 2mo | 1787 | Henry | Elizabeth | 4 |
| Michael | 21 | 5mo | 1786 | Samuel | Isabel | 4 |
| Miriam | 5 | 10mo | 1795 | Levi | Jane | 4 |
| Nathan | 12 | 3mo | 1749 | Henry | Mary | 4 |
| Noah | 18 | 1mo | 1796 | Joseph | Mary | 4 |
| Prudence | 25 | 4mo | 1752 | William | Prudence | 4 |
| Rachel | 6 | 11mo | 1717/8 | Henry | Hannah | 4 |

## CHESTER COUNTY BIRTHS

**Reynolds**
| | | | | | | |
|---|---|---|---|---|---|---|
| Rachel | 24 | 12mo | 1770 | Samuel | Susanna | 4 |
| Rachel | 19 | 6mo | 1794 | Joseph | Mary | 4 |
| Rachel E. | 1 | 9mo | 1787 | Richard | Rachel | 4 |
| Rebecca | 30 | 10mo | 1789 | Thomas | Mary | 4 |
| Rebecca | 1 | 2mo | 1796 | Jacob | Esther | 4 |
| Rebecca | 30 | 9mo | 1777 | Jacob | Rebecca | 4 |
| Rebecca | 8 | 5mo | 1786 | Henry | Mary | 4 |
| Rebecca | 12 | 9mo | 1788 | Henry | Mary | 4 |
| Rebecca | 24 | 3mo | 1784 | Joseph | Rachel | 4 |
| Reuben | 11 | 5mo | 1759 | Samuel | Susanna | 4 |
| Reuben | 12 | 12mo | 1772 | Jacob | Rebecca | 4 |
| Reuben | 7 | 6mo | 1791 | Reuben | Margaret | 4 |
| Richard | 31 | 5mo | 1754 | Samuel | Susanna | 4 |
| Richard | 20 | 1mo | 1784 | Reuben | Margaret | 4 |
| Richard | 31 | 8mo | 1790 | Joseph | Rachel | 4 |
| Richard | 27 | 12mo | 1792 | Richard | Rachel | 4 |
| Samuel | 17 | 12mo | 1756 | Samuel | Susanna | 4 |
| Samuel | 27 | 12mo | 1770 | Jacob | Rebecca | 4 |
| Samuel | 13 | 10mo | 1754 | Henry | Mary | 4 |
| Samuel | 11 | 1mo | 1782 | Samuel | Isabel | 4 |
| Samuel | 26 | 8mo | 1723 | Henry | Hannah | 5 |
| Sarah | 13 | 2mo | 1754 | William | Prudence | 4 |
| Sarah | 14 | 11mo | 1774 | Henry | Mary | 4 |
| Sarah | 21 | 11mo | 1790 | Henry | Mary | 4 |
| Sarah | 6 | 11mo | 1789 | Richard | Rachel | 4 |
| Stephen | 1 | 9mo | 1798 | Jacob | Esther | 4 |
| Stephen | 12 | 9mo | 1760 | Jacob | Rebecca | 4 |
| Susanna | 29 | 3mo | 1785 | Reuben | Margaret | 4 |
| Susanna | 21 | 9mo | 1786 | Joseph | Rachel | 4 |
| Susanna | 2 | 4mo | 1795 | Richard | Rachel | 4 |
| Taylor | 23 | 9mo | 1793 | Jacob | Esther | 4 |
| Thomas | 10 | 2mo | 1742 | William | Rachel | 4 |
| Thomas | 28 | 5mo | 1762 | Jacob | Rebecca | 4 |
| Thomas | 5 | 2mo | 1784 | Samuel | Isabel | 4 |
| Vincent | 25 | 4mo | 1795 | Reuben | Margaret | 4 |
| Warner | 25 | 7mo | 1780 | Richard | Rachel | 4 |
| William | 22 | 1mo | 1721/2 | Henry | Hannah | 4 |
| William | 15 | 11mo | 1737/8 | William | Mary | 4 |
| William | 9 | 8mo | 1782 | Henry | Mary | 4 |

**Rich**
| | | | | | | |
|---|---|---|---|---|---|---|
| Dinah | 3 | 10mo | 1759 | John | Sarah | 4 |
| Elizabeth | 24 | 4mo | 1751 | John | Sarah | 4 |
| Elizabeth | 23 | 11mo | 1767 | Joseph | Sarah | 4 |
| Hannah | 5 | 12mo | 1754 | Joseph | Sarah | 4 |
| John | 8 | 6mo | 1753 | John | Sarah | 4 |

## CHESTER COUNTY BIRTHS

**Rich**
| | | | | | | |
|---|---|---|---|---|---|---|
| Martha | 4 | 7mo | 1765 | John | Sarah | 4 |
| Martha | 27 | 12mo | 1742 | Joseph | Sarah | 4 |
| Mary | 20 | 8mo | 1749 | John | Sarah | 4 |
| Mary | 19 | 1mo | 1744 | Joseph | Sarah | 4 |
| Miriam | 7 | 9mo | 1757 | John | Sarah | 4 |
| Peter | 24 | 3mo | 1762 | John | Sarah | 4 |
| Prudence | 10 | 10mo | 1759 | Joseph | Sarah | 4 |
| Rachel | 30 | 9mo | 1752 | Joseph | Sarah | 4 |
| Samuel | 6 | 7mo | 1747 | Joseph | Sarah | 4 |
| Sarah | 22 | 4mo | 1755 | John | Sarah | 4 |
| Sarah | 4 | 11mo | 1749 | Joseph | Sarah | 4 |
| Stephen | 26 | 2mo | 1757 | Joseph | Sarah | 4 |
| Thomas | 25 | 2mo | 1763 | Joseph | Sarah | 4 |

**Richards**
| | | | | | | |
|---|---|---|---|---|---|---|
| Ann | 29 | 4mo | 1800 | Isaac | Tamson | 5 |
| Hannah | 19 | 9mo | 1785 | Thomas | Hannah | 5 |
| Isaac | | not given | | Isaac | Mary | 5 |
| Isaac | 8 | 1mo | 1783 | Thomas | Hannah | 5 |
| Isaac | 16 | 4mo | 1759 | not given | not given | 5 |
| Jacob | 4 | 9mo | 1793 | Thomas | Hannah | 4 |
| Joshua | 20 | 6mo | 1788 | Isaac | Ann (Pusey) | 5 |
| Mary | 7 | 5mo | 1790 | Thomas | Hannah | 5 |
| Rachel | 15 | 11mo | 1798 | Thomas | Hannah | 4 |
| Saml. Emlen | 30 | 8mo | 1791 | Isaac | Ann (Pusey) | 5 |
| Sarah | 18 | 2mo | 1781 | Thomas | Hannah | 5 |
| Thomas | | not given | | Thomas | Hannah | 4 |
| Thomas | 11 | 11mo | 1787 | Thomas | Hannah | 5 |
| William | 27 | 9mo | 1796 | Isaac | Ann (Pusey) | 5 |
| William | 22 | 11mo | 1792 | not given | not given | 5 |

**Richardson**
| | | | | | | |
|---|---|---|---|---|---|---|
| Ann | 1 | 5mo | 1714 | John | Ann | 1 |
| Caleb | 5 | 12mo | 1792 | Joseph | Dinah | 5 |
| Elinor | 28 | 10mo | 1714 | Isaac | Catharine | 3 |
| Elizabeth | 9 | 4mo | 1705 | John | Ann | 1 |
| Faithful | 1 | 11mo | 1786 | John | Lydia | 4 |
| Hannah | 16 | 9mo | 1721 | John | Ann | 1 |
| Hannah | 29 | 4mo | 1784 | John | Lydia | 4 |
| Hannah | 2 | 8mo | 1773 | Joseph | Dinah | 5 |
| Isaac | 6 | 4mo | 1788 | Joseph | Dinah | 5 |
| Jane | 2 | 1mo | 1727 | John | Ann | 1 |
| Joel | 14 | 8mo | 1769 | Joseph | Dinah | 6 |
| John | 6 | 10mo | 1718 | John | Ann | 1 |
| John | 21 | 4mo | 1721 | Isaac | Catharine | 3 |
| John | 22 | 12mo | 1775 | Joseph | Dinah | 5 |

172

## CHESTER COUNTY BIRTHS

**Richardson**
| | | | | | | |
|---|---|---|---|---|---|---|
| Joseph | | 6 | 10mo | 1706 | John | Ann | 1 |
| Joseph | | 14 | 9mo | 1774 | John | Lydia | 4 |
| Joseph | | 22 | 4mo | 1778 | Joseph | Dinah | 5 |
| Lydia | | 1 | 1mo | 1782 | John | Lydia | 4 |
| Lydia | | 16 | 5mo | 1785 | Joseph | Dinah | 5 |
| Martha | | 25 | 3mo | 1719 | Isaac | Catharine | 3 |
| Mary | | 22 | 12mo | 1715 | John | Ann | 1 |
| Mary | | 28 | 9mo | 1776 | John | Lydia | 4 |
| Mary | | 22 | 2mo | 1780 | Joseph | Dinah | 5 |
| Nehemiah | | 14 | 6mo | 1772 | John | Lydia | 4 |
| Rebecca | | 22 | 6mo | 1717 | John | Ann | 1 |
| Richard | | 9 | 6mo | 1720 | John | Ann | 1 |
| Robert | | 31 | 5mo | 1708 | John | Ann | 1 |
| Samuel | | 27 | 2mo | 1779 | John | Lydia | 4 |
| Samuel | | 22 | 6mo | 1771 | Joseph | Dinah | 6 |
| Sarah | | 9 | 7mo | 1712 | John | Ann | 1 |
| Susanna | | 19 | 9mo | 1710 | John | Ann | 1 |

**Richie**
| | | | | | | |
|---|---|---|---|---|---|---|
| not given | bp | 11 | Feb | 1783 | William | not given | 15 |

**Richtstein**
| | | | | | | |
|---|---|---|---|---|---|---|
| Catherine | | 8 | Nov | 1792 | Henry | Margaret | 12 |

**Ried**
| | | | | | | |
|---|---|---|---|---|---|---|
| Elizabeth | bp | 2 | Jan | 1791 | William | Rebecca | 15 |
| Isabella | bp | 30 | Mar | 1783 | John | not given | 15 |
| James | bp | 4 | Jan | 1793 | John | Jane | 15 |
| James Camble | bp | 1 | May | 1791 | Jacob | not given | 15 |
| Mary | bp | 16 | Apr | 1793 | William | Rebecca | 15 |
| Nancy | bp | 2 | Jun | 1793 | Jacob | not given | 15 |

**Ries**
| | | | | | | |
|---|---|---|---|---|---|---|
| Catharina | bp | 11 | May | 1769 | Phillipp | not given | 11 |
| Peter | bp | 26 | Feb | 1768 | Christian | not given | 11 |

**Rigbie**
| | | | | | | |
|---|---|---|---|---|---|---|
| Cassandra | | 15 | 1mo | 1746 | James | Elizabeth | 4 |
| Elizabeth | | 11 | 7mo | 1748 | James | Elizabeth | 4 |
| James | | 27 | 12mo | 1756 | James | Elizabeth | 4 |
| Mary | | 15 | 10mo | 1755 | James | Elizabeth | 4 |
| Nathan | | 5 | 11mo | 1742 | James | Elizabeth | 4 |
| Sarah | | 22 | 6mo | 1744 | James | Elizabeth | 4 |
| Susanna | | 2 | 3mo | 1751 | James | Elizabeth | 4 |

**Roberts**
| | | | | | | |
|---|---|---|---|---|---|---|
| Abigail | | 28 | 4mo | 1725 | Robert | Hanna (Howell) | 1 |
| Abraham P. | | 24 | 1mo | 1800 | Robert | Elizabeth | 3 |
| Ann | | 12 | 6mo | 1800 | Jehu | Eizabeth (Jones) | 7 |
| Deborah | | 24 | 4mo | 1719 | Robert | Hanna (Howell) | 1 |

## CHESTER COUNTY BIRTHS

**Roberts**

| | | | | | | |
|---|---|---|---|---|---|---|
| George | 30 | 11mo | 1781 | Jonathan | Mary | 5 |
| Hannah | 22 | 4mo | 1723 | Robert | Hanna (Howell) | 1 |
| Jacob | 13 | 11mo | 1719 | William | Jane | 3 |
| Jehu | 20 | 11mo | 1751 | John | Jane | 7 |
| John | 13 | 1mo | 1795 | Jehu | Eizabeth (Jones) | 7 |
| Lydia | 25 | 6mo | 1721 | Robert | Hanna (Howell) | 1 |
| Margaret | 27 | 2mo | 1714/5 | William | Jane | 3 |
| Martha | 2 | 3mo | 1727 | Robert | Hanna (Howell) | 1 |
| Mary | 4 | 1mo | 1718 | Robert | Hannah (Howell) | 1 |
| Robert | | *circa* | 1692 | not given | not given | 1 |
| Sarah | 11 | 1mo | 1750 | John | Jane | 7 |

**Robeson**

| | | | | | | |
|---|---|---|---|---|---|---|
| Ann | bp 14 | May | 1769 | John | not given | 14 |
| Ann | bp 24 | Mar | 1771 | David | not given | 14 |
| John | bp | Jun | 1771 | Ephraim | not given | 14 |
| John Smith | bp 13 | Jun | 1768 | James | Margret | 14 |
| Margret | bp 17 | Jul | 1768 | Ephraim | Agnes | 14 |

**Robinson**

| | | | | | | |
|---|---|---|---|---|---|---|
| Aaron | 29 | 1mo | 1777 | Robert | Susanna | 1 |
| Ann | 20 | 4mo | 1717 | Joseph | Elizabeth | 1 |
| Esther | 18 | 10mo | 1779 | Robert | Susanna | 1 |
| George | 5 | 3mo | 1715 | Joseph | Elizabeth | 1 |
| Lydia | 18 | 5mo | 1778 | Hugh | Hannah (McCarty) | 1 |
| Martha | 28 | 11mo | 1725 | Joseph | Elizabeth | 1 |
| Mary | 20 | 12mo | 1772 | Robert | Susanna | 1 |
| Mary | 5 | 12mo | 1723 | Joseph | Elizabeth | 1 |
| Rachel | 12 | 9mo | 1721 | Joseph | Elizabeth | 1 |
| Rebecca | 28 | 5mo | 1719 | Joseph | Elizabeth | 1 |
| Ruth | 29 | 11mo | 1727 | Joseph | Elizabeth | 1 |

**Rodden**

| | | | | | | |
|---|---|---|---|---|---|---|
| 4 children | bp 28 | Oct | 1781 | Dennis | Margaret | 15 |

**Rodgers**

| | | | | | | |
|---|---|---|---|---|---|---|
| Alexander | bp 11 | May | 1783 | George | not given | 15 |

**Roeler**

| | | | | | | |
|---|---|---|---|---|---|---|
| Maria Catharina | bp 23 | Jun | 1767 | Michael | not given | 11 |

**Roeller**

| | | | | | | |
|---|---|---|---|---|---|---|
| Michael | 25 | Jan | 1762 | Mich. | An. Margar. | 11 |
| Susannah | 30 | Aug | 1762 | Nicolaus | Boisa | 11 |

**Rogers**

| | | | | | | |
|---|---|---|---|---|---|---|
| Abner | 10 | 8mo | 1799 | Abner | Alice | 3 |
| Abner | 25 | 7mo | 1798 | Wm. | Katherine | 4 |
| Ann | 28 | 4mo | 1794 | Abner | Alice | 3 |
| Ann | 15 | 1mo | 1784 | William | not given | 4 |
| Ann | bp 28 | Oct | 1781 | George | Mary | 15 |

## CHESTER COUNTY BIRTHS

**Rogers**

| | | | | | | |
|---|---|---|---|---|---|---|
| Anna | 15 | 1mo | 1794 | Wm. | Katherine | 4 |
| Benjamin | 12 | 3mo | 1797 | Abner | Alice | 3 |
| Benjamin | 3 | 1mo | 1791 | Jonathan | Ann (Jones) | 7 |
| Catharine | 8 | 4mo | 1798 | Jeremiah | Anna | 4 |
| Charles | 22 | 1mo | 1781 | Jonathan | Ann (Jones) | 7 |
| Content | 6 | 1mo | 1740/1 | William | Grace | 4 |
| David | 5 | 3mo | 1795 | Jonathan | Ann (Jones) | 7 |
| Deborah | 12 | 5mo | 1752 | William | Grace | 4 |
| Deborah | 10 | 2mo | 1785 | Thomas | Katharine | 4 |
| Elizabeth | 23 | 6mo | 1746 | William | Grace | 4 |
| Elizabeth | 26 | 5mo | 1766 | Thomas | Katharine | 4 |
| Elizabeth | 25 | 3mo | 1781 | Thomas | Katharine | 4 |
| Grace | 15 | 4mo | 1749 | William | Grace | 4 |
| Grace | 21 | 3mo | 1765 | Thomas | Katharine | 4 |
| Hannah | 29 | 1mo | 1772 | Thomas | Katharine | 4 |
| Hannah | 12 | 1mo | 1757 | Joseph | Hannah (Watson) | 7 |
| Hannah | 27 | 1mo | 1785 | Jonathan | Ann (Jones) | 7 |
| Henry | 27 | 11mo | 1743 | William | Grace | 4 |
| Jacob | 12 | 9mo | 1795 | Abner | Alice | 3 |
| Jacob | 7 | 4mo | 1783 | Thomas | Katharine | 4 |
| James | 27 | 2mo | 1744 | Joseph | Hannah (Watson) | 7 |
| James | 2 | 10mo | 1797 | Jonathan | Ann (Jones) | 7 |
| Jeremiah | 13 | 8mo | 1767 | Thomas | Katharine | 4 |
| Jeremiah | 21 | 12mo | 1792 | Wm. | Katherine | 4 |
| John | 29 | 3mo | 1786 | Abner | Sarah | 3 |
| John | 9 | 1mo | 1777 | Thomas | Katharine | 4 |
| John | 4 | 8mo | 1746 | Joseph | Hannah (Watson) | 7 |
| Jonathan | 15 | 2mo | 1755 | Joseph | Hannah (Watson) | 7 |
| Jonathan | 7 | 2mo | 1793 | Jonathan | Ann (Jones) | 7 |
| Joseph | 12 | 3mo | 1797 | Abner | Alice | 3 |
| Joseph | 2 | 10mo | 1773 | Thomas | Katharine | 4 |
| Joseph | 25 | 6mo | 1719 | Joseph | Rebecca | 7 |
| Joseph | 20 | 8mo | 1788 | Jonathan | Ann (Jones) | 7 |
| Katharine | 13 | 9mo | 1778 | Thomas | Katharine | 4 |
| Mary | 14 | 9mo | 1778 | Thomas | Katharine | 4 |
| Mary | 26 | 12mo | 1747 | Joseph | Hannah (Watson) | 7 |
| Phebe | 15 | 11mo | 1800 | Abner | Alice | 3 |
| Rachel | 29 | 10mo | 1800 | Wm. | Katherine | 4 |
| Rebecca | 25 | 2mo | 1770 | Thomas | Katharine | 4 |
| Rebecca | 27 | 3mo | 1796 | Wm. | Katherine | 4 |
| Rebecca | 16 | 10mo | 1786 | Jonathan | Ann (Jones) | 7 |
| Rebekah | 23 | 12mo | 1742 | Joseph | Hannah (Watson) | 7 |
| Samuel | 8 | 2mo | 1763 | Thomas | Katharine | 4 |
| Samuel | 20 | 3mo | 1800 | Jonathan | Ann (Jones) | 7 |
| Thomas | 6 | 10mo | 1787 | Abner | Sarah | 3 |

## CHESTER COUNTY BIRTHS

**Rogers**
| | | | | | | | |
|---|---|---|---|---|---|---|---|
| Thomas | | 25 | 8mo | 1738 | William | Grace | 4 |
| Thomas | | 11 | 3mo | 1775 | Thomas | Katharine | 4 |
| Thomas | | 3 | 4mo | 1791 | Wm. | Katherine | 4 |
| Thomas | | 8 | 4mo | 1800 | Jeremiah | Anna | 4 |
| William | | 23 | 12mo | 1768 | Thomas | Katharine | 4 |
| William | | 1 | 9mo | 1749 | Joseph | Hannah (Watson) | 7 |
| William | | 3 | 6mo | 1752 | Joseph | Hannah (Watson) | 7 |
| William | | 3 | 8mo | 1782 | Jonathan | Ann (Jones) | 7 |

**Roman**
| | | | | | | | |
|---|---|---|---|---|---|---|---|
| Cyrus | | 11 | 2mo | 1798 | Abraham | Hannah | 8 |
| Evan | | 19 | 7mo | 1792 | Moses | Hannah | 2 |
| Hannah | | 15 | 1mo | 1786 | Abraham | Hannah | 10 |
| Isaac | | 29 | 6mo | 1788 | Abraham | Hannah | 8 |
| Jacob | | 6 | 2mo | 1785 | Moses | Hannah | 2 |
| John | | 20 | 7mo | 1775 | Moses | Hannah | 2 |
| Joseph | | 25 | 9mo | 1788 | Moses | Hannah | 2 |
| Moses | | 2 | 2mo | 1780 | Moses | Hannah | 2 |
| Sarah | | 3 | 9mo | 1792 | Abraham | Hannah | 8 |
| Thomas | | 4 | 2mo | 1777 | Moses | Hannah | 2 |
| Thomas | | 26 | 6mo | 1795 | Abraham | Hannah | 8 |

**Rosetter**
| | | | | | | | |
|---|---|---|---|---|---|---|---|
| Jacob | | 26 | Aug | 1799 | John | Elizabeth | 12 |
| William | | 24 | Sep | 1799 | Thomas | Elizabeth | 12 |

**Ross**
| | | | | | | | |
|---|---|---|---|---|---|---|---|
| Abraham | bp | 9 | Apr | 1783 | John | not given | 15 |
| Albeinah | | 10 | 11mo | 1720 | Alexander | Katherine | 5 |
| Ann | bp | 12 | Mar | 1792 | John | Isabella | 15 |
| Esther | bp | 13 | Aug | 1792 | Moses | Isabella | 15 |
| George | | 23 | 3mo | 1716 | Alexander | Katherine | 5 |
| John | | 18 | 2mo | 1713 | Alexander | Katherine | 5 |
| John [Karl?] | bp | 26 | Aug | 1792 | Benjamin | Prudence | 15 |
| Lydia | | 7 | 7mo | 1708 | Alexander | Katherine | 5 |
| Mary | | 13 | 12mo | 1706 | Alexander | Katherine | 5 |
| Rebecca | | 3 | 3mo | 1711 | Alexander | Katherine | 5 |

**Roth**
| | | | | | | |
|---|---|---|---|---|---|---|
| Joh. Heinrich | 27 | Mar | 1767 | Michael | not given | 11 |

**Rothrauff**
| | | | | | | |
|---|---|---|---|---|---|---|
| Susanna | 24 | Apr | 1774 | Jonas | Maria | 11 |

**Rowls**
| | | | | | | |
|---|---|---|---|---|---|---|
| Azariah | 15 | 3mo | 1769 | Hezekiah | Elizabeth | 4 |
| Elihu | 7 | 1mo | 1762 | Hezekiah | Elizabeth | 4 |
| Elizabeth | 3 | 1mo | 1727 | Lacey | Mary | 4 |
| Hezekiah | 25 | 5mo | 1729 | Lacey | Mary | 4 |
| Katharine | 10 | 1mo | 1765 | Hezekiah | Elizabeth | 4 |

## CHESTER COUNTY BIRTHS

**Rowls**
| | | | | | | |
|---|---|---|---|---|---|---|
| Lacey | 14 | 8mo | 1693 | not given | not given | 4 |
| Mary | 16 | 6mo | 1759 | Hezekiah | Elizabeth | 4 |
| Milcah | 14 | 3mo | 1783 | Hezekiah | Margaret (England) | 4 |

**Rowls [?]**
| | | | | | | |
|---|---|---|---|---|---|---|
| Rebecka | bp | Jan | 1771 | David | not given | 14 |

**Rudrauff**
| | | | | | | |
|---|---|---|---|---|---|---|
| An. Margaretha | 11 | Aug | 1760 | Jonas | Elizabeth | 11 |

**Rudrauhf**
| | | | | | | |
|---|---|---|---|---|---|---|
| Jonas | 12 | Aug | 1763 | Jonas | Elisabeth | 11 |

**Ruesser**
| | | | | | | |
|---|---|---|---|---|---|---|
| Agnes | 2 | May | 1738 | John George | not given | 16 |

**Ruld [?]**
| | | | | | | |
|---|---|---|---|---|---|---|
| John Stuart | 28 | Jun | 1789 | | | 15 |
| William | 22 | Nov | 1791 | James | Mary | 15 |

**Russell**
| | | | | | | |
|---|---|---|---|---|---|---|
| James | 3 | 4mo | 1779 | John | Hannah (Fincher) | 1 |
| Jesse | 17 | 3mo | 1772 | John | Hannah (Fincher) | 1 |
| Mary | 11 | 2mo | 1774 | John | Hannah (Fincher) | 1 |
| Rachel | 30 | 6mo | 1776 | John | Hannah (Fincher) | 1 |
| Sarah | 10 | 4mo | 1770 | John | Hannah (Fincher) | 1 |
| Sarah | 4 | 1mo | 1799 | William | Rachel (Yarnall) | 1 |
| Thomas | 16 | 9mo | 1768 | John | Hannah (Fincher) | 1 |

**Ruthrauf**
| | | | | | | |
|---|---|---|---|---|---|---|
| Jacob | 10 | Mar | 1772 | Jonas | not given | 11 |

**Rutrauff**
| | | | | | | |
|---|---|---|---|---|---|---|
| Catharina | 21 | May | 1766 | Jonas | not given | 13 |

**Rütrauff**
| | | | | | | |
|---|---|---|---|---|---|---|
| Johann Philip | 25 | Mar | 1765 | Jonnes | not given | 13 |

**Ryle**
| | | | | | | |
|---|---|---|---|---|---|---|
| John Tinley | bp 13 | Oct | 1793 | Samuel | Jane | 15 |

# S

**Sanders**
| | | | | | | |
|---|---|---|---|---|---|---|
| Ellen | 2 | 1mo | 1798 | John | Sarah (Evans) | 1 |
| Ellis | 13 | 6mo | 1795 | John | Sarah (Evans) | 1 |
| Evan | 6 | 10mo | 1793 | John | Sarah (Evans) | 1 |
| John | before | | 1775 | John | Ann | 1 |
| Mary | 10 | 9mo | 1800 | John | Sarah (Evans) | 1 |

## CHESTER COUNTY BIRTHS

**Saylor**
| | | | | | | |
|---|---|---|---|---|---|---|
| Joshua | | not given | | Abraham | not given | 1 |
| Thomas | 25 | 2mo | 1800 | Joshua | Ann (Buffington) | 1 |

**Scarlet**
| | | | | | | |
|---|---|---|---|---|---|---|
| Phebe | 4 | 11mo | 1722 | Shadrach | Phebe | 5 |

**Schawer**
| | | | | | | |
|---|---|---|---|---|---|---|
| Dorothea | 3 | Sep | 1799 | Conrad | Dorothea | 12 |

**Scheimer**
| | | | | | | |
|---|---|---|---|---|---|---|
| Edward | 5 | Dec | 1794 | Adam | Elizabeth | 12 |

**Schell ?**
| | | | | | | |
|---|---|---|---|---|---|---|
| Johannes | | Jun | 1768 | Peter | Elizabeth | 12 |

**Schenkel**
| | | | | | | |
|---|---|---|---|---|---|---|
| Henrich | 17 | Aug | 1766 | Henr. | not given | 13 |

**Scheredin**
| | | | | | | |
|---|---|---|---|---|---|---|
| Maria Margaret | 6 | Nov | 1775 | Henry | Christina | 12 |

**Scherer**
| | | | | | | |
|---|---|---|---|---|---|---|
| [Catherina] | 21 | Dec | 1774 | Conrad | Catharina | 12 |
| Elizabeth | 12 | Nov | 1794 | Conrad | Dorothea | 12 |
| Jacob | 1 | Nov | 1777 | Conrad | Catharina | 12 |
| John | 2 | Mar | 1789 | Conrad | Dorothea | 12 |
| John Conrad | 26 | Jul | 1791 | Conrad | Dorothea | 12 |
| Magdalena | 12 | May | 1772 | Conrad | Catharine | 12 |
| Nicholas | 20 | Jul | 1797 | Conrad | Dorothea | 12 |
| Rebeccah | 21 | Aug | 1769 | Conrad | Catharina | 12 |
| Sarah | 25 | Dec | 1779 | Conrad | Catharina | 12 |

**Schieder**
| | | | | | | |
|---|---|---|---|---|---|---|
| Frederick | 22 | Mar | 1799 | Fredrich | Anna | 11 |

**Schilek**
| | | | | | | |
|---|---|---|---|---|---|---|
| Elizabeth | 28 | Dec | 1795 | John | Sarah | 12 |

**Schiry (?)**
| | | | | | | |
|---|---|---|---|---|---|---|
| Maria | 26 | Apr | 1770 | Vallentin | Eva | 11 |

**Schleger**
| | | | | | | |
|---|---|---|---|---|---|---|
| John | 5 | Feb | 1779 | Henry | Maria | 12 |

**Schleier**
| | | | | | | |
|---|---|---|---|---|---|---|
| Jacob | 9 | Jul | 1791 | Henry | Elizabeth | 12 |
| Magdalena | 1 | Jan | 1794 | Henry | Elizabeth | 12 |

**Schleyer**
| | | | | | | |
|---|---|---|---|---|---|---|
| Barbara | | 12 Dec | 1770 | Henrich | not given | 11 |
| Catharina | bp | 7 Aug | 1768 | Heinrich | not given | 11 |
| Elisabeth | | 8 Jan | 1761 | Heinrich | Margaretha | 11 |

**Schloetzer**
| | | | | | | |
|---|---|---|---|---|---|---|
| Juliana | 26 | Mar | 1762 | Jacob | Susanna | 11 |

**Schmehl**
| | | | | | | |
|---|---|---|---|---|---|---|
| John | | Jun | 1767 | Peter | Elizabeth | 12 |

## CHESTER COUNTY BIRTHS

### Schmid
| | | | | | | |
|---|---|---|---|---|---|---|
| Adam | 18 | Apr | 1763 | Valentin | Catharina | 12 |
| Angelina | 25 | May | 1776 | Valentin | Catharina | 12 |
| Catharine | 5 | May | 1783 | Valentin | Catharina | 12 |
| Catharine | 8 | Jul | 1785 | John | Maria | 12 |
| Christina | | Oct | 1776 | Frederick | Catharina | 12 |
| Daniel | 17 | Jul | 1791 | Johannes | Maria | 12 |
| Elenora | 26 | Nov | 1772 | Valentin | Catharina | 12 |
| Elizabeth | 13 | Oct | 1767 | Valentin | Gertruda | 12 |
| Elizabeth | 7 | Feb | 1768 | Jost | Catharina | 12 |
| George, tw | 20 | Feb | 1794 | Jacob | Maria | 12 |
| Isaiah | 4 | Jul | 1789 | John | Maria | 12 |
| Jacob | 12 | Jul | 1760 | Valentin | Gertruda | 12 |
| Jacob | 9 | Jun | 1772 | Jost | Catharina | 12 |
| Jacob, tw | 20 | Feb | 1794 | Jacob | Maria | 12 |
| Jesse | 6 | Nov | 1797 | John | Maria | 12 |
| John | 9 | Apr | 1766 | Valentin | Catharina | 12 |
| John | 30 | May | 1780 | John | Barbara | 12 |
| John Henry | 5 | Apr | 1767 | Valentin | Catharina | 12 |
| John Jacob | 2 | Feb | 1777 | John | Anna Maria | 12 |
| Joseph | 13 | Sep | 1787 | John | Maria | 12 |
| M. Magd. | 15 | Feb | 1796 | John | Maria | 12 |
| Michael | 12 | Jan | 1796 | William | Elizabeth | 12 |
| Sarah | 1 | Apr | 1779 | John | Barbara | 12 |
| Sarah | 3 | May | 1794 | John | Maria | 12 |
| Valentin | 22 | Mar | 1779 | Valentin | Catharina | 12 |

### Schmidt
| | | | | | | |
|---|---|---|---|---|---|---|
| William | 27 | May | 1794 | William | Elizabeth | 12 |

### Schmit
| | | | | | | |
|---|---|---|---|---|---|---|
| Eva | 17 | Nov | 1764 | Henrich | An. Mar. | 11 |
| Jacob | 6 | Aug | 1753 | Fridrich | Anna Maria | 13 |

### Schmitt
| | | | | | | |
|---|---|---|---|---|---|---|
| Cathrina | 8 | Jul | 1755 | Henry | Anna Maria | 11 |
| Henry | 28 | Feb | 1760 | Henry | Anna Maria | 11 |
| Margaretha | 2 | Apr | 1762 | Henry | Anna Maria | 11 |
| Maria Elisab. | 27 | Aug | 1757 | Henry | Anna Maria | 11 |

### Schnauber
| | | | | | | |
|---|---|---|---|---|---|---|
| John Christoph | | Apr | 1738 | Johannes | not given | 16 |

### Schneider
| | | | | | | |
|---|---|---|---|---|---|---|
| Abraham | 1 | Jan | 1780 | John | Elisabeth | 12 |
| Adam | 12 | Dec | 1794 | John | Susanna | 12 |
| Andreas | bp 13 | Sep | 1772 | Vallendin | not given | 11 |
| Andreas | | not given | | Vallendin | not given | 11 |
| Anna Maria | 17 | Jun | 1752 | John | not given | 12 |
| Anna Maria | 18 | Nov | 1753 | Thomas | not given | 12 |

## CHESTER COUNTY BIRTHS

**Schneider**

| Name | | Day | Month | Year | Father | Mother | |
|---|---|---|---|---|---|---|---|
| Anna Maria | | 16 | Jun | 1792 | George | Catharina | 12 |
| Cadarina | | 2 | May | 1772 | Vallendin | not given | 11 |
| Caspar | | 20 | Mar | 1771 | Caspar | Sybilla | 12 |
| Catharina | | 11 | Apr | 1747 | Thomas | not given | 12 |
| Catharina | | 20 | ??? | 1800 | Caspar | Susanna | 12 |
| Catharina | | 28 | Aug | 1762 | Caspar | not given | 12 |
| Catharine | | 7 | Feb | 1754 | John | not given | 12 |
| Catharine | bp | 21 | Feb | 1760 | Caspar | not given | 12 |
| Catharine | | 10 | Jan | 1786 | John | Susanna | 12 |
| Christina | | 3 | Apr | 1756 | Thomas | not given | 12 |
| Daniel | | | | 1766 | Caspar | not given | 12 |
| Daniel | | 5 | Mar | 1789 | John | Elizabeth | 12 |
| Elizabeth | | 18 | Feb | 1780 | George | Catharina | 12 |
| Elizabeth | | 11 | Feb | 1782 | John | Susanna | 12 |
| Elizabeth | | 22 | Jun | 17?? | John | Elizabeth | 12 |
| Elizabeth | bp | 22 | Oct | 1791 | Caspar | Hannah | 12 |
| Elizabeth | | 18 | Jan | 1799 | Caspar | Susanna | 12 |
| Eva | | 14 | Dec | 1781 | George | Catharina | 12 |
| Georg | | 5 | Apr | 1756 | John | not given | 12 |
| George | | 30 | Nov | 1783 | John | Susanna | 12 |
| George | | 1 | Jun | 1786 | John | Elizabeth | 12 |
| George | | 6 | Apr | 1790 | George | Catharina | 12 |
| Henry | | 11 | Jun | 1795 | Caspar | Hannah | 12 |
| Henry | bp | 21 | Oct | 1797 | Caspar | Susanna | 12 |
| Henry | | 24 | May | 1797 | Henry | Margaret | 12 |
| Henry | | 20 | Sep | 1800 | George | Elizabeth | 12 |
| Jacob | | | Dec | 1748 | Casper | not given | 12 |
| Jacob | bp | 27 | May | 1758 | Caspar | Sybilla | 12 |
| Johannes | | | | 1760 | Conrad | Catharina | 11 |
| John | | 4 | Feb | 1745 | Thomas | not given | 12 |
| John | | 21 | Feb | 1761 | John | Maria Elizabeth | 12 |
| John | | 12 | Aug | 1783 | George | Catharina | 12 |
| John | | | | 1787 | John | Susanna | 12 |
| Magdalena | bp | 27 | May | 1758 | Caspar | Sybilla | 12 |
| Magdalena | | 25 | Mar | 1784 | John | Elizabeth | 12 |
| Magdalena | | 10 | Mar | 1786 | George | Catharina | 12 |
| Margaret | bp | 27 | May | 1758 | Caspar | Sybilla | 12 |
| Margaret | | 1 | Jan | 1790 | John | Susanna | 12 |
| Maria | | 4 | May | 1791 | John | Elizabeth | 12 |
| Peter | | 1 | Nov | 1777 | John | Elizabeth | 12 |
| Peter | | 17 | Jun | 1792 | Johannes | Susanna | 12 |
| Peter | | 7 | Aug | 1794 | George | Catharina | 12 |
| Rosina | | 1 | Nov | 1760 | John George | Anna Elizabeth | 12 |
| Susanna | | 21 | Mar | 1789 | Caspar | Hannah | 12 |
| Sybilla, [adult] | bp | 27 | May | 1758 | not given | not given | 12 |

## CHESTER COUNTY BIRTHS

**Schneider**
| | | | | | | | |
|---|---|---|---|---|---|---|---|
| Thomas | bp | 27 | May | 1758 | Caspar | Sybilla | 12 |
| Thomas | bp | 25 | Sep | 1768 | Thomas | Barbara | 12 |
| Thomas | | 9 | Dec | 1794 | Henry | Margaret | 12 |

**Schnorr**
| | | | | | | | |
|---|---|---|---|---|---|---|---|
| Johannes | | 22 | Jun | 1762 | Wendel | not given | 11 |

**Schoenholtzer**
| | | | | | | | |
|---|---|---|---|---|---|---|---|
| Barbara | | 24 | Dec | 1733 | John | not given | 12 |
| Barbara | | 12 | Jul | 1778 | Peter | Elisabeth | 12 |
| Catharina | | 6 | Aug | 1742 | John | not given | 12 |
| Elizabeth | | 11 | Jul | 1745 | John | not given | 12 |
| Elizabeth | | 2 | Apr | 1774 | Peter | Elizabeth | 12 |
| Gertrauda | | 23 | Apr | 1763 | Martin | not given | 12 |
| Jacob | | 30 | Jun | 1739 | John | not given | 12 |
| Jacob | | 28 | Jun | 1772 | Peter | Elizabetha | 12 |
| Johannes | | 11 | Mar | 1748 | Johannes | not given | 12 |
| Martin | | 13 | Jul | 1736 | John | not given | 12 |
| Peter | | 1 | Apr | 1753 | John | not given | 12 |
| Peter | | 9 | Jul | 1776 | Peter | Elizabeth | 12 |

**Schoenholzer**
| | | | | | | | |
|---|---|---|---|---|---|---|---|
| Maria | | 16 | Jul | 1785 | Martin | Elizabeth | 12 |

**Schofield**
| | | | | | | | |
|---|---|---|---|---|---|---|---|
| Enoch | | 9 | 7mo | 1767 | David | Rachel | 1 |
| John | | 1 | 2mo | 1766 | David | Rachel | 1 |
| Samuel | | 9 | 2mo | 1764 | David | Rachel | 1 |

**Scholl**
| | | | | | | | |
|---|---|---|---|---|---|---|---|
| Anna Catrina | | 1 | Jul | 1758 | Fridrich | Eva Catrina | 13 |
| Anna Margreta | | 12 | Feb | 1761 | Fridrich | Eva Catrina | 13 |
| Anna Maria | | 17 | Feb | 1765 | Fridrich | Eva Catrina | 13 |
| Joh. Friedr. | | 14 | Mar | 1767 | Friedr. | not given | 13 |
| Johannes | | 26 | Oct | 1755 | Fridrich | Eva Catrina | 13 |
| Maria Magdalena | | 28 | Jun | 1753 | Fridrich | Eva Catrina | 13 |
| Samuel | bp | 3 | Nov | 1793 | Frederich | Philippina | 12 |

**Schoot**
| | | | | | | | |
|---|---|---|---|---|---|---|---|
| Elizabeth | | 29 | Sep | 1786 | John | Elizabeth | 12 |

**Schott**
| | | | | | | | |
|---|---|---|---|---|---|---|---|
| Catharina | | 14 | Nov | 1769 | Melchior | Catharine | 12 |
| Henry | | 1 | Oct | 1771 | Melchior | Catharina | 12 |
| Magdalena | | 22 | Jan | 1789 | John | Elizabeth | 12 |

**Schrack**
| | | | | | | | |
|---|---|---|---|---|---|---|---|
| Georg | bp | 30 | Nov | 1767 | Heinrich | not given | 11 |
| Georg Adam | | 23 | Oct | 1766 | Adam | not given | 13 |

**Schritain**
| | | | | | | | |
|---|---|---|---|---|---|---|---|
| Elizabeth | | 4 | Aug | 1783 | Henry | Christine | 12 |

## CHESTER COUNTY BIRTHS

**Schuch**
| | | | | | | |
|---|---|---|---|---|---|---|
| Sylonia | 5 Dec | 1779 | Jacob | Elisabeth | 12 |

**Schueler**
| | | | | | | |
|---|---|---|---|---|---|---|
| Catharine | 19 Oct | 1795 | William | Sarah | 12 |

**Schug**
| | | | | | | |
|---|---|---|---|---|---|---|
| Daniel | 30 Sep | 1783 | Jacob | Elizabeth | 12 |
| Elizabeth | 28 Aug | 1786 | Jacob | Elizabeth | 12 |
| Joseph | 6 Feb | 1786 | Jacob | Elizabeth | 12 |
| Maria | 9 Apr | 1789 | Jacob | Elizabeth | 12 |

**Schuler**
| | | | | | | |
|---|---|---|---|---|---|---|
| Sophia | 16 Sep | 1794 | William | Sarah | 12 |

**Schuman**
| | | | | | | |
|---|---|---|---|---|---|---|
| Elisabeth | 3 Apr | 1771 | Peter | Elisabeth | 11 |
| Johannes | 8 Nov | 1767 | Peter | Elisabeth | 11 |
| Ludwig | 4 Jun | 1773 | Peter | not given | 11 |
| Peter | 24 Aug | 1769 | Peter | Elisabeth | 11 |

**Schumann**
| | | | | | | |
|---|---|---|---|---|---|---|
| Catharina | 13 Sep | 1794 | John | Elisabeth | 11 |
| Elisabeth | 31 Jan | 1797 | John | Elisabeth | 11 |
| Jacob | 2 Nov | 1775 | Peter | Elisabetha | 11 |
| Johann Peter | 27 Mar | 1778 | Peter | Elisabeth | 11 |
| Magdalena | 9 Jun | 1799 | John | Elisabeth | 11 |

**Schunck**
| | | | | | | |
|---|---|---|---|---|---|---|
| Anan Barbara | 3 Feb | 1739 | Frantz | not given | 16 |
| Anna Margaret | 2 Apr | 1749 | Simon | not given | 12 |
| Anna Maria | 4 Jun | 1741 | Simon | not given | 12 |
| Benjamin | 19 Oct | 1770 | Conrad | Maria | 12 |
| Catherine Elizabeth | 21 Mar | 1744 | Simon | not given | 12 |
| Conrad | 26 Oct | 1746 | Simon | not given | 12 |
| Henry | 18 Sep | 1781 | Conrad | Maria | 12 |
| Isaac | 7 Sep | 1753 | Simon | not given | 12 |
| Magdalena | 5 Dec | 1779 | Peter | Catharina | 12 |
| Peter | 20 Feb | 1755 | Simon | not given | 12 |
| Simon | 17 May | 1777 | Peter | Catharina | 12 |
| Simon | 10 Jan | 1789 | Simon | Catharina | 12 |

**Schunk**
| | | | | | | |
|---|---|---|---|---|---|---|
| Catharina | 1 Jul | 1791 | Peter | Catharina | 12 |

**Schwaner**
| | | | | | | |
|---|---|---|---|---|---|---|
| Elizabeth | 6 Jan | 1799 | John | Susanna | 12 |
| John | 11 Oct | 1800 | John | Susanna | 12 |

**Schwenk**
| | | | | | | |
|---|---|---|---|---|---|---|
| Mattheus | 14 Apr | 1765 | Lorentz | not given | 13 |

**Schwoller**
| | | | | | | |
|---|---|---|---|---|---|---|
| John | | 1800 | John | Susanna | 12 |

## CHESTER COUNTY BIRTHS

**Scott**
| | | | | | | | |
|---|---|---|---|---|---|---|---|
| Asenath | | 17 | 8mo | 1789 | not given | Elizabeth | 1 |
| Mary | bp | | Aug | 1770 | Doctor | not given | 14 |
| Phebe | bp | | May | 1772 | Moses, Dr. | Anne | 14 |

**Seal**
| | | | | | | |
|---|---|---|---|---|---|---|
| Francis | 9 | 9mo | 1783 | Benjamin | Phebe | 5 |
| Joseph | 20 | 11mo | 1788 | Benjamin | Phebe | 5 |
| Thomas | 15 | 10mo | 1785 | William | Mary (Hunt) | 1 |
| William | | not given | | William | not given | 1 |

**Seeds**
| | | | | | | |
|---|---|---|---|---|---|---|
| Mary | 19 | 5mo | 1778 | not given | not given | 2 |

**Seeler**
| | | | | | | |
|---|---|---|---|---|---|---|
| Catharine | 27 | Mar | 1777 | Philip | Elizabeth | 12 |
| Elizabeth | 30 | Oct | 1782 | Philip | Elisabeth | 12 |
| Maria | 28 | Mar | 1781 | Philip | Elizabeth | 12 |
| Valentin | 8 | Feb | 1780 | Philip | Elizabeth | 12 |
| not given | 4 | Mar | 1776 | Philip | Elisabeth | 12 |

**Seibert**
| | | | | | | |
|---|---|---|---|---|---|---|
| Elizabetha | 4 | Sep | 1732 | Cunradt | not given | 16 |

**Seifert**
| | | | | | | |
|---|---|---|---|---|---|---|
| Elizabeth | 25 | Mar | 1784 | Abraham | Eva | 12 |

**Seiler**
| | | | | | | |
|---|---|---|---|---|---|---|
| John | ca | Mar | 1768 | Hieronimus | Maria Philippina | 12 |

**Seiverts**
| | | | | | | |
|---|---|---|---|---|---|---|
| Abraham | 17 | Dec | 1753 | Michael | not given | 12 |
| Catharine | 29 | Oct | 1752 | Michael | not given | 12 |
| Isaac | 20 | Jul | 1755 | Michael | not given | 12 |
| Jacob | 11 | Jun | 1751 | Michael | not given | 12 |

**Seler**
| | | | | | | |
|---|---|---|---|---|---|---|
| George | 18 | Dec | 1783 | George Philip | Elizabeth | 12 |

**Sellers**
| | | | | | | |
|---|---|---|---|---|---|---|
| Abiah | 21 | 2mo | 1775 | Samuel | Mary (Taylor) | 1 |
| Deborah | 4 | 3mo | 1767 | Samuel | Mary (Taylor) | 1 |
| Isaac | 23 | 7mo | 1779 | Samuel | Mary (Taylor) | 1 |
| Israel | 20 | 3mo | 1785 | Samuel | Mary (Taylor) | 1 |
| Jonathan | 15 | 3mo | 1776 | Samuel | Mary (Taylor) | 1 |
| Lydia | 18 | 11mo | 1771 | Samuel | Mary (Taylor) | 1 |
| Mary | 13 | 8mo | 1782 | Samuel | Mary (Taylor) | 1 |
| Samuel | 1 | 7mo | 1769 | Samuel | Mary (Taylor) | 1 |
| Sarah | | not given | | Samuel | not given | 1 |

**Seltenreich**
| | | | | | | |
|---|---|---|---|---|---|---|
| Anna Maria | 12 | Feb | 1794 | David | Anna Maria | 12 |
| Catharina | 21 | Jul | 1784 | David | Anna Maria | 12 |
| Christina | 27 | Mar | 1792 | David | Anna Maria | 12 |

## CHESTER COUNTY BIRTHS

**Seltenreich**
| | | | | | | |
|---|---|---|---|---|---|---|
| David | 2 | Jul | 1786 | David | Anna Maria | 12 |
| David, [adult] | circa | | 1756 | not given | not given | 12 |
| Elizabeth | 29 | Dec | 1787 | David | Anna Maria | 12 |
| Rebekah | 24 | Mar | 1790 | David | Anna Maria | 12 |

**Serrill**
| | | | | | | |
|---|---|---|---|---|---|---|
| Isaac | 12 | 11mo | 1717 | James | Jane | 3 |
| Jacob | 6 | 4mo | 1721 | James | Jane | 3 |
| James | 9 | 5mo | 1714 | James | Jane | 3 |
| Jane | 23 | 7mo | 1709 | James | Jane | 3 |
| John | 4 | 6mo | 1707 | James | Jane | 3 |
| Mary | 2 | 11mo | 1710 | James | Jane | 3 |

**Shaehfer**
| | | | | | | |
|---|---|---|---|---|---|---|
| Samuel | 8 | Sep | 1763 | Henry | Cathrina | 11 |

**Shallcross**
| | | | | | | |
|---|---|---|---|---|---|---|
| Ann | 24 | 1mo | 1729 | John | Sarah (Knowls) | 1 |
| Joseph | 17 | 8mo | 1731 | John | Sarah (Knowls) | 1 |

**Sharp**
| | | | | | | |
|---|---|---|---|---|---|---|
| Abigail | 8 | 8mo | 1787 | Samuel | Martha | 1 |
| Abigail | 26 | 5mo | 1714 | Joseph | Mary | 5 |
| Abigail | 28 | 2mo | 1729 | Joseph | Mary | 5 |
| Benjamin | 25 | 7mo | 1738 | John | Ann | 5 |
| Elizabeth | 25 | 5mo | 1717 | Joseph | Mary | 5 |
| Elizabeth | 19 | 12mo | 1720 | Joseph | Mary | 5 |
| Elizabeth | 23 | 4mo | 1732 | John | Ann | 5 |
| George | 20 | 5mo | 1790 | Samuel | Martha | 1 |
| George | 4 | 9mo | 1726 | Joseph | Mary | 5 |
| George | 27 | 2mo | 1735 | John | Ann | 5 |
| Jepthah | 6 | 5mo | 1792 | Samuel | Martha | 1 |
| John | 19 | 5mo | 1730 | John | Ann | 5 |
| Joseph | 19 | 8mo | 1724 | Joseph | Mary | 5 |
| Joseph | 5 | 5mo | 1770 | Samuel | not given | 5 |
| Mary | 17 | 7mo | 1719 | Joseph | Mary | 5 |
| Mary | 21 | 6mo | 1731 | Joseph | Mary | 5 |
| Mary | 26 | 8mo | 1740 | John | Ann | 5 |
| Mary | 16 | 6mo | 1744 | Joseph, Jr. | Deborah | 5 |
| Mary | 8 | 10mo | 1764 | Samuel | not given | 5 |
| Samuel | 30 | 8mo | 1734 | Joseph | Mary | 5 |
| Sarah | 24 | 4mo | 1794 | Samuel | Martha | 1 |
| Sarah | 5 | 6mo | 1723 | Joseph | Mary | 5 |
| Thomas | 12 | 11mo | 1747 | John | Ann | 5 |

**Sharpless**
| | | | | | | |
|---|---|---|---|---|---|---|
| Amos | 2 | 12mo | 1785 | Caleb | Ruhene | 1 |
| Ann | 15 | 10mo | 1795 | Nathan | Rachel (Baldwin) | 7 |
| Benjamin | 24 | 8mo | 1769 | Joshua | Edith | 5 |

## CHESTER COUNTY BIRTHS

**Sharpless**
| | | | | | | |
|---|---|---|---|---|---|---|
| Blakey | 21 | 6mo | 1787 | Nathan | Rachel (Baldwin) | 7 |
| Caleb | 20 | 7mo | 1783 | Caleb | Ruhene | 1 |
| Edith | 8 | 2mo | 1779 | Joseph | Mary | 1 |
| Edith | 5 | 6mo | 1790 | Caleb | Ruhene | 1 |
| Edith | 15 | 6mo | 1777 | Joshua | Edith | 5 |
| Elizabeth | 11 | 9mo | 1781 | Caleb | Ruhene | 1 |
| Enos | 7 | 9mo | 1774 | Joseph | Mary | 1 |
| Esther | 10 | 3mo | 1787 | Joseph | Mary | 1 |
| Hannah | 13 | 6mo | 1781 | Joseph | Mary | 1 |
| Hannah | 3 | 8mo | 1792 | Caleb | Ruhene | 1 |
| Isaac | 28 | 7mo | 1793 | Nathan | Rachel (Baldwin) | 7 |
| Jacob | 3 | 8mo | 1791 | Nathan | Rachel (Baldwin) | 7 |
| Joseph | 10 | 10mo | 1779 | Caleb | Ruhene | 1 |
| Joshua B. | 24 | 6mo | 1789 | Nathan | Rachel (Baldwin) | 7 |
| Lydia | 5 | 4mo | 1783 | Joseph | Mary | 1 |
| Margaret | 23 | 7mo | 1788 | Caleb | Ruhene | 1 |
| Martha | 19 | 10mo | 1772 | Joseph | Mary | 1 |
| Martha | 27 | 4mo | 1775 | Joshua | Edith | 5 |
| Mary | 23 | 2mo | 1771 | Joseph | Mary | 1 |
| Mary | 26 | 8mo | 1774 | Caleb | Ruhene | 1 |
| Mercy | 22 | 8mo | 1785 | Nathan | Rachel (Baldwin) | 7 |
| Mercy | 30 | 1mo | 1798 | Nathan | Rachel (Baldwin) | 7 |
| Nathan | 18 | 12mo | 1772 | Joshua | Edith | 5 |
| Nathan | 28 | 9mo | 1752 | Jacob | not given | 7 |
| Phebe | 15 | 4mo | 1785 | Joseph | Mary | 1 |
| Phebe | 25 | 5mo | 1752 | Samuel | Jane | 7 |
| Rachel | 3 | 5mo | 1771 | Joshua | Edith | 5 |
| Rachel | 1 | 9mo | 1776 | not given | not given | 5 |
| Sarah | 21 | 3mo | 1777 | Joseph | Mary | 1 |
| Sidney | 2 | 3mo | 1789 | Jospeh | Mary | 1 |
| William | 6 | 12mo | 1777 | Caleb | Ruhene | 1 |
| a son | 22 | 3mo | 1784 | Nathan | Rachel (Baldwin) | 7 |

**Sharpley**
| | | | | | | |
|---|---|---|---|---|---|---|
| Benjamin | 10 | 11mo | 1686/7 | Adam | Mary | 1 |
| Charity | 10 | 11mo | 1686/7 | Adam | Mary | 1 |

**Shefer**
| | | | | | | |
|---|---|---|---|---|---|---|
| not given | 6 | Oct | 1760 | Jacob | Dorothea | 11 |

**Sheip**
| | | | | | | |
|---|---|---|---|---|---|---|
| Jacob | 1 | Mar | 1790 | Peter | Elizabeth | 12 |

**Sheppard**
| | | | | | | |
|---|---|---|---|---|---|---|
| Mary | 28 | 9mo | 1783 | not given | not given | 5 |

**Sheward**
| | | | | | | |
|---|---|---|---|---|---|---|
| Benjamin | 15 | 9mo | 1766 | Caleb | Hannah | 6 |
| James | 13 | 6mo | 1728 | James | Elizabeth | 1 |

## CHESTER COUNTY BIRTHS

**Sheward**
| | | | | | | |
|---|---|---|---|---|---|---|
| Jane | 25 | 9mo | 1754 | Samuel | Ruth | 1 |
| Mary | 26 | 5mo | 1758 | Caleb | Hannah | 6 |
| Moses | 20 | 9mo | 1760 | Caleb | Hannah | 6 |
| Phebe | 20 | 8mo | 1764 | Caleb | Hannah | 6 |
| Samuel | 11 | 7mo | 1732 | James | Elizabeth | 1 |
| Thomas | 8 | 6mo | 1726 | James | Elizabeth | 1 |

**Shields**
| | | | | | | |
|---|---|---|---|---|---|---|
| John | bp | Aug | 1769 | Peter | not given | 14 |

**Shortledge**
| | | | | | | |
|---|---|---|---|---|---|---|
| David | 14 | 12mo | 1787 | John | Phebe | 5 |
| Enoch | 26 | 2mo | 1779 | John | Phebe | 5 |
| George | 27 | 8mo | 1800 | Swithin | Hannah (Gawthrop) | 5 |
| Hannah | 24 | 12mo | 1770 | John | Phebe | 5 |
| Isaac | 30 | 6mo | 1774 | John | Phebe | 5 |
| Jacob | 7 | 7mo | 1781 | John | Phebe | 5 |
| James | 12 | 7mo | 1769 | John | Phebe | 5 |
| John | 10 | 6mo | 1783 | John | Phebe | 5 |
| Joshua | 24 | 7mo | 1785 | John | Phebe | 5 |
| Samuel | 8 | 1mo | 1777 | John | Phebe | 5 |
| Samuel | 27 | 11mo | 1790 | John | Phebe | 5 |
| Swithin | 4 | 10mo | 1772 | not given | not given | 5 |
| Swithin | 6 | 10mo | 1772 | John | Phebe | 5 |

**Sidwell**
| | | | | | | |
|---|---|---|---|---|---|---|
| Abraham | 11 | 2mo | 1727 | Hugh | Ann | 4 |
| Abraham | | circa | 1762 | Abraham | Charity | 4 |
| Abraham | | 6mo | 1755 | Richard | Ann | 4 |
| Abraham | 14 | 6mo | 1799 | Abraham | Mary | 4 |
| Ann | 11 | 6mo | 1734 | Hugh | Ann | 4 |
| Ann | 1 | 8mo | 1797 | Job | Sarah | 4 |
| Ann | 30 | 4mo | 1758 | Isaac | Ann | 4 |
| Ann | 15 | 6mo | 1779 | Isaac | Ann | 4 |
| Anne | 2 | 3mo | 1776 | Hugh | not given | 4 |
| Charity | | not given | | Abraham | Charity | 4 |
| Charity | 15 | 2mo | 1797 | Abraham | Mary | 4 |
| Deborah | 19 | 8mo | 1794 | Henry | Cineh | 4 |
| Eli | 20 | 2mo | 1792 | Henry | Cineh | 4 |
| Elinor | 4 | 10mo | 1796 | Henry | Cineh | 4 |
| Elisha | 20 | 6mo | 1745 | Richard | Ann | 4 |
| Elisha | 13 | 6mo | 1759 | Henry | Ellin | 4 |
| Elisha | 2 | 6mo | 1799 | Henry | Cineh | 4 |
| Elizabeth | 8 | 3mo | 1769 | Isaac | Ann | 4 |
| Ellen | | not given | | Isaac | not given | 4 |
| Ellin | 2 | 7mo | 1756 | Isaac | Ann | 4 |
| Esther | 23 | 8mo | 1791 | Job | Rebecca | 4 |

# CHESTER COUNTY BIRTHS

**Sidwell**

| | | | |
|---|---|---|---|
| George | 28 8mo 1768 | Joseph | Rachel | 4 |
| Henry | 2 4mo 1720 | Hugh | Ann | 4 |
| Henry | not given | Abraham | Charity | 4 |
| Hugh | 25 7mo 1725 | Hugh | Ann | 4 |
| Hugh | not given | Abraham | Charity | 4 |
| Isaac | 5 11mo 1729 | Hugh | Ann | 4 |
| Isaac | 19 8mo 1776 | Isaac | Ann | 4 |
| Jacob | 15 5mo 1732 | Hugh | Ann | 4 |
| Jacob | 26 4mo 1763 | Isaac | Ann | 4 |
| Jacob | 7 10mo 1749 | Henry | Ellin | 4 |
| James | 4 10mo 1740 | Richard | Margaret | 4 |
| Jesse | 22 9mo 1776 | Joseph | Rachel | 4 |
| Job | 11 10mo 1768 | Hugh | Ann | 4 |
| Job | 25 2mo 1750 | Richard | Ann | 4 |
| Joel | 11 5mo 1793 | Abraham | Mary | 4 |
| Joseph | 3 11mo 1736 | Hugh | Ann | 4 |
| Joseph | 13 7mo 1797 | Abraham | Hannah | 4 |
| Joseph | 30 8mo 1793 | Henry | Cineh | 4 |
| Joseph | 14 4mo 1795 | Job | Rebecca | 4 |
| Levi | 30 5mo 1765 | Joseph | Rachel | 4 |
| Lydia | not given | Richard | Ann | 4 |
| Lydia | 25 12mo 1798 | Job | Sarah | 4 |
| Lydia | 13 10mo 1770 | Isaac | Ann | 4 |
| Lydia | 10 2mo 1788 | Samuel | Ruth | 4 |
| Mary | 2 8mo 1739 | Hugh | Ann | 4 |
| Mary | 21 11mo 1760 | Isaac | Ann | 4 |
| Mary | 18 2mo 1752 | Henry | Ellin | 4 |
| Mary ? | not given | Abraham | Charity | 4 |
| Nathan | not given | Abraham | Charity | 4 |
| Nathan | 8 6mo 1797 | Job | Rebecca | 4 |
| Oliver | 22 8mo 1793 | Job | Rebecca | 4 |
| Phebe | not given | Abraham | Charity | 4 |
| Prudence | 25 9mo 1747 | Henry | Ellin | 4 |
| Prudence | 25 6mo 1763 | Joseph | Rachel | 4 |
| Rachel | 28 9mo 1772 | Isaac | Ann | 4 |
| Rachel | 21 8mo 1771 | Joseph | Rachel | 4 |
| Rebecca | 7 3mo 1766 | Isaac | Ann | 4 |
| Rebecca | 1 9mo 1799 | Job | Rebecca | 4 |
| Richard | 9 2mo 1704 | Hugh | Elizabeth | 4 |
| Richard | 11 1mo 1723 | Hugh | Ann | 4 |
| Richard | 4 4mo 1790 | Abraham | Hannah | 4 |
| Sarah | 29 9mo 1755 | Henry | Ellin | 4 |
| Susanna | 29 7mo 1729 | Richard | Joanna | 4 |
| Susanna | not given | Abraham | Charity | 4 |
| Susanna | 19 2mo 1757 | Henry | Ellin | 4 |

# CHESTER COUNTY BIRTHS

**Simeon**
| | | | | | | | |
|---|---|---|---|---|---|---|---|
| Mary Smith | bp | 2 | Sep | 1792 | Shadrach | Mary | 15 |
| Susanna | bp | 30 | Jan | 1791 | William | Magdalena | 15 |

**Simmons**
| | | | | | | |
|---|---|---|---|---|---|---|
| Elias | 26 | 5mo | 1776 | not given | not given | 6 |
| Henry | 15 | 9mo | 1768 | Henry | Mary | 5 |
| Samuel | 26 | 5mo | 1778 | not given | not given | 6 |

**Sinclair**
| | | | | | | |
|---|---|---|---|---|---|---|
| Ann Grubb | 4 | 4mo | 1798 | Samuel | Mary | 5 |
| Benj. Berry | 17 | 9mo | 1800 | Samuel | Mary | 5 |
| Samuel | 8 | 4mo | 1795 | Samuel | Mary | 5 |

**Sincler**
| | | | | | | |
|---|---|---|---|---|---|---|
| Mary | 5 | 10mo | 1727 | Robert | Mary | 4 |

**Sinkler**
| | | | | | | |
|---|---|---|---|---|---|---|
| George | 8 | 1mo | 1758 | George | Ann | 2 |
| Phebe | 30 | 8mo | 1763 | James | Mary | 2 |
| Samuel | 3 | 3mo | 1756 | George | Ann | 2 |

**Skelton**
| | | | | | | |
|---|---|---|---|---|---|---|
| Aaron | 8 | 10mo | 1767 | not given | not given | 10 |
| Isaac | 6 | 4mo | 1799 | Aaron | Mary | 10 |
| Lydia | 9 | 9mo | 1796 | Aaron | Mary | 10 |
| Thomas | 10 | 10mo | 1794 | Aaron | Mary | 10 |

**Sloan**
| | | | | | | | |
|---|---|---|---|---|---|---|---|
| Samuel | bp | | Jul | 1769 | George | not given | 14 |

**Smedley**
| | | | | | | |
|---|---|---|---|---|---|---|
| Ann | 22 | 3mo | 1799 | George | Hannah | 7 |
| Benjamin | 13 | 1mo | 1782 | John | Susanna | 3 |
| Bennett | 16 | 1mo | 1795 | Thomas | Abigail | 3 |
| Betty | 24 | 12mo | 1791 | George | Hannah | 7 |
| Edith | 1 | 1mo | 1798 | Thomas | Abigail | 3 |
| Eli | 4 | 12mo | 1786 | Joseph | Rebecca | 3 |
| Elizabeth | 22 | 4mo | 1793 | Thomas | Abigail | 3 |
| Elizabeth | 4 | 7mo | 1773 | John | Susanna | 3 |
| Elizabeth | 8 | 3mo | 1783 | Peter | Phebe (Sharpless) | 7 |
| Esther | 18 | 1mo | 1776 | John | Susanna | 3 |
| Francis | 12 | 7mo | 1712 | Thomas | Sarah | 3 |
| George | 5 | 1mo | 1794 | Francis | Dinah | 3 |
| Hannah | 2 | 10mo | 1758 | George | Hannah | 3 |
| Hannah | 13 | 2mo | 1794 | George | Hannah | 7 |
| Isaac | 4 | 12mo | 1786 | John | Susanna | 3 |
| Isaac | 29 | 4mo | 1791 | Peter | Phebe (Sharpless) | 7 |
| Jacob | 27 | 12mo | 1789 | John | Susanna | 3 |
| Jane | 1 | 1mo | 1786 | Peter | Phebe (Sharpless) | 7 |
| Jane | 5 | 9mo | 1789 | George | Hannah | 7 |
| Joel | 4 | 11mo | 1799 | Thomas | Abigail | 3 |

## CHESTER COUNTY BIRTHS

**Smedley**
| | | | | | | |
|---|---|---|---|---|---|---|
| Joel | 22 | 8mo | 1784 | Peter | Phebe (Sharpless) | 7 |
| John | 22 | 11mo | 1714 | Thomas | Sarah | 3 |
| John | 7 | 9mo | 1777 | John | Susanna | 3 |
| Joseph | 27 | 3mo | 1788 | Joseph | Rebecca | 3 |
| Lewis | 14 | 3mo | 1785 | Joseph | Rebecca | 3 |
| Lydia | 11 | 7mo | 1790 | Joseph | Rebecca | 3 |
| Lydia | 22 | 11mo | 1797 | Peter | Phebe (Sharpless) | 7 |
| Mary | 25 | 2mo | 1792 | Thomas | Abigail | 3 |
| Mary | 7 | 11mo | 1783 | John | Susanna | 3 |
| Mary | 7 | 2mo | 1786 | George | Hannah | 7 |
| Peter | 28 | 1mo | 1754 | William | Elizabeth | 7 |
| Peter | 30 | 11mo | 1787 | Peter | Phebe (Sharpless) | 7 |
| Phebe | 18 | 12mo | 1795 | Peter | Phebe (Sharpless) | 7 |
| Rachel | 4 | 2mo | 1797 | George | Hannah | 7 |
| Samuel | 28 | 11mo | 1795 | Francis | Dinah | 3 |
| Samuel | 12 | 8mo | 1793 | Peter | Phebe (Sharpless) | 7 |
| Sarah | 2 | 5mo | 1717 | Thomas | Sarah | 3 |
| Sarah | 31 | 8mo | 1792 | Thomas | Abigail | 3 |
| Susanna | 11 | 11mo | 1779 | John | Susanna | 3 |
| Thomas | 13 | 12mo | 1797 | Thomas | Abigail | 3 |
| Thomas | | 11mo | 1796 | Thomas | Abigail | 3 |
| Thomas | 24 | 10mo | 1774 | John | Susanna | 3 |
| William | 13 | 9mo | 1789 | Peter | Phebe (Sharpless) | 7 |

**Smith**
| | | | | | | |
|---|---|---|---|---|---|---|
| Aaron | 15 | 11mo | 1775 | James | Rachel | 6 |
| Aaron | 22 | 3mo | 1758 | James | Rachel | 6 |
| Alice | 8 | 4mo | 1766 | James | Rachel | 6 |
| Ann | 9 | 7mo | 1770 | James | Rachel | 6 |
| Ann | 25 | 4mo | 1773 | Ephraim | Rachel | 6 |
| Ann | 13 | 11mo | 1792 | Joseph | Elinor | 8 |
| Ann | bp 2 | Jun | 1793 | Joseph | Margaret | 15 |
| Anne | 12 | 6mo | 1730 | John | Dorothy | 5 |
| Asenath | 14 | 11mo | 1783 | Isaac | Sarah | 8 |
| Asenath | 3 | 6mo | 1787 | Isaac | Sarah | 8 |
| David | 10 | 4mo | 1774 | Isaac | Sarah | 8 |
| Eber | 4 | 4mo | 1772 | Isaac | Sarah | 8 |
| Elinor | 24 | 10mo | 1794 | Joseph | Elinor | 8 |
| Eliza | 14 | 5mo | 1797 | James | Mary | 8 |
| Elizabeth | 11 | 4mo | 1764 | James | Rachel | 6 |
| Elizabeth | 10 | 8mo | 1754 | John | Margaret | 6 |
| Elizabeth | 27 | 4mo | 1767 | Ephraim | Rachel | 6 |
| Ephraim | 21 | 12mo | 1768 | Ephraim | Rachel | 6 |
| George | 4 | 10mo | 1759 | John | Margaret | 6 |
| Hannah | 26 | 4mo | 1776 | Isaac | Sarah | 8 |
| Isaac | 3 | 3mo | 1782 | James | Mary | 6 |

## CHESTER COUNTY BIRTHS

**Smith**

| | | | | | | | |
|---|---|---|---|---|---|---|---|
| Isaac | | 6 | 5mo | 1781 | Isaac | Sarah | 8 |
| Isaac | | 1 | 1mo | 1794 | James | Mary | 8 |
| James | | 1 | 8mo | 1759 | James | Rachel | 6 |
| James | | 9 | 10mo | 1752 | John | Margaret | 6 |
| James | | 11 | 8mo | 1796 | Joseph | Elinor | 8 |
| James | | 20 | 4mo | 1792 | James | Mary | 8 |
| Jane | | 7 | 5mo | 1780 | Ephraim | Rachel | 6 |
| Jesse | | 22 | 12mo | 1799 | Ephraim | Elizabeth | 6 |
| John | | 27 | 9mo | 1732 | John | Dorothy | 5 |
| John | | 29 | 10mo | 1785 | Joseph | not given | 5 |
| John | | 13 | 11mo | 1761 | James | Rachel | 6 |
| John | | 26 | 1mo | 1762 | John | Margaret | 6 |
| John | | 16 | 11mo | 1763 | John | Margaret | 6 |
| John | | 9 | 10mo | 1780 | James | Mary | 6 |
| John | | 29 | 10mo | 1785 | Joseph | Mary | 8 |
| John | bp | 28 | May | 1769 | William | not given | 14 |
| Jonathan | | 18 | 4mo | 1790 | Isaac | Sarah | 10 |
| Joseph | | 5 | 6mo | 1757 | John | Margaret | 6 |
| Joseph | | 8 | 6mo | 1757 | not given | not given | 8 |
| Joseph | bp | | Jul | 1770 | deceased | widow Smith | 14 |
| Joshua | | 13 | 2mo | 1774 | not given | not given | 2 |
| Lydia | | 3 | 1mo | 1719/20 | John | Ann | 5 |
| Margaret | | 29 | 3mo | 1791 | Joseph | Elinor | 8 |
| Margaret | | 18 | 6mo | 1789 | James | Mary | 8 |
| Mary | | 23 | 5mo | 1773 | James | Rachel | 6 |
| Mary | | 12 | 4mo | 1771 | Ephraim | Rachel | 6 |
| Mary | | 2 | 7mo | 1788 | Joseph | Elinor | 8 |
| Mary | | 22 | 11mo | 1799 | James | Mary | 8 |
| Mary | bp | | Sep | 1771 | James | not given | 14 |
| Molly Holmes | bp | 2 | Jan | 1791 | Joseph | Mary | 15 |
| Rachel | | 19 | 6mo | 1768 | James | Rachel | 6 |
| Rachel | | 21 | 12mo | 1768 | Ephraim | Rachel | 6 |
| Rachel | | 23 | 10mo | 1792 | Isaac | Sarah | 8 |
| Rebecca | | 19 | 10mo | 1783 | James | Mary | 8 |
| Robert | bp | 29 | Jun | 1769 | Robert | not given | 14 |
| Robert | bp | | Nov | 1771 | William | not given | 14 |
| Ruth | | 6 | 11mo | 1734 | John | Dorothy | 5 |
| Samuel | | 9 | 7mo | 1777 | Ephraim | Rachel | 6 |
| Samuel | | 30 | 11mo | 1789 | Joseph | Elinor | 8 |
| Sarah | | | not given | | John | Dorothy | 1 |
| Sarah | | 17 | 9mo | 1741 | John | Dorothy | 5 |
| Sarah | | 3 | 9mo | 1775 | Ephraim | Rachel | 6 |
| Sarah | | 9 | 11mo | 1778 | Isaac | Sarah | 8 |
| Sarah | | 19 | 10mo | 1783 | James | Mary | 8 |
| Susanna | | | not given | | John | not given | 1 |

## CHESTER COUNTY BIRTHS

**Smith**
| | | | | | | | |
|---|---|---|---|---|---|---|---|
| Susannah | bp | | Apr | 1770 | Abraham | not given | 14 |
| Thomas | | 1 | 11mo | 1737 | John | Dorothy | 5 |
| Thomas | bp | 3 | Jan | 1792 | Joseph | Elizabeth | 15 |
| William | bp | 5 | Oct | 1769 | James | not given | 14 |

**Snoddy [?]**
| | | | | | | | |
|---|---|---|---|---|---|---|---|
| Margaret Ann | bp | 15 | Nov | 1790 | James | not given | 15 |

**Spachman**
| | | | | | | |
|---|---|---|---|---|---|---|
| Elizabeth | 21 | Sep | 1735 | Isaac | Esther | 2 |
| George | 20 | Jan | 1741 | Isaac | Esther | 2 |
| Hester | 19 | Jul | 1738 | Isaac | Esther | 2 |
| Isaac | 21 | Nov | 1739 | Isaac | Esther | 2 |
| Mary | 26 | Dec | 1733 | Isaac | Esther | 2 |
| Susanna | 17 | Oct | 1743 | Isaac | Esther | 2 |
| Thomas | 18 | Dec | 1728 | Isaac | Esther | 2 |

**Spackman**
| | | | | | | |
|---|---|---|---|---|---|---|
| Ann | 29 | 9mo | 1770 | Isaac | Susanna | 2 |
| Edith | 4 | 9mo | 1787 | Isaac | Susanna | 2 |
| George | 24 | 1mo | 1769 | Isaac | Susanna | 2 |
| Isaac | 5 | 10mo | 1774 | Isaac | Susanna | 2 |
| James | 10 | 2mo | 1773 | Isaac | Susanna | 2 |
| Mary | 13 | 1mo | 1777 | Isaac | Susanna | 2 |
| Susannah | 8 | 10mo | 1779 | Isaac | Susanna | 2 |
| Thomas | 16 | 7mo | 1782 | Isaac | Susanna | 2 |

**Spechert**
| | | | | | | | |
|---|---|---|---|---|---|---|---|
| George | bp | 2 | Aug | 1768 | Wigart | not given | 11 |
| Jacob | | circa | | 1767 | Wigant | not given | 11 |
| Peter | bp | 10 | Jan | 1767 | Wigant | not given | 11 |

**Spence**
| | | | | | | | |
|---|---|---|---|---|---|---|---|
| Collin | bp | | Nov | 1771 | Andrew | not given | 14 |
| Isaac | bp | 27 | Mar | 1769 | Andrew | Hannah | 14 |

**Spencer**
| | | | | | | |
|---|---|---|---|---|---|---|
| Aaron | 20 | 8mo | 1780 | Samuel | Mary | 5 |
| Ann | 9 | 3mo | 1792 | not given | not given | 5 |
| Asa | 20 | 8mo | 1780 | Samuel | Mary | 5 |
| Elizabeth | 28 | 10mo | 1782 | Samuel | Mary | 5 |
| Hannah | 2 | 8mo | 1786 | Samuel | Mary | 5 |
| John | 25 | 9mo | 1732 | Timothy | Phebe | 3 |
| Jonathan | 20 | 2mo | 1778 | Samuel | Mary | 5 |
| Joseph | 7 | 3mo | 1776 | Samuel | Mary | 5 |
| Sarah | 20 | 7mo | 1734 | Timothy | Phebe | 3 |
| Sarah | 24 | 1mo | 1789 | Samuel | Mary | 5 |
| Susannah | 28 | 10mo | 1730/1 | Timothy | Phebe | 3 |

**Stackhouse**
| | | | | | | |
|---|---|---|---|---|---|---|
| David | 29 | 9mo | 1758 | not given | not given | 5 |

## CHESTER COUNTY BIRTHS

**Stackhouse**
| | | | | | | |
|---|---|---|---|---|---|---|
| Silas | 4 | 11mo | 1795 | David | Martha | 5 |

**Stager**
| | | | | | | |
|---|---|---|---|---|---|---|
| Fridrich | 7 | Aug | 1764 | Peter | Hannah | 11 |
| Margaretha | 10 | Nov | 1764 | Peter | Hannah | 11 |

**Stahl**
| | | | | | | |
|---|---|---|---|---|---|---|
| John | 22 | Apr | 1762 | Christian | not given | 12 |

**Stalker**
| | | | | | | |
|---|---|---|---|---|---|---|
| Elizabeth | 28 | 9mo | 1760 | Thomas | Grace | 2 |
| Grace | 19 | 7mo | 1758 | Thomas | Grace | 2 |
| Hannah | 9 | 3mo | 1752 | Thomas | Grace | 2 |
| Jane | 22 | 3mo | 1750 | Thomas | Grace | 2 |
| Mary | 4 | 2mo | 1754 | Thomas | Grace | 2 |
| Rebecca | 11 | 3mo | 1756 | Thomas | Grace | 2 |
| Thomas | 8 | 6mo | 1762 | Thomas | Grace | 2 |
| daughter | 28 | 9mo | 1760 | Thomas | Grace | 2 |

**Stanfield**
| | | | | | | |
|---|---|---|---|---|---|---|
| Mary | 9 | 5mo | 1738 | Samuel | Jane | 1 |
| Samuel | 8 | 5mo | 1733 | Samuel | Jane | 1 |
| William | 26 | 4mo | 1731 | Samuel | Jane | 1 |

**Starr**
| | | | | | | |
|---|---|---|---|---|---|---|
| Abraham | 22 | 2mo | 1735 | Moses | Deborah | 5 |
| Amy | 29 | 5mo | 1778 | Joseph | Elis. (Longstreth) | 7 |
| Ann | 8 | 6mo | 1769 | James | Ann | 2 |
| Ann | 7 | 9mo | 1765 | Joseph | Elis. (Longstreth) | 7 |
| Ann | 18 | 1mo | 1770 | James | Sarah (Minshall) | 7 |
| Aquilla | 29 | 7mo | 1771 | James | Sarah (Minshall) | 7 |
| Benjamin | 5 | 2mo | 1776 | Joseph | Elis. (Longstreth) | 7 |
| Beulah | 11 | 9mo | 1778 | James | Sarah (Minshall) | 7 |
| Deborah | 19 | 2mo | 1733 | Moses | Deborah | 5 |
| Elizabeth | 24 | 4mo | 1767 | Joseph | Elis. (Longstreth) | 7 |
| Eunice | 4 | 6mo | 1777 | Thomas | Sarah | 1 |
| Hannah | 10 | 1mo | 1771 | Thomas | Sarah | 1 |
| Hannah | 9 | 9mo | 1756 | James | Hannah | 7 |
| Isaac | 8 | 8mo | 1768 | Joseph | Elis. (Longstreth) | 7 |
| Isabel | 3 | 3mo | 1775 | Thomas | Sarah | 1 |
| James | 3 | 10mo | 1715 | James | Rachel | 5 |
| James | 13 | 12mo | 1724/5 | Moses | Deborah | 5 |
| James | 28 | 4mo | 1744 | Joseph | Rebecca | 7 |
| James | 16 | 10mo | 1772 | James | Sarah (Minshall) | 7 |
| Jeremiah | 6 | 2mo | 1731 | Moses | Deborah | 5 |
| Jeremiah | 5 | 7mo | 1798 | not given | not given | 5 |
| John | 5 | 11mo | 1762 | Thomas | Sarah | 1 |
| John | 29 | 7mo | 1713 | James | Rachel | 5 |
| John | 16 | 1mo | 1722/3 | Moses | Deborah | 5 |

## CHESTER COUNTY BIRTHS

**Starr**
| | | | | | | |
|---|---|---|---|---|---|---|
| John | 27 | 7mo | 1774 | Joseph | Elis. (Longstreth) | 7 |
| John Minshall | 30 | 11mo | 1783 | James | Sarah (Minshall) | 7 |
| Joseph | 19 | 10mo | 1710 | James | Rachel | 5 |
| Joseph | 6 | 7mo | 1741 | Joseph | Rebeca | 7 |
| Joseph | 5 | 10mo | 1769 | Joseph | Elis. (Longstreth) | 7 |
| Joseph | 21 | 8mo | 1774 | James | Sarah (Minshall) | 7 |
| Mary | 16 | 10mo | 1775 | James | Ann | 2 |
| Mary | 25 | 2mo | 1707 | James | Rachel | 5 |
| Mary | 13 | 8mo | 1780 | James | Sarah (Minshall) | 7 |
| Merrick | 17 | 7mo | 1717 | Moses | Deborah | 5 |
| Moses | 21 | 12mo | 1720 | James | Rachel | 5 |
| Moses | 25 | 9mo | 1726 | Moses | Deborah | 5 |
| Moses | 6 | 10mo | 1728 | Moses | Deborah | 5 |
| Rachel | 31 | 10mo | 1764 | Thomas | Sarah | 1 |
| Rachel | 16 | 4mo | 1718 | James | Rachel | 5 |
| Rachel | 25 | 6mo | 1754 | James | Hannah | 7 |
| Rebecca | 20 | 10mo | 1771 | James | Ann | 2 |
| Rebecca | 11 | 7mo | 1764 | Joseph | Elis. (Longstreth) | 7 |
| Rebecca | 1 | 3mo | 1776 | James | Sarah (Minshall) | 7 |
| Reuben | 5 | 3mo | 1773 | Thomas | Sarah | 1 |
| Samuel | 30 | 5mo | 1767 | James | Ann | 2 |
| Samuel | 19 | 12mo | 1723 | James | Rachel | 5 |
| Sarah | 27 | 8mo | 1781 | Thomas | Sarah | 1 |
| Sarah | 10 | 12mo | 1751 | James | Hannah | 7 |
| Sarah | 27 | 11mo | 1771 | Joseph | Elis. (Longstreth) | 7 |
| Sarah | 16 | 10mo | 1772 | James | Sarah (Minshall) | 7 |
| Susanna | 14 | 5mo | 1726 | James | Rachel | 5 |
| Thomas | 2 | 8mo | 1779 | Thomas | Sarah | 1 |
| Thomas | 25 | 10mo | 1724 | Isaac | Margaret | 5 |
| William | | 8mo | 1781 | Joseph | Elis. (Longstreth) | 7 |

**Stedman**
| | | | | | | |
|---|---|---|---|---|---|---|
| Ann | 30 | 8mo | 1747 | Richard | Ann | 4 |
| David | 23 | 12mo | 1756 | Richard | Ann | 4 |
| Elizabeth | 22 | 4mo | 1759 | Richard | Ann | 4 |
| Hannah | 9 | 8mo | 1763 | Richard | Ann | 4 |
| Hester | 29 | 4mo | 1761 | Richard | Ann | 4 |
| James | 12 | 3mo | 1752 | Richard | Ann | 4 |
| John | 18 | 11mo | 1749 | Richard | Ann | 4 |
| Richard | | circa | 1718 | not given | not given | 4 |
| Sarah | 11 | 5mo | 1745 | Richard | Ann | 4 |
| Susanna | 12 | 7mo | 1765 | Richard | Ann | 4 |
| William | 13 | 7mo | 1754 | Richard | Ann | 4 |

**Steel**
| | | | | | | |
|---|---|---|---|---|---|---|
| David | bp 12 | Apr | 1772 | Peter | not given | 14 |

## CHESTER COUNTY BIRTHS

### Steel
| | | | | | | | |
|---|---|---|---|---|---|---|---|
| Hannah | bp | | Sep | 1770 | James | deceased | 14 |
| Isabella | bp | 13 | Aug | 1792 | James | Isabella | 15 |
| Jane | | 17 | 4mo | 1759 | Andrew | Sarah | 3 |
| Margaret | bp | 15 | May | 1791 | James | not given | 15 |

### Steffen
| | | | | | | |
|---|---|---|---|---|---|---|
| Jacob | 9 | May | 1769 | Philip | Barbara | 12 |

### Steger
| | | | | | | |
|---|---|---|---|---|---|---|
| An. Maria | 19 | Jun | 1762 | Peter | Hannah | 11 |
| Anna Catharine | 21 | Feb | 1754 | Peter | not given | 12 |
| Elizabeth | 21 | Mar | 1749 | Peter | not given | 12 |
| George Adam | 6 | Feb | 1759 | Peter | not given | 12 |
| Gertruda | 12 | Sep | 1790 | Jacob | Elizabeth | 12 |
| Henrich | 2 | Nov | 1763 | Peter | Hannah | 11 |
| Jacob | 5 | Sep | 1747 | Peter | not given | 12 |
| Jacob | 2 | Dec | 1785 | Jacob | Elisabeth | 12 |
| John | 22 | Mar | 1795 | Jacob | Elizabeth | 12 |
| Martin | bp 5 | May | 1785 | Jacob | Elizabeth | 12 |
| Martin | 1 | Nov | 1784 | Jacob | Elizabeth | 12 |

### Steidler
| | | | | | | |
|---|---|---|---|---|---|---|
| Catharina | 5 | Oct | 1790 | Peter | Eva | 12 |
| Isaac | 9 | Apr | 1793 | Peter | Eva | 12 |
| John | 16 | Jul | 1795 | Peter | Catharina | 12 |

### Stein
| | | | | | | | |
|---|---|---|---|---|---|---|---|
| Adam | | 16 | Oct | 1793 | Adam | Catharina | 12 |
| Catharina | | 13 | Oct | 1789 | Adam | Catharina | 12 |
| John | | 28 | Aug | 1786 | Adam | Catharina | 12 |
| Margaret | | 8 | Apr | 1784 | Adam | Catharina | 12 |
| Susannah | bp | 10 | May | 1761 | not given | Catharine, widow | 12 |

### Steip
| | | | | | | |
|---|---|---|---|---|---|---|
| Henry | 17 | Nov | 1793 | Peter | Elizabeth | 12 |

### Stephen
| | | | | | | |
|---|---|---|---|---|---|---|
| Catherine | 19 | May | 1773 | Philip | Barbara | 12 |

### Stewart
| | | | | | | |
|---|---|---|---|---|---|---|
| Ann | 4 | 6mo | 1712 | Alexander | Mary | 1 |
| Jane | | Jun | 1709 | Alexander | Mary | 1 |
| Mary | 8 | 3mo | 1714 | Alexander | Mary | 1 |
| Robert | 25 | 11mo | 1710 | Alexander | Mary | 1 |

### Stickel
| | | | | | | |
|---|---|---|---|---|---|---|
| John George | 13 | Apr | 1770 | Jacob | Anna Maria | 12 |

### Stiel
| | | | | | | |
|---|---|---|---|---|---|---|
| Carl | 6 | Sep | 1779 | Carl | Margaretha | 11 |

### Stimger [?]
| | | | | | | | |
|---|---|---|---|---|---|---|---|
| not given | bp | 16 | Jan | 1783 | Willm. | not given | 15 |

## CHESTER COUNTY BIRTHS

**Stockman**
| | | | | | | | |
|---|---|---|---|---|---|---|---|
| James | bp | 3 Jul | 1791 | Nathan | Mary | 15 |

**Strange**
| | | | | |
|---|---|---|---|---|
| Catharine | not given | Jonathan | Susanna | 1 |

**Strawbridge**
| | | | | | | |
|---|---|---|---|---|---|---|
| Joseph | 10 Apr | 1792 | James | Margaret | 15 |

**Strode**
| | | | | | |
|---|---|---|---|---|---|
| Abraham | 24 | 11mo | 1728 | Thomas | Elizabeth | 1 |
| George | 28 | 8mo | 1720 | Thomas | Elizabeth | 1 |
| Isaac | 20 | 9mo | 1718 | Thomas | Elizabeth | 1 |
| Jacob | 4 | 1mo | 1723 | Thomas | Elizabeth | 1 |
| John | 11 | 5mo | 1726 | Thomas | Elizabeth | 1 |
| Thomas | 8 | 10mo | 1722 | Thomas | Elizabeth | 1 |

**Stroud**
| | | | | | |
|---|---|---|---|---|---|
| Margaret | 18 | 9mo | 1723 | John | Magdalen | 5 |
| Susannah | not given | George | not given | 1 |

**Stubbs**
| | | | | | |
|---|---|---|---|---|---|
| Adah | 8 | 11mo | 1768 | Daniel | Ruth | 4 |
| Betty | 12 | 10mo | 1758 | Daniel | Ruth | 4 |
| Daniel | 25 | 12mo | 1764 | Daniel | Ruth | 4 |
| Hannah | 4 | 2mo | 1757 | Daniel | Ruth | 4 |
| Isaac | 21 | 6mo | 1774 | Daniel | Ruth | 4 |
| Joseph | 27 | 5mo | 1761 | Daniel | Ruth | 4 |
| Mary | 19 | 11mo | 1751 | Daniel | Ruth | 4 |
| Mary | 7 | 6mo | 1788 | Joseph | Ruth | 4 |
| Orpah | 19 | 5mo | 1760 | Daniel | Ruth | 4 |
| Orpha | 8 | 8mo | 1791 | Joseph | Ruth | 4 |
| Ruth | 3 | 11mo | 1766 | Daniel | Ruth | 4 |
| Sarah | 14 | 11mo | 1794 | Vincent | not given | 1 |
| Sarah | 14 | 5mo | 1763 | Daniel | Ruth | 4 |
| Thomas | 5 | 5mo | 1755 | Daniel | Ruth | 4 |
| Vincent | 17 | 3mo | 1753 | Daniel | Ruth | 4 |

**Studler**
| | | | | | |
|---|---|---|---|---|---|
| Elizabeth | 12 | Mar | 1789 | Peter | Eva | 12 |

**Swayne**
| | | | | | |
|---|---|---|---|---|---|
| Ann | 3 | 1mo | 1775 | Caleb | Mary (Wood) | 5 |
| Benjamin | 1 | 11mo | 1763 | William | Ann | 5 |
| Benjamin | 13 | 8mo | 1791 | Caleb | Mary | 8 |
| Betty | 1 | 8mo | 1758 | Francis | Betty (Baily) | 5 |
| Caleb | 28 | 8mo | 1749 | William | Ann | 5 |
| Caleb | 27 | 12mo | 1781 | Caleb | Mary (Wood) | 5 |
| Caleb | 4 | 10mo | 1776 | James | Hannah (Swayne) | 5 |
| Caleb | 16 | 4mo | 1796 | Caleb | Mary | 8 |
| David | 19 | 9mo | 1746 | William | Ann | 5 |
| David | 17 | 10mo | 1762 | Samuel | Hannah (Hayes) | 5 |

# CHESTER COUNTY BIRTHS

## Swayne

| Name | Day | Mo | Year | Father | Mother | |
|---|---|---|---|---|---|---|
| David | 31 | 4mo | 1783 | Jacob | Phebe (Milhouse) | 5 |
| Deborah | 9 | 2mo | 1782 | Jacob | Phebe (Milhouse) | 5 |
| Eli | 10 | 6mo | 1786 | not given | not given | 10 |
| Elizabeth | 22 | 8mo | 1729 | William | Elizabeth | 5 |
| Elizabeth | 17 | 4mo | 1760 | William | Ann | 5 |
| Elizabeth | 16 | 4mo | 1758 | Jonathan | Mary (White) | 5 |
| Enoch | 29 | 6mo | 1800 | Jacob | Elizabeth | 2 |
| Esther | 3 | 11mo | 1757 | Joshua | Phebe | 2 |
| Francis | 18 | 12mo | 1722 | William | Elizabeth | 5 |
| Francis | 8 | 12mo | 1774 | James | Hannah (Swayne) | 5 |
| Hannah | 11 | 8mo | 1753 | Francis | Betty (Baily) | 5 |
| Hannah | 31 | 7mo | 1772 | Samuel | Hannah (Hayes) | 5 |
| Huson | 7 | 12mo | 1793 | Caleb | Mary | 8 |
| Isaac | | not given | | Edward | Sarah | 5 |
| Isaac | 23 | 8mo | 1772 | Isaac | Susanna (Maris) | 5 |
| Jacob | 11 | 9mo | 1798 | Jacob | Elizabeth | 2 |
| Jacob | 29 | 3mo | 1757 | Samuel | Hannah (Hayes) | 5 |
| James | | not given | | Caleb | Lydia | 5 |
| Joel | 13 | 3mo | 1775 | Francis | Betty (Baily) | 5 |
| John | 30 | 12mo | 1753 | Joshua | Phebe | 2 |
| John | 27 | 8mo | 1724 | William | Elizabeth | 5 |
| John | 26 | 11mo | 1755 | Francis | Betty (Baily) | 5 |
| Jonathan | 3 | 2mo | 1731 | Edward | Sarah | 5 |
| Joseph | 22 | 6mo | 1732 | William | Elizabeth | 5 |
| Joshua | 19 | 6mo | 1755 | Joshua | Phebe | 2 |
| Joshua | 8 | 5mo | 1770 | Francis | Betty (Baily) | 5 |
| Joshua | 21 | 9mo | 1760 | Samuel | Hannah (Hayes) | 5 |
| Julia | 7 | 2mo | 1797 | Jacob | Elizabeth | 2 |
| Lydia | 11 | 12mo | 1750 | Francis | Betty (Baily) | 5 |
| Lydia | 3 | 9mo | 1780 | Samuel | Hannah (Hayes) | 5 |
| Margaret | 16 | 6mo | 1752 | William | Ann | 5 |
| Mary | 29 | 3mo | 1728 | William | Elizabeth | 5 |
| Mary | 20 | 12mo | 1754 | William | Ann | 5 |
| Nathan | 4 | 2mo | 1778 | Samuel | Hannah (Hayes) | 5 |
| Orpha | 25 | 3mo | 1765 | Francis | Betty (Baily) | 5 |
| Phebe | 29 | 1mo | 1762 | Francis | Betty (Baily) | 5 |
| Rachel | | not given | | Samuel | not given | 1 |
| Rachel | 16 | 8mo | 1769 | Isaac | Susanna (Maris) | 5 |
| Rachel | 2 | 1mo | 1765 | Samuel | Hannah (Hayes) | 5 |
| Rest | 7 | 4mo | 1778 | Caleb | Mary (Wood) | 5 |
| Ruth | 7 | 10mo | 1757 | William | Ann | 5 |
| Ruth | 7 | 9mo | 1767 | Francis | Betty (Baily) | 5 |
| Samuel | 13 | 12mo | 1730 | William | Elizabeth | 5 |
| Samuel | 11 | 7mo | 1767 | not given | not given | 8 |
| Sarah | 8 | 11mo | 1769 | Samuel | Hannah | 5 |

# CHESTER COUNTY BIRTHS

**Swayne**

| | | | | | | |
|---|---|---|---|---|---|---|
| Sarah | | not given | | Francis | Elizabeth | 5 |
| Sarah | 13 | 4mo | 1771 | Isaac | Susanna (Maris) | 5 |
| Sarah | 13 | 7mo | 1756 | Jonathan | Mary (White) | 5 |
| Stephen | 9 | 10mo | 1758 | Samuel | Hannah (Hayes) | 5 |
| Susanna | 13 | 12mo | 1752 | Joshua | Phebe | 2 |
| Thomas | 19 | 9mo | 1726 | William | Elizabeth | 5 |
| Thomas | 17 | 2mo | 1785 | Jacob | Phebe (Milhouse) | 5 |
| William | 11 | 4mo | 1721 | William | Elizabeth | 5 |
| William | 11 | 7mo | 1744 | William | Ann | 5 |
| William | 30 | 12mo | 1786 | Caleb | Mary (Wood) | 5 |
| William | 30 | 5mo | 1775 | not given | not given | 8 |

# T

**Tagart**

| | | | | | | |
|---|---|---|---|---|---|---|
| Reuben | 13 | 2mo | 1793 | not given | not given | 8 |

**Talbot**

| | | | | | | |
|---|---|---|---|---|---|---|
| John | 24 | 2mo | 1759 | John | Margaret | 4 |

**Taylor**

| | | | | | | |
|---|---|---|---|---|---|---|
| Abiah | 9 | 5mo | 1772 | Abiah | Ann | 2 |
| Abner | 24 | 7mo | 1788 | John | Dinah | 1 |
| Abraham | 21 | 11mo | 1731 | Josiah | Jane | 1 |
| Ann | 13 | 2mo | 1770 | Abraham | Rebecca | 1 |
| Ann | 14 | 1mo | 1792 | Jacob | Hannah (Taylor) | 1 |
| Ann | 4 | 8mo | 1769 | Abiah | Ann | 2 |
| Ann | 13 | 6mo | 1792 | Isaac | Sarah | 3 |
| Ann | 21 | 2mo | 1791 | Joseph | Jane | 5 |
| Ann | 20 | 3mo | 1784 | Jacob | Elizabeth | 8 |
| Ann | 9 | 5mo | 1782 | George | Hannah | 8 |
| Benjamin | 18 | 5mo | 1767 | Abraham | Rebecca | 1 |
| Benjamin | 24 | 9mo | 1800 | Jacob | Hannah (Taylor) | 1 |
| Betty | 25 | 9mo | 1776 | John | Dinah | 1 |
| Caleb | 21 | 10mo | 1744 | Josiah | Jane | 1 |
| David | 15 | 11mo | 1784 | Isaac | Sarah | 3 |
| Deborah | 13 | 4mo | 1774 | Abiah | Ann | 2 |
| Deborah | 25 | 12mo | 1770 | George | Hannah | 8 |
| Elizabeth | 20 | 3mo | 1793 | Jacob | Hannah (Taylor) | 1 |
| Elizabeth | 28 | 11mo | 1761 | Isaac | Hannah | 5 |
| Elizabeth | 19 | 11mo | 1794 | Jacob | Elizabeth | 8 |
| Ezekiel | 10 | 9mo | 1772 | Caleb | Margaret | 1 |
| George | 25 | 2mo | 1779 | Abiah | Ann | 2 |

## CHESTER COUNTY BIRTHS

**Taylor**

| | | | | | | |
|---|---|---|---|---|---|---|
| Hannah | | 19 1mo 1763 | John | Hannah (Thatcher) | 1 |
| Hannah | | not given | Isaac | not given | 1 |
| Hannah | | 1 11mo 1782 | John | Dinah | 1 |
| Hannah | | not given | Benjamin | Sarah | 5 |
| Hannah | | 5 2mo 1775 | George | Hannah | 8 |
| Huson | | 4 4mo 1799 | Isaac | Ann | 8 |
| Isaac | | 14 5mo 1754 | John | Hannah (Thatcher) | 1 |
| Isaac | | 7 9mo 1795 | Jacob | Hannah (Taylor) | 1 |
| Isaac | | 21 1mo 1735 | not given | not given | 1 |
| Isaac | | 6 9mo 1798 | Isaac | Sarah | 3 |
| Isaac | | 9 9mo 1766 | Isaac | Mary | 6 |
| Isaac | | 3mo 1797 | Isaac | Ann | 8 |
| Isaac | | 31 7mo 1790 | Jacob | Elizabeth | 8 |
| Israel | | 7 6mo 1749 | Josiah | Jane | 1 |
| Israel | | 26 8mo 1770 | Caleb | Margaret | 1 |
| Israel | | 27 10mo 1782 | Joseph | Jane | 5 |
| Jacob | | 13 2mo 1760 | Abraham | Rebecca | 1 |
| Jacob | | 9 10mo 1792 | Jacob | Elizabeth | 10 |
| James | | 4 12mo 1782 | Abiah | Ann | 2 |
| James | | 16 2mo 1726 | Samuel | Ann | 3 |
| James | | 14 1mo 1779 | Joseph | Jane | 5 |
| Jane | | 16 1mo 1771 | John | Hannah (Thatcher) | 1 |
| Jane | | 23 8mo 1751 | Josiah | Jane | 1 |
| Jane | | not given | Caleb | Margaret | 1 |
| Jane | | 21 1mo 1796 | Isaac | Sarah | 3 |
| Jane | | 23 10mo 1762 | Isaac | Mary | 6 |
| Jehu | | 23 3mo 1747 | Josiah | Jane | 1 |
| Jesse | | 10 2mo 1773 | John | Hannah (Thatcher) | 1 |
| Jesse | | 14 1mo 1777 | Joseph | Jane | 5 |
| Joanna | | not given | Caleb | Margaret | 1 |
| Job | | 5 9mo 1770 | John | Dinah | 1 |
| Joel | | 1 4mo 1786 | John | Dinah | 1 |
| Joel | | 8 10mo 1792 | Joseph | Jane | 5 |
| John | | not given | Josiah | Jane | 1 |
| John | | 1 12mo 1766 | John | Hannah (Thatcher) | 1 |
| John | | 10 9mo 1762 | Abraham | Rebecca | 1 |
| John | | 25 1mo 1733 | Josiah | Jane | 1 |
| John | | 15 6mo 1788 | Isaac | Sarah | 3 |
| John | | 4 8mo 1795 | Isaac | Ann | 8 |
| John | bp | 4 Sep 1781 | James | Elizabeth | 15 |
| Jonathan | | 10 10mo 1721 | Samuel | Ann | 3 |
| Joseph | | 22 6mo 1760 | John | Hannah (Thatcher) | 1 |
| Joseph | | 24 2mo 1776 | Abraham | Rebecca | 1 |
| Joseph | | not given | Benjamin | not given | 1 |
| Joseph | | 5 3mo 1795 | Joseph | Mary (Lownes) | 1 |

## CHESTER COUNTY BIRTHS

**Taylor**

| | | | | | | |
|---|---|---|---|---|---|---|
| Joseph | 5 | 1mo | 1723 | Samuel | Ann | 3 |
| Joseph | | not given | | Jesse | Ann | 5 |
| Joseph | 31 | 12mo | 1780 | Joseph | Jane | 5 |
| Joseph | 25 | 3mo | 1788 | Jacob | Elizabeth | 8 |
| Joseph | 25 | 8mo | 1788 | not given | not given | 10 |
| Joshua | 4 | 7mo | 1771 | Abraham | Rebecca | 1 |
| Joshua | 8 | 9mo | 1797 | Jacob | Hannah (Taylor) | 1 |
| Lownes | 17 | 2mo | 1791 | Joseph | Mary (Lownes) | 1 |
| Lydia | 14 | 9mo | 1789 | John | Dinah | 1 |
| Lydia | 3 | 8mo | 1794 | Joseph | Jane | 5 |
| Lydia | 13 | 4mo | 1768 | George | Hannah | 8 |
| Maris | 27 | 4mo | 1779 | George | Hannah | 8 |
| Martha | | not given | | Caleb | Margaret | 1 |
| Mary | 30 | 12mo | 1768 | John | Hannah (Thatcher) | 1 |
| Mary | | not given | | Samuel | not given | 1 |
| Mary | 30 | 9mo | 1784 | John | Dinah | 1 |
| Mary | 14 | 12mo | 1742 | Josiah | Jane | 1 |
| Mary | 6 | 6mo | 1763 | Abiah | Ann | 2 |
| Mary | 17 | 2mo | 1786 | Jacob | Elizabeth | 8 |
| Mary | 13 | 3mo | 1765 | George | Hannah | 8 |
| Meribah | 28 | 5mo | 1777 | George | Hannah | 8 |
| Phebe | 8 | 10mo | 1774 | Caleb | Margaret | 1 |
| Phebe | 1 | 9mo | 1766 | George | Hannah | 8 |
| Rachel | 23 | 12mo | 1774 | John | Dinah | 1 |
| Rebecca | 11 | 2mo | 1756 | John | Hannah (Thatcher) | 1 |
| Rebecca | 18 | 10mo | 1798 | Joseph | Mary (Lownes) | 1 |
| Rebecca | 9 | 9mo | 1736 | Josiah | Jane | 1 |
| Rebecca | | not given | | Isaac | Hannah | 5 |
| Reuben | 24 | 12mo | 1791 | John | Dinah | 1 |
| Samuel | 27 | 12mo | 1764 | Abiah | Ann | 2 |
| Sarah | 10 | 11mo | 1764 | John | Hannah (Thatcher) | 1 |
| Sarah | | not given | | Isaac | not given | 1 |
| Sarah | 23 | 4mo | 1795 | John | Dinah | 1 |
| Sarah | 12 | 10mo | 1739 | Josiah | Jane | 1 |
| Sarah | 11 | 12mo | 1777 | Caleb | Margaret | 1 |
| Sarah | 21 | 2mo | 1767 | Abiah | Ann | 2 |
| Sarah | 11 | 8mo | 1725 | Joseph | Mary | 5 |
| Sarah | 18 | 9mo | 1784 | Joseph | Jane | 5 |
| Sarah | 6 | 1mo | 1773 | George | Hannah | 8 |
| Sarah L. | 3 | 9mo | 1788 | Joseph | Mary (Lownes) | 1 |
| Simon | 5 | 3mo | 1704 | Thomas | Rachel | 5 |
| Stephen | 25 | 11mo | 1771 | John | Dinah | 1 |
| Susanna | 10 | 7mo | 1768 | Caleb | Margaret | 1 |
| Susanna | 23 | 5mo | 1786 | George | Hannah | 8 |
| Thomas | 16 | 10mo | 1701 | Thomas | Rachel | 5 |

## CHESTER COUNTY BIRTHS

**Taylor**
| | | | | | | | |
|---|---|---|---|---|---|---|---|
| Thomas | bp | 13 | May | 1792 | Col. James | Elizabeth | 15 |
| William | | 14 | 1mo | 1773 | John | Dinah | 1 |
| William | | 7 | 4mo | 1764 | Isaac | Mary | 6 |
| William | | 21 | 10mo | 1793 | Isaac | Ann | 8 |

**Temple**
| | | | | | | | |
|---|---|---|---|---|---|---|---|
| Abraham | | 8 | 10mo | 1798 | Caleb | Rachel | 1 |
| Alice | | 17 | 9mo | 1743 | William | Hannah (Taylor) | 1 |
| Benjamin | | 3 | 12mo | 1745 | William | Hannah (Taylor) | 1 |
| Caleb | | 14 | 7mo | 1764 | Thomas | Jane (Brinton) | 1 |
| Clemen | | 13 | 5mo | 1792 | Samuel | Elizabeth | 1 |
| Daniel | | 13 | 9mo | 1796 | Caleb | Rachel | 1 |
| Edward | | 8 | 5mo | 1769 | Thomas | Jane (Brinton) | 1 |
| Elizabeth | | 27 | 1mo | 1735 | William | Hannah (Taylor) | 1 |
| Hannah | | 14 | 9mo | 1727 | William | Hannah (Taylor) | 1 |
| Jane | | 21 | 11mo | 1773 | Thomas | Jane (Brinton) | 1 |
| Jane | | 18 | 10mo | 1800 | Caleb | Rachel | 1 |
| John | bp | 16 | Jun | 1768 | William | Jean | 14 |
| Joseph | | 25 | 4mo | 1752 | Thomas | Jane (Brinton) | 1 |
| Lydia | | 2 | 5mo | 1737 | William | Hannah (Taylor) | 1 |
| Martha | | 2 | 4mo | 1793 | Caleb | Rachel | 1 |
| Mary | | 28 | 12mo | 1758 | Thomas | Jane (Brinton) | 1 |
| Mary | | 9 | 11mo | 1782 | William | Alice | 1 |
| Mary | | 12 | 2mo | 1795 | Caleb | Rachel | 1 |
| Mary W. | | 14 | 3mo | 1798 | Samuel | Elizabeth | 5 |
| Samuel | | 2 | 1mo | 1762 | Thomas | Jane (Brinton) | 1 |
| Samuel | | 26 | 3mo | 1789 | Samuel | Elizabeth | 1 |
| Sarah | | 25 | 12mo | 1740 | William | Hannah (Taylor) | 1 |
| Sarah | | 9 | 2mo | 1795 | Samuel | Elizabeth | 1 |
| Solomon | | 6 | 10mo | 1791 | Caleb | Rachel | 1 |
| Susanna | | 8 | 9mo | 1730 | William | Hannah (Taylor) | 1 |
| Thomas | | 10 | 10mo | 1725 | William | Hannah (Taylor) | 1 |
| Thomas | | 8 | 1mo | 1756 | Thomas | Jane (Brinton) | 1 |
| Thomas | | 10 | 10mo | 1779 | William | Alice | 1 |
| Thomas | bp | | Apr | 1761 | William | not given | 14 |
| William | | 3 | 2mo | 1733 | William | Hannah (Taylor) | 1 |
| William | | 13 | 12mo | 1753 | Thomas | Jane (Brinton) | 1 |
| William | | 4 | 9mo | 1786 | Samuel | Elizabeth | 1 |
| William, [adult] | bp | 26 | Apr | 1761 | not given | not given | 14 |

**Terviller**
| | | | | | | | |
|---|---|---|---|---|---|---|---|
| Mary | | 7 | 7mo | 1793 | Jonathan | Ann | 1 |

**Than**
| | | | | | | | |
|---|---|---|---|---|---|---|---|
| Peter | bp | 29 | Nov | 1767 | not given | Catharina Than | 11 |

**Thatcher**
| | | | | | | | |
|---|---|---|---|---|---|---|---|
| Abigail | | 2 | 4mo | 1757 | Richard | Abigail (Roberts) | 1 |

## CHESTER COUNTY BIRTHS

**Thatcher**
| | | | | | | |
|---|---|---|---|---|---|---|
| David | 28 | 1mo | 1750 | Richard | Abigail (Roberts) | 1 |
| Deborah | 31 | 8mo | 1754 | Richard | Abigail (Roberts) | 1 |
| Hannah | 24 | 4mo | 1752 | Richard | Abigail (Roberts) | 1 |
| Hannah | | not given | | Jonathan | Mary | 1 |
| Levi | 8 | 8mo | 1758 | Richard | Abigail (Roberts) | 1 |
| Martha | 3 | 2mo | 1760 | Richard | Abigail (Roberts) | 1 |
| Olive | 17 | 12mo | 1761 | Richard | Abigail (Roberts) | 1 |
| Richard | | circa | 1725 | Zerubabel | Sarah | 1 |
| Sarah | 15 | 5mo | 1753 | Richard | Abigail (Roberts) | 1 |
| Susanna | 20 | 2mo | 1756 | Richard | Abigail (Roberts) | 1 |
| William | 20 | 9mo | 1789 | not given | not given | 5 |

**Theiss**
| | | | | | | |
|---|---|---|---|---|---|---|
| Margaret | 2 | Jan | 1790 | Christopher | Justina | 12 |

**Thomas**
| | | | | | | |
|---|---|---|---|---|---|---|
| Abraham | 21 | 9mo | 1729 | Joseph | Jemima | 3 |
| Amos Yarnall | 25 | 7mo | 1800 | Philip | Hannah | 3 |
| Ann | 10 | 1mo | 1797 | Gideon | Phebe | 3 |
| Ann | 2 | 10mo | 1751 | Samuel | Mary | 4 |
| Ann | 4 | 10mo | 1789 | Richard | Mary | 4 |
| Anna | 20 | 1mo | 1789 | George | Sarah (Roberts) | 7 |
| Beulah | 13 | 9mo | 1784 | Isaac, Jr. | Hannah | 3 |
| Dina | 20 | 5mo | 1724 | Joseph | Jemima | 3 |
| Dinah | 3 | 3mo | 1766 | Joseph | Mary | 3 |
| Dinah | 5 | 3mo | 1759 | John | Rebecca (Jones) | 7 |
| Eli | 12 | 2mo | 1782 | Enos | Sarah | 3 |
| Elinor | 21 | 5mo | 1749 | John | Rebecca (Jones) | 7 |
| Elizabeth | 24 | 9mo | 1783 | George | Sarah (Roberts) | 7 |
| Elizabeth | 11 | 1mo | 1722/3 | Peter | Elizabeth | 7 |
| Emmor | 13 | 9mo | 1800 | Mordecai | Lydia | 3 |
| Enos | 12 | 11mo | 1747 | Isaac | Mary | 3 |
| Enos | 30 | 8mo | 1790 | Enos | Sarah | 3 |
| Evan W. | | not given | | Samuel | Mary | 4 |
| Ezra | 17 | 5mo | 1799 | Mordecai | Lydia | 3 |
| Francis | 3 | 3mo | 1766 | Joseph | Mary | 3 |
| George | 21 | 12mo | 1746/7 | Richard | Phebe | 3 |
| George | 21 | 2mo | 1747 | Richard | Phebe | 7 |
| George | 1 | 8mo | 1785 | George | Sarah (Roberts) | 7 |
| George | 21 | 3mo | 1780 | Richard | Thomzin (Downing) | 7 |
| Grace | 9 | 7mo | 1722 | Richard | Grace | 3 |
| Grace | 3 | 11mo | 1742 | Richard | Phebe | 7 |
| Hannah | 16 | 3mo | 1715 | Richard | Grace | 3 |
| Hannah | 14 | 11mo | 1716/7 | Richard | Grace | 3 |
| Hannah | 31 | 10mo | 1751 | Isaac | Mary | 3 |
| Hannah | 5 | 5mo | 1749 | Richard | Phebe | 3 |

201

## CHESTER COUNTY BIRTHS

**Thomas**

| | | | | | | |
|---|---|---|---|---|---|---|
| Hannah | 19 | 1mo | 1790 | Isaac, Jr. | Hannah | 3 |
| Hannah | 26 | 12mo | 1797 | Philip | Hannah | 3 |
| Hannah | 7 | 2mo | 1778 | George | Sarah (Roberts) | 7 |
| Isaac | 21 | 4mo | 1721 | Peter | Elizabeth | 3 |
| Isaac | 12 | 5mo | 1754 | Isaac | Mary | 3 |
| Isaac | 7 | 6mo | 1786 | Enos | Sarah | 3 |
| Isaac | 16 | 9mo | 1797 | Mordecai | Lydia | 3 |
| Jacob | 12 | 11mo | 1711 | Peter | Elizabeth | 3 |
| Jacob | 9 | 6mo | 1756 | Jacob | Sarah | 3 |
| Jacob | 4 | 5mo | 1782 | Richard | Thomzin (Downing) | 7 |
| James | 29 | 10mo | 1727 | Peter | Elizabeth | 3 |
| James | 26 | 3mo | 1732 | Joseph | Jemima | 3 |
| Jane | 2 | 10mo | 1786 | Philip | Hannah | 3 |
| Jane | 18 | 2mo | 1775 | George | Sarah (Roberts) | 7 |
| Jehu | 9 | 3mo | 1789 | Philip | Hannah | 3 |
| Jemima | 9 | 1mo | 1780 | Joseph | Mary | 3 |
| Jesse | 8 | 10mo | 1791 | Philip | Hannah | 3 |
| John | 7 | 8mo | 1717 | Peter | Elizabeth | 7 |
| John | 29 | 2mo | 1748 | John | Rebecca (Jones) | 7 |
| John | 3 | 12mo | 1750 | John | Rebecca (Jones) | 7 |
| John | 6 | 4mo | 1754 | John | Rebecca (Jones) | 7 |
| John | 29 | 8mo | 1781 | George | Sarah (Roberts) | 7 |
| John Chew | 15 | 10mo | 1764 | Samuel | Mary | 4 |
| Jonah | 8 | 1mo | 1761 | John | Rebecca (Jones) | 7 |
| Jonathan | 21 | 10mo | 1758 | Isaac | Mary | 3 |
| Jonathan | 6 | 10mo | 1766 | Reuben | Rebecca | 7 |
| Jonathan | 21 | 11mo | 1797 | Watson | Mary | 7 |
| Joseph | 29 | 9mo | 1726 | Joseph | Jemima | 3 |
| Joseph | 5 | 4mo | 1754 | Jacob | Sarah | 3 |
| Joseph | 29 | 4mo | 1773 | Joseph | Mary | 3 |
| Judah | 20 | 8mo | 1762 | John | Rebecca (Jones) | 7 |
| Julian | 20 | 9mo | 1792 | Watson | Mary | 7 |
| Lydia | 15 | 6mo | 1730 | Peter | Elizabeth | 3 |
| Lydia | 5 | 8mo | 1719 | Joseph | Jemima | 3 |
| Lydia | 4 | 12mo | 1740/1 | Richard | Phebe | 3 |
| Lydia | 26 | 9mo | 1779 | George | Sarah (Roberts) | 7 |
| Maria Catherina | 6 | Oct | 1770 | William | Christina | 12 |
| Martha | 22 | 2mo | 1765 | Isaac | Mary | 3 |
| Mary | 23 | 9mo | 1724 | Peter | Elizabeth | 3 |
| Mary | 14 | 5mo | 1719 | Richard | Grace | 3 |
| Mary | 23 | 8mo | 1756 | Isaac | Mary | 3 |
| Mary | 8 | 8mo | 1779 | Enos | Sarah | 3 |
| Mary | 13 | 1mo | 1787 | Isaac, Jr. | Hannah | 3 |
| Mary | 28 | 10mo | 1776 | Joseph | Mary | 3 |
| Mary | 25 | 6mo | 1788 | Richard | Mary | 4 |

## CHESTER COUNTY BIRTHS

### Thomas

| | | | | | | |
|---|---|---|---|---|---|---|
| Mary | 9 | 3mo | 1778 | Richard | Thomzin (Downing) | 7 |
| Mordecai | 21 | 7mo | 1767 | Isaac | Mary | 3 |
| Nathan | 16 | 2mo | 1721 | Joseph | Jemima | 3 |
| Nathan | 20 | 1mo | 1749 | Isaac | Mary | 3 |
| Nathan | 18 | 11mo | 1763 | Joseph | Mary | 3 |
| Orpha | 27 | 3mo | 1800 | Joseph, Jr. | Susanna | 3 |
| Peter | 19 | 9mo | 1715 | Peter | Elizabeth | 3 |
| Phebe | 21 | 2mo | 1746 | Isaac | Mary | 3 |
| Phebe | 23 | 7mo | 1770 | Joseph | Mary | 3 |
| Phebe | 11 | 10mo | 1776 | George | Sarah (Roberts) | 7 |
| Phebe | 8 | 6mo | 1784 | Richard | Thomzin (Downing) | 7 |
| Philip | 13 | 10mo | 1750 | Jacob | Sarah | 3 |
| Phillip | 12 | 8mo | 1753 | Samuel | Mary | 4 |
| Priscilla | 25 | 5mo | 1727 | Joseph | Jemima | 3 |
| Rachel | 13 | 8mo | 1726 | Peter | Elizabeth | 3 |
| Rebecca | 10 | 8mo | 1752 | John | Rebecca (Jones) | 7 |
| Rebecca | 10 | 12mo | 1755 | John | Rebecca (Jones) | 7 |
| Rebekah | 6 | 9mo | 1795 | Watson | Mary | 7 |
| Richard | 22 | 2mo | 1713 | Richard | Grace | 3 |
| Richard | 30 | 12mo | 1744 | Richard | Phebe | 7 |
| Richard | 3 | 12mo | 1775 | Richard | Thomzin (Downing) | 7 |
| Richard | 3 | 8mo | 1800 | Richard | Rebecca | 7 |
| Richd. Snowden | 11 | 1mo | 1787 | Richard | Mary | 4 |
| Richd. Snowden | 23 | 2mo | 1762 | Samuel | Mary | 4 |
| Robert M. | 10 | 12mo | 1794 | Gideon | Phebe | 3 |
| Samuel | 7 | 1mo | 1741 | Joseph | Jemima | 3 |
| Samuel | 20 | 6mo | 1757 | Samuel | Mary | 4 |
| Samuel | 2 | 2mo | 1766 | Samuel | Mary | 4 |
| Samuel | 1 | 9mo | 1785 | Richard | Mary | 4 |
| Samuel | 24 | 3mo | 1793 | Richard | Thomzin (Downing) | 7 |
| Sarah | 2 | 7mo | 1713 | Peter | Elizabeth | 3 |
| Sarah | 21 | 11mo | 1794 | Philip | Hannah | 3 |
| Sarah | 2 | 5mo | 1793 | Gideon | Phebe | 3 |
| Sarah | 2 | 9mo | 1757 | John | Rebecca (Jones) | 7 |
| Sarah | 31 | 12mo | 1786 | George | Sarah (Roberts) | 7 |
| Thomas | 13 | 8mo | 1719 | Peter | Elizabeth | 3 |
| Thomas | 3 | 6mo | 1763 | Isaac | Mary | 3 |
| Thomas | 12 | 4mo | 1748 | Jacob | Sarah | 3 |
| Thomzin | 4 | 12mo | 1786 | Richard | Thomzin (Downing) | 7 |
| Townsend | 4 | 6mo | 1760 | Isaac | Mary | 3 |
| Watson | 25 | 12mo | 1767 | Reuben | Rebecca | 7 |
| William | 16 | 6mo | 1792 | Isaac, Jr. | Hannah | 3 |
| William | | not given | | Richard | Thomzin (Downing) | 7 |
| William | 27 | Dec | 1772 | William | Sarah | 12 |
| a son | 15 | 11mo | 1789 | Richard | Thomzin (Downing) | 7 |

## CHESTER COUNTY BIRTHS

### Thompson

| Name | Date | Father | Mother | |
|---|---|---|---|---|
| Ann | not given | James | not given | 1 |
| Ann | not given | James | Elizabeth | 5 |
| Ann | 19 1mo 1797 | William | Katharine | 5 |
| Barah | 27 11mo 1799 | William | Katharine | 5 |
| Daniel | 14 2mo 1800 | William | Mary (Barnard) | 5 |
| Daniel | 10 3mo 1782 | Daniel | Elizabeth | 5 |
| Elizabeth | 5 11mo 1779 | Daniel | Elizabeth | 5 |
| Elizabeth | 4 7mo 1794 | William | Mary (Barnard) | 5 |
| Esther | 12 7mo 1798 | William | Katharine | 5 |
| Hannah | 4 11mo 1793 | William | Katharine | 5 |
| Hannah | 2 2mo 1799 | James | Mary | 5 |
| James | 10 7mo 1768 | not given | not given | 5 |
| Joel | 2 6mo 1799 | Eli | Elizabeth | 5 |
| John | 15 6mo 1795 | William | Katharine | 5 |
| John | bp 12 Mar 1792 | John | Margaret | 15 |
| Joseph | 13 11mo 1792 | William | Mary (Barnard) | 5 |
| Joseph | bp 16 Apr 1793 | Robert | not given | 15 |
| Joshua | 20 5mo 1786 | Daniel | Elizabeth | 5 |
| Levi | 23 8mo 1792 | William | Katharine | 5 |
| Lydia | 28 12mo 1795 | William | Mary (Barnard) | 5 |
| Rebecca | 16 1mo 1789 | William | not given | 5 |
| Rebecca | not given | William | Hannah (Hadley) | 5 |
| Richard | 1 5mo 1798 | William | Mary (Barnard) | 5 |
| Sarah | 1 Feb 1790 | John | Margaret | 15 |
| William | not given | David | Elizabeth | 5 |

### Thomson

| Name | Date | Father | Mother | |
|---|---|---|---|---|
| Jean | bp Oct 1769 | John, Jr. | not given | 14 |

### Tibbits

| Name | Date | Father | Mother | |
|---|---|---|---|---|
| James, tw | bp 8 Jan 1792 | John | Bridget | 15 |
| John, tw | bp 8 Jan 1792 | John | Bridget | 15 |

### Todson

| Name | Date | Father | Mother | |
|---|---|---|---|---|
| Richard | 27 Sep 1761 | Richard | Mary Magd. | 11 |

### Tomson

| Name | Date | Father | Mother | |
|---|---|---|---|---|
| Hannah | bp 18 Jan 1770 | John | not given | 14 |

### Townsend

| Name | Date | Father | Mother | |
|---|---|---|---|---|
| Amos | 9 10mo 1732 | Amos | Mary | 3 |
| David | 13 12mo 1787 | Samuel | Priscilla | 7 |
| Francis | 19 11mo 1798 | Samuel | Priscilla | 7 |
| Jane | 19 7mo 1800 | Samuel | Priscilla | 7 |
| Lydia | not given | John | not given | 7 |
| Lydia | 24 7mo 1795 | Samuel | Priscilla | 7 |
| Martha | not given | John | Joanna | 1 |
| Priscilla | 7 3mo 1797 | Samuel | Priscilla | 7 |
| Rachel | 14 8mo 1790 | Samuel | Priscilla | 7 |

## CHESTER COUNTY BIRTHS

**Townsend**
| | | | | | |
|---|---|---|---|---|---|
| Rebecca | | not given | John | not given | 1 |
| Sarah | | not given | John | not given | 1 |
| Sarah | 5 | 3mo 1789 | Samuel | Priscilla | 7 |
| Thomas | 10 | 11mo 1730 | Amos | Mary | 3 |

**Trego**
| | | | | | |
|---|---|---|---|---|---|
| Ann | 3 | 12mo 1765 | not given | not given | 2 |
| Benjamin | 2 | 4mo 1730 | William | Margaret | 3 |
| Hannah | 19 | 3mo 1724 | William | Margaret | 3 |
| Margaret | 28 | 1mo 1728 | William | Margaret | 3 |
| Peter | 25 | 7mo 1790 | not given | not given | 2 |
| William | 8 | 11mo 1725/6 | William | Margaret | 3 |

**Tremble**
| | | | | | |
|---|---|---|---|---|---|
| Ann | 15 | 8mo 1774 | John | Katharine | 4 |
| Ann | 20 | 2mo 1795 | James | Sarah | 4 |
| Elisha | 18 | 3mo 1765 | Joseph | Ann | 4 |
| Jacob | 27 | 2mo 1758 | Joseph | Ann | 4 |
| James | 20 | 4mo 1762 | Joseph | Ann | 4 |
| James | 23 | 2mo 1799 | James | Sarah | 4 |
| Job | 23 | 2mo 1791 | James | Sarah | 4 |
| John | 16 | 12mo 1746 | Joseph | Sarah | 4 |
| Joseph | 29 | 10mo 1754 | Joseph | Ann | 4 |
| Joseph | 7 | 3mo 1789 | James | Sarah | 4 |
| Mary | 11 | 7mo 1748 | Joseph | Sarah | 4 |
| Rees | 10 | 1mo 1797 | James | Sarah | 4 |
| Sarah | 23 | 5mo 1760 | Joseph | Ann | 4 |
| Thomas | 5 | 5mo 1793 | James | Sarah | 4 |
| Thomas | 4 | 5mo 1756 | Joseph | Ann | 4 |
| William | 1 | 10mo 1745 | Joseph | Sarah | 4 |
| William | 23 | 1mo 1800 | Elisha | Anna (Wilson) | 4 |

**Trevilla**
| | | | | | |
|---|---|---|---|---|---|
| Mary | 7 | 7mo 1793 | Jonathan | Ann | 1 |

**Trimble**
| | | | | | |
|---|---|---|---|---|---|
| Ann | 17 | 11mo 1741 | James | Mary | 2 |
| Ann | 16 | 2mo 1778 | William | Grace (Thomas) | 7 |
| Ann | 21 | 10mo 1773 | not given | not given | 7 |
| Grace | 14 | 12mo 1789 | William | Ann | 7 |
| Hannah | 9 | 8mo 1752 | James | Mary | 2 |
| Hannah | 22 | 10mo 1743 | William | Ann | 7 |
| Hannah | 4 | 3mo 1772 | William | Grace (Thomas) | 7 |
| Isaac | 26 | 1mo 1747 | James | Mary | 2 |
| Isaac | 7 | 1mo 1781 | James | Mary | 2 |
| Jacob | 9 | 10mo 1778 | James | Mary | 2 |
| James | 28 | 12mo 1739 | James | Mary | 2 |
| James | 21 | 11mo 1771 | James | Mary | 2 |

## CHESTER COUNTY BIRTHS

**Trimble**
| | | | | | | |
|---|---|---|---|---|---|---|
| John | 3 | 1mo | 1738 | James | Mary | 2 |
| John | 28 | 7mo | 1749 | James | Mary | 2 |
| John | 8 | 5mo | 1785 | James | Mary | 2 |
| John | 31 | 1mo | 1788 | William | Ann | 7 |
| Joseph | 12 | 4mo | 1790 | James | Mary | 2 |
| Lydia | 26 | 3mo | 1783 | James | Mary | 2 |
| Lydia | 12 | 8mo | 1774 | William | Grace (Thomas) | 7 |
| Mary | 8 | 8mo | 1736 | James | Mary | 2 |
| Mary | 27 | 4mo | 1774 | James | Mary | 2 |
| Mary | | not given | | James | not given | 7 |
| Phebe | 18 | 6mo | 1787 | James | Mary | 2 |
| Phebe | 21 | 7mo | 1786 | William | Ann | 7 |
| Richard | 15 | 8mo | 1767 | William | Grace (Thomas) | 7 |
| Samuel | 28 | 6mo | 1776 | James | Mary | 2 |
| Sarah | 28 | 8mo | 1744 | James | Mary | 2 |
| Susanna | 18 | 9mo | 1769 | William | Grace (Thomas) | 7 |
| William | 19 | 9mo | 1737 | William | Ann | 7 |
| William | 13 | 3mo | 1793 | William | Ann | 7 |

**Trommel**
| | | | | | | |
|---|---|---|---|---|---|---|
| Heinrich | 4 | Nov | 1766 | Joh. Ernst | not given | 11 |

**Trotter**
| | | | | | | |
|---|---|---|---|---|---|---|
| Margaret | 13 | 2mo | 1737 | William | Mary | 7 |

**Truman**
| | | | | | | |
|---|---|---|---|---|---|---|
| Mary | 13 | 4mo | 1791 | James | Elizabeth | 6 |
| Rachel | 5 | 9mo | 1792 | James | Elizabeth | 6 |
| Sarah | 9 | 9mo | 1769 | John | Rachel | 6 |
| Sarah | 17 | 5mo | 1794 | James | Elizabeth | 6 |

**Trump**
| | | | | | | |
|---|---|---|---|---|---|---|
| Anna | 1 | 8mo | 1798 | Abraham | Jemima | 4 |
| Grace | 17 | 1mo | 1794 | Abraham | Jemima | 4 |
| John | 5 | 1mo | 1786 | Abraham | Jemima | 4 |
| Jonathan | 7 | 1mo | 1796 | Abraham | Jemima | 4 |
| Mary | 17 | 12mo | 1791 | Abraham | Jemima | 4 |
| Michael | 28 | 8mo | 1789 | Abraham | Jemima | 4 |
| Michael | 17 | 11mo | 1783 | not given | not given | 6 |
| Thomas | 17 | 9mo | 1787 | Abraham | Jemima | 4 |

# U

**Ullmer**
| | | | | | | |
|---|---|---|---|---|---|---|
| Philipp | 6 | Jun | 1784 | Georg | Margaretha | 11 |

## CHESTER COUNTY BIRTHS

**Ulrich**
Johan Jost            15  Oct    1793    Georg Christian  Maria Margretha  11

# V

**Valentine**
| George | 16 | 4mo | 1761 | Robert | Rachel (Edge) | 7 |
| Jacob | 7 | 10mo | 1763 | Robert | Rachel (Edge) | 7 |
| Jane | 26 | 10mo | 1756 | Robert | Rachel (Edge) | 7 |
| John | 23 | 4mo | 1787 | Absalom | Mary | 1 |
| Mary | 26 | 7mo | 1750 | Robert | Rachel (Edge) | 7 |
| Phebe | 5 | 6mo | 1759 | Robert | Rachel (Edge) | 7 |
| Rachel | 14 | 10mo | 1754 | Robert | Rachel (Edge) | 7 |
| Robert | 21 | 7mo | 1717 | Thomas | Mary | 7 |
| Robert | 24 | 6mo | 1752 | Robert | Rachel (Edge) | 7 |
| Sarah | 14 | 11mo | 1757 | Robert | Rachel (Edge) | 7 |
| Susanna | 26 | 3mo | 1766 | Robert | Rachel (Edge) | 7 |
| Thomas | 28 | 3mo | 1748 | Robert | Rachel (Edge) | 7 |

**Van Horn**
| Martha | 29 | 3mo | 1799 | Isaac | Mary | 10 |

**Van der Weid**
| Magdalena | 1 | May | 1790 | John | Magdalena | 12 |

**Vernon**
| Abraham | 30 | 5mo | 1774 | Edward | Mary | 2 |
| Amos | 17 | 2mo | 1745 | Isaac | Hannah | 3 |
| Catharine | 28 | 11mo | 1737/8 | Isaac | Hannah | 3 |
| Esther | 23 | 12mo | 1763 | Edward | Mary | 2 |
| Hannah | 16 | 6mo | 1717 | Isaac | Hannah | 3 |
| Isaac | 21 | 1mo | 1742 | Isaac | Hannah | 3 |
| Isaac | 19 | 12mo | 1715 | Isaac | Hannah | 3 |
| Lydia | 11 | 2mo | 1721 | Isaac | Hannah | 3 |
| Mary | 4 | 6mo | 1739 | Isaac | Hannah | 3 |
| Nehemiah | 19 | 10mo | 1719 | Isaac | Hannah | 3 |
| Phebe | 17 | 2mo | 1741 | Isaac | Hannah | 3 |
| Rachel | 20 | 12mo | 1713 | Isaac | Hannah | 3 |
| Rebecca | 1 | 1mo | 1724 | Isaac | Hannah | 3 |
| Sarah | 9 | 2mo | 1761 | Edward | Mary | 2 |
| Susannah | 8 | 4mo | 1711 | Isaac | Hannah | 3 |

**Vickers**
| Isaac | 10 | 10mo | 1792 | Thomas | Jemima | 2 |
| Jesse | 1 | 4mo | 1795 | Thomas | Jemima | 2 |
| John | 8 | 8mo | 1780 | Thomas | Jemima | 2 |

## CHESTER COUNTY BIRTHS

**Vickers**
| | | | | | | | |
|---|---|---|---|---|---|---|---|
| Joshua | | 19 | 9mo | 1783 | Thomas | Jemima | 2 |
| Martha | | 27 | 3mo | 1786 | Thomas | Jemima | 2 |
| Rebecca | | 21 | 9mo | 1799 | Thomas | Jemima | 2 |
| Thomas | | 14 | 4mo | 1791 | Thomas | Jemima | 2 |
| Ziba | | 5 | 10mo | 1787 | Thomas | Jemima | 2 |

**Virtue**
| | | | | | | | |
|---|---|---|---|---|---|---|---|
| John | bp | | Oct | 1768 | James | not given | 14 |

# W

**W[r]an**
| | | | | | | | |
|---|---|---|---|---|---|---|---|
| Hannah | bp | 15 | May | 1791 | William | not given | 15 |

**Wagner**
| | | | | | | |
|---|---|---|---|---|---|---|
| Anna Maria | 12 | Sep | 1746 | Sebastian | not given | 12 |
| Caspar | ca | May | 1773 | Sebastian | Margaret | 12 |
| Catharine | 13 | May | 1754 | Sebastian | not given | 12 |
| Daniel | 12 | Jan | 1781 | Sebastian | Margaret | 12 |
| Elizabeth | 11 | Apr | 1744 | Sebastian | not given | 12 |
| Elizabeth | 30 | Apr | 1755 | John | not given | 12 |
| Elizabeth | 12 | Nov | 1788 | Sebastian | Margaret | 12 |
| Elizabeth | 6 | Dec | 1798 | Jacob | Elizabeth | 12 |
| George | 16 | Apr | 1786 | Sebastian | Margaret | 12 |
| John | 30 | Apr | 1751 | John | not given | 12 |
| John | 24 | Mar | 1778 | Sebastian | Margaret | 12 |
| John | 15 | May | 1792 | Peter | Maria | 12 |
| Magdalena | 21 | May | 1775 | Sebastian | Margaret | 12 |
| Sebastian | 11 | Oct | 1750 | Sebastian | not given | 12 |
| Sebastian | 16 | May | 1783 | Sebastian | Margaret | 12 |
| William | 2 | Sep | 1797 | Jacob | Elizabeth | 12 |

**Walker**
| | | | | | | |
|---|---|---|---|---|---|---|
| Anna | 7 | 11mo | 1776 | Asahel | Ann | 6 |
| Asahel | 10 | 2mo | 1746 | not given | not given | 6 |
| Rebecca | 21 | 8mo | 1791 | Asahel | Ann | 6 |

**Wallace**
| | | | | | | | |
|---|---|---|---|---|---|---|---|
| Thomas | bp | | Feb | 1769 | Gawen | not given | 14 |

**Waln**
| | | | | | | |
|---|---|---|---|---|---|---|
| Ann | 13 | 4mo | 1762 | Samuel | Ann | 3 |
| Hannah | 24 | 3mo | 1754 | Samuel | Ann | 3 |
| Jane | 20 | 7mo | 1748 | Samuel | Ann | 3 |
| Joseph | 4 | 4mo | 1764 | Samuel | Ann | 3 |
| Mary | 9 | 1mo | 1760 | Samuel | Ann | 3 |

## CHESTER COUNTY BIRTHS

**Waln**
| | | | | | | |
|---|---|---|---|---|---|---|
| Samuel | 25 | 9mo | 1756 | Samuel | Ann | 3 |
| Susanna | 19 | 10mo | 1751 | Samuel | Ann | 3 |
| William | 10 | 3mo | 1750 | Samuel | Ann | 3 |

**Walter**
| | | | | | | |
|---|---|---|---|---|---|---|
| Anna Maria | 3 | Apr | 1795 | Wilhelm | Cathrina | 11 |
| Betty | 2 | 6mo | 1777 | William | Betty (Hicklin) | 1 |
| Beulah | 9 | 1mo | 1780 | William | Betty | 1 |
| Beulah | 9 | 10mo | 1780 | William | Betty (Hicklin) | 1 |
| Catharina | 19 | Nov | 1784 | Willhelm | Magdalena | 11 |
| Dinah | 26 | 2mo | 1764 | William | Betty (Hicklin) | 1 |
| Elisabetha | 27 | Sep | 1774 | Willhelm | Magdalena | 11 |
| Elisabetha | 15 | Nov | 1789 | Wilhelm | Catharina | 11 |
| Elizabeth | 24 | 12mo | 1753 | Joseph | Jane (Brinton) | 1 |
| Elizabeth | 10 | 5mo | 1790 | Joseph | Elizabeth (Levis) | 1 |
| Hanna | 6 | Jan | 1785 | Leonhart | Catharina | 11 |
| Hannah | 30 | 8mo | 1741 | Joseph | Jane (Brinton) | 1 |
| Hannah | 17 | 11mo | 1781 | Joseph | Elizabeth (Levis) | 1 |
| Heinrich | 19 | May | 1792 | Wilhelm | Catharina | 11 |
| Jacob | bp 20 | May | 1770 | Willhelm | Magdalena | 11 |
| James | 31 | 1mo | 1744 | Joseph | Jane (Brinton) | 1 |
| Jane | | not given | | Joseph | not given | 1 |
| Jane | 19 | 2mo | 1760 | Joseph | Jane (Brinton) | 1 |
| Jane | 24 | 11mo | 1776 | Joseph | Elizabeth (Levis) | 1 |
| Johannes | 15 | Sep | 1776 | Willhelm | Magdalena | 11 |
| John | 27 | 1mo | 1767 | William | Betty (Hicklin) | 1 |
| Joseph | 21 | 12mo | 1746 | Joseph | Jane (Brinton) | 1 |
| Lydia | 14 | 8mo | 1769 | William | Betty (Hicklin) | 1 |
| Maria Magdalena | 25 | Oct | 1787 | Wilhelm | Catarina | 11 |
| Martha | 31 | 8mo | 1774 | Joseph | Elizabeth (Levis) | 1 |
| Phebe | 26 | 11mo | 1758 | Joseph | Jane (Brinton) | 1 |
| Rachel | 19 | 8mo | 1774 | William | Betty (Hicklin) | 1 |
| Rachel | 24 | 2mo | 1762 | Joseph | Jane (Brinton) | 1 |
| Rahel | 20 | Dec | 17?8 | Wilhelm | Catharina | 11 |
| Sarah | 6 | 5mo | 1772 | Joseph | Elizabeth (Levis) | 1 |
| Thomas | 6 | 11mo | 1780 | William | Betty | 1 |
| Thomas | 23 | 6mo | 1779 | Joseph | Elizabeth (Levis) | 1 |
| Thomas | 27 | 11mo | 1786 | Joseph | Elizabeth (Levis) | 1 |
| Thomas | 6 | 11mo | 1783 | William | Betty (Hicklin) | 1 |
| William | | not given | | William | not given | 1 |
| William | 2 | 3mo | 1772 | William | Betty (Hicklin) | 1 |
| William | 29 | 4mo | 1764 | Joseph | Jane (Brinton) | 1 |
| William | 16 | 12mo | 1783 | Joseph | Elizabeth (Levis) | 1 |

**Walther**
| | | | | | | |
|---|---|---|---|---|---|---|
| Margaretha Barbara | 30 | Jan | 1739 | Cunradt | not given | 16 |

## CHESTER COUNTY BIRTHS

**Walton**
| | | | | | | |
|---|---|---|---|---|---|---|
| Abigail | 4 | 12mo | 1794 | Joshua | Hannah | 5 |
| Abner | 15 | 5mo | 1793 | Nathan | Ann | 8 |
| Asa | 29 | 8mo | 1773 | not given | not given | 10 |
| David | 17 | 5mo | 1798 | not given | not given | 8 |
| Jesse | 25 | 8mo | 1795 | Nathan | Ann | 8 |
| Jonathan | 6 | 11mo | 1787 | Nathan | Ann | 8 |
| Joseph | 20 | 11mo | 1794 | Benjamin | Hannah | 8 |
| Joshua | 6 | 1mo | 1777 | not given | not given | 8 |
| Lewis | 8 | 11mo | 1789 | Nathan | Ann | 8 |
| Mary S. | 27 | 10mo | 1797 | William | Hannah | 5 |
| Rachel | 11 | 4mo | 1797 | Benjamin | Hannah | 8 |
| Rebecca | 3 | 9mo | 1799 | Benjamin | Hannah | 8 |
| Sarah | 25 | 7mo | 1792 | Benjamin | Hannah | 8 |
| William | 15 | 9mo | 1797 | Nathan | Ann | 8 |

**Ward**
| | | | | | | |
|---|---|---|---|---|---|---|
| Amy | 17 | 9mo | 1778 | Philip | Mary (Hall) | 1 |
| John | 23 | 11mo | 1781 | Philip | Mary (Hall) | 1 |
| Mary | 8 | 1mo | 1791 | Philip | Mary (Hall) | 1 |
| Philip | 9 | 5mo | 1749 | not given | not given | 1 |
| Sarah | 27 | 7mo | 1776 | Philip | Mary (Hall) | 1 |
| Thomas | 9 | 11mo | 1787 | Philip | Mary (Hall) | 1 |

**Warner**
| | | | | | | |
|---|---|---|---|---|---|---|
| Isaac | 9 | 3mo | 1769 | John | Lydia | 5 |
| Joseph | 19 | 11mo | 1777 | John | Lydia | 5 |
| Levi | 12 | 12mo | 1779 | John | Lydia | 5 |
| Lydia | 26 | 3mo | 1773 | John | Lydia | 5 |
| Mary | 31 | 5mo | 1767 | John | Lydia | 5 |
| Nancy | 15 | 3mo | 1782 | John | Lydia | 5 |
| Rachel | 4 | 5mo | 1775 | John | Lydia | 5 |
| Simeon | 11 | 3mo | 1771 | John | Lydia | 5 |
| William | 9 | 3mo | 1769 | John | Lydia | 5 |

**Watson**
| | | | | | | |
|---|---|---|---|---|---|---|
| Hannah | 23 | 6mo | 1717 | William | Hannah | 7 |

**Way**
| | | | | | | |
|---|---|---|---|---|---|---|
| Abel | | not given | | Abel | not given | 1 |
| Alice | 9 | 4mo | 1766 | Jacob | Phebe | 1 |
| Ann | 30 | 10mo | 1774 | James | Hannah (Marshall) | 1 |
| Ann | 1 | 1mo | 1768 | Jacob | Phebe | 1 |
| Ann | 25 | 4mo | 1730 | Jacob | Sarah | 1 |
| Ann | 23 | 3mo | 1742 | John | Ann | 1 |
| Ann | 20 | 10mo | 1774 | James | Hannah | 5 |
| Benjamin | 28 | 11mo | 1764 | Joseph | Prudence (Larkin) | 1 |
| Betty | 2 | 7mo | 1729 | John | Ann | 1 |
| Caleb | 30 | 11mo | 1732 | John | Ann | 1 |

## CHESTER COUNTY BIRTHS

**Way**
| | | | | | | |
|---|---|---|---|---|---|---|
| Esther | 16 | 10mo | 1772 | Joseph | Prudence (Larkin) | 1 |
| Hannah | 22 | 1mo | 1787 | James | Hannah | 5 |
| Isaac | 15 | 9mo | 1794 | William | Elizabeth | 5 |
| Jacob | 28 | 1mo | 1781 | Jacob | Phebe | 1 |
| Jacob | 27 | 7mo | 1797 | John | Hannah (Heald) | 1 |
| Jacob | 4 | 10mo | 1767 | Joseph | Prudence (Larkin) | 1 |
| Jacob | 19 | 10mo | 1737 | John | Ann | 1 |
| Jacob | 2 | 8mo | 1793 | William | Elizabeth | 5 |
| James | | not given | | Jacob | Hannah | 1 |
| James | 17 | 6m | 1780 | James | Hannah | 5 |
| James | 18 | 4mo | 1789 | James | Hannah | 5 |
| Jean | 11 | 1mo | 1736 | Jacob | Sarah | 1 |
| Jesse | 29 | 11mo | 1784 | James | Hannah | 5 |
| Joel | 20 | 9mo | 1786 | Joseph | Prudence (Way) | 1 |
| John | 11 | 2mo | 1772 | Jacob | Phebe | 1 |
| John | 15 | 9mo | 1694 | not given | not given | 1 |
| John | | not given | | Jacob | not given | 1 |
| John | 6 | 5mo | 1778 | Joseph | Prudence (Larkin) | 1 |
| John | 5 | 12mo | 1727 | Jacob | Sarah | 1 |
| John | 9 | 4mo | 1730 | John | Ann | 1 |
| John | 17 | 8mo | 1776 | James | Hannah | 5 |
| John | 24 | Oct | 17?? | Hugh | Hannah | 12 |
| Joseph | 22 | 9mo | 1799 | John | Hannah (Heald) | 1 |
| Joseph | 23 | 3mo | 1737 | Jacob | Sarah | 1 |
| Joseph | 10 | 12mo | 1769 | Joseph | Prudence (Larkin) | 1 |
| Joseph | 8 | 8mo | 1800 | Benjamin | Hannah (Marshall) | 1 |
| Joseph | 17 | 4mo | 1779 | James | Hannah | 5 |
| Joseph | 29 | 9mo | 1782 | James | Hannah | 5 |
| Joshua | 3 | 3mo | 1796 | William | Elizabeth | 5 |
| Joshua | 27 | 11mo | 1737 | Francis | Elizabeth | 7 |
| Larkin | 25 | 3mo | 1783 | Joseph | Prudence (Larkin) | 1 |
| Lydia | 11 | 1mo | 1779 | Jacob | Phebe | 1 |
| Lydia | 2 | 5mo | 1740 | John | Ann | 1 |
| Marshall | 10 | 7mo | 1778 | James | Hannah | 5 |
| Martha | 19 | 2mo | 1768 | Joshua | Lydia (Chandler) | 7 |
| Mary | 21 | 6mo | 1796 | Benjamin | Hannah (Marshall) | 1 |
| Mary | | not given | | Abel | not given | 1 |
| Mary | 6 | 8mo | 1773 | Abel | Sarah | 1 |
| Mary Miller | 11 | 4mo | 1799 | William | Elizabeth | 5 |
| Moses | 31 | 10mo | 1776 | Jacob | Phebe | 1 |
| Phebe | 29 | 7mo | 1760 | John | Hannah (Marshall) | 1 |
| Phebe | 7 | 2mo | 1796 | John | Hannah (Heald) | 1 |
| Phiniah | 15 | 12mo | 1762 | Joseph | Prudence (Larkin) | 1 |
| Prudence | 25 | 9mo | 1780 | Joseph | Prudence (Larkin) | 1 |
| Rachel | | not given | | Jacob | not given | 1 |

## CHESTER COUNTY BIRTHS

**Way**
| | | | | | | |
|---|---|---|---|---|---|---|
| Rebecca | 16 | 7mo | 1735 | John | Ann | 1 |
| Robert | 27 | 10mo | 1725 | John | Ann | 1 |
| Ruth | 4 | 12mo | 1733 | Jacob | Sarah | 1 |
| Ruth | 19 | 3mo | 1745 | John | Ann | 1 |
| Sarah | 19 | 12mo | 1773 | Jacob | Phebe | 1 |
| Sarah | 4 | 10mo | 1767 | Joseph | Prudence (Larkin) | 1 |
| Sarah | 7 | 8mo | 1739 | Jacob | Sarah | 1 |
| Sarah | 8 | 8mo | 1727 | John | Ann | 1 |
| Susanna | 4 | 2mo | 1774 | Joseph | Prudence (Larkin) | 1 |
| Thomas | 21 | 10mo | 1758 | John | Hannah (Marshall) | 1 |
| Thomas | 22 | 6mo | 1798 | Benjamin | Hannah (Marshall) | 1 |
| Thomas | 18 | 3mo | 1792 | William | Elizabeth | 5 |
| William | 21 | 1mo | 1770 | Jacob | Phebe | 1 |
| William | 22 | 9mo | 1797 | William | Elizabeth | 5 |

**Weay**
| | | | | | | |
|---|---|---|---|---|---|---|
| Maria | 15 | Aug | 1769 | Hugh | Hannah | 12 |

**Webb**
| | | | | | | |
|---|---|---|---|---|---|---|
| Alban | 30 | 11mo | 1792 | William | Jane (Carpenter) | 1 |
| Alice | 2 | 10mo | 1758 | Benjamin | Jane | 6 |
| Alice | 17 | 2mo | 1762 | Benjamin | Jane | 6 |
| Ann | 20 | 4mo | 1796 | Thomas | Mary (Way) | 1 |
| Ann | 13 | 8mo | 1774 | Stephen | Hannah (Harlan) | 1 |
| Ann | 16 | 7mo | 1784 | James | Sarah | 8 |
| Benjamin | 24 | 7mo | 1786 | James | Sarah | 8 |
| Christopher | 3 | 8mo | 1796 | Ezekiel | Elizabeth | 1 |
| Daniel | 5 | 4mo | 1754 | Daniel | Christian (Hoopes) | 1 |
| Daniel | 26 | 5mo | 1728 | Daniel | Mary | 1 |
| Eli | 23 | 12mo | 1762 | Daniel | Christian (Hoopes) | 1 |
| Elizabeth | 10 | 9mo | 1773 | Ezekiel | Cordelia (Jones) | 1 |
| Elizabeth | 18 | 8mo | 1770 | Stephen | Hannah (Harlan) | 1 |
| Elizabeth | 23 | 6mo | 1730 | Daniel | Mary | 1 |
| Elizabeth | 1 | 4mo | 1764 | Benjamin | Jane | 6 |
| Elizabeth | 13 | 10mo | 1760 | George | Ann | 6 |
| Ezekiel | 14 | 6mo | 1784 | Ezekiel | Cordelia (Jones) | 1 |
| Ezekiel | | not given | | William | not given | 1 |
| Ezekiel | 8 | 3mo | 1792 | Ezekiel | Elizabeth | 1 |
| Ezekiel | 18 | 8mo | 1779 | Stephen | Hannah (Harlan) | 1 |
| Ezekiel | 9 | 1mo | 1735 | Daniel | Mary | 1 |
| George | 15 | 6mo | 1732 | Daniel | Mary | 1 |
| George | 23 | 6mo | 1758 | George | Ann | 6 |
| Hannah | 1 | 3mo | 1779 | Ezekiel | Cordelia (Jones) | 1 |
| Hannah | | not given | | Ezekiel | not given | 1 |
| Hannah | 17 | 12mo | 1782 | Stephen | Hannah (Harlan) | 1 |
| Hannah | 5 | 7mo | 1799 | William | Jane (Carpenter) | 1 |

## CHESTER COUNTY BIRTHS

**Webb**

| | | | | | | | |
|---|---|---|---|---|---|---|---|
| Harlan | 15 | 10mo | 1786 | Stephen | Hannah (Harlan) | 1 |
| James | 26 | 12mo | 1754 | Benjamin | Jane | 6 |
| James | 1 | 7mo | 1796 | James | Sarah | 8 |
| Jane | 21 | 2mo | 1794 | Ezekiel | Elizabeth | 1 |
| Jane | 27 | 11mo | 1788 | James | Sarah | 8 |
| Jesse | 20 | 6mo | 1787 | Richard | Elizabeth (Burgess) | 1 |
| John | 8 | 3mo | 1783 | Ezekiel | Cordelia (Jones) | 1 |
| Joseph | 3 | 11mo | 1756 | Benjamin | Jane | 6 |
| Joshua | 12 | 7mo | 1737 | Daniel | Mary | 1 |
| Lydia | 3 | 4mo | 1791 | James | Sarah | 8 |
| Mary | 2 | 3mo | 1750 | Daniel | Christian (Hoopes) | 1 |
| Mary | 26 | 1mo | 1798 | Ezekiel | Elizabeth | 1 |
| Mary | 25 | 11mo | 1739 | Daniel | Mary | 1 |
| Mary | 5 | 9mo | 1763 | George | Ann | 6 |
| Minerva | 3 | 4mo | 1797 | William | Jane (Carpenter) | 1 |
| Naomi | 24 | 1mo | 1752 | Daniel | Christian (Hoopes) | 1 |
| Naomi | 20 | 7mo | 1781 | Thomas | Betty (Swayne) | 1 |
| Orpha | 25 | 4mo | 1760 | Daniel | Christian (Hoopes) | 1 |
| Orpha | 26 | 9mo | 1786 | Thomas | Betty (Swayne) | 1 |
| Phebe | 20 | 12mo | 1779 | Thomas | Betty (Swayne) | 1 |
| Rachel | 4 | 2mo | 1760 | Benjamin | Jane | 6 |
| Rebecca | 1 | 1mo | 1760 | William | Sarah (Smith) | 1 |
| Rebecca | 16 | 8mo | 1775 | Ezekiel | Cordelia (Jones) | 1 |
| Rebecca | 17 | 4mo | 1789 | Ezekiel | Elizabeth | 1 |
| Rebecca | 14 | 9mo | 1772 | Stephen | Hannah (Harlan) | 1 |
| Rebecca | 3 | 2mo | 1795 | William | Jane (Carpenter) | 1 |
| Reuben | 11 | 7mo | 1793 | James | Sarah | 8 |
| Richard | | not given | | James | not given | 1 |
| Ruth | 30 | 6mo | 1756 | Daniel | Christian (Hoopes) | 1 |
| Ruth | 15 | 7mo | 1789 | Thomas | Betty (Swayne) | 1 |
| Sarah | 2 | 3mo | 1777 | Ezekiel | Cordelia (Jones) | 1 |
| Sarah | 31 | 10mo | 1798 | James | Sarah | 8 |
| Stephen | circa | | 1745 | William | not given | 1 |
| Stephen | 29 | 11mo | 1776 | Stephen | Hannah (Harlan) | 1 |
| Susanna | 3 | 3mo | 1791 | Ezekiel | Elizabeth | 1 |
| Susanna | | 3mo | 1781 | Stephen | Hannah (Harlan) | 1 |
| Thomas | 28 | 2mo | 1758 | Daniel | Christian (Hoopes) | 1 |
| Thomas | 10 | 3mo | 1781 | Ezekiel | Cordelia (Jones) | 1 |
| William | 26 | 9mo | 1736 | William | Elizabeth | 1 |
| William | 8 | 2mo | 1800 | Ezekiel | Elizabeth | 1 |
| William | 24 | 3mo | 1768 | Stephen | Hannah (Harlan) | 1 |
| William | 5 | 1mo | 1756 | George | Ann | 6 |

**Weber**

| | | | | | | |
|---|---|---|---|---|---|---|
| Magdalena | 3 | May | 1786 | John | Eva | 12 |

## CHESTER COUNTY BIRTHS

**Webster**
| | | | | | | |
|---|---|---|---|---|---|---|
| Deborah | 12 | 7mo | 1800 | William | Sarah | 6 |
| George | 20 | 11mo | 1770 | not given | not given | 6 |
| Hannah | 2 | 10mo | 1798 | George | Sarah | 6 |
| Isaac | 21 | 3mo | 1755 | William | Ann | 6 |
| Jesse | 18 | 2mo | 1797 | George | Sarah | 6 |
| John | 25 | 12mo | 1787 | Isaac | Ruth | 4 |
| John | | not given | | Wm. | Ann | 4 |
| John | 29 | 2mo | 1722 | William | Sarah | 5 |
| John | 16 | 12mo | 1751 | William | Ann | 6 |
| Jonathan | 17 | 10mo | 1799 | George | Sarah | 6 |
| Joseph | 25 | 4mo | 1790 | Isaac | Ruth | 4 |
| Joshua | 27 | 7mo | 1768 | Wm. | Ann | 4 |
| Lydia | | before | 1778 | Wm. | Ann | 4 |
| Nathan | 30 | 3mo | 1765 | Wm. | Ann | 4 |
| Rebecca | 21 | 8mo | 1775 | Wm. | Margaret | 4 |
| Rebecca | 11 | 5mo | 1725 | William | Sarah | 5 |
| Ruth | | before | 1777 | Wm. | Ann | 4 |
| Samuel | 20 | 10mo | 1795 | George | Sarah | 6 |
| Sarah | 14 | 10mo | 1785 | Isaac | Ruth | 4 |
| Sarah | | before | 1769 | Wm. | Ann | 4 |
| Sarah | 9 | 11mo | 1749 | William | Ann | 6 |
| William | 1 | 12mo | 1762 | Wm. | Ann | 4 |
| William | 12 | 2mo | 1723/4 | William | Sarah | 5 |

**Weigand**
| | | | | | | |
|---|---|---|---|---|---|---|
| Jacob | 3 | Mar | 1768 | Philip | Susanna | 12 |

**Weldy**
| | | | | | |
|---|---|---|---|---|---|
| Maria Elisabetha | *circa* | 1752 | Georg | not given | 13 |

**Wells**
| | | | | | | |
|---|---|---|---|---|---|---|
| Elizabeth | 15 | 9mo | 1788 | John | Katherine | 5 |
| Josiah | 11 | 12mo | 1786 | John | Katherine | 5 |
| Mary | 24 | 7mo | 1784 | John | Katherine | 5 |
| Sarah | 27 | 3mo | 1796 | John | Katherine | 5 |
| Sarah | 5 | 11mo | 1798 | John | Katherine | 5 |
| Susanna | 12 | 10mo | 1790 | John | Katherine | 5 |
| Thomas | 16 | 9mo | 1793 | John | Katherine | 5 |

**Welsh**
| | | | | | | |
|---|---|---|---|---|---|---|
| Aaron | 1 | 11mo | 1753 | Robert | Lettice | 1 |
| Enoch | 1 | 11mo | 1756 | Robert | Lettice | 1 |

**Wertz**
| | | | | | | |
|---|---|---|---|---|---|---|
| not given | 5 | Apr | 1762 | Peter | Christina | 11 |

**West**
| | | | | | | |
|---|---|---|---|---|---|---|
| Joseph | 15 | 3mo | 1778 | Joseph | Susanna | 5 |
| Rachel | 11 | 2mo | 1772 | not given | not given | 5 |
| Sarah | | not given | | Charles | not given | 4 |

## CHESTER COUNTY BIRTHS

### Weyand
| | | | | | | | |
|---|---|---|---|---|---|---|---|
| John | bp | 1 | Apr | 1793 | Jacob | Magdalena | 12 |
| Magdalena | | 17 | Oct | 1786 | Philip | Susanna | 12 |

### Weyandt
| | | | | | | |
|---|---|---|---|---|---|---|
| Anna Catharine | 13 | Feb | 1769 | Philip | Susanna | 12 |

### Weynant
| | | | | | | |
|---|---|---|---|---|---|---|
| Maria Barbara | 22 | Jun | 1766 | Jacob | not given | 13 |

### Wh[???]
| | | | | | | | |
|---|---|---|---|---|---|---|---|
| Sarah | bp | 23 | Jun | 1793 | William | Hannah | 15 |

### Whalen
| | | | | | | |
|---|---|---|---|---|---|---|
| Ann | 13 | 8mo | 1750 | Dennis | Sarah | 3 |
| Catharine | 23 | 9mo | 1744 | Dennis | Ann | 3 |
| Isaac | 3 | 8mo | 1754 | Dennis | Sarah | 3 |
| Israel | 13 | 12mo | 1752 | Dennis | Sarah | 3 |
| John | 19 | 6mo | 1742 | Dennis | Ann | 3 |
| Mary | 28 | 1mo | 1740 | Dennis | Ann | 3 |
| Phebe | 21 | 8mo | 1746 | Dennis | Ann | 3 |
| Sarah | 20 | 11mo | 1756 | Dennis | Sarah | 3 |

### Whelen
| | | | | | | |
|---|---|---|---|---|---|---|
| Ann | 19 | 9mo | 1773 | John | Martha | 7 |
| Ann | 26 | 3mo | 1782 | John | Martha | 7 |
| Dennis | 5 | 5mo | 1764 | John | Martha | 7 |
| James | 21 | 3mo | 1767 | John | Martha | 7 |
| Joseph | 21 | 9mo | 1769 | John | Martha | 7 |
| Phebe | 8 | 12mo | 1778 | John | Martha | 7 |
| Sarah | 16 | 5mo | 1776 | John | Martha | 7 |

### Whitacre
| | | | | | | |
|---|---|---|---|---|---|---|
| Beale | 11 | 7mo | 1793 | Phineas | Edith | 2 |
| Edith | 20 | 9mo | 1786 | Phineas | Edith | 2 |
| Esther | 2 | 5mo | 1784 | Phineas | Edith | 2 |
| Hannah | 15 | 3mo | 1782 | Phineas | Edith | 2 |
| Mary | 24 | 12mo | 1779 | Phineas | Edith | 2 |
| Phineas | 14 | 4mo | 1788 | Phineas | Edith | 2 |

### White
| | | | | | | |
|---|---|---|---|---|---|---|
| Abner | 22 | 1mo | 1755 | John | Lydia | 4 |
| Ann | 11 | 12mo | 1752 | Nathaniel | Mary | 2 |
| Ann | 9 | 12mo | 1747 | John | Lydia | 4 |
| Edward | 18 | 7mo | 1752 | John | Lydia | 4 |
| Elihu | 28 | 7mo | 1770 | John | Sarah | 4 |
| Elizabeth | 28 | 2mo | 1749 | Nathaniel | Mary | 2 |
| Esther | 27 | 3mo | 1773 | John | Sarah | 4 |
| Hannah | 18 | 6mo | 1761 | John | Lydia | 4 |
| Israel | 27 | 1mo | 1767 | John | Sarah | 4 |
| Jean | 17 | 3mo | 1748 | William | Sarah | 4 |
| John | 15 | 2mo | 1756 | William | Sarah | 4 |

## CHESTER COUNTY BIRTHS

**White**

| | | | | | | | |
|---|---|---|---|---|---|---|---|
| John | | 24 | 12mo 1749 | John | Lydia | 4 |
| John | | 13 | 10mo 1719 | John | Mary | 5 |
| Joshua | | 9 | 6mo 1768 | William | Sarah | 4 |
| Levi | | 4 | 5mo 1768 | John | Sarah | 4 |
| Lydia | | 23 | 7mo 1757 | Nathaniel | Mary | 2 |
| Lydia | | 3 | 4mo 1757 | John | Lydia | 4 |
| Margaret | | 12 | 6mo 1761 | William | Sarah | 4 |
| Margaret | | 15 | 12mo 1763 | John | Sarah | 4 |
| Margret | bp | | Jun 1771 | Thomas | not given | 14 |
| Mary | | 26 | 9mo 17?? | Nathaniel | Mary | 2 |
| Mary | | 23 | 7mo 1750 | William | Sarah | 4 |
| Mary | | 28 | 5mo 1759 | John | Lydia | 4 |
| Mary | | 28 | 3mo 17?? | William | Elizabeth | 5 |
| Mary | | 20 | 5mo 1721 | John | Mary | 5 |
| Nathaniel | | 17 | 1mo 1760 | Nathaniel | Mary | 2 |
| Phebe | | 8 | 7mo 1789 | Stephen | Phebe | 1 |
| Phebe | | 1 | 10mo 1745 | William | Sarah | 4 |
| Rachel | | 23 | 3mo 1753 | William | Sarah | 4 |
| Rebecca | | 21 | 11mo 1745 | John | Lydia | 4 |
| Samuel | | 28 | 11mo 1722 | John | Mary | 5 |
| Sarah | | 20 | 6mo 1755 | Nathaniel | Mary | 2 |
| Sarah | | 28 | 12mo 1759 | William | Sarah | 4 |
| Sarah | | 23 | 6mo 1765 | John | Sarah | 4 |
| Thomas | | 22 | 12mo 1746 | Nathaniel | Mary | 2 |
| William | | 14 | 5mo 1765 | William | Sarah | 4 |
| William | | 21 | 5mo 1717 | John | Mary | 5 |

**Whitelock**

| | | | | | | | |
|---|---|---|---|---|---|---|---|
| Charles | | 24 | 1mo 1752 | Isaac | Mary | 6 |
| Daniel | | 2 | 6mo 1746 | Isaac | Mary | 6 |
| Hannah | | 15 | 6mo 1754 | Isaac | Mary | 6 |
| Hannah | | 17 | 10mo 1756 | Isaac | Mary | 6 |
| Isaac | | 9 | 12mo 1714 | not given | not given | 6 |
| Isaac | | 30 | 2mo 1750 | Isaac | Mary | 6 |
| Isaac | | 12 | 3mo 1764 | Isaac | Mary | 6 |
| Isaac | | 3 | 3mo 1774 | Daniel | Elizabeth | 6 |
| Margaret | | 25 | 2mo 1759 | Isaac | Mary | 6 |
| Martha | | 17 | 7mo 1760 | Isaac | Mary | 6 |
| Martha | | 13 | 1mo 1777 | Daniel | Elizabeth | 6 |
| Mary | | 6 | 12mo 1748 | Isaac | Mary | 6 |
| Mary | | 20 | 3mo 1775 | Daniel | Elizabeth | 6 |
| Sarah | | 23 | 3mo 1743 | Isaac | Mary | 6 |

**Whiteside**

| | | | | | | | |
|---|---|---|---|---|---|---|---|
| John | bp | 24 | Jan 1791 | Abraham | Isbella | 15 |
| John E[ ] | bp | 29 | Jan 1793 | John | Mary | 15 |

## CHESTER COUNTY BIRTHS

**Whiteside**
| | | | | | | | |
|---|---|---|---|---|---|---|---|
| Thomas | bp | ?? | Dec | 1790 | John | Mary | 15 |
| Thomas | bp | 10 | Jan | 1793 | Abraham | Isabella | 15 |

**Whitson**
| | | | | | | |
|---|---|---|---|---|---|---|
| Micah | 20 | 2mo | 1791 | Thomas | Hannah | 6 |
| Moses | 24 | 8mo | 1798 | Thomas | Hannah | 6 |
| Samuel | 10 | 11mo | 1788 | Thomas | Hannah | 6 |
| Sarah | 8 | 9mo | 1793 | Thomas | Hannah | 6 |
| Thomas | 27 | 9mo | 1760 | not given | not given | 6 |
| Thomas | 7 | 2mo | 1796 | Thomas | Hannah | 6 |

**Wickersham**
| | | | | | | |
|---|---|---|---|---|---|---|
| Abel | 15 | 1mo | 1736 | James | Ann (Eachus) | 1 |
| Abner | 26 | 4mo | 1754 | James | Ann (Eachus) | 1 |
| Alice | 14 | 7mo | 1701 | Thomas | Alice | 1 |
| Amos | 22 | 5mo | 1773 | William | Elizabeth (Pusey) | 1 |
| Ann | 13 | 2mo | 1795 | Caleb | Rachel (Swayne) | 1 |
| Ann | 27 | 2mo | 1696 | Thomas | Ann | 1 |
| Ann | 3 | 2mo | 1782 | Abner | Mary (Taylor) | 1 |
| Caleb | 25 | 2mo | 1765 | William | Elizabeth (Pusey) | 1 |
| Caleb | 10 | 12mo | 1796 | Caleb | Rachel (Swayne) | 1 |
| Elizabeth | 31 | 7mo | 1760 | James | Ann (Eachus) | 1 |
| Elizabeth | 21 | 9mo | 1784 | William | Elizabeth (Pusey) | 1 |
| Elizabeth | 11 | 10mo | 1778 | Peter | Kezia (Parker) | 1 |
| Elizabeth | 13 | 11mo | 1708/9 | Thomas | Alice | 1 |
| Ellis | 24 | 3mo | 1789 | Abner | Mary (Taylor) | 1 |
| Enoch | 1 | 2mo | 1739 | James | Ann (Eachus) | 1 |
| Enoch | 18 | 5mo | 1777 | William | Elizabeth (Pusey) | 1 |
| Enoch | 21 | 7mo | 1786 | Abner | Mary (Taylor) | 1 |
| Gideon | 18 | 3mo | 1773 | Abel | Sarah (Sellers) | 1 |
| Hannah | 23 | 10mo | 1779 | William | Elizabeth (Pusey) | 1 |
| Hannah | 15 | 4mo | 1767 | Abel | Sarah (Sellers) | 1 |
| Hannah | 18 | 12mo | 1790 | Caleb | Rachel (Swayne) | 1 |
| Hannah | 5 | 5mo | 1723 | Thomas | Abigail | 5 |
| Humphrey | | not given | | Thomas | Ann | 1 |
| Isaac | 29 | 2mo | 1784 | Peter | Kezia (Parker) | 1 |
| Isaac | 28 | 1mo | 1721 | Thomas | Alice | 1 |
| James | 30 | 11mo | 1743 | James | Ann (Eachus) | 1 |
| James | 5 | 7mo | 1782 | Abel | Sarah (Sellers) | 1 |
| Jane | 21 | 9mo | 1784 | William | Elizabeth (Pusey) | 1 |
| Jane | 16 | 10mo | 1787 | William | Elizabeth (Pusey) | 1 |
| Jane | 9 | 5mo | 1776 | Abel | Sarah (Sellers) | 1 |
| Jehu | 7 | 2mo | 1800 | Gideon | Meribah (Taylor) | 1 |
| Jesse | 17 | 12mo | 1741 | James | Ann (Eachus) | 1 |
| John | 30 | 5mo | 1746 | James | Ann (Eachus) | 1 |
| John | 29 | 7mo | 1786 | Peter | Kezia (Parker) | 1 |

# CHESTER COUNTY BIRTHS

**Wickersham**

| | | | | | | |
|---|---|---|---|---|---|---|
| John | 4 | 9mo | 1693 | Thomas | Ann | 1 |
| Joseph | 25 | 4mo | 1784 | Abner | Mary (Taylor) | 1 |
| Joshua | 17 | 8mo | 1792 | Caleb | Rachel (Swayne) | 1 |
| Kezia | 5 | 8mo | 1751 | William | not given | 1 |
| Levi | 26 | 12mo | 1784 | not given | not given | 8 |
| Lydia | 22 | 2mo | 1776 | Peter | Kezia (Parker) | 1 |
| Lydia | 7 | 7mo | 1770 | Abel | Sarah (Sellers) | 1 |
| Mary | 4 | 9mo | 1766 | William | Elizbeth (Pusey) | 1 |
| Parker | 24 | 12mo | 1773 | Peter | Kezia (Parker) | 1 |
| Peter | 16 | 2mo | 1743 | William | Rachel | 1 |
| Peter | 31 | 1mo | 1792 | Peter | Kezia (Parker) | 1 |
| Phebe | 11 | 4mo | 1799 | Caleb | Rachel (Swayne) | 1 |
| Priscilla | 25 | 12mo | 1756 | James | Ann (Eachus) | 1 |
| Rachel | 13 | 4mo | 1769 | William | Elizabeth (Pusey) | 1 |
| Rachel | 26 | 10mo | 1781 | Peter | Kezia (Parker) | 1 |
| Rebecca | 1 | 4mo | 1715 | Thomas | Alice | 1 |
| Reuben | 19 | 4mo | 1782 | William | Elizabeth (Pusey) | 1 |
| Richard | 11 | 8mo | 1703 | Thomas | Alice | 1 |
| Sampson | 20 | 1mo | 1750/1 | James | Ann (Eachus) | 1 |
| Sarah | 18 | 2mo | 1775 | not given | not given | 5 |
| Thomas | 5 | 2mo | 1749 | James | Ann (Eachus) | 1 |
| Thomas | 18 | 2mo | 1775 | William | Elizabeth (Pusey) | 1 |
| Thomas | 19 | 7mo | 1691 | Thomas | Ann | 1 |
| William | 20 | 7mo | 1740 | William | not given | 1 |
| William | 15 | 5mo | 1771 | William | Elizabeth (Pusey) | 1 |
| William | 10 | 6mo | 1789 | Peter | Kezia (Parker) | 1 |
| William | 3 | 2mo | 1706 | Thomas | Alice | 1 |

**Widdows**

| | | | | | | |
|---|---|---|---|---|---|---|
| Martha | | circa | 1735 | Abraham | not given | 1 |

**Wiley**

| | | | | | | |
|---|---|---|---|---|---|---|
| Allen | 2 | 2mo | 1764 | William | Susannah (Prew) | 1 |
| Ann | 6 | 9mo | 1718 | Joseph | Abigail | 5 |
| Caleb | 4 | 3mo | 1741 | William | Susannah (Prew) | 1 |
| Hannah | 28 | 8mo | 1738 | William | Susannah (Prew) | 1 |
| John | 19 | 11mo | 1721 | Joseph | Abigail | 5 |
| Joshua | 1 | 5mo | 1743 | William | Susannah (Prew) | 1 |
| Martha | 3 | 11mo | 1750 | William | Susannah (Prew) | 1 |
| Mary | 21 | 7mo | 1753 | William | Susannah (Prew) | 1 |
| Samuel | 16 | 6mo | 1761 | William | Susannah (Prew) | 1 |
| Sarah | 5 | 11mo | 1736 | William | Susannah (Prew) | 1 |
| Sarah | 6 | 11mo | 1716 | Joseph | Abigail | 5 |
| Susanna | 13 | 4mo | 1748 | William | Susannah (Prew) | 1 |
| Thomas | 17 | 8mo | 1758 | William | Susannah (Prew) | 1 |
| Vincent | 24 | 9mo | 1779 | not given | not given | 6 |

## CHESTER COUNTY BIRTHS

**Wiley**
| | | | | | |
|---|---|---|---|---|---|
| William | | not given | Allen | Sarah | 1 |
| William | 12 | 12mo 1745 | William | Susannah (Prew) | 1 |

**Wilkesen**
| | | | | | |
|---|---|---|---|---|---|
| Catharina Elisabet | 19 | Feb 1774 | Tomas | Catharina | 11 |

**Wilkess**
| | | | | | |
|---|---|---|---|---|---|
| Susanna | 19 | Dec 1770 | Dames | Susanna | 11 |

**Wilkeston**
| | | | | | |
|---|---|---|---|---|---|
| William | 6 | Sep 1772 | Tomas | not given | 11 |

**Wilkinson**
| | | | | | |
|---|---|---|---|---|---|
| Alice | 10 | 12mo 1755 | Joseph | Elizabeth | 2 |
| Elizabeth | 30 | 6mo 1748 | Joseph | Elizabeth | 2 |
| Elizabeth | 28 | 8mo 1772 | Francis | Hannah | 5 |
| Emey [?] | 5 | 2mo 1785 | Francis | Hannah | 5 |
| Frances | 15 | 12mo 1741 | Joseph | Elizabeth | 2 |
| Francis | 5 | 3mo 1778 | Francis | Hannah | 5 |
| Hannah | 2 | 8mo 1793 | Joseph | Margaret | 4 |
| Hannah | 20 | 6mo 1776 | Francis | Hannah | 5 |
| Joseph | 17 | 7mo 1750 | Joseph | Elizabeth | 2 |
| Joseph | 8 | 3mo 1774 | Francis | Hannah | 5 |
| Mary | 20 | 3mo 1752 | Joseph | Elizabeth | 2 |
| Mary | 25 | 1mo 1791 | Joseph | Hannah | 5 |
| Moode | 3 | 1mo 1783 | Francis | Hannah | 5 |
| Nathaniel | 2 | 11mo 1789 | Joseph | Hannah | 5 |
| Rebecca | 6 | 1mo 1771 | Francis | Hannah | 5 |
| Ruth | 27 | 7mo 1754 | Joseph | Elizabeth | 2 |
| Ruth | 26 | 12mo 1789 | Francis | Hannah | 5 |
| Susanna | 29 | 12mo 1743 | Joseph | Elizabeth | 2 |
| Susanna | 4 | 9mo 1780 | Francis | Hannah | 5 |
| Thomas | 5 | 12mo 1745 | Joseph | Elizabeth | 2 |
| William | 28 | 9mo 1787 | Francis | Hannah | 5 |

**Wilky**
| | | | | | |
|---|---|---|---|---|---|
| George | bp | Oct 1770 | Leonard | not given | 14 |
| William | bp | Jun 1768 | Leonard | not given | 14 |

**Williams**
| | | | | | |
|---|---|---|---|---|---|
| Abner | 10 | 9mo 1729 | William | Joann | 3 |
| Adino | 5 | 9mo 1727 | William | Joann | 3 |
| Amos | 8 | 8mo 1747 | Joseph | Martha | 6 |
| Ann | 14 | 2mo 1763 | Joseph | Martha | 6 |
| Ann | 30 | 9mo 1790 | John | Ann | 6 |
| Ann | 20 | 5mo 1790 | Joseph | Esther | 6 |
| Ann | 14 | 2mo 1763 | not given | not given | 10 |
| Caleb | 28 | 10mo 1797 | Joshua | Susanna | 6 |
| Daniel | 17 | 5mo 1747 | Edward | Sibbilla | 7 |
| Deborah | 27 | 7mo 1788 | Joseph | Esther | 6 |

## CHESTER COUNTY BIRTHS

**Williams**

| | | | | | | |
|---|---|---|---|---|---|---|
| Edward | 30 | 8mo | 1718 | John | Jane | 3 |
| Edward | 7 | 11mo | 1774 | Daniel | Mary (Humphrey) | 7 |
| Elinor | 5 | 1mo | 1752 | Joseph | Martha | 6 |
| Elinor | 15 | 8mo | 1757 | James | Ann | 6 |
| Elizabeth | 3 | 1mo | 1757 | Joseph | Abigail | 4 |
| Elizabeth | 28 | 6mo | 1788 | John | Ann | 6 |
| Elizabeth | 19 | 9mo | 1795 | Joshua | Susanna | 6 |
| Elizabeth | 9 | 8mo | 1796 | Joseph | Esther | 6 |
| Ellis | 24 | 11mo | 1797 | Ellis | Jane | 3 |
| Ennion | 2 | 9mo | 1758 | Joseph | Abigail | 4 |
| Ennion | 19 | 10mo | 1745 | Isaac | Lydia | 4 |
| Ennion | 2 | 8mo | 1756 | Isaac | Lydia | 4 |
| Enoch | 21 | 6mo | 1723 | John | Jane | 3 |
| Esther | 11 | 11mo | 1718 | Ellis | Mary | 3 |
| Grace | 22 | 10mo | 1753 | Joseph | Abigail | 4 |
| Grace | 12 | 3mo | 1707 | Robert | not given | 7 |
| Hannah | 21 | 2mo | 1747 | Isaac | Lydia | 4 |
| Hannah | 9 | 9mo | 1750 | Joseph | Martha | 6 |
| Hannah | 28 | 6mo | 1748 | James | Ann | 6 |
| Hannah | 9 | 10mo | 1781 | Joseph | Hannah | 6 |
| Hannah | 15 | 2mo | 1762 | Jacob | Ruth (Davies) | 7 |
| Isaac | 26 | 6mo | 1754 | Isaac | Lydia | 4 |
| Isaac | 5 | 6mo | 1791 | Jonathan | Elizabeth | 7 |
| Israel | 21 | 9mo | 1759 | Jacob | Ruth (Davies) | 7 |
| Jacob | 24 | 11mo | 1731/2 | John | Jane | 7 |
| James | 14 | 6mo | 1722 | Amos | Elinor | 6 |
| James | 3 | 10mo | 1752 | James | Ann | 6 |
| James | 18 | 1mo | 1795 | Joseph | Esther | 6 |
| Jane | 1 | 9mo | 1757 | Jacob | Ruth (Davies) | 7 |
| Jesse | 19 | 11mo | 1794 | Ellis | Jane | 3 |
| John | 9 | 9mo | 1725 | William | Joann | 3 |
| John | 22 | 9mo | 1750 | Joseph | Abigail | 4 |
| John | | not given | | Joseph | not given | 6 |
| John | 27 | 11mo | 1754 | James | Ann | 6 |
| John | 18 | 7mo | 1761 | James | Ann | 6 |
| John | 8 | 8mo | 1749 | William | not given | 7 |
| John | 23 | 3mo | 1796 | Jonathan | Elizabeth | 7 |
| Jonathan | 31 | 10mo | 1761 | not given | not given | 7 |
| Joseph | 20 | 2mo | 1755 | Joseph | Abigail | 4 |
| Joseph | 10 | 3mo | 1758 | Joseph | Martha | 6 |
| Joseph | 1 | 9mo | 1750 | James | Ann | 6 |
| Joseph | 16 | 9mo | 1750 | not given | not given | 6 |
| Joshua | 23 | 2mo | 1768 | Joseph | not given | 6 |
| Katharine | 19 | 7mo | 1775 | John | Sarah (Kirk) | 7 |
| Lydia | 19 | 8mo | 1790 | Ellis | Jane | 3 |

## CHESTER COUNTY BIRTHS

**Williams**
| | | | | | | |
|---|---|---|---|---|---|---|
| Lydia | 28 | 2mo | 1752 | Isaac | Lydia | 4 |
| Lydia | 15 | 10mo | 1791 | Joseph | Esther | 6 |
| Lydia | 6 | 8mo | 1762 | Ellis | Lydia | 7 |
| Margaret | 5 | 9mo | 1793 | Joseph | Esther | 6 |
| Martha | 27 | 6mo | 1749 | Joseph | Martha | 6 |
| Mary | 3 | 1mo | 1720 | Ellis | Mary | 3 |
| Mary | 16 | 2mo | 1721 | Lewis | Ann | 3 |
| Mary | 9 | 9mo | 1792 | Ellis | Jane | 3 |
| Mary | 8 | 12mo | 1761 | Joseph | Abigail | 4 |
| Mary | 7 | 3mo | 1761 | Isaac | Lydia | 4 |
| Mary | 30 | 6mo | 1760 | Joseph | Martha | 6 |
| Mary | 8 | 1mo | 1793 | John | Ann | 6 |
| Mary | | not given | | Samuel | Mary | 6 |
| Mary | 17 | 4mo | 1764 | James | Ann | 6 |
| Mary | 18 | 2mo | 1800 | Joshua | Susanna | 6 |
| Mary | 24 | 7mo | 1773 | John | Sarah (Kirk) | 7 |
| Mary | 29 | 12mo | 1793 | Jonathan | Elizabeth | 7 |
| Minshall | 25 | 11mo | 1753 | Joseph | Martha | 6 |
| Mordecai | 2 | 12mo | 1798 | Jonathan | Elizabeth | 7 |
| Nathan | 19 | 8mo | 1722 | Lewis | Ann | 3 |
| Owen | 5 | 5mo | 1795 | John | Ann | 6 |
| Phebe | 20 | 11mo | 1797 | John | Ann | 6 |
| Rachel | 6 | 10mo | 1758 | Isaac | Lydia | 4 |
| Rehoboth | 3 | 9mo | 1731 | William | Joann | 3 |
| Robert | 29 | 6mo | 1715 | Ellis | Mary | 3 |
| Robert | 31 | 1mo | 1724 | Lewis | Ann | 3 |
| Samuel | 17 | 5mo | 1756 | Samuel | Mary | 6 |
| Sarah | 9 | 4mo | 1773 | Daniel | Mary (Humphrey) | 7 |
| Sibbilla | 10 | 3mo | 1776 | Daniel | Mary (Humphrey) | 7 |
| William | 25 | 6mo | 1749 | Isaac | Lydia | 4 |
| William | 19 | 2mo | 1790 | Jonathan | Elizabeth | 7 |

**Williamson**
| | | | | | | |
|---|---|---|---|---|---|---|
| Adam | 29 | 8mo | 1751 | John | Elizabeth | 3 |
| Adam Buckley | 31 | 3mo | 1800 | Enos | Sarah | 3 |
| Alice | 22 | 4mo | 1721 | John | Sarah | 3 |
| Anne | 15 | 6mo | 1757 | John | Elizabeth | 3 |
| Daniel | 10 | 9mo | 1732 | John | Sarah | 3 |
| Elizabeth | 13 | 1mo | 1764 | John | Elizabeth | 3 |
| Enos | 4 | 6mo | 1768 | John | Elizabeth | 3 |
| Esther | 2 | 2mo | 1723 | John | Sarah | 3 |
| Esther | 18 | 6mo | 1770 | John | Elizabeth | 3 |
| George | 15 | 4mo | 1766 | John | Elizabeth | 3 |
| Hannah | 5 | 1mo | 1759 | John | Elizabeth | 3 |
| Hannah | 27 | 12mo | 1797 | Enos | Sarah | 3 |
| Jane | 30 | 6mo | 1725 | John | Sarah | 3 |

## CHESTER COUNTY BIRTHS

**Williamson**

| | | | | | | | |
|---|---|---|---|---|---|---|---|
| Jane | 24 | 5mo | 1772 | John | Elizabeth | | 3 |
| John | 21 | 1mo | 1726/7 | John | Sarah | | 3 |
| John | 21 | 9mo | 1755 | John | Elizabeth | | 3 |
| John | 16 | 5mo | 1795 | Walter | Rebecca | | 3 |
| Margaret | 17 | 10mo | 1719 | John | Sarah | | 3 |
| Mary | 11 | 10mo | 1715 | John | Sarah | | 3 |
| Rebecca | 9 | 12mo | 1796 | Walter | Rebecca | | 3 |
| Sarah | 28 | 5mo | 1718 | John | Sarah | | 3 |
| Sarah | 21 | 7mo | 1753 | John | Elizabeth | | 3 |
| Walter | 3 | 8mo | 1761 | John | Elizabeth | | 3 |

**Wilson**

| | | | | | | | |
|---|---|---|---|---|---|---|---|
| Agnes | bp | Apr | 1770 | William, Jr. | not given | | 14 |
| Amelia | 18 | 9mo | 1798 | Benjamin | Anne (Sidwell) | | 4 |
| Amos | 28 | 2mo | 1781 | David | Margaret | | 5 |
| Amos | 16 | 9mo | 1794 | David | Margaret | | 5 |
| Ann | | not given | | Christopher | Esther | | 1 |
| Ann | 28 | 2mo | 1783 | William | Hannah | | 1 |
| Ann | 1 | 7mo | 1720 | Christopher | Esther | | 1 |
| Ann | 27 | 12mo | 1756 | Benjamin | Lydia (Job) | | 4 |
| Anna | 22 | 4mo | 1772 | Benjamin | Lydia (Job) | | 4 |
| Anne | 25 | 8mo | 1799 | Ephraim | Elizabeth | | 8 |
| Benjamin | 20 | 11mo | 1769 | Benjamin | Lydia (Job) | | 4 |
| Christopher | | not given | | Christopher | Dinah | | 1 |
| Christopher | 15 | 3mo | 1733 | Christopher | Esther | | 1 |
| Dinah | 2 | 11mo | 1767 | James | Amy (Gregg) | | 1 |
| Dinah | 24 | 10mo | 1773 | William | Hannah | | 1 |
| Edward | 7 | 10mo | 1779 | Isaac | Rebecca | | 5 |
| Eli | 27 | 9mo | 1760 | Christopher | Dinah | | 1 |
| Elizabeth | 14 | 2mo | 1798 | John | Catharine | | 1 |
| Elizabeth | 31 | 7mo | 1800 | David | Elizabeth | | 2 |
| Elizabeth | 18 | 8mo | 1753 | Benjamin | Lydia (Job) | | 4 |
| Elizabeth | 16 | 12mo | 1795 | Benjamin | Anne (Sidwell) | | 4 |
| Elizabeth | 16 | 7mo | 1777 | Ephraim | Elizabeth | | 5 |
| Ephraim | 25 | 10mo | 1791 | Ephraim | Elizabeth | | 8 |
| Esther | | not given | | Joseph | not given | | 1 |
| George | 14 | 11mo | 1749 | Thomas | Sarah | | 4 |
| Hannah | | not given | | Christopher | Esther | | 1 |
| Hannah | | not given | | John | Ruth | | 1 |
| Hannah | 10 | 7mo | 1780 | William | Hannah | | 1 |
| Hannah | | not given | | Christopher | Dinah | | 1 |
| Hannah | | not given | | Charles | not given | | 1 |
| Hannah | 12 | 10mo | 1729 | Christopher | Esther | | 1 |
| Hannah | 3 | 11mo | 1754 | Benjamin | Lydia (Job) | | 4 |
| Hannah | 3 | 9mo | 1790 | Isaac | Rebecca | | 5 |
| Hannah | 10 | 12mo | 1779 | David | Margaret | | 5 |

## CHESTER COUNTY BIRTHS

**Wilson**

| | | | | | | | |
|---|---|---|---|---|---|---|---|
| Hugh | | 28 | 9mo | 1783 | Isaac | Rebecca | 5 |
| Isaac | | 9 | 8mo | 1796 | Ezekiel | Rachel | 1 |
| Isaac | | 21 | 7mo | 1800 | Benjamin | Anne (Sidwell) | 4 |
| Isaac | | 25 | 8mo | 1781 | Isaac | Rebecca | 5 |
| Jacob | | 29 | 5mo | 1777 | William | Hannah | 1 |
| James | | 26 | 9mo | 1738 | Christopher | Esther | 1 |
| James | | 30 | 8mo | 1760 | Benjamin | Lydia (Job) | 4 |
| James | | 1 | 3mo | 1800 | John | Catharine | 8 |
| Jane | | 13 | 11mo | 1748 | John | Ann | 5 |
| Jehu | | 1 | 1mo | 1763 | John | Dinah | 7 |
| Job | | 19 | 12mo | 1774 | Benjamin | Lydia (Job) | 4 |
| Joel | | 23 | 2mo | 1784 | Ephraim | Elizabeth | 5 |
| John | | 26 | 10mo | 1774 | James | Elizabeth | 1 |
| John | | 16 | 8mo | 1797 | William | Hannah | 1 |
| John | | 12 | 9mo | 1735 | Christopher | Esther | 1 |
| Jonas | | 9 | 9mo | 1796 | Isaac | Sarah | 5 |
| Joseph | | 17 | 6mo | 1724 | Christopher | Esther | 1 |
| Joshua | | 8 | 6mo | 1771 | James | Amy (Gregg) | 1 |
| Lydia | | 14 | 5mo | 1764 | James | Amy (Gregg) | 1 |
| Lydia | | 21 | 11mo | 1751 | Thomas | Sarah | 4 |
| Lydia | | 31 | 8mo | 1761 | Benjamin | Lydia (Job) | 4 |
| Lydia | | 16 | 2mo | 1794 | Ephraim | Elizabeth | 8 |
| Margaret | | 7 | 2mo | 1784 | David | Margaret | 5 |
| Martha | | 21 | 1mo | 1794 | William | Hannah | 1 |
| Martha | | 25 | 2mo | 1788 | Isaac | Rebecca | 5 |
| Mary | | 13 | 3mo | 1789 | William | Hannah | 1 |
| Mary | | 18 | 3mo | 1789 | Ephraim | Elizabeth | 5 |
| Mary | | 18 | 12mo | 1760 | John | Dinah | 7 |
| Mary | | 15 | 7mo | 1791 | David | Elizabeth | 10 |
| Mary | bp | 12 | Apr | 1772 | George | not given | 14 |
| Nathan | | 3 | 1mo | 1800 | John | Catharine | 1 |
| Nathan | | 15 | 5mo | 1797 | Benjamin | Anne (Sidwell) | 4 |
| Oliver | | 9 | 12mo | 1791 | David | Margaret | 5 |
| Peter | | 3 | 10mo | 1789 | Ezekiel | Rachel | 1 |
| Phebe | | 11 | 10mo | 1779 | Ephraim | Elizabeth | 5 |
| Rachel | | 21 | 9mo | 1758 | Benjamin | Lydia (Job) | 4 |
| Rachel | | 22 | 10mo | 1781 | Ephraim | Elizabeth | 8 |
| Rebecca | | 25 | 4mo | 1767 | Benjamin | Lydia (Job) | 4 |
| Rebecca | | 9 | 3mo | 1789 | David | Margaret | 5 |
| Rebecca | | 24 | 10mo | 1786 | Ephraim | Elizabeth | 8 |
| Robert | bp | | Nov | 1768 | Richard | not given | 14 |
| Ruth | | 15 | 5mo | 1792 | Ezekiel | Rachel | 1 |
| Samuel | | 4 | 2mo | 1788 | William | Hannah | 1 |
| Samuel | | 25 | 1mo | 1788 | Ezekiel | Rachel | 1 |
| Samuel | | 2 | 10mo | 1776 | Benjamin | Lydia (Job) | 4 |

## CHESTER COUNTY BIRTHS

**Wilson**
| | | | | | | |
|---|---|---|---|---|---|---|
| Samuel | 18 | 1mo | 1786 | Isaac | Rebecca | 5 |
| Sarah | 16 | 2mo | 1794 | Ezekiel | Rachel | 1 |
| Sarah | 20 | 6mo | 1763 | Benjamin | Lydia (Job) | 4 |
| Sarah | 16 | 7mo | 1778 | Isaac | Rebecca | 5 |
| Sarah | 9 | 12mo | 1786 | David | Margaret | 5 |
| Seth | 7 | 12mo | 1764 | John | Dinah | 7 |
| Stephen | 30 | 9mo | 1762 | James | Amy (Gregg) | 1 |
| Stephen | 20 | 7mo | 1793 | Isaac | Rebecca | 5 |
| Susanna | 28 | Feb | 1800 | N. N. | Hannah | 12 |
| Tamar | 28 | 12mo | 1773 | not given | not given | 5 |
| Thomas | 9 | 4mo | 1763 | Christopher | Dinah | 1 |
| Thomas | 14 | 3mo | 1722 | Christopher | Esther | 1 |
| Thomas | 18 | 5mo | 1765 | Benjamin | Lydia (Job) | 4 |
| Thomas bp | 12 | Apr | 1772 | George | not given | 14 |
| Uree | 19 | 3mo | 1798 | David | Elizabeth | 2 |
| William | 21 | 8mo | 1745 | not given | not given | 1 |
| William | 30 | 1mo | 1787 | William | Hannah | 1 |
| William | 17 | 7mo | 1726 | Christopher | Esther | 1 |
| a son | 7 | 11mo | 1782 | David | Margaret | 5 |

**Winder**
| | | | | | | |
|---|---|---|---|---|---|---|
| Abner | 14 | 9mo | 1780 | John | Margaret | 1 |
| Ann | 7 | 7mo | 1778 | John | Margaret | 1 |
| Elizabeth | 6 | 12mo | 1785 | John | Margaret | 1 |
| Mary | 8 | 6mo | 1783 | John | Margaret | 1 |

**Windle**
| | | | | | | |
|---|---|---|---|---|---|---|
| Ann | 21 | 3mo | 1765 | William | Mary (Jackson) | 1 |
| Benjamin | 12 | 9mo | 1789 | David | Abigail | 5 |
| Caleb | 12 | 9mo | 1763 | William | Mary (Jackson) | 1 |
| Caleb | 8 | 1mo | 1792 | David | Abigail | 5 |
| David | 17 | 3mo | 1784 | William | Mary (Jackson) | 1 |
| Francis | 16 | 9mo | 1768 | William | Mary (Jackson) | 1 |
| Hannah | 28 | 1mo | 1786 | William | Mary (Jackson) | 1 |
| Isaac | 15 | 2mo | 1782 | William | Mary (Jackson) | 1 |
| John | 10 | 9mo | 1780 | William | Mary (Jackson) | 1 |
| Joseph Kirk | 2 | 11mo | 1787 | David | Abigail | 5 |
| Lydia | 12 | 8mo | 1762 | William | Mary (Jackson) | 1 |
| Mary | 19 | 12mo | 1766 | William | Mary (Jackson) | 1 |
| Rachel | 15 | 12mo | 1778 | William | Mary (Jackson) | 1 |
| Rebecca | 27 | 3mo | 1776 | William | Mary (Jackson) | 1 |
| Ruth | 4 | 1mo | 1772 | William | Mary (Jackson) | 1 |
| Sarah | 15 | 11mo | 1774 | William | Mary (Jackson) | 1 |
| Thomas | 3 | 10mo | 1777 | William | Mary (Jackson) | 1 |
| William | | not given | | Francis | not given | 1 |
| William | 25 | 8mo | 1770 | William | Mary (Jackson) | 1 |

## CHESTER COUNTY BIRTHS

**Wohlfahrt**
| | | | | | | |
|---|---|---|---|---|---|---|
| Margaretha | ca | Jan | 1752 | Adam | not given | 13 |

**Wollaston**
| | | | | | | |
|---|---|---|---|---|---|---|
| Ann | 12 | 1mo | 1719 | Jeremiah | Catharine | 1 |
| Catharine | 24 | 3mo | 1730 | Jeremiah | Catharine | 1 |
| George | 23 | 10mo | 1720 | Jeremiah | Catharine | 1 |
| Hannah P. | 18 | 2mo | 1795 | James | Sarah | 8 |
| James | 26 | 11mo | 1724 | Jeremiah | Catharine | 1 |
| Joseph | 27 | 6mo | 1717 | Jeremiah | Catharine | 1 |
| Joseph Pennock | 9 | 10mo | 1796 | James | Sarah | 8 |
| Lydia | 27 | 12mo | 1723 | Jeremiah | Catharine | 1 |
| Martha | 3 | 6mo | 1714 | Thomas | Elinor | 5 |
| Mary | 23 | 1mo | 1715/6 | Thomas | Elinor | 5 |
| Mary | 16 | 10mo | 1722 | Thomas | Elinor | 5 |
| Pressilla | 30 | 10mo | 1717 | Thomas | Elinor | 5 |
| Sarah | 14 | 6mo | 1719 | Thomas | Elinor | 5 |
| Sarah | 26 | 10mo | 1798 | James | Sarah | 8 |
| Thomas | 8 | 1mo | 1728 | Jeremiah | Catharine | 1 |
| Thomas | 23 | 2mo | 1726 | Thomas | Elinor | 5 |

**Wolls**
| | | | | | | |
|---|---|---|---|---|---|---|
| Philip | 30 | Jun | 1762 | Christoph | Maria Lis. | 11 |
| Simon | 9 | Jan | 1761 | Christoph | Cath. Elisabeth | 11 |

**Wontschauer**
| | | | | | | |
|---|---|---|---|---|---|---|
| Henrich | 11 | Apr | 1766 | Jacob | not given | 13 |
| Michael | 11 | Apr | 1766 | Jacob | not given | 13 |

**Wood**
| | | | | | | |
|---|---|---|---|---|---|---|
| Caleb | 11 | 1mo | 1792 | Thomas | Susanna | 8 |
| David | 21 | 11mo | 1779 | Joseph | Katharine | 4 |
| Day | | 7mo | 1786 | Joseph | Katharine | 4 |
| Eassandrew | 26 | 9mo | 1756 | William | Margaret (Holland) | 5 |
| Elizabeth | 21 | 9mo | 1777 | Joseph | Katharine | 4 |
| Elizabeth | 8 | 1mo | 1760 | William | Margaret (Holland) | 5 |
| George | 18 | 12mo | 1751 | William | Margaret (Holland) | 5 |
| Jesse | 21 | 7mo | 1773 | Joseph | Katharine | 4 |
| Joel | 28 | 8mo | 1774 | Thomas | Susanna (Pusey) | 5 |
| John | | 11mo | 1781 | Joseph | Katharine | 4 |
| John | 5 | 11mo | 1777 | Thomas | Susanna (Pusey) | 5 |
| John | 5 | 11mo | 1777 | Thomas | Susanna | 8 |
| Joseph | 7 | 3mo | 1772 | Joseph | Katharine | 4 |
| Joseph | 20 | 3mo | 1755 | William | Margaret (Holland) | 5 |
| Joshua | 5 | 7mo | 1763 | William | Margaret (Holland) | 5 |
| Lydia | 5 | 4mo | 1775 | Joseph | Katharine | 4 |
| Lydia | 3 | 10mo | 1779 | Thomas | Susanna (Pusey) | 5 |
| Margaret | 17 | 8mo | 1761 | William | Margaret (Holland) | 5 |
| Margaret | 11 | 4mo | 1783 | Thomas | Susanna (Pusey) | 5 |

## CHESTER COUNTY BIRTHS

**Wood**
| | | | | | | | |
|---|---|---|---|---|---|---|---|
| Margaret | bp | 8 May 1791 | Samuel | not given | 15 |
| Mary | | 22 7mo 1753 | William | Margaret (Holland) | 5 |
| Mary | | 25 9mo 1796 | Thomas | Susanna | 8 |
| Nathan | | 7 2mo 1781 | Thomas | Susanna (Pusey) | 5 |
| Pusey | | 4 7mo 1789 | Thomas | Susanna | 8 |
| Ruth | | 14 10mo 1765 | William | Margaret (Holland) | 5 |
| Susanna | | 13 8mo 1787 | Thomas | Susanna | 8 |
| Thomas | | 30 9mo 1769 | Joseph | Katharine | 4 |
| Thomas | | 17 11mo 1750 | William | Margaret (Holland) | 5 |
| Thomas | | 27 9mo 1785 | Thomas | Susanna (Pusey) | 5 |
| William | | 8 12mo 1770 | Joseph | Katharine | 4 |
| William | | 22 6mo 1723 | Thomas | Mary | 5 |
| William | | 11 4mo 1758 | William | Margaret (Holland) | 5 |
| William | | 30 12mo 1775 | Thomas | Susanna (Pusey) | 5 |

**Woodnutt**
| | | | | |
|---|---|---|---|---|
| Henry | 4 12mo 1735 | Richard | Ann | 1 |
| Jonathan | 17 3mo 1731 | Richard | Ann | 1 |

**Woodrow**
| | | | | |
|---|---|---|---|---|
| Elizabeth | 20 10mo 1797 | Simeon | Judith | 4 |
| Stephen | 15 1mo 1799 | Simeon | Judith | 4 |

**Woodward**
| | | | | |
|---|---|---|---|---|
| Abraham | 17 4mo 1740 | William | Eliza | 2 |
| Amos | 23 3mo 1784 | Robert | Jane | 2 |
| Ann | 23 6mo 1779 | Robert | Jane | 2 |
| Ann | 9 4mo 1795 | Thomas | Mary | 8 |
| Deborah | 26 10mo 1751 | John | Sarah | 2 |
| Deborah | 19 3mo 1755 | Thomas | Elizabeth (Kirk) | 5 |
| Deborah | 25 7mo 1781 | Thomas | Mary | 8 |
| Elizabeth | 27 11mo 1770 | Robert | Jane | 2 |
| Elizabeth | 12 6mo 1748 | Thomas | Elizabeth (Kirk) | 5 |
| Elizabeth | 20 1mo 1783 | Thomas | Mary | 8 |
| Ellis | 7 10mo 1784 | Thomas | Mary | 8 |
| Esther | 20 9mo 1769 | Robert | Jane | 2 |
| Evan | 22 6mo 1790 | Robert | Jane | 2 |
| James | 28 11mo 1736 | William | Eliza | 2 |
| James | 27 1mo 1756 | John | Sarah | 2 |
| James | 4 7mo 1788 | Robert | Jane | 2 |
| Jane | 3 8mo 1739 | James | Ann | 7 |
| Jesse | 28 2mo 1786 | Robert | Jane | 2 |
| John | 30 4mo 1749 | William | Eliza | 2 |
| John | 17 10mo 1767 | John | Sarah | 2 |
| John | 22 5mo 1775 | Samuel | Sarah (Jackson) | 5 |
| Jonathan | 8 9mo 1780 | Robert | Jane | 2 |
| Joshua | 9 2mo 1792 | Thomas | Mary | 8 |

# CHESTER COUNTY BIRTHS

**Woodward**
| | | | | | | |
|---|---|---|---|---|---|---|
| Levi | 29 | 1mo | 1786 | Samuel | Sarah (Jackson) | 5 |
| Lewis | 26 | 10mo | 1800 | Samuel | Hannah | 8 |
| Lydia | 21 | 12mo | 1797 | Thomas | Mary | 8 |
| Mary | 11 | 4mo | 1735 | William | Eliza | 2 |
| Mary | 26 | 1mo | 1756 | Thomas | Elizabeth (Kirk) | 5 |
| Mary | 16 | 6mo | 1789 | Thomas | Mary | 8 |
| Rachel | 7 | 7mo | 1785 | Joseph | Ann | 1 |
| Rachel | 25 | 11mo | 1787 | Samuel | Sarah (Jackson) | 5 |
| Rebecca | 24 | 9mo | 1746 | Thomas | Elizabeth (Kirk) | 5 |
| Rebecca | 4 | 4mo | 1790 | Samuel | Sarah (Jackson) | 5 |
| Richard | 3 | 4mo | 1754 | John | Sarah | 2 |
| Robert | 1 | 9mo | 1776 | Robert | Jane | 2 |
| Ruth | 7 | 11mo | 1772 | Robert | Jane | 2 |
| Samuel | 9 | 8mo | 1750 | Thomas | Elizabeth (Kirk) | 5 |
| Samuel | 18 | 3mo | 1777 | Samuel | Sarah (Jackson) | 5 |
| Sarah | 1 | 2mo | 1783 | Robert | Jane | 2 |
| Sarah | 11 | 2mo | 1779 | Samuel | Sarah (Jackson) | 5 |
| Susanna | 7 | 8mo | 1761 | Thomas | Elizabeth (Kirk) | 5 |
| Susanna | 5 | 8mo | 1773 | Samuel | Sarah (Jackson) | 5 |
| Susanna | 9 | 10mo | 1778 | Thomas | Mary | 8 |
| Susanna | 5 | 8mo | 1773 | Samuel | Sarah | 8 |
| Thomas | 6 | 10mo | 1774 | Robert | Jane | 2 |
| Thomas | 7 | 11mo | 1722 | Richard | Mary | 5 |
| Thomas | 17 | 3mo | 1753 | Thomas | Elizabeth (Kirk) | 5 |
| Thomas | 15 | 2mo | 1784 | Samuel | Sarah (Jackson) | 5 |
| Thomas | 23 | 1mo | 1788 | Thomas | Mary | 8 |
| Timothy | 22 | 10mo | 1759 | Thomas | Elizabeth (Kirk) | 5 |
| William | 8 | 6mo | 1743 | William | Eliza | 2 |
| William | 23 | 1mo | 1782 | Samuel | Sarah (Jackson) | 5 |

**Woollis**
| | | | | | | |
|---|---|---|---|---|---|---|
| Rachel | 18 | 12mo | 1782 | Nicholas | Hannah | 1 |
| Sarah | 1 | 11mo | 1774 | Nicholas | Hannah | 1 |

**Worrall**
| | | | | | | |
|---|---|---|---|---|---|---|
| Ann | 17 | 11mo | 1771 | William | Mary | 7 |

**Worsley**
| | | | | | | |
|---|---|---|---|---|---|---|
| Sarah | 3 | 4mo | 1717 | Daniel | Sarah | 5 |

**Worth**
| | | | | | | |
|---|---|---|---|---|---|---|
| Ebenezer | 12 | 6mo | 1789 | Thomas | Ann | 2 |
| Elizabeth | 28 | 8mo | 1784 | Thomas | Ann | 2 |
| John | 25 | 6mo | 1782 | not given | not given | 2 |
| Joseph | 22 | 2mo | 1782 | Thomas | Ann | 2 |
| Mary | 20 | 9mo | 1793 | Thomas | Ann | 2 |
| Phebe | 6 | 7mo | 1786 | Thomas | Ann | 2 |

## CHESTER COUNTY BIRTHS

**Worthington**
| | | | | | | |
|---|---|---|---|---|---|---|
| Rachel | | | 1793 | David | not given | 4 |
| Rachel | | | 1793 | Thomas | not given | 4 |

**Wright**
| | | | | | | |
|---|---|---|---|---|---|---|
| Ann | 31 | 4mo | 1723 | Sismore | Margaret | 5 |
| Charles | 4 | 6mo | 1796 | James | Elizabeth | 6 |
| Elizabeth | 23 | 11mo | 1714 | James | Mary | 5 |
| Hannah | 24 | 1mo | 1709/10 | James | Mary | 5 |
| Isaac | 25 | 3mo | 1723 | James | Mary | 5 |
| Isaac | 4 | 12mo | 1718 | Sismore | Margaret | 5 |
| James | 8 | 11mo | 1718 | James | Mary | 5 |
| John | 4 | 11mo | 1716 | James | Mary | 5 |
| Margaret | 18 | 10mo | 1720 | Sismore | Margaret | 5 |
| Martha | 14 | 2mo | 1713 | James | Mary | 5 |
| Mary | 3 | 6mo | 1708 | James | Mary | 5 |
| Rhoda | 27 | 12mo | 1791 | James | Elizabeth | 6 |
| Robert | 26 | 3mo | 1798 | James | Elizabeth | 6 |
| Samuel | 4 | 9mo | 1789 | James | Elizabeth | 6 |
| Sarah | 7 | 9mo | 1790 | James | Elizabeth | 6 |
| Sarah | 5 | 9mo | 1793 | James | Elizabeth | 6 |
| Susanna B. | 4 | 5mo | 1795 | James | Elizabeth | 6 |
| Thomas | 14 | 1mo | 1720 | James | Mary | 5 |
| Thomas | 11 | 5mo | 1719 | Sismore | Margaret | 5 |

**Wuertz**
| | | | | | | |
|---|---|---|---|---|---|---|
| Anna Margaretha | 14 | Jun | 1740 | Jacob | not given | 16 |
| John Cunradt | 15 | Oct | 1735 | Jacob | not given | 16 |
| Maria Catharina | 8 | Aug | 1738 | Jacob | not given | 16 |

**Wyand**
| | | | | | | |
|---|---|---|---|---|---|---|
| Daniel | 3 | Oct | 1789 | Philip | Susanna | 12 |

# Y

**Yarnall**
| | | | | | | |
|---|---|---|---|---|---|---|
| Aaron | 22 | 6mo | 1726 | Francis | Mary | 3 |
| Aaron | 20 | 2mo | 1738 | Amos | Mary | 3 |
| Aaron | 23 | 8mo | 1762 | Daniel | Ann | 3 |
| Abner | 18 | 11mo | 1755 | Abraham | Elizabeth (James) | 1 |
| Abraham | | not given | | Philip | not given | 1 |
| Amos | 31 | 5mo | 1725 | John | Ann | 3 |
| Amos | 17 | 3mo | 1767 | Amos, Jr. | Jane | 3 |
| Amos | 28 | 8mo | 1730 | Amos | Mary | 3 |
| Amos | 19 | 11mo | 1754 | Daniel | Ann | 3 |

## CHESTER COUNTY BIRTHS

**Yarnall**

| Name | Day | Month | Year | Father | Mother | |
|---|---|---|---|---|---|---|
| Ann | 11 | 7mo | 1721 | Peter | Alice | 3 |
| Ann | 15 | 12mo | 1726/7 | John | Ann | 3 |
| Ann | 21 | 2mo | 1759 | Daniel | Ann | 3 |
| Benjamin | 20 | 11mo | 1760 | Amos, Jr. | Jane | 3 |
| Caleb | 25 | 1mo | 1759 | Amos, Jr. | Jane | 3 |
| Catharine | 1 | 11mo | 1741 | Mordecai | Catharine | 3 |
| Daniel | 15 | 12mo | 1727/8 | Amos | Mary | 3 |
| David | 23 | 7mo | 1728 | Moses | Dowse | 3 |
| Edith | 4 | 4mo | 1768 | Ephraim | Sarah (Houlton) | 1 |
| Elizabeth | 19 | 1mo | 1768 | Abraham | Elizabeth (James) | 1 |
| Elizabeth | 6 | 8mo | 1751 | Daniel | Ann | 3 |
| Elline / Ellice | 7 | 8mo | 1736 | Mordecai | Catharine | 3 |
| Enoch | 5 | 5mo | 1742 | Moses | Dowse | 3 |
| Enoch | 1 | 2mo | 1791 | Moses | Sarah | 3 |
| Enos | 3 | 5mo | 1795 | Moses | Sarah | 3 |
| Ephraim | | not given | | Nathan | Rachel | 1 |
| Ezekiel | 23 | 2mo | 1762 | Abraham | Elizabeth (James) | 1 |
| Ezra | 13 | 1mo | 1756 | Amos, Jr. | Jane | 3 |
| Francis | 27 | 7mo | 1719 | Peter | Alice | 3 |
| George | 12 | 11mo | 1745/6 | Amos | Mary | 3 |
| Hannah | 15 | 4mo | 1718 | Francis | Mary | 3 |
| Hannah | 11 | 8mo | 1730 | Moses | Dowse | 3 |
| Hannah | 26 | 6mo | 1738 | Mordecai | Catharine | 3 |
| Hannah | 5 | 10mo | 1762 | Amos, Jr. | Jane | 3 |
| Houlton | 1 | 10mo | 1774 | Ephraim | Sarah (Houlton) | 1 |
| Isaac | 23 | 11mo | 1772 | Ephraim | Sarah (Houlton) | 1 |
| James | 6 | 4mo | 1769 | Daniel | Ann | 3 |
| Jane | 7 | 6mo | 1725 | Francis | Mary | 3 |
| Jane | 29 | 8mo | 1769 | Amos, Jr. | Jane | 3 |
| Jane | 22 | 1mo | 1799 | Benjamin | Susanna | 3 |
| Jesse | 27 | 9mo | 1774 | Amos, Jr. | Jane | 3 |
| John | 18 | 10mo | 1725 | John | Ann | 3 |
| Jonathan | 13 | 11mo | 1757 | Daniel | Ann | 3 |
| Joseph | 25 | 12mo | 1724 | Francis | Mary | 3 |
| Joseph | 22 | 11mo | 1748/9 | Daniel | Ann | 3 |
| Lydia | 19 | 5mo | 1756 | Daniel | Ann | 3 |
| Martha | 11 | 12mo | 1769 | Ephraim | Sarah (Houlton) | 1 |
| Mary | 12 | 2mo | 1758 | Abraham | Elizabeth (James) | 1 |
| Mary | 5 | 8mo | 1779 | Ephraim | Sarah (Houlton) | 1 |
| Mary | 28 | 1mo | 1734 | Amos | Mary | 3 |
| Mary | 27 | 3mo | 1750 | Daniel | Ann | 3 |
| Moses | 19 | 8mo | 1735 | Moses | Dowse | 3 |
| Nathan | 23 | 5mo | 1771 | Ephraim | Sarah (Houlton) | 1 |
| Phebe | 6 | 10mo | 1737 | Moses | Dowse | 3 |
| Phebe | 19 | 5mo | 1754 | Amos, Jr. | Jane | 3 |

## CHESTER COUNTY BIRTHS

**Yarnall**
| | | | | | | |
|---|---|---|---|---|---|---|
| Philip | 23 | 8mo | 1766 | Abraham | Elizabeth (James) | 1 |
| Rachel | 5 | 10mo | 1753 | Abraham | Elizabeth (James) | 1 |
| Rachel | 11 | 6mo | 1777 | Ephraim | Sarah (Houlton) | 1 |
| Rachel | | not given | | Ehli | not given | 1 |
| Rachel | 24 | 3mo | 1796 | Benjamin | Susanna | 3 |
| Rebecca | 20 | 5mo | 1732 | Moses | Dowse | 3 |
| Rebecca | 23 | 3mo | 1764 | Daniel | Ann | 3 |
| Samuel | 20 | 6mo | 1764 | Abraham | Elizabeth (James) | 1 |
| Samuel | 19 | 10mo | 1765 | Daniel | Ann | 3 |
| Sarah | 31 | 1mo | 1723/4 | John | Ann | 3 |
| Sarah | 27 | 8mo | 1734 | Mordecai | Catharine | 3 |
| Sarah | 7 | 6mo | 1753 | Daniel | Ann | 3 |
| Susanna | 13 | 2mo | 1734 | Moses | Dowse | 3 |
| Susanna | 7 | 1mo | 1761 | Daniel | Ann | 3 |
| Thomas | 5 | 6mo | 1789 | Moses | Sarah | 3 |
| Uriah | 18 | 9mo | 1759 | Abraham | Elizabeth (James) | 1 |

**Yeager**
| | | | | | | |
|---|---|---|---|---|---|---|
| John | 7 | Sep | 1799 | Peter | Elizabeth | 12 |
| Joshua | 2 | Sep | 1799 | Jacob | Catharine | 12 |

**Yearsley**
| | | | | | | |
|---|---|---|---|---|---|---|
| Hannah | 1 | 3mo | 1763 | not given | not given | 7 |

**Yeatman**
| | | | | | | |
|---|---|---|---|---|---|---|
| Marshall | 2 | 6mo | 1800 | John | Hannah (Marshall) | 1 |

# Z

**Zacharias**
| | | | | | | |
|---|---|---|---|---|---|---|
| Peter | 22 | Apr | 1764 | Peter | Appolonia | 11 |

**Zimmerman**
| | | | | | | |
|---|---|---|---|---|---|---|
| Abraham | 23 | Apr | 1775 | Fridrich | Barbara | 11 |
| Daniel | bp 27 | Nov | 1767 | Daniel | not given | 11 |

**Zinck**
| | | | | | | |
|---|---|---|---|---|---|---|
| Catharina | 26 | Apr | 1785 | Jacob | Elizabeth | 12 |
| Daniel | 12 | Jun | 1790 | Stephen | Susanna | 12 |
| David | 5 | Jan | 1784 | Stephen | Susanna | 12 |
| John | 10 | Sep | 1785 | John | Barbara | 12 |
| Margaret | 1 | Apr | 1788 | John | Barbara | 12 |
| Sarah | 25 | Sep | 1765 | Michael | not given | 13 |
| Susanna | 1 | Sep | 1786 | Stephen | Susanna | 12 |

**Zink**
| | | | | | | |
|---|---|---|---|---|---|---|
| Samuel | | Sep | 1794 | John | not given | 12 |

**Zwerner**
| | | | | | | | |
|---|---|---|---|---|---|---|---|
| Anna Margaretha | | 7 | Mar | 1785 | Henrig | Elisabetha | 11 |

# Misc.

**[????]**
| | | | | | | | |
|---|---|---|---|---|---|---|---|
| Rebecca | bp | | Sep | 1793 | Samuel | not given | 15 |

**[H]annah**
| | | | | | | | |
|---|---|---|---|---|---|---|---|
| Edward | bp | 13 | May | 1792 | Edward | Margaret | 15 |

**[not legible]**
| | | | | | | | |
|---|---|---|---|---|---|---|---|
| James | bp | | Sep | 1770 | Thomas | not given | 14 |
| son | bp | | Jan | 1771 | Peter | not given | 14 |

**not given**
| | | | | | | | |
|---|---|---|---|---|---|---|---|
| Annely | | | *circa* | 1753 | not given | not given | 13 |
| Johannes, ill | bp | 14 | Apr | 1753 | Robert ??? | Anna Maria ???? | 13 |
| John | | 7 | Mar | 1768 | Caspar | Sybilla | 12 |

CHESTER COUNTY BIRTHS

# Married

| Married Name | Born/Baptized | | | Husband | Church |
|---|---|---|---|---|---|
| **Allen** | | | | | |
| Phebe (Scarlet) | 4 | 11mo | 1722 | John | 5 |
| **Altemus** | | | | | |
| Sarah A. (Pussey) | 11 | 7mo | 1799 | Isaac | 5 |
| **Ashbridge** | | | | | |
| Rachel V. | 22 | 6mo | 1786 | George G. | 7 |
| **Askew** | | | | | |
| Hannah (Wilkinson) | 2 | 8mo | 1793 | Peter | 4 |
| **Baily** | | | | | |
| Ann (Jackson) | 17 | 6mo | 1755 | Joshua | 5 |
| **Baker** | | | | | |
| Sarah | 15 | 2mo | 1768 | James | 8 |
| **Balderson** | | | | | |
| Deborah (Michener) | 23 | 4mo | 1757 | Mordecai | 5 |
| **Baldwin** | | | | | |
| Ann (Peirce) | 11 | 11mo | 1724/5 | John | 7 |
| Lydia (Trimble) | 12 | 8mo | 1774 | John | 7 |
| Mercy (Brown) | 12 | 1mo | 1722 | Joshua | 7 |
| Sarah (Downing) | 14 | 8mo | 1725 | Joshua | 7 |
| **Barnard** | | | | | |
| Ann (Wilson) | 25 | 8mo | 1799 | Amos | 5 |
| Elizabeth | 13 | 3mo | 1759 | Jeremiah | 8 |
| Sarah (Miller) | 10 | 10mo | 1727 | Thomas | 5 |
| **Bonsall** | | | | | |
| Mercy (Milhous) | 28 | 8mo | 1768 | Isaac | 7 |
| **Bradway** | | | | | |
| Rachel (Worthington) | | | 1793 | Thomas | 4 |
| **Brambach** | | | | | |
| Maria | | *circa* | 1697 | not given | 12 |
| **Brinton** | | | | | |
| Ann | 18 | 10mo | 1753 | Joseph | 1 |
| Lydia | 25 | 8mo | 1766 | William | 6 |
| **Broomhall** | | | | | |
| Phebe (Webb) | 20 | 12mo | 1779 | John | 1 |
| **Brown** | | | | | |
| Ann | 20 | 5mo | 1788 | Jeremiah | 4 |
| Ann (Rogers) | 15 | 1mo | 1784 | Montilian | 4 |

## CHESTER COUNTY BIRTHS

**Brown**
| | | | | | |
|---|---|---|---|---|---|
| Dinah | 26 | 10mo | 1759 | Robert | 4 |
| Eleanor | | circa | 1701 | Thomas | 4 |
| Elizabeth (Clemson) | 21 | 4mo | 1787 | Caleb | 4 |
| Hannah | 20 | 6mo | 1773 | David | 5 |
| Hannah (Barnard) | 21 | 11mo | 1760 | Jacob | 4 |
| Miriam | | circa | 1751 | Isaiah | 4 |
| Phebe (Johnson) | 15 | 9mo | 1785 | Caleb | 4 |
| Rachel (Needham) | 14 | 6mo | 1727 | Thomas | 4 |

**Buffington**
| | | | | | |
|---|---|---|---|---|---|
| Rachel (Woodward) | 7 | 7mo | 1785 | William | 1 |

**Butler**
| | | | | | |
|---|---|---|---|---|---|
| Jane (Woodward) | 3 | 8mo | 1739 | William | 7 |

**Cadwalader**
| | | | | | |
|---|---|---|---|---|---|
| Elizab. (Gatlive) | 15 | 2mo | 1728 | Nathan | 7 |

**Canby**
| | | | | | |
|---|---|---|---|---|---|
| Hannah | 31 | 3mo | 1753 | Joseph | 5 |

**Chalfont**
| | | | | | |
|---|---|---|---|---|---|
| Elizabeth (Orin) | 2 | 6mo | 1788 | Robert | 1 |

**Chamberlin**
| | | | | | |
|---|---|---|---|---|---|
| Mary | 16 | 9mo | 1761 | Joshua | 6 |

**Chambers**
| | | | | | |
|---|---|---|---|---|---|
| Deborah | 18 | 2mo | 1789 | Joseph | 5 |
| Elizabeth (Miller) | | 1mo | 1704 | William | 5 |
| Hannah | 11 | 12mo | 1783 | David | 8 |
| Susanna | 29 | 3mo | 1771 | William | 8 |

**Chandler**
| | | | | | |
|---|---|---|---|---|---|
| Rebecca | 8 | 8mo | 1722 | William | 8 |

**Churchman**
| | | | | | |
|---|---|---|---|---|---|
| Hannah | 11 | 1mo | 1728 | George | 4 |
| Rachel (Reynolds) | 6 | 11mo | 1717/8 | Thomas | 4 |
| Sarah (West) | | not given | | Mordecai | 4 |

**Cleer**
| | | | | | |
|---|---|---|---|---|---|
| Maria | | circa | 1767 | Philip | 12 |

**Clement**
| | | | | | |
|---|---|---|---|---|---|
| Ann (Hopper) | 12 | 5mo | 1788 | Samuel | 4 |

**Clemson**
| | | | | | |
|---|---|---|---|---|---|
| Ann | 15 | 1mo | 1791 | James | 6 |

**Clendenon**
| | | | | | |
|---|---|---|---|---|---|
| Elizabeth | 28 | 3mo | 1756 | Robert | 8 |
| Phebe | 6 | 4mo | 1731 | Isaac | 5 |

**Cloud**
| | | | | | |
|---|---|---|---|---|---|
| Ann | 10 | 11mo | 1691 | Jeremiah | 1 |

# CHESTER COUNTY BIRTHS

**Coale**
| Lydia | 25 | 5mo | 1790 | William | 6 |

**Coates**
| Ann | 3 | 11mo | 1737/8 | Benjamin | 7 |
| Hannah (Longstreth) | 9 | 10mo | 1768 | John Hutchinson | 7 |
| Jane (Longstreth) | 23 | 11mo | 1735 | Jonathan | 7 |

**Cockburn**
| Isabella | | 9mo | 1782 | James | 7 |

**Cole**
| Lydia (Pusey) | 2 | 7mo | 1758 | Samuel | 5 |

**Coles**
| Elizabeth (Rigbie) | 11 | 7mo | 1748 | William | 4 |

**Conard**
| Ann | 12 | 3mo | 1781 | Jesse | 5 |

**Cook**
| Hannah | 10 | 1mo | 1771 | Peter | 8 |
| Mary | 24 | 3mo | 1781 | Job | 8 |

**Cooper**
| Asenath Ann | 10 | 1mo | 1800 | Cyrus | 6 |
| Elizabeth | 13 | 5mo | 1782 | Truman | 6 |
| Mary | 14 | 1mo | 1765 | James | 6 |
| Priscilla R. | 21 | 2mo | 1799 | Aaron | 6 |
| Sarah | 24 | 11mo | 1785 | George | 6 |
| Sarah | 16 | 3mo | 1793 | Joseph | 6 |
| Sarah (Paxson) | 19 | 4mo | 1770 | Calvin | 6 |
| Sibbilla | 3 | 8mo | 1753 | William | 7 |

**Cope**
| Eliza | 4 | 11mo | 1799 | Joseph | 9 |

**Coppock**
| Ellen (Sidwell) | not given | Samuel | 4 |

**Cox**
| Catharine | 27 | 6mo | 1722 | Joseph | 7 |

**Dance**
| Ann | 3 | 11mo | 1784 | John | 5 |

**Davies**
| Elizab. (Meredith) | 18 | 9mo | 1736 | Amos | 7 |
| Hannah | 17 | 2mo | 1752 | Benjamin | 7 |

**Dickinson**
| Sarah (Truman) | 9 | 9mo | 1769 | James | 6 |

**Dixson**
| Mary (Pusey) | 10 | 8mo | 1725 | Joseph | 1 |

**Downing**
| Ann (Worrall) | 17 | 11mo | 1771 | Joseph | 7 |
| Debby Ann | 7 | 11mo | 1800 | Samuel J. | 7 |

## CHESTER COUNTY BIRTHS

**Downing**
| | | | | | |
|---|---|---|---|---|---|
| Elizabeth | 2 | 3mo | 1753 | Richard | 7 |
| Elizabeth | 3 | 9mo | 1777 | Richard | 7 |
| Jane | 11 | 10mo | 1764 | Samuel | 7 |
| Mary (Edge) | 2 | 7mo | 1721 | Richard | 7 |

**Edge**
| | | | | | |
|---|---|---|---|---|---|
| Edith | 22 | 1mo | 1787 | Thomas | 7 |
| Ruth | 26 | 12mo | 1787 | John | 7 |

**Edwards**
| | | | | | |
|---|---|---|---|---|---|
| Esther (Plummer) | | | 1724 | Moses | 5 |
| Sarah (Michener) | 13 | 11mo | 1759 | John | 7 |

**England**
| | | | | | |
|---|---|---|---|---|---|
| Deborah | 15 | 1mo | 1739/40 | Joseph | 4 |
| Margaret (Orbell) | 3 | ?mo | 1685 | Joseph | 4 |
| Mary | 17 | 3mo | 1738 | David | 5 |

**Fell**
| | | | | | |
|---|---|---|---|---|---|
| Edith | 5 | 2mo | 1786 | Richard | 5 |
| Elizabeth | 5 | 8mo | 1760 | Thomas | 5 |
| Sarah | 11 | 2mo | 1779 | John | 5 |
| Sarah (Moore) | 26 | 1mo | 1792 | David | 5 |

**Fisher**
| | | | | | |
|---|---|---|---|---|---|
| Deborah (Roberts) | 24 | 4mo | 1719 | William | 1 |

**Fred**
| | | | | | |
|---|---|---|---|---|---|
| Sarah (Hadley) | 16 | 8mo | 1730 | Joseph | 5 |

**Fussell**
| | | | | | |
|---|---|---|---|---|---|
| Jane (Foulke) | 20 | 8mo | 1782 | William | 10 |

**Garrett**
| | | | | | |
|---|---|---|---|---|---|
| Elizabeth | 13 | 2mo | 1764 | Samuel | 3 |

**Gawthrop**
| | | | | | |
|---|---|---|---|---|---|
| Amy (Chambers) | 4 | 5mo | 1787 | George | 5 |
| Elizab. (Thompson) | 5 | 11mo | 1779 | Thomas | 5 |

**Gibbons**
| | | | | | |
|---|---|---|---|---|---|
| Mary P. | 8 | 1mo | 1790 | Abraham | 6 |
| Sarah | 4 | 1mo | 1771 | Joseph | 7 |

**Good**
| | | | | | |
|---|---|---|---|---|---|
| Martha (Michener) | 13 | 6mo | 1783 | Joseph | 5 |
| Susanna | 5 | 8mo | 1794 | Thomas | 5 |

**Gray**
| | | | | | |
|---|---|---|---|---|---|
| Hannah (Colgan) | 30 | 11mo | 1794 | Samuel | 5 |
| Sarah (Swayne) | 8 | 11mo | 1769 | Enoch | 5 |

**Greave**
| | | | | | |
|---|---|---|---|---|---|
| Sarah | 25 | 2mo | 1677 | Samuel | 1 |

**Green**
| | | | | | |
|---|---|---|---|---|---|
| Rebecca | 9 | 10mo | 1793 | John | 8 |

## CHESTER COUNTY BIRTHS

**Griffiths**
| | | | | | |
|---|---|---|---|---|---|
| Mary (Falkner) | 18 | 12mo | 1746/7 | John | 7 |

**Hallowell**
| | | | | | |
|---|---|---|---|---|---|
| Alice (Potts) | 27 | 10mo | 1780 | John | 7 |

**Hambleton**
| | | | | | |
|---|---|---|---|---|---|
| Hannah (Brown) | 7 | 5mo | 1788 | Samuel | 5 |
| Rachel | 2 | 8mo | 1762 | John | 5 |

**Hamton**
| | | | | | |
|---|---|---|---|---|---|
| Hannah (Roman) | 15 | 1mo | 1786 | Thomas | 10 |

**Hancock**
| | | | | | |
|---|---|---|---|---|---|
| Elizabeth (Randall) | 11 | 5mo | 1725 | James | 7 |

**Hannum**
| | | | | | |
|---|---|---|---|---|---|
| Jane (Chandler) | 21 | 5mo | 1752 | James | 1 |

**Harlan**
| | | | | | |
|---|---|---|---|---|---|
| Hannah (Wickersham) | 5 | 5mo | 1723 | Joel | 5 |

**Harvey**
| | | | | | |
|---|---|---|---|---|---|
| Abigail (Phipps) | 21 | 8mo | 1797 | Ellis | 5 |
| Ann | 12 | 6mo | 1744 | Amos | 1 |
| Esther | 27 | 2mo | 1780 | Samuel | 5 |
| Judith | | | 1683 | William | 1 |

**Hawley**
| | | | | | |
|---|---|---|---|---|---|
| Rebecca | 10 | 8mo | 1766 | Joseph | 7 |

**Heald**
| | | | | | |
|---|---|---|---|---|---|
| Mary (Bancroft) | 13 | 5mo | 1673 | Samuel | 1 |

**Heston**
| | | | | | |
|---|---|---|---|---|---|
| Esther | 18 | 4mo | 1793 | Zebulon | 6 |

**Hicklin**
| | | | | | |
|---|---|---|---|---|---|
| Phebe | 29 | 5mo | 1785 | Thomas | 5 |

**Hicks**
| | | | | | |
|---|---|---|---|---|---|
| Amy | 5 | 2mo | 1785 | Thomas | 8 |

**Hilles**
| | | | | | |
|---|---|---|---|---|---|
| Dinah (Milhous) | 26 | 3mo | 1759 | David | 7 |
| Rebecca (Pugh) | 10 | 7mo | 1745 | William | 7 |

**Hobson**
| | | | | | |
|---|---|---|---|---|---|
| Jane | 20 | 1mo | 1781 | Joseph | 5 |

**Hollingsworth**
| | | | | | |
|---|---|---|---|---|---|
| Hannah | 14 | 2mo | 1774 | Joshua | 4 |

**Hoopes**
| | | | | | |
|---|---|---|---|---|---|
| Ann | 8 | 4mo | 1753 | Ezra | 3 |
| Ann | 13 | 12mo | 1776 | William | 8 |
| Ann | 26 | 11mo | 1787 | James | 5 |
| Elizab (Marshall) | 5 | 10mo | 1784 | Benjamin | 5 |
| Elizabeth | 20 | 6mo | 1787 | John P. | 8 |
| Phebe (Pennock) | 21 | 7mo | 1783 | Benjamin | 5 |

## CHESTER COUNTY BIRTHS

**Hoopes**
| | | | | | |
|---|---|---|---|---|---|
| Rebecca (Thompson) | 16 | 1mo | 1789 | Joel | 5 |

**House**
| | | | | | |
|---|---|---|---|---|---|
| Phebe (Wickersham) | 11 | 4mo | 1799 | William | 1 |

**Hughes**
| | | | | | |
|---|---|---|---|---|---|
| Lydia (Coates) | 6 | 2mo | 1778 | Mark | 5 |

**Hunt**
| | | | | | |
|---|---|---|---|---|---|
| Agness | 7 | 1mo | 1769 | Joseph | 8 |

**Hurford**
| | | | | | |
|---|---|---|---|---|---|
| Hannah (Fairlamb) | | 9mo | 1711 | John | 5 |
| Martha (Maris) | 8 | 6mo | 1750 | Caleb | 5 |

**Hutton**
| | | | | | |
|---|---|---|---|---|---|
| Ann (Nayle) | 8 | 8mo | 1740 | Benjamin | 5 |
| Elizabeth (Harris) | 27 | 9mo | 1719 | Thomas | 5 |
| Elizabeth (Temple) | 27 | 1mo | 1735 | Benjamin | 5 |
| Katharine (Hiett) | 26 | 2mo | 1726 | Thomas | 5 |

**Jackson**
| | | | | | |
|---|---|---|---|---|---|
| Hannah | 27 | 7mo | 1741 | Isaac | 5 |
| Katharine (Miller) | 30 | 1mo | 1713 | William | 5 |
| Mary (Harlan) | 5 | 3mo | 1753 | John | 5 |
| Rebecca | 7 | 3mo | 1799 | John | 4 |
| Rebecca (Taylor) | 18 | 10mo | 1798 | William | 5 |
| Sarah (Miller) | 30 | 4mo | 1723 | John | 5 |
| Sarah (Taylor) | 3 | 9mo | 1788 | Israel | 5 |
| Susanna | 7 | 7mo | 1743 | John | 5 |

**Jacobs**
| | | | | | |
|---|---|---|---|---|---|
| Hannah (Trimble) | 22 | 10mo | 1743 | Isaac | 7 |

**Jefferis**
| | | | | | |
|---|---|---|---|---|---|
| Hannah (Carpenter) | 4 | 1mo | 1768 | John | 3 |

**John**
| | | | | | |
|---|---|---|---|---|---|
| Ann (Jenkin) | 14 | 12mo | 1714/5 | John | 7 |
| Rachel (Davies) | 10 | 2mo | 1720 | Joshua | 7 |

**Johnson**
| | | | | | |
|---|---|---|---|---|---|
| Sarah (Miller) | 1 | 9mo | 1704 | Joshua | 5 |

**Jones**
| | | | | | |
|---|---|---|---|---|---|
| Hannah | 1 | 3mo | 1763 | Abner | 7 |
| Lydia (Harvey) | 19 | 11mo | 1789 | Joel | 1 |
| Mary | 2 | 2mo | 1731 | Evan | 7 |
| Mary (Gatlive) | 2 | 2mo | 1731 | Cadwalader | 7 |
| Mary (Townsend) | 6 | 9mo | 1753 | Jesse | 7 |
| Sus. (Buffington) | 24 | 5mo | 1722 | Evan | 7 |

**Judge**
| | | | | | |
|---|---|---|---|---|---|
| Susanna (Hatton) | 20 | 11mo | 1753 | Hugh | 7 |

## CHESTER COUNTY BIRTHS

**Kenney**
| | | | | | |
|---|---|---|---|---|---|
| Eleanor | 26 | 4mo | 1770 | Daniel, Jr. | 7 |

**Kinsey**
| | | | | | |
|---|---|---|---|---|---|
| Ann | 24 | 9mo | 1784 | Mahlon | 5 |
| Rachel (Eastburn) | 31 | 1mo | 1787 | Samuel | 5 |

**Kirk**
| | | | | | |
|---|---|---|---|---|---|
| Sibbilla (Davies) | 1 | 1mo | 1726 | William | 7 |

**Kirkwood**
| | | | | | |
|---|---|---|---|---|---|
| Rebecca | 25 | 7mo | 1777 | William | 6 |

**Lamborn**
| | | | | | |
|---|---|---|---|---|---|
| Dinah (Cerson) | 21 | 4mo | 1744 | Thomas | 5 |
| Elizabeth | | | 1753 | David | 8 |
| Rachel | 14 | 5mo | 1779 | Jonathan | 8 |
| Rebecca (Webb) | 17 | 4mo | 1789 | Eli | 1 |

**Leslie**
| | | | | | |
|---|---|---|---|---|---|
| Rebecca | 8 | 6mo | 1794 | Benjamin | 4 |

**Levis**
| | | | | | |
|---|---|---|---|---|---|
| Ruth (Heald) | 26 | 4mo | 1775 | Samuel | 1 |

**Lewis**
| | | | | | |
|---|---|---|---|---|---|
| Elizabeth (Thomas) | 11 | 1mo | 1722/3 | William | 7 |
| Grace (Meredith) | 24 | 2mo | 1745 | John | 7 |
| Lydia (Williams) | 6 | 8mo | 1762 | Griffith | 7 |
| Margaret (Trotter) | 13 | 2mo | 1737 | Samuel | 7 |

**Lightfoot**
| | | | | | |
|---|---|---|---|---|---|
| Mary (Ferris) | 17 | 2mo | 1745 | William | 7 |

**Logue**
| | | | | | |
|---|---|---|---|---|---|
| Hannah (Nichols) | 19 | 2mo | 1754 | Stephen | 1 |

**Mann**
| | | | | | |
|---|---|---|---|---|---|
| Mary | 2 | 8mo | 1788 | John | 8 |

**Marshall**
| | | | | | |
|---|---|---|---|---|---|
| Mary | 29 | 8mo | 1783 | Humphrey | 2 |
| Rachel | 7 | 7mo | 1749 | Samuel | 2 |
| Sarah (Gregg) | 30 | 6mo | 1771 | Thomas | 1 |
| Susanna (Lamborn) | 7 | 4mo | 1749 | John | 1 |

**Martin**
| | | | | | |
|---|---|---|---|---|---|
| Ann | 20 | 6mo | 1752 | Aaron | 7 |
| Sarah (Jones) | 6 | 2mo | 1715 | Thomas | 7 |

**McFadgen**
| | | | | | |
|---|---|---|---|---|---|
| Rebecca (Brown) | 7 | 7mo | 1792 | James | 5 |

**McKnight**
| | | | | | | |
|---|---|---|---|---|---|---|
| Hanna, adult | bp | 5 | Oct | 1769 | Paul | 14 |

**Mechem**
| | | | | | |
|---|---|---|---|---|---|
| Jane | 3 | 5mo | 1744 | John | 7 |

# CHESTER COUNTY BIRTHS

**Mendenhall**
| | | | | | |
|---|---|---|---|---|---|
| Betty (Taylor) | 25 | 9mo | 1776 | Caleb | 1 |
| Martha (Robinson) | 28 | 11mo | 1725 | Isaac | 1 |
| Priscilla (Hause) | 25 | 8mo | 1777 | Thomas | 1 |
| Rachel (Woollas) | 18 | 12mo | 1782 | Moses | 1 |
| Ruth (Davis) | 9 | 3mo | 1758 | Thomas | 1 |
| Sarah (Woollas) | 1 | 11mo | 1774 | Aaron | 1 |

**Meredith**
| | | | | | |
|---|---|---|---|---|---|
| Dinah (Pugh) | 20 | 7mo | 1734 | Simon | 7 |
| Elizabeth (Kirk) | 24 | 11mo | 1756 | John | 7 |
| Grace (Williams) | 12 | 3mo | 1707 | John | 7 |
| Jane (John) | 5 | 2mo | 1725 | Enoch | 7 |
| Mary (Jones) | 20 | 6mo | 1753 | John | 7 |
| Phebe (Downing) | 5 | 7mo | 1786 | Jesse | 7 |
| Rebecca (Dolby) | 15 | 12mo | 1760 | James | 7 |

**Michener**
| | | | | | |
|---|---|---|---|---|---|
| Alice (Dunn) | 7 | 7mo | 1762 | Jesse | 5 |
| Hannah (Cain) | 20 | 5mo | 1783 | William | 5 |
| Jane (Wilson) | 13 | 11mo | 1748 | Barak | 5 |
| Mary S. (Walton) | 27 | 10mo | 1797 | Ezra | 5 |
| Rebecca (Fell) | 23 | 12mo | 1800 | Jesse | 5 |
| Sarah (Fisher) | 11 | 2mo | 1722 | Mordecai | 5 |
| Sarah (Spencer) | 24 | 1mo | 1789 | Ezra | 5 |
| Sidney (Moore) | 29 | 1mo | 1798 | Robert | 5 |

**Mifflin**
| | | | | | |
|---|---|---|---|---|---|
| Mary (Pusey) | 8 | 6mo | 1742 | Daniel | 5 |

**Milhous**
| | | | | | |
|---|---|---|---|---|---|
| Ann (Meredith) | 6 | 6mo | 1738 | Robert | 7 |
| Eliz. (Paschall) | 5 | 11mo | 1729/30 | Thomas | 7 |
| Hannah (Baldwin) | 15 | 1mo | 1749 | William | 7 |
| Marg. (Paschall) | 4 | 10mo | 1724 | John | 7 |

**Miller**
| | | | | | |
|---|---|---|---|---|---|
| Ann (Emlen) | 19 | 3mo | 1705 | William | 5 |
| Jane (Walter) | 24 | 11mo | 1776 | Isaac | 1 |

**Moode**
| | | | | | |
|---|---|---|---|---|---|
| Phebe | 14 | 2mo | 1744 | William | 8 |
| Rebecca | 8 | 8mo | 1722 | Alexander | 8 |

**Moore**
| | | | | | |
|---|---|---|---|---|---|
| Anna (Walker) | 7 | 11mo | 1776 | Andrew | 6 |
| Anne | 23 | 1mo | 1784 | Asahel | 6 |
| Beulah (Coates) | 19 | 7mo | 1774 | Joshua | 5 |
| Eliz. (Dickinson) | | not given | | James | 6 |
| Elizabeth | 29 | 11mo | 1744 | John | 6 |
| Mary | 30 | 12mo | 1782 | John | 6 |
| Mary (Brinton) | 12 | 6mo | 1748 | Robert | 6 |

## CHESTER COUNTY BIRTHS

**Morris**
| | | | | | |
|---|---|---|---|---|---|
| Rachel (Dickinson) | 12 | 8mo | 1795 | Lewis | 6 |

**Newlin**
| | | | | | |
|---|---|---|---|---|---|
| Mary | 25 | 9mo | 1788 | Samuel | 5 |

**Osborn**
| | | | | | |
|---|---|---|---|---|---|
| Judith | | | 1683 | Peter | 1 |

**Packer**
| | | | | | |
|---|---|---|---|---|---|
| Hannah (Lamborn) | 21 | 4mo | 1754 | Job | 7 |
| Rose (Mendenhall) | 4 | 8mo | 1733 | James | 7 |

**Parke**
| | | | | | |
|---|---|---|---|---|---|
| Ann | 8 | 7mo | 1776 | Thomas | 7 |

**Parker**
| | | | | | |
|---|---|---|---|---|---|
| Sarah (Milhouse) | 3 | 4mo | 1736 | Thompson | 5 |

**Passmore**
| | | | | | |
|---|---|---|---|---|---|
| Ann (Williams) | 14 | 2mo | 1763 | George | 10 |
| Esther | 13 | 12mo | 1766 | Thomas | 8 |
| Hannah | 15 | 2mo | 1729 | Augustine | 4 |
| Mary (Pennock) | 11 | 12mo | 1756 | George | 5 |
| Phebe (Pusey) | 7 | 12mo | 1748/9 | John | 5 |

**Peirce**
| | | | | | |
|---|---|---|---|---|---|
| Ann (Baily) | 6 | 3mo | 1723 | Joshua | 1 |
| Pris. (Wickersham) | 25 | 12mo | 1756 | Caleb | 1 |
| Rachel | | circa | 1696 | Joshua | 1 |

**Pennock**
| | | | | | |
|---|---|---|---|---|---|
| Amy | 5 | 11mo | 1795 | James | 8 |
| Elizabeth | 24 | 2mo | 1763 | Samuel | 8 |
| Hannah | 21 | 12mo | 1777 | Joseph | 8 |
| Hannah | 20 | 6mo | 1777 | Joseph L. | 8 |
| Mary (Hadley) | 12 | 7mo | 1759 | Samuel | 5 |
| Mary (Lamborn) | 1 | 9mo | 1786 | Moses | 1 |
| Phebe (Mendenhall) | 22 | 2mo | 1778 | Joshua | 1 |
| Rachel | 31 | 10mo | 1764 | John | 8 |
| Ruth | 29 | 5mo | 1735 | Levis | 8 |
| Sarah | 2 | 5mo | 1766 | Abraham | 8 |
| Sarah (Lamborn) | 28 | 5mo | 1780 | Simon | 1 |
| Sarah (Taylor) | 11 | 8mo | 1725 | Joseph | 5 |

**Phillips**
| | | | | | |
|---|---|---|---|---|---|
| Hannah | 15 | 10mo | 1787 | Isaac | 6 |

**Phipps**
| | | | | | |
|---|---|---|---|---|---|
| Isabella (Peters) | 23 | 11mo | 1796 | Jonathan | 7 |

**Piggott**
| | | | | | |
|---|---|---|---|---|---|
| Hannah (Pyle) | 25 | 8mo | 1742 | Henry | 5 |

**Plumly**
| | | | | | |
|---|---|---|---|---|---|
| Jane Ann | 13 | 4mo | 1797 | Robert | 5 |

## CHESTER COUNTY BIRTHS

**Preston**
| | | | | | |
|---|---|---|---|---|---|
| Amy (Coates) | 6 | 6mo | 1785 | Mahlon | 5 |
| Elizabeth (Brown) | 22 | 2mo | 1774 | Jonas | 4 |
| Margaret (Smith) | 29 | 3mo | 1791 | Amos | 5 |
| Mary | 3 | 6mo | 1769 | William | 4 |
| Rebecca | 30 | 11mo | 1744 | Joseph | 5 |

**Pusey**
| | | | | | |
|---|---|---|---|---|---|
| Abigail (Brinton) | 14 | 12mo | 1751 | Ellis | 5 |
| Eliza | 14 | 6mo | 1792 | Caleb | 8 |
| Elizabeth (Taylor) | 28 | 11mo | 1761 | William | 5 |
| Esther | 30 | 4mo | 1794 | Reuben | 8 |
| Esther | 6 | 1mo | 1779 | Isaac | 8 |
| Hannah | 31 | 3mo | 1753 | Joshua | 8 |
| Hannah | 16 | 2mo | 1754 | Caleb | 8 |
| Hannah | 16 | 12mo | 1788 | Jonas | 8 |
| Katharine (Maris) | | | 1708 | John | 5 |
| Lydia | 4 | 12mo | 1740/1 | Joshua | 8 |
| Mary | 13 | 9mo | 1784 | Joseph | 6 |
| Mary (Lewis) | 6 | 1mo | 1715/6 | Joshua | 5 |
| Mary (Miller) | 19 | 7mo | 1741 | Joshua | 5 |
| Mary (Swayne) | 29 | 3mo | 1728 | Thomas | 5 |
| Naomy | 25 | 6mo | 1777 | David | 8 |
| Rebecca | 19 | 11mo | 1770 | John | 8 |
| Sarah | 8 | 8mo | 1782 | Joseph | 8 |
| Sarah (Dixon) | 3 | 5mo | 1732 | David | 5 |
| Sarah (Hughes) | 27 | 7mo | 1796 | Jonathan | 5 |
| Susanna | 2 | 3mo | 1776 | Thomas | 8 |
| Susanna (Baily) | 17 | 8mo | 1735 | Ellis | 5 |

**Pyle**
| | | | | | |
|---|---|---|---|---|---|
| Ann | 6 | 6mo | 1764 | John | 8 |
| Hannah | 9 | 12mo | 1778 | Samuel | 8 |
| Hannah | 14 | 6mo | 1757 | James | 8 |
| Rachel | 4 | 2mo | 1760 | Thomas | 8 |
| Ruth | 27 | 2mo | 1785 | John | 8 |

**Randall**
| | | | | | |
|---|---|---|---|---|---|
| Rachel (Griffith) | 26 | 8mo | 1758 | Joseph | 7 |

**Rea**
| | | | | | |
|---|---|---|---|---|---|
| Deborah (Bane) | 20 | 9mo | 1748 | Samuel | 7 |

**Redd**
| | | | | | |
|---|---|---|---|---|---|
| Ann (Peirce) | 20 | 10mo | 1718 | Adam | 1 |
| Miriam (Chandler) | 1 | 12mo | 1732 | Adam | 1 |

**Reynolds**
| | | | | | |
|---|---|---|---|---|---|
| Rachel (Brown) | 5 | 6mo | 1779 | Jesse | 4 |

**Richards**
| | | | | | |
|---|---|---|---|---|---|
| Ann (Pusey) | 14 | 2mo | 1765 | Isaac | 5 |

## CHESTER COUNTY BIRTHS

**Richards**
| | | | | | | |
|---|---|---|---|---|---|---|
| Lydia S. | | 17 | 11mo | 1799 | William | 5 |

**Roberts**
| | | | | | | |
|---|---|---|---|---|---|---|
| Alice (Fell) | | 14 | 1mo | 1783 | George | 5 |
| Elizabeth (Jones) | | 10 | 9mo | 1764 | Jehu | 7 |

**Rodden**
| | | | | | | |
|---|---|---|---|---|---|---|
| Margaret | bp | 28 | Oct | 1781 | Dennis | 15 |

**Rogers**
| | | | | | | |
|---|---|---|---|---|---|---|
| Ann (Jones) | | 15 | 2mo | 1758 | Jonathan | 7 |
| Hannah (Watson) | | 23 | 6mo | 1717 | Joseph | 7 |

**Roman**
| | | | | | |
|---|---|---|---|---|---|
| Mary | 5 | 8mo | 1780 | John | 2 |

**Rowls**
| | | | | | |
|---|---|---|---|---|---|
| Elizabeth | 3 | 1mo | 1727 | Hezekiah | 4 |

**Sargeant**
| | | | | | |
|---|---|---|---|---|---|
| Ann (Sidwell) | 11 | 6mo | 1734 | Jeremiah | 4 |

**Schneider**
| | | | | | | |
|---|---|---|---|---|---|---|
| Sibilla, [adult] | bp | 27 | May | 1758 | Caspar | 12 |

**Sharpless**
| | | | | | |
|---|---|---|---|---|---|
| Rachel (Baldwin) | 13 | 7mo | 1756 | Nathan | 7 |

**Shortledge**
| | | | | | |
|---|---|---|---|---|---|
| Hannah (Gawthrop) | 24 | 10mo | 1776 | Swithin | 5 |

**Sidwell**
| | | | | | |
|---|---|---|---|---|---|
| Rebecca (Wilson) | 25 | 4mo | 1767 | Job | 4 |

**Simmons**
| | | | | | |
|---|---|---|---|---|---|
| Hannah | 9 | 10mo | 1781 | Samuel | 6 |
| Rachel (Preston) | 1 | 9mo | 1776 | Henry | 5 |

**Skelton**
| | | | | | |
|---|---|---|---|---|---|
| Mary | 25 | 6mo | 1772 | Aaron | 10 |

**Smedley**
| | | | | | |
|---|---|---|---|---|---|
| Phebe (Sharpless) | 25 | 5mo | 1752 | Peter | 7 |

**Smith**
| | | | | | |
|---|---|---|---|---|---|
| Elinor | | 8mo | 1757 | Joseph | 8 |
| Elizabeth | | | 1777 | Joshua | 2 |
| Elizabeth | 11 | 3mo | 1775 | Ephraim | 6 |
| Martha (Vanhorn) | 29 | 3mo | 1799 | Jonathan | 10 |

**Speakman**
| | | | | | |
|---|---|---|---|---|---|
| Elizabeth (Morgan) | 5 | 9mo | 1786 | Aaron | 8 |

**Spencer**
| | | | | | |
|---|---|---|---|---|---|
| Lydia (Michener) | 13 | 11mo | 1788 | Jonathan | 5 |

**Stackhouse**
| | | | | | |
|---|---|---|---|---|---|
| Martha | 15 | 10mo | 1761 | David | 5 |
| Mary | 27 | 5mo | 1796 | Silas | 5 |

## CHESTER COUNTY BIRTHS

**Starr**
| | | | | | |
|---|---|---|---|---|---|
| Eliz. (Longstreth) | 15 | 3mo | 1741 | Joseph | 7 |
| Sarah (Minshall) | 16 | 4mo | 1745 | James | 7 |

**Swayne**
| | | | | | |
|---|---|---|---|---|---|
| Ann | 30 | 6mo | 1769 | Samuel | 8 |
| Ann (Pusey) | 2 | 4mo | 1723 | William | 5 |
| Betty (Baily) | 8 | 1mo | 1727/8 | Francis | 5 |
| Deborah | 25 | 7mo | 1781 | Eli | 10 |
| Hannah (Hayes) | 1 | 1mo | 1736 | Samuel | 5 |
| Hannah (Swayne) | 11 | 8mo | 1753 | James | 5 |
| Jane | 1 | 5mo | 1798 | Benjamin | 8 |
| Mary | 22 | 7mo | 1753 | Caleb | 8 |
| Mary (White) | 28 | 3mo | 17?? | Jonathan | 5 |
| Mary (Wood) | 22 | 7mo | 1753 | Caleb | 5 |
| Rachel | 24 | 6mo | 1799 | Caleb | 8 |
| Rebecca | 19 | 10mo | 1783 | William | 8 |
| Susanna | 5 | 8mo | 1773 | Benjamin | 8 |

**Tagart**
| | | | | | |
|---|---|---|---|---|---|
| Asenath | 10 | 10mo | 1794 | Reuben | 8 |

**Taylor**
| | | | | | |
|---|---|---|---|---|---|
| Anna (Passmore) | 14 | 11mo | 1799 | Jacob | 10 |
| Jane | 7 | 7mo | 1755 | Joseph | 5 |
| Phebe | 27 | 9mo | 1795 | Joseph L. | 9 |
| Sarah | 28 | 8mo | 1744 | Abraham | 2 |
| Sarah (Harlan) | 29 | 4mo | 1793 | Joseph | 10 |

**Thatcher**
| | | | | | |
|---|---|---|---|---|---|
| Beulah | 19 | 4mo | 1793 | William | 5 |

**Thomas**
| | | | | | |
|---|---|---|---|---|---|
| Rebecca (Jones) | 1 | 9mo | 1718 | John | 7 |
| Sarah (Roberts) | 11 | 1mo | 1750 | George | 7 |
| Thomzin (Downing) | 26 | 8mo | 1754 | Richard | 7 |

**Thompson**
| | | | | | |
|---|---|---|---|---|---|
| Hannah (Hadley) | 24 | 2mo | 1762 | William | 5 |
| Jane (Gawthrop) | 22 | 5mo | 1786 | Daniel | 5 |
| Mary | 13 | 3mo | 1774 | James | 5 |
| Mary (Wilson) | 18 | 3mo | 1789 | Joshua | 5 |
| Phebe (Hadley) | 20 | 1mo | 1793 | Joshua | 5 |

**Trimble**
| | | | | | |
|---|---|---|---|---|---|
| Grace (Thomas) | 3 | 11mo | 1742 | William | 7 |

**Trump**
| | | | | | |
|---|---|---|---|---|---|
| Maria B. | 12 | 4mo | 1797 | Michael | 6 |

**Valentine**
| | | | | | |
|---|---|---|---|---|---|
| Rachel (Edge) | 29 | 6mo | 1725 | Robert | 7 |

## CHESTER COUNTY BIRTHS

**Walton**
| | | | | | | |
|---|---|---|---|---|---|---|
| Elizabeth | 11 | 10mo | 1785 | Joshua | | 8 |
| Mary | 17 | 2mo | 1786 | Asa | | 10 |

**Way**
| | | | | | | |
|---|---|---|---|---|---|---|
| Ann | 15 | 3mo | 1705 | John | | 1 |
| Elizab (Mendenhall) | | 5mo | 1791 | Jacob | | 1 |
| Elizab (Sharpless) | 11 | 9mo | 1781 | Jacob | | 1 |
| Lydia (Chandler) | 8 | 12mo | 1739 | Joshua | | 7 |

**Webb**
| | | | | | | |
|---|---|---|---|---|---|---|
| Hester | 19 | 7mo | 1781 | Thomas | | 8 |
| Mary (Way) | 6 | 8mo | 1773 | Thomas | | 1 |
| Sarah | 26 | 9mo | 1761 | James | | 8 |
| Sarah (Pyle) | 11 | 12mo | 1778 | Jesse | | 1 |

**Webster**
| | | | | | | |
|---|---|---|---|---|---|---|
| Sarah | 21 | 8mo | 1773 | George | | 6 |
| Sarah | 12 | 13mo | 1783 | George | | 6 |

**West**
| | | | | | | |
|---|---|---|---|---|---|---|
| Rebecca | 3 | 5mo | 1786 | Joseph | | 5 |

**Whitelock**
| | | | | | | |
|---|---|---|---|---|---|---|
| Mary | 20 | 12mo | 1723 | Isaac | | 6 |

**Whitson**
| | | | | | | |
|---|---|---|---|---|---|---|
| Hannah | 3 | 2mo | 1765 | Thomas | | 6 |
| Rachel (Moore) | 6 | 9mo | 1789 | Samuel | | 6 |

**Wickersham**
| | | | | | | |
|---|---|---|---|---|---|---|
| Rachel | 26 | 11mo | 1789 | Levi | | 8 |

**Wiley**
| | | | | | | |
|---|---|---|---|---|---|---|
| Mary (Fulton) | 9 | 9mo | 1786 | Vincent | | 6 |

**Wilkinson**
| | | | | | | |
|---|---|---|---|---|---|---|
| Elizabeth (Fell) | 4 | 9mo | 1791 | Joseph | | 4 |
| Hannah | 25 | 2mo | 1791 | William | | 8 |
| Phebe | 9 | 9mo | 1786 | Francis | | 8 |
| Phebe (Michener) | 18 | 12mo | 1790 | Nathaniel | | 5 |

**Williams**
| | | | | | | |
|---|---|---|---|---|---|---|
| Elizabeth | 31 | 10mo | 1765 | Jonathan | | 7 |
| Mary (Humphrey) | 11 | 4mo | 1747 | Daniel | | 7 |
| Ruth (Davies) | 27 | 3mo | 1733 | Jacob | | 7 |
| Sarah (Kirk) | 1 | 1mo | 1751 | John | | 7 |

**Wilson**
| | | | | | | |
|---|---|---|---|---|---|---|
| Ann (Wilson) | 25 | 8mo | 1799 | Amos | | 5 |
| Anne (Sidwell) | 2 | 3mo | 1776 | Benjamin | | 4 |
| Elizabeth | 5 | 4mo | 1755 | Ephraim | | 8 |
| Hannah | 9 | 10mo | 1752 | William | | 1 |
| Lydia (Job) | 27 | 4mo | 1735 | Benjamin | | 4 |
| Mary (Wilkinson) | 25 | 1mo | 1791 | Jonas | | 5 |

## CHESTER COUNTY BIRTHS

**Wollaston**
  Sarah | 20 | 9mo | 1774 | James | 8

**Wood**
  Margaret (Holland) | 18 | 5mo | 1730 | William | 5
  Susanna (Pusey) | 16 | 10mo | 1750 | Thomas | 5

**Woodward**
  Elizabeth | 5 | 1mo | 1721/2 | Thomas | 8
  Elizabeth (Kirk) | 5 | 1mo | 1721/2 | Thomas | 5
  Hannah | 10 | 1mo | 1771 | Samuel | 8
  Sarah (Jackson) | 4 | 3mo | 1750 | Samuel | 5

**Worth**
  Lydia | 10 | 2mo | 1785 | John | 2

**Yeatman**
  Hannah (Marshall) | 7 | 1mo | 1775 | John | 1